国家出版基金项目
NATIONAL PUBLICATION FOUNDATION

中国少数民族设计全集

The Design Collection of Chinese Ethnic Minorities

侗族

中国少数民族设计全集编纂委员会 编

云南人民出版社　人民美术出版社

图书在版编目（CIP）数据

中国少数民族设计全集．侗族／中国少数民族设计全集编纂委员会编；龙昭宝等著．—太原：山西人民出版社，2019.9
ISBN 978-7-203-11017-0

Ⅰ．①中… Ⅱ．①中… ②龙… Ⅲ．①侗族－民族文化－研究－中国 Ⅳ．①K28

中国版本图书馆CIP数据核字（2019）第192752号

中国少数民族设计全集．侗族

编　　者：	中国少数民族设计全集编纂委员会
著　　者：	龙昭宝　等
责任编辑：	吉　昊
复　　审：	贾　娟
终　　审：	阎卫斌
装帧设计：	谢　成

出 版 者：	山西人民出版社　人民美术出版社
地　　址：	太原市建设南路21号
邮　　编：	030012
发行营销：	0351－4922220　4955996　4956039　4922127（传真）
天猫官网：	https://sxrmcbs.tmall.com　电话：0351－4922159
E — mail：	sxskcb@163.com　发行部
	sxskcb@126.com　总编室
网　　址：	www.sxskcb.com
经 销 者：	山西出版传媒集团·山西人民出版社
承 印 者：	山西出版传媒集团·山西新华印业有限公司
开　　本：	889mm×1194mm　1/16
印　　张：	24.5
字　　数：	292千字
印　　数：	1—1 000册
版　　次：	2019年9月　第1版
印　　次：	2019年9月　第1次印刷
书　　号：	ISBN 978-7-203-11017-0
定　　价：	330.00元

如有印装质量问题请与本社联系调换

中国少数民族设计全集编纂委员会

总 主 编　（按年龄排序）
　　　　　　张夫也　王立端　戴晋明　廖　军　王　琥　李豫闽　过伟敏　顾　平
　　　　　　王　强　李　岗
执 行 主 编　王　琥
编 务 统 筹　张明山

中国少数民族设计全集编辑工作委员会

主　　　任　刘伟冬
编　　　委　（排名不分先后）
　　　　　　王　琥　王　峰　王　强　王立端　王浩滢　白　波　过伟敏　许　星
　　　　　　许边疆　李　岗　李　丽　李豫闽　成光虎　肖　飞　余　强　汪传跃
　　　　　　罗　力　杨明朗　陈　述　陈见东　邱　珂　胡万明　顾　平　郑　静
　　　　　　郭立忠　姬　莹　张夫也　张泽国　张明山　张秋平　张耀引　梁盛平
　　　　　　樊　进　谢　玮　熊　伟　熊　微　熊建新　蔡克中　葛　芳　鞠　斐
　　　　　　魏　洁　廖　军　戴晋明

中国少数民族设计全集出版工作委员会

主　　　任　胡彦威　周　伟
执 行 主 任　姚　军　欧京海
编 务 统 筹　阎卫斌　周小龙
编　　　辑　（排名不分先后）
　　　　　　王新斐　史美珍　冯　昭　冯灵芝　吉　昊　吕绘元　刘小玲　任秀芳
　　　　　　孙　琳　孙宇欣　李广洁　李建业　李　靖　员荣亮　张小芳　张志杰
　　　　　　张书剑　何赵云　陈俞江　吴春华　武　静　周小龙　柳承旭　郝文霞
　　　　　　赵　玉　赵晓丽　席　青　秦继华　高　雷　郭向南　阎卫斌　崔人杰
　　　　　　傅晓红　蔡咏卉　翟丽娟　樊　中　薛正存　魏　红　魏美荣
整 体 设 计　谢　成

中国少数民族设计全集·侗族

本册著者　龙昭宝（侗族）　杨昌儒　石开忠（侗族）
　　　　　　王凤友　梁盛平
参与撰写　向同明（侗族）　吴永谊（侗族）　吴帮雄（侗族）
　　　　　　马晓婷　杨　鹏（侗族）

求同存异 和合共荣

刘伟冬

　　中华民族，是一个由56个民族组成的大家庭。在漫长的文明发展史中，汉族和各少数民族都为中华文明的繁荣发展贡献了自己的聪明才智。纵观中华文明史，其实就是一部各族群之间"求同存异，和合共荣"的文化演进史。

　　从根子上讲，4000年前的"中国"，仅指北方中原地区，居住在这里的相传是上古时期黄帝部落和炎帝部落的后裔，故而自称"炎黄子孙"。其时的"中国"，不过是黄河中下游（西起陇山，东至泰山）区域。在千年发展与民族融合之后，尤其是晋末"衣冠南渡"，南迁的中原汉族与南方百越民族彻底融合，来自北方的鲜卑等民族融入汉族，使汉族前所未有地壮大发展，逐渐形成后来疆域辽阔、人口众多、物产繁盛、文化昌明的中华民族的主体族群。特别值得强调的是，自从作为一个民族整体之后，中华民族就从未中断过自己的民族发展史——这在世界历史上是硕果仅存、独一无二的。

　　中华民族具备兼容并蓄、虚心好学的民族天性。仅以设计学范畴的事例讲：在数千年文明发展历史中，中华民族在不断向外输出优秀的文明成果（如烧造之陶瓷砖瓦、营造之榫卯斗拱、织造之丝绸刺绣、锻造之"失蜡"分模等），影响全人类的日

常生活与生产方式的同时，也不断地吸纳域外各民族的优秀文明成果，如汉魏之印度佛教和西域音乐、隋唐之西亚服饰和家具、宋元之东洋印染和漆艺、明清之西洋机器与建筑……在中华民族内部，这样的文化交流更是从未停止过，而且是风生水起、枝繁叶茂，愈发流畅、深入，中华民族各族群之间"求同存异，和合共荣"的文化大演进，共同创造了中华民族极为灿烂辉煌的造物文明历史。仍以设计学范畴为例：原本是匈奴人发明的单足绳圈，被晋代的汉族人设计成铁质双镫；最早是鲜卑人原创的毡毯卷边，被晋代的汉族人改造成"高桥马鞍"，这宗中国式马具设计案例，被誉为"13世纪中国传入欧洲的最重要文化成果"（李约瑟语）。再如，西域（今新疆地区）是全世界最早的皮靴生产地，哈尼族为主的红河地区出现了全世界最早的梯田。再如，全世界最早的"干栏式建筑"和全世界最早的稻米人工育种、栽培，均起源于长江中下游的百越地区；全世界最早的竹藤编结器物起源于闽越地区……由中华民族共同创造、发明，后来又影响了全人类文明进程的优秀造物设计案例很多，不胜枚举。几千年中华民族的文明史，就是各种文化多元融合、共同发展的最好例证。不了解中华民族内部各族群的文明交流史，就无法真正理解中国文化史，也不能理解为什么中华民族总是能在逆境中成长强大。甚至可以说，能否完整地理解中华民族的文化史，是检验每一个当代中国知识分子（特别是文史哲专业的学者）文化立场的"试金石"。

随着改革开放的逐渐深入，各民族地区的经济与社会状态已发生了天翻地覆的变化。令人遗憾和担心的是，由于各地区政策执行力度不平衡，保护措施不得力，少数民族的文化特性正在逐步衰退，有些地区的少数民族文化特征甚至已经消失殆尽，仅仅

存在于徒具形式，充满口号、标语的民族文化村旅游景点中。有学者预言，再不加快整理抢救工作，中国的少数民族可能在物质形态和文化内涵的特征上，若干年后将不复存在。

从少数民族地区反映古代中国社会某些面貌的文化遗存看，这些少数民族之所以一直与汉族地区差距巨大，存在多方面的原因，其中历代汉族统治者对少数民族的歧视政策是主要原因。此外这些地区本身就处于偏僻荒地，不是沙漠就是山区，自然条件远不及汉族聚集地区，社会发展水平滞后。20世纪50年代，有相当比例的少数民族在当时仍处于原始农耕社会或奴隶制社会，不要说通电、通水、通汽车，不少人一辈子连铁器长什么样都没见过。部分少数民族聚集地的各种自然条件也较差，缺肥少水，基本生活来源，一靠老天爷恩赐的"望天收"农作物；二靠家庭手工作坊制作些竹藤编结物和土织、土陶等土特产来换取粮食；三靠养猪、兔、羊和鸡、鸭、鹅等家禽来换取日用品，如灯油、农具、衣物和油盐酱醋等；四靠为土司、头人和大户们出卖劳力（社会底层奴隶身份），年老即被抛弃。中华人民共和国成立后，党和政府在这些地区实行社会主义改造，打倒以土司、巫师和头人为首的剥削阶级，将土地和生产资料一律收归集体所有，解放了全体少数民族民众，使他们历史上第一次有了自由劳作和生活的权利。

中华人民共和国成立之初，党和政府就高度关注民族事务问题，为如何保护、关心各少数民族制定了一系列方针、政策，也为当代中国社会处理民族问题、保护民族文化树立了光辉典范。中央人民政府政务院于20世纪50年代初发布了《关于民族事务的几项决定》，为新中国民族政策奠定了最初的思想基础，其主要内容是：一、各大行政区军政委员会（人民政府）须指导各有关

求同存异　和合共荣

省、市、行署人民政府认真推行民族区域自治及民族民主联合政府的政策和制度，并随时向政务院报告推行经验，请示者须事前向政务院请示。二、各大行政区军政委员会（人民政府）须指导各有关省、市、行署人民政府认真并有计划地实行政务院在1950年颁发的《培养少数民族干部试行方案》，并将该项工作进行情况定期加以检查，每半年向政务院报告一次。中央民族学院及西北、西南、中南各军政委员会和新疆省人民政府的民族学院，必须依计划实行，并向政务院报告。三、政务院于1951年下半年适当时间将同时召开有关少数民族的卫生、教育及贸易三个专业会议，责成政务院文教委员会、中财委指导中央卫生部、教育部、贸易部开始筹备，并责成中央民族事务委员会协助进行。有关部门如农业部、文化部也须派人参加。四、责成中央人民政府各委、部、会、院、署、行注意建立有关民族事务的业务。五、在政务院文教委员会内设民族语言文字研究指导委员会，指导和组织少数民族语言文字的研究工作，帮助尚无文字的民族创立文字，帮助文字不完备的民族逐渐充实其文字。六、扩大中央民族事务委员会委员名额，责成中央民族事务委员会提出补充名单的建议，并于1951年下半年召开中央民族事务委员会扩大会议，检查与总结关于推行民族区域自治及民族民主联合政府的经验。

20世纪50年代，中央人民政府和政务院，曾多次组织"中央慰问团""土改工作队"和"普查工作队"等，花费大量人力和物力，深入各少数民族地区，进行了大量较为翔实的社会历史调查。50年代这轮由政府统筹、由中央民委组织行政领导和人类学、社会学专家学者以及民族同志组成工作队与考察队的少数民族大考察活动，1953年正式启动，1956年结束（个别地区延期至1958年才结束）。直接成果之一，就是为1956年国务院公布的55

个少数民族的正式定名和划分，提供了可靠的依据。

从当时考察的资料看，各少数民族的社会发展水平参差不齐，不少民族呈现类似汉族曾经历过的各种历史发展状况，为我们今天考察、了解并研究过去的历史以及各学术分支问题，提供了绝好的活体范本。比如以"设计发生学"研究为例，以山寨（村落）为主的初级社会组织形态，原始手工业在农耕环境中的地位，原始造物的手工技艺与设备、工具等，都是我们极感兴趣的研究对象。

在西北、西南和东北各少数民族聚集地区，有些古时流传下来的本民族手工造物技术，迄今仍保存良好。其吸收了汉族和其他兄弟民族的技术长处之后演变出来的各时段手工造物技术，则印证了各民族互相融合、取长补短的史实。更有些原始手工艺，特别具有艺术和历史研究价值。以维吾尔族人为例，本世纪初，笔者在新疆喀什城艾格孜艾日克老街看到几样手工艺绝活：其一是整条街的维吾尔族乐器店，除了热瓦普、曼陀林和冬不拉等少数维吾尔族知名乐器外，全是些笔者叫不上名来却似曾相识的弹拨乐器和拉弦乐器，于是从心里认可了"西域古乐成就了中国传统民乐"这句话所言不谬。其二是亲眼所见一个拖着鼻涕的不到10岁的维吾尔族小男孩，拿着电砂轮在铜壶上信手飞快地刻着精美细腻的图案，一不要底稿，二没有图纸，真是佩服得五体投地，也相信了"汉族人长于热铸，西域人长于冷锻"这个说法。其三是在喀什近郊著名的大巴扎"金器一条街"上看见近百家金店生意红火，家家门前毡毯上都围坐着一群金店伙计和顾客，正在热烈讨论、共同设计着花样繁多的未来金饰嫁妆，感受到了"中国传统样式的金银首饰工艺，最富有创意的设计和最先进的工艺制作，原来在维吾尔族人手里"这句大实话。还有，笔者

求同存异　和合共荣

在云南景洪县城集市上，曾亲眼见过景颇族老乡用古老的"焖烧法"烧出的红彤彤的土陶——跟笔者一知半解的仰韶彩陶的烧制工艺几乎一模一样。还有，笔者在大西北甘陕宁各省亲眼所见的回族、保安族、裕固族和东乡族老乡巧手做出的那些花样繁多、样式复杂的面塑造型，真是个个精妙绝伦。这方面的事例实在太多了。

50年代的少数民族地区社会大普查，以及半个多世纪以来社会各界对其丰富而珍贵的考察、研究，意义深远，价值极为重大。这些地区客观上保存的较为完整的、与数千年前中国原始社会最初形态近似的许多社会特征，为我们研究社会的最初形态形成和当时的经济、文化、政治的基本状况以及"设计发生学"的相关课题，提供了珍贵的类型学"活化石"范本，价值非凡。改革开放以来，这些少数民族地区也获得了前所未有的巨大发展，人民生活日新月异；但与此同时，少数民族地区的民族性在不可避免地愈发衰减、退化，甚至消失。如果我们再不采取保护措施，若干年后，各少数民族的许多宝贵民族文化遗产将无法挽救地彻底消亡，这部分同属于全人类精神财富和中华民族集体智慧的宝藏，我们将再也看不到了。

在"设计发生学"问题上，我们一向秉持文化多元论的观点，认为人类文明是全世界人民共同创造的，各国家、地区、民族均做出过大小不一、形态各异的贡献；同理，中华民族的灿烂文明是中国的各族人民共同创造的，每个民族都对中华传统文化做出过贡献，也都应当得到尊敬和肯定。中国的各少数民族在中华文明漫长的演化过程中，都曾经以自己独特而充满智慧的文明成果，补充、完善甚至改良着中华文明。比如，古代西域的龟兹古国各民族创造或引自西亚的弹拨乐器和拉弦乐器以及音律、曲

式，彻底改造了中国古代音乐，新创作出代表中国古乐精髓的江南丝竹；南疆的维吾尔族和北疆的哈萨克、塔塔尔、塔吉克等族首创了制革术，并引进古波斯革皮书籍装帧术和制靴术、制毡术、毛衣编结术；海南岛的黎族率先种植棉花并纺织棉布，传入内地后棉织业逐渐形成中国古代手工行业的"天下第一营生"……保护少数民族的民族文化特性，就是保护我们的历史遗产，就是传承我们的文明。我们应进一步发扬文化兼容的优良传统，把振兴中华的百年民族复兴梦，逐步落实为将大中华建设成为中国各民族共同拥有的美好家园。

由上千名来自全国各高等艺术院校的教授、研究生组成的55支团队参与编撰的《中国少数民族设计全集》（55卷），正是有识之士基于对各少数民族的民族文化特性正在快速衰减、消亡的严重现实问题的深切忧虑而进行的抢救、发掘、整理中国少数民族文化遗产的重要文化工程。经过两年精心筹划，六年努力写作，在国家出版基金管理部门的支持下，在山西人民出版社和人民美术出版社的策划和组织下，目前《中国少数民族设计全集》的书稿编撰工作已基本完成，即将付梓。在长达八年的漫长过程中，全国兄弟院校各团队涌现出的各种可歌可泣的事迹经常感动着笔者，并不时鞭策着全体作者克服千难万险，一路向前。有的分卷作者身患绝症仍不眠不休地忘我工作，有的分卷作者遭遇各种意外仍坚持工作。特别是，很多民族同志公而忘私、不计较个人得失，有人不惜将自己赚钱的企业关张歇业，全身心地投入各自所负责分卷的繁重编撰工作中；有人义无反顾地将自己珍藏多年的本民族实物、资料和研究成果无偿提供给相关分卷作者。大家万众一心，克服各种复杂得难以想象的困难，以确保这部凝聚了众人八年心血的巨著，能按计划如期完成。借此机会，笔者谨

求同存异　和合共荣

代表本丛书编委会全体成员,向领导、编辑和作者们表示衷心的感谢!

作为一项文化创举,笔者深信《中国少数民族设计全集》必将在未来岁月的长期检验中,愈发显现其非凡的、独特的文化价值。

2017年夏季于南京

前言

侗族是我国55个少数民族之一，主要聚居于黔湘桂毗邻地区，自称为[kɐm⁵⁵]（更），由于方言的变化有的地方的发音为[ɐoŋ⁵⁵]。在侗族内部相互称呼为[ɐem⁵⁵lao³¹]（更老）、[ɐem⁵⁵ɐau³¹]（更绞）或[ɐem⁵⁵ɐan³¹]（更坦），汉族称之为"侗家"。中华人民共和国成立之后统称为"侗族"。在侗族生活世界中，[kɐm⁵⁵]（更）有"遮盖""碓窝"之意。从发生学角度而言，[kɐm⁵⁵]（更）的"遮盖"之意源于侗族对生存环境的形象认知。侗族栖居之处山高林密，溪流纵横，资源丰富，为生命的生息繁衍提供了良好的庇护之所。历史上统治者将这种生存地理称为"溪洞"或者"峒"，进而将生活其间的群体称为"峒"，侗族族称的汉名也由此而形成。

据2000年第五次全国人口普查统计，全国侗族人口共有2 960 293人，其中贵州省1 628 568人，比例为55%；湖南842 123人，比例为28.4%；广西壮族自治区303 139人，比例为10.2%；湖北省69 947人，比例为2.4%，其余的散居于全国其他省份。从人口的分布情况来看，贵州的侗族人口最多，其中黔东南苗族侗族自治州人数为1 207 197人，比例为4%；铜仁市376 862人，比例为23.1%；黔南布依族苗族自治州有11 337人，遵义市、黔西南布依族苗族自治州、六盘水市、安顺市等地方也有少量分布。从贵州的分布来看，侗族人口主要分布于黔东南苗族侗族自治州以及铜仁市，黔东南苗族侗族自治州的人口分布情况是：黎平县324 867人、天柱县235 241人、从江县123 270人、榕江县115 295人、锦屏县94 537人、三穗县83 193人、镇远县71 800人、剑河县65 170人、岑巩县61

006人、凯里市22 099人，其他县尚有少量分布。铜仁市的侗族人口分布情况是：碧江区104 057人、石阡县101 990人、玉屏侗族自治县98 757人、万山区40130人、江口县17011人、松桃苗族自治县14 025人，其他县有少数分布。湖南省的侗族主要分布在怀化市、邵阳市及下辖的各县区，广西壮族自治区的侗族主要分布于柳州市、桂林市及下辖的各县区，湖北省的侗族主要分布在恩施土家族苗族自治州及下辖的各市县。①

　　侗族居处大多位于群山环抱之处，依山傍水，结成寨子。这些寨子，大的有六七百户，小的仅二三十家。侗族建筑多取材于本地的杉木，样式以"干栏式"建筑为主，侗寨一般由民居、鼓楼、寨门、寨墙、戏台、禾仓、禾晾、水井、石板路、池塘、排水沟等不同功能的建筑和设施组成。而在南部地区的大多数村寨里，还建有供奉"萨"的神坛。侗族的干栏建筑主要采取"抬梁式""穿斗式"营造工艺，柱枋穿插紧密结合与一起，结实牢固，抗震能力强。侗族的干栏建筑以鼓楼和风雨桥最为出名，它们也是侗族最具特色的标志性公共建筑。尤其是鼓楼，它是侗寨政治文化的中心。自古以来，凡聚众议事，制定村规民约，调解民事纠纷，抵御兵匪等重大活动均在鼓楼进行；逢年过节，迎宾送客，对唱大歌，"多耶"踩堂等均在鼓楼进行；平时闲暇，人们则聚集在鼓楼休息，谈论家常、讲故事，弹琵琶、唱古歌，说古论今。风雨桥是"桥""廊""亭"三位一体的传统建筑，又称为"花桥""福桥""回龙桥"等，为长廊式木结构，长四五十米至百米不等，宽五至六米，上覆青瓦，廊桥两侧设有栏杆长凳，供过往行人遮风避雨和休息。

　　侗族以大米为主食，尤其喜欢糯米。小米、玉米、小麦、高粱、

---

① 《侗族简史》编写组，《侗族简史》修订本编写组.侗族简史.北京：民族出版社，2008年版，第1—2页。

薯类等，虽有食用，也只是作为调剂。肉食以家养的禽畜为主，有猪、牛、羊、鸡、鸭、鹅等，但最喜爱的还是鱼类。喜食蔬菜品种较多，以青菜、白菜、萝卜、茄子、豇豆、黄瓜、南瓜、冬瓜、白瓜、辣椒最为普遍。酒在侗族的饮食中有着极为重要的位置，几乎家家户户都会以糯米酿酒。糯米、油茶、腌酸和鱼是侗族人民最喜爱的传统食品，它们与民族习俗息息相关，是公认的侗家风味。另外也常用以"油茶""酸宴"和"合拢饭"来款待宾客。另有"牛瘪"、烧鱼、血浆鸭、红肉等特殊食物。根据汉籍文献记载，"牛瘪"食俗至少产生于唐代。为了达到长期保存的目的，侗族将猪、鸭、鹅、鱼等肉类食品用盐巴掺和辣椒以及其他佐料用木桶或土坛进行腌制，腌制的肉食品成了侗族的特色美食。

　　侗族地区资源丰富，凡生产生活中所需用具均取材于自然，分木质、竹质、石质三大类，有木床、木盆、木桶、脸盆架、谷桶、木犁、谷箩、竹篮、筛子、背篼、鱼捞、石磨、石碓等，物品多样，不一而足。这些生产生活用品取材易得、自然环保，展现出了侗族人因地制宜的生存智慧，如竹编类生产生活用具，利用竹篾天然的韧性来承担较重的物品，不仅巧妙地利用了竹子的天然材质，而考虑到了竹编用具较轻的重量。在各种竹类器物中，竹编饭盒工艺最为精湛。此类器物用细竹篾编织，主要用来在山上干活时包裹饭食，有时还可盛水。

　　侗族人热爱生活，服饰也是丰富多彩，不同性别、不同年龄、不同季节都有特定的服饰，侗族人民喜爱青、蓝、黑白等色；有左衽、右衽、对襟；有布扣、铜扣、银扣；有裤装、裙装；有头饰、颈饰、胸饰、腰饰、手饰、脚饰等等。仅头饰就多达50余种，以银饰为主，有银花冠、银簪、银梳、银发链、银耳环、银耳坠、银耳线等。妇女盛装时，银光闪闪，靓丽动人。在侗族多样化的刺绣中，黎平、

榕江两县交界的四十八寨、七十二寨的绣片极具地方特色，这一地区的妇女工于刺绣，绣片颜色以青为主，间以他色，图案以云纹为主，线条柔美，披肩的垂绒成了和其他地方服饰相区别的标志之一。妇女的发式较特别，有前、后、左、右挽髻，亦可盘发辫于头顶，不同地区均有明显差别。如流传于九洞、六洞一带的偏髻，相传便起源于明朝初年侗族英雄吴勉挥鞭赶石的故事。

民间手工艺制品种类繁多，有刺绣、挑花、编织、彩绘、雕刻、剪纸等，大都实用美观，特色鲜明。侗族妇女善刺绣、挑花，图案有花鸟鱼虫、飞禽走兽等，绣于胸襟、领襟、袖口、头巾、枕巾、被面、背扇、袜底为饰，形象生动，色彩绚丽而调和。编织有色彩鲜艳的侗锦，图案精致的铜帕和形式多样的花腰带。其他如雕刻、剪纸，以及日常生活中的竹、木、藤等制品，也都精致实用，具有很高的工艺价值。在众多的民间工艺中，侗族的木结构营造工艺最为精湛，尤以鼓楼、风雨桥的营造工艺而著称。侗族早期营造鼓楼的工艺是中间以一根巨大杉木支撑，通过四面穿枋的形式和12根柱子联系起来。到了后期，独柱支撑的结构变了四柱，鼓楼的内部形成了"井"字形结构，空间得到进一步扩展。自第二层起，木枋之上立有短柱，短柱之间及与柱主之间均用木枋牵连。短柱的作用十分明显，一方面支撑层层屋檐，一方面可弥补主柱长度的不足而增加鼓楼高度。鼓楼的形状呈现为上小下大，或四边、或六边、或八边，内部各柱子通过木枋构成一个结实的整体，风吹雨打数百年不倒。风雨桥以青石砌墩，采用伸臂式构筑方法在桥墩上逐层堆放木头形成倒金字塔结构，然后再用巨大的杉木连排作桥身，在桥的两头和中间建有亭子，亭子之间用走廊连接于一体。

侗族人能歌善舞，尤其是唱歌，在侗族人的日常生活中占据了重要的地位。在侗乡，年长者教歌，年轻者唱歌，年幼者学歌，首首歌曲，代代相传，成为社会风俗。"侗族大歌"更是侗族音乐中的精粹，主要特征是在音乐上形成了复调结构与表现手法，举世罕见。侗族民间有传统的歌班、歌队组织，每逢节日或歌队出外访客或迎接歌队及客人来访，便对唱"大歌"。歌班演唱时，领唱与众人合唱配合默契，分出高低音声部，其完整的多声部结构是中国目前所发现的最完美的民间合唱，被誉为"天籁之音"，还获得国内外的称颂和荣誉。此外，琵琶歌、牛腿琴歌也是南部地区最具魅力的音乐，因乐器"琵琶""牛腿琴"而得名。在北部地区，玉屏侗族自治县所产的平箫、玉笛驰名中外。

侗族舞蹈有芦笙舞、"多耶"舞、耍龙舞、狮舞等。其中芦笙舞曲调繁多，舞姿有"鱼跃""斗鸡""盘龙"等10多样，侗乡有秋后赛芦笙的习俗，方圆数十上百个村寨的上千架芦笙参加，观众上万人。"多耶"舞是侗族古老的歌舞结合的舞蹈形式，活动时，参加的人手拉着手或以手搭肩围成一圈，跟着节拍踏步徐行，歌词由一人领唱众人合唱，是侗族地区最喜闻乐见的娱乐活动。侗戏是一种具有独特风格的剧种，产生于清朝道光年间，由贵州黎干腊洞的吴文彩首创，已有100多年的历史。侗戏台步简单，动作纯朴，曲调唱腔多样，有传统和现代剧目近千出。侗戏的演出有专门的戏楼。

侗族有众多的传统节日。一年中的各种丰富多彩的节会活动不下百处（次），仅黔东南地区一年之中就有各种节会活动84次。有全民族普遍过的节日，也有一村一寨、一族一姓的节日。春节、活路节、尝新节、三月三、林王节、牛神节、芦笙节、花炮节、大雾梁歌节、四十八寨歌节、斗牛节等节会最为隆重。节日的内容广泛，涉及时令、生产、祭祖、信仰、姓氏、英雄、爱情、娱乐、体育等。随着民族文化的交融，侗族也过清明、端午、中秋、重阳等汉族传统节日。众多的节日也催生了丰富多样的饮食文化、服饰文化、歌舞文化，

都是侗族优秀传统文化传承发展的重要媒介。

　　侗族相信万物有灵,信仰多神。山神、土地神、水神、井神、树神、石神、火神、雷神均是崇拜的主要对象。在南部方言区还崇拜众多的女性神,统称为"萨",有一位至高无上的尊神"萨岁",神通广大,主宰人间的一切。民间认为萨岁即是侗族女英雄杏妮衍变而来,黎平、从江两县交界的萨岁山被认为是杏妮反抗朝廷失败后跳崖牺牲的地方,各地新建萨坛的时候必须到此地取一包黑土。黎平、榕江、从江等地的侗寨都建有萨坛,有的地方还建有萨屋。萨坛有专人看护管理,每月的初一、十五都要烧香敬茶,每年的新春是寨人祭"萨"的日子,届时举行盛大的祭典。在"为也"习俗活动中,村寨中的男、女歌队出行,戏班演出,举行芦笙赛会或进行斗牛活动等都要事先到萨坛前祭祀,以祈求平安顺利。榕江县的萨玛节源于民间的萨崇拜。②

---

②贵州省民族事务委员会编著.贵州少数民族传统文化辞典.贵阳:贵州教育出版社,2011年版,第4—6页

目录

第一章　侗族传统建筑

侗族独柱鼓楼　002
侗族风雨桥　005
高寅侗族倒金字塔古民居　009
侗族吞口式民居　012
侗族印子屋　016
侗族陆地粮仓　019
侗族戏台　022
高寅侗族集体粮仓　025
侗族碾坊　028
侗族水上粮仓　031
侗族凉亭　034
侗族寨门　037
侗族井亭　040
侗族禾晾　044
侗族蜂窝　047
侗族吊脚楼　050
侗族偏厦　053
侗族昂　056
侗族火铺　059
侗族火塘　061
侗族雕花木窗　063
侗族磉石　065
侗族石栏杆　067
侗族檐廊　069
侗族木楼重檐　072
侗族泥瓦屋顶　076
侗族杉木皮屋顶　079

第二章　侗族传统服饰

　　小黄侗族少女盛装　084
　　尚重侗族少女盛装　086
　　侗族女性春装　088
　　镇远侗族女性盛装　090
　　从江侗族青年女性夏装　092
　　从江侗族青年男性盛装　094
　　侗族寨老盛装　096
　　天柱侗族老年女性服饰　098
　　侗族老年女性盛装　100
　　侗族男性冬装上衣　102
　　侗族观音童帽　104
　　侗族绣花鞋　106
　　侗族剪纸破线绣　108
　　侗族中老年妇女上衣　110
　　朱冠侗族中年女性宽袖上衣　112
　　侗族绣包　114
　　侗族绣花背带　116
　　侗族侗布　118
　　侗族妇女偏髻　120
　　侗族银冠　122
　　侗族巴肩　124
　　朱冠侗族披肩　126
　　朱冠侗族围腰　129
　　侗族银锁　131
　　侗族银项圈　133
　　侗族耳坠　135
　　侗族绑腿　137

　　朱冠侗族飘带 139
　　侗族手镯 142
　　侗族手帕 144
　　侗族头帕 146

第三章　侗族传统餐饮

　　侗族牛瘪 150
　　侗族腌肉 152
　　侗族腌鱼 154
　　天柱侗族血浆鸭 156
　　天柱侗族腌鸭肉 158
　　侗族熏腊肉 160
　　侗族干鱼 162
　　侗族烧鱼 164
　　侗族糯米饭 166
　　侗族泡汤 168
　　侗族乌米饭 170
　　侗族血灌肠 172
　　侗族醋血 174
　　侗族血红 176
　　远口侗族油炸豆腐 178
　　侗族油茶 180
　　侗族三月粑 182

第四章　侗族传统生活用具

　　侗族雕花脸盆架 186
　　侗族清代雕花木床 189

侗族雕花碗柜　192
侗族杉木盆　195
侗族鼓楼木鼓　197
侗族木质多层多边形轴转茶几　199
侗族豆腐箱　201
侗族扶手木椅　203
侗族高脚圆柱坐凳　205
侗族染桶　207
侗族米桶　209
侗族木质粑槽　211
侗族腌桶　213
侗族甑子　215
侗族木质水桶　217
侗族木制衣柜　219
侗族圆木儿童座椅　221
侗族竹编饭盒　223
侗族烤罩　225
侗族竹编渔钻　227
侗族筛子　229
侗族木梯　231
侗族庞桶　233
侗族弯笆篓　235
侗族鸡笼　237
侗族竹篮　239
侗族烤笼　241
侗族猪笼　244
侗族竹编笆篓　246
侗族石磨　248

侗族擂钵　250
侗族砖灶　252
侗族铁鼎罐　254
侗族三脚铁架　256
侗族手工锯　258
侗族短刨　260
侗族凿子　262
侗族琵琶　264
侗族芦笙　266
侗族牛腿琴　268
玉屏侗族平箫　270
玉屏侗族玉笛　272
侗族唢呐　274

第五章　侗族传统生产工具

侗族平式织布机　278
侗族纺车　281
侗族绕线机　283
侗族脱棉籽机　285
侗族石碓　287
侗族木制榨油工具　289
侗族谷箩　291
侗族背篼　293
侗族谷桶　295
侗族风箱　298
侗族鱼捞　301
侗族撩箕　303

  侗族搓钻　305
  侗族木犁　307
  侗族木耙　310
  侗族蓑衣　312
  侗族摘禾刀　314

第六章　侗族传统手工艺

  侗族鼓楼营造工艺　318
  侗族风雨桥营造工艺　324
  侗族干栏民居营造工艺　327
  侗族被扣制作工艺　331
  侗族草鞋编织工艺　333
  侗族斗笠编织工艺　335
  侗族草席编织工艺　337
  侗族蓝布印染工艺　340
  侗族刺绣工艺　343
  侗族泥塑工艺　346
  侗族石雕工艺　348
  侗族木桥修筑工艺　350
  侗族木雕工艺　352
  侗族锯木工艺　355

第七章　侗族传统民俗和宗教造像

  侗族萨屋　358
  侗族香案　362

后记　364

第一章 侗族传统建筑

侗族独柱鼓楼

图一　侗族独柱鼓楼主图

　　侗族地区最早具有聚众议事、休息纳凉功能的场所名为"遮阴树"，其后才是人们建造的公共建筑"堂卡"。"鼓楼"系汉名，因置鼓于楼内而得名。

　　鼓楼为木质结构，是一种塔形建筑，可分为厅堂式、楼阁式、门阙式、密檐式等类型，以密檐式居多。大都用四根大杉木为主柱，直达顶层，另立偏柱加横枋于其上，向四面伸展，全以木榫、木栓穿合，不用铁钉，结实牢固，扣合无隙。其形状不一，楼的层面有四角、六角、八角。楼的层数须取奇数，有三层、五层以至二十一层不等，奇数表示"阳"，是吉利和兴旺的象征。占地面积由36至200平方米不等。有的围以栏杆，有的空敞，中置"火塘"，四周设有长凳，供人休息。

　　楼顶多呈伞形，上竖桅杆或垒迭"金瓜""葫芦"。顶盖下层，围以木格或累积角形木花，似蜂窝寓意人丁兴旺。楼檐覆盖青瓦，檐角附以龙凤、鸟兽等泥塑。有的还在横枋、四壁或门上彩绘龙凤麒麟，山水花卉，古装人物，造型美观，栩栩如生。

本案例采集于贵州省黎平县岩洞镇述洞村，为独柱鼓楼（即主柱为一根大杉木）。从历时性而言，独柱的营造技法是鼓楼的早期形式，因此述洞鼓楼对研究此类建筑有着重要的价值：首先，从结构上看，独柱鼓楼中间为一根支柱，四周配以八根副柱，主柱通过穿斗式营造技法与其他副柱相连接，运用梁上抬柱技法层层内缩，使得鼓楼呈现出塔状结构，四面倒水；从楼顶结构看，漏斗型的下部并无装饰，而是设有窗户，保留了古代鼓楼的瞭望预警功能；从装饰程度看，此鼓楼并没有对檐边进行彩绘，仅在檐角用瓦堆出飞角，显得古朴庄严；从檐层来看，属于密檐型，因受限于主柱的高度，鼓楼整体高度不是很高，占地面积不是很大。如今，随着营造技法的不断提高，鼓楼已从一柱变成了四柱，高度更高，檐层更多，增加了彩绘，更为富丽堂皇。

鼓楼是象征族姓群体的标志性建筑，代表了侗族高超的营造技巧，成了一种独一无二的文化遗产和文化景观。

图片来源
图一　龙昭宝　摄影
图二至图七　杨鹏　制图

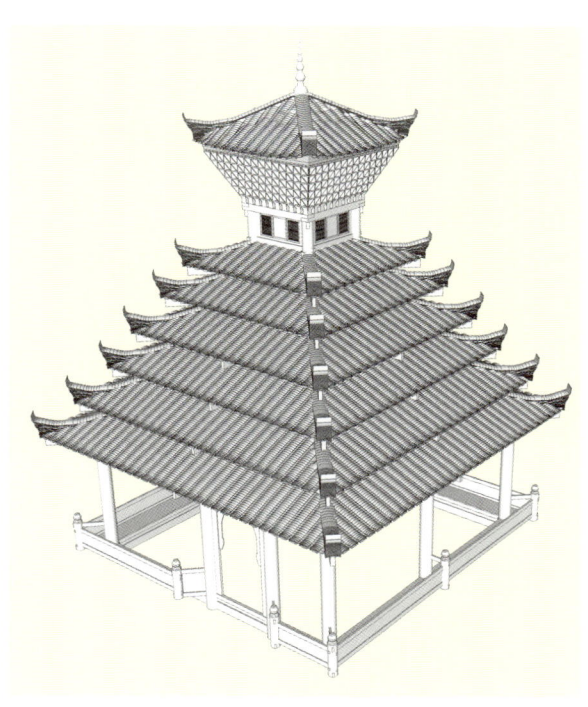

图二　侗族独柱鼓楼鸟瞰图

图三　侗族独柱鼓楼人视图

图四 侗族独柱鼓楼内部结构图

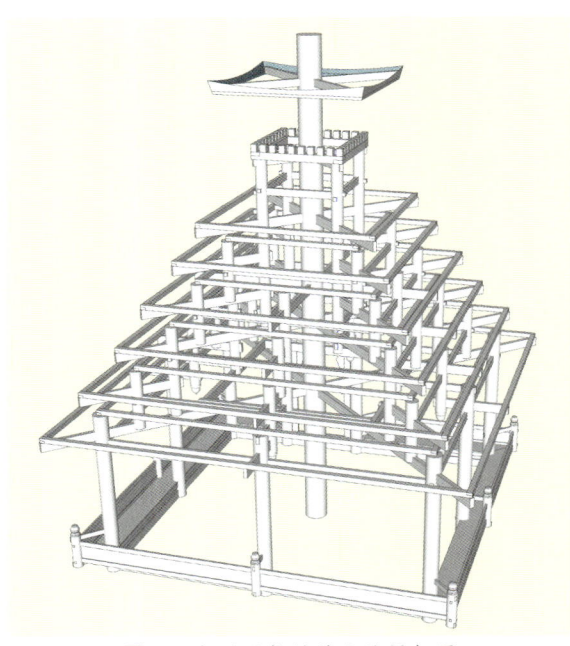

图五 侗族独柱鼓楼立体梁架图

图六 侗族独柱鼓楼平面梁架图

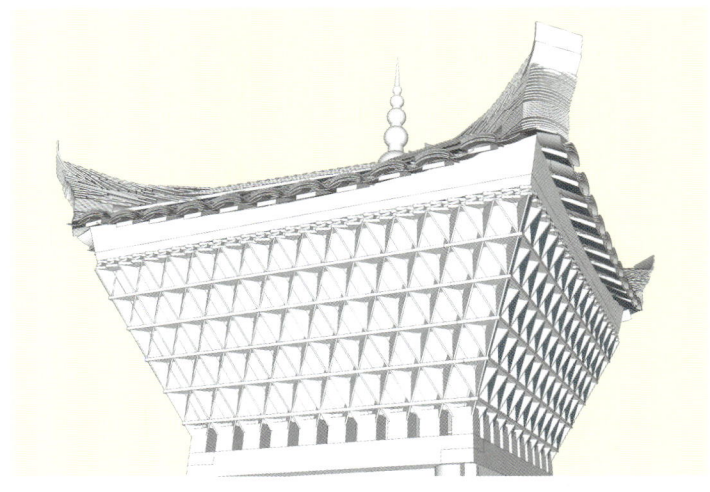

图七 侗族独柱鼓楼蜂窝装饰图

侗族风雨桥

图一　侗族风雨桥主图

风雨桥，又称"花桥"或"福桥"。它是一种廊楼合一的极具民族特色的民间桥梁建筑，集亭、台、楼、阁于一体。侗乡之所以建造风雨桥，一是由于侗寨一般建在山畔河谷的坡地，必须解决交通问题以满足发展生产和对外交往的需要；二是侗族地区盛产杉木，但用杉木建桥，遭日晒雨淋又容易腐烂，加盖亭廊，可以保护木桥；三是侗族人热爱公益事业，木桥上加盖长廊和亭子后，人们可以在廊亭内歇脚、躲雨、下棋、聊天。

风雨桥通常由上、中、下三部分构成。下部为桥墩，用大青石围砌六面形柱体（以减少洪水冲击），用鹅卵石填心；中部为桥面，用大杉圆木平铺兼作桥梁和桥面，或于桥梁之上再铺厚木板为桥面；上部为从桥面建起的廊亭和桥顶，廊亭和桥顶均盖瓦，外挑出一层或数层檐，防止雨水淋湿桥面各部分。桥面上的柱与柱之间设坐凳和靠背栏杆，外又挑出一层桥檐，使桥梁各部不受雨水侵蚀。

从桥墩来区分，风雨桥主要有石拱风雨

桥、木拱风雨桥、钢筋水泥结构桥拱风雨桥和无拱旱地风雨桥；从檐顶来区分主要有单檐风雨桥、重檐三宝顶风雨桥，都是两面倒水，歇山顶。总之，侗寨的风雨桥多以青石块垒墩作础，以古杉圆木作跨梁，以过间杉柱、杉枋穿榫作桥身桥廊，以重檐斜面作桥楼桥顶，青瓦覆盖，廊楼相连，瓦檐重叠，看去淡雅而美观，和谐统一，别具一格。

本案例采集于贵州省黎平县茅贡镇地扪村，为钢筋水泥结构桥拱风雨桥，是传统营造技法和现代造桥工艺的完美结合。基桥由钢筋水泥塑成，呈单拱，横跨水面，一劳永逸地克服了传统青石桥墩易受大水冲毁的缺点。桥面采用传统木作营造技法构建廊亭，中间高出的部分吸收了鼓楼的密檐结构，高低错落，两端则吸收了门楼工艺。整座风雨桥柱枋结合，显得俊美轻盈，不仅凝聚了民间工匠高超的技巧，也承载了民间的审美文化，成为一道美丽的文化景观。

图片来源
图一　吴帮雄　摄影
图二至图七　杨鹏　制图

图二　侗族风雨桥人视图

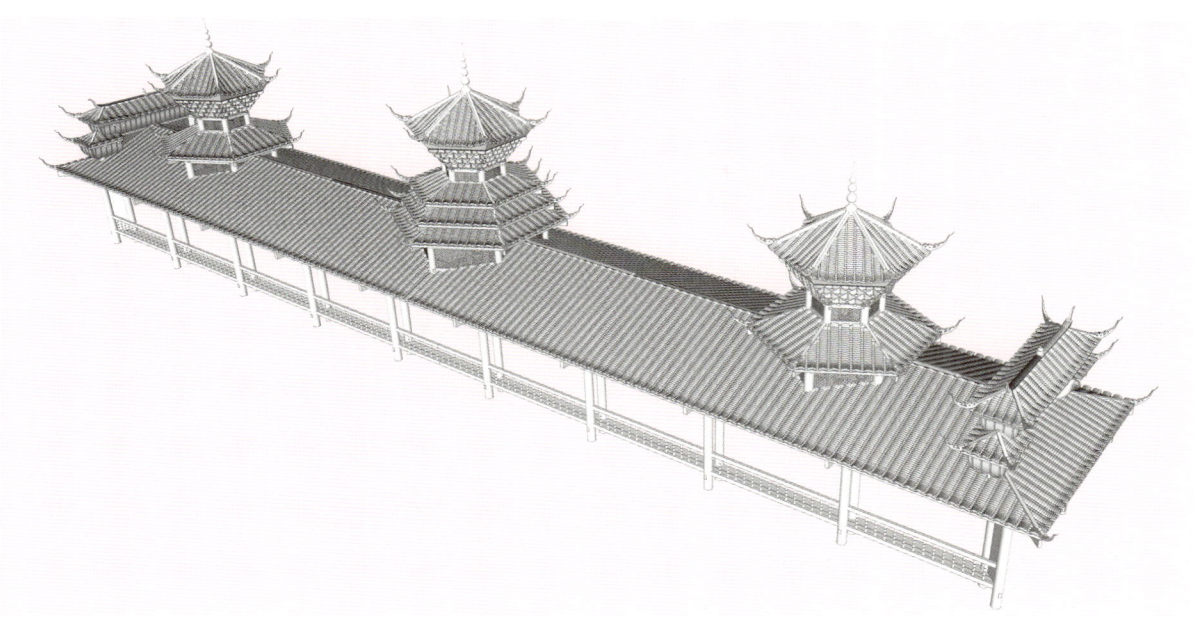

图三 侗族风雨桥鸟瞰图

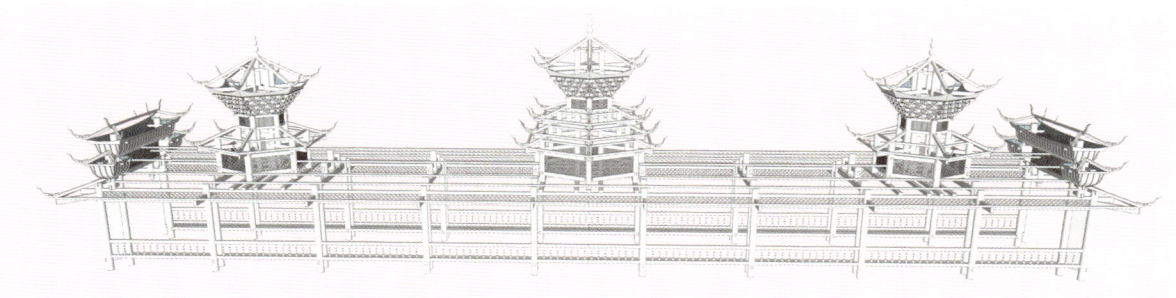

图四 侗族风雨桥梁架图

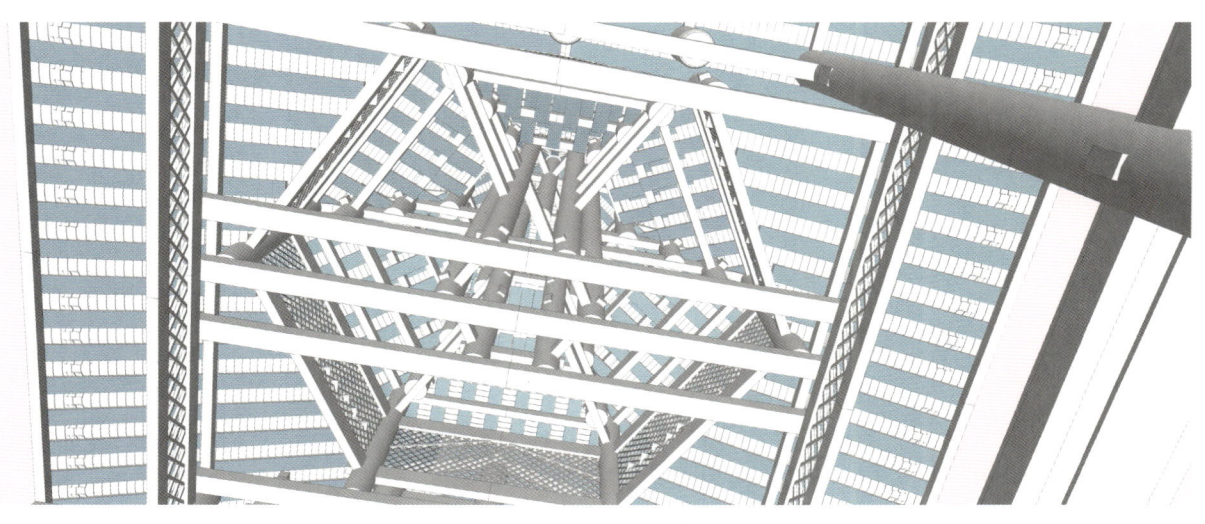

图五 侗族风雨桥桥亭内部结构图

图六　侗族风雨桥入口透视图

图七　侗族风雨桥飞檐装饰图

高寅侗族倒金字塔古民居

图一　高寅侗族倒金字塔古民居主图

　　侗族传统民居为干栏式建筑，楼层多为二至三层。但在贵州省黎平县九潮镇的高寅村，却保存有六十多栋的倒金字塔式古民居。有资料显示，这些古民居均已逾百年"高龄"，其中200年以上的房屋有十八栋。全为优质杉木建造，从第二层开始，房子四周均加以吊柱，层层拓宽，下小上大，形成倒金字塔造型。多为三层五间布局，其中一栋为四层，每层高3米，整栋房子高12米有余。房屋为方形构造，五间带二偏厦，六排柱子，其中四排为正柱七根，五根抵地，两根悬吊，吊柱伸到上一层为止。再上一层又添吊柱，宽度为0.7米，间宽3.7米，两边偏厦各2.7米，整栋房屋宽度为21.2米。二楼楼梯口安有踏门，房屋站板的外边装有防盗站枋。站板面安有雕花板、格子板、窗花板等装饰。

　　倒金字塔古民居在使用分配上一楼堆放柴火杂物以及关养牲畜，二楼以上楼层住人。楼层之间用宽大木梯相连，木梯多放置于房屋两侧。楼层用木板开槽密镶，分隔出四至五个房间作为生活起居之用。靠外侧的房间开设有门及窗。此类古民居虽用榫卯技法构造，但下小上大的设计体现出了自己的特点：首先是从二楼开始的逐层添加吊柱拓宽了房屋的使用面积。据了解，此类木房三层者可住四户人家，四层者可住六户人家，最多可容纳三十余人；二是充分利用副柱的支撑作用。一般的民居副柱只是承担房架的支撑，而此类民居则在副柱上添加诸多附属物，0.7米的宽度并没有超出其负重范围，宽厚的穿枋将副柱和主体构架牢固地连成一个整体；三是防潮防盗。人居二楼以上可以避免潮气，而楼梯口的踏门亦能堵住上下通道，起到防盗作用。

从地理位置而言，倒金字塔古民居只分布于今黎平县的高寅村及榕江县的乐里村。此类民居的建造除了对建材有着特殊要求之外，还体现了木匠高超的设计理念、力学知识以及侗族人的生存智慧。从历史角度而言，此类古民居在中国少数民族建筑发展史上应占有一席之地。

图片来源
图一　吴帮雄　摄影
图二至图六　杨鹏　制图

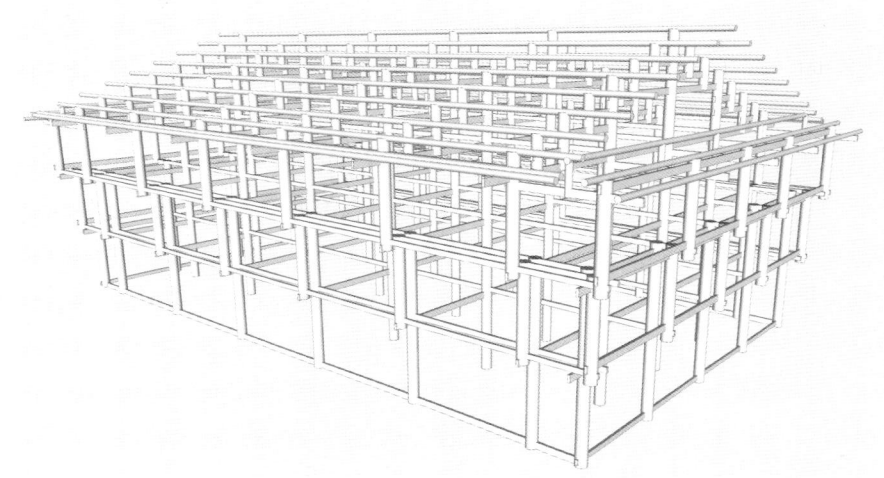

图二　高寅侗族倒金字塔式古居民梁架结构图

图三　高寅侗族倒金字塔式古居民人视图

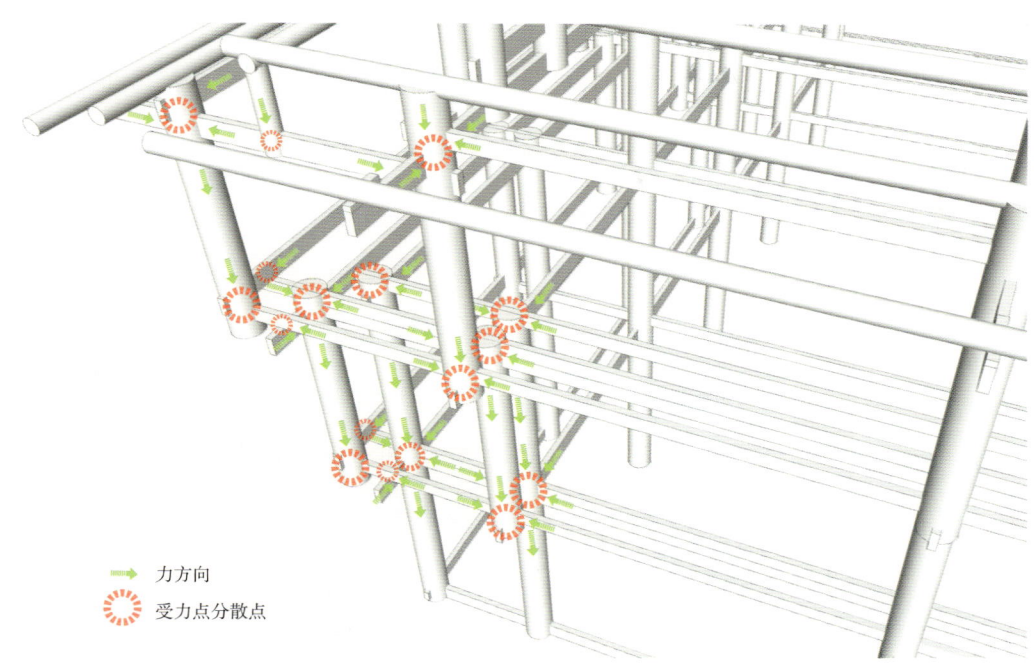

→ 力方向
⭕ 受力点分散点

图四　高寅侗族倒金字塔式古居民力学分析图

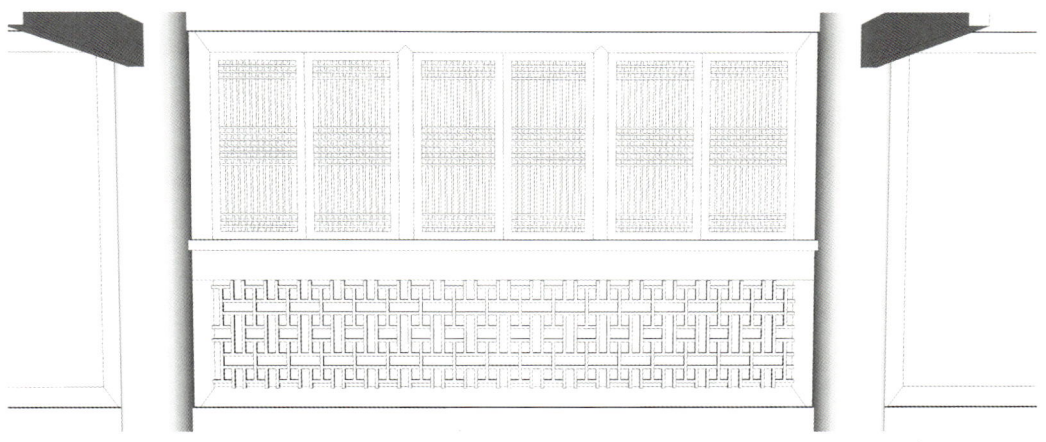

图五　高寅侗族倒金字塔式古居民装饰墙面图

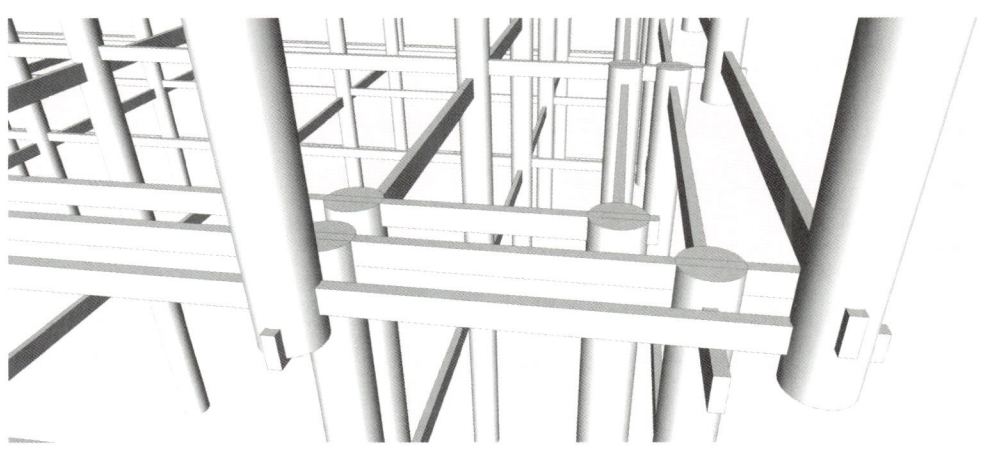

图六　高寅侗族倒金字塔式古居民第三层梁柱交接详图

侗族吞口式民居

图一　侗族吞口式民居主图

　　吞口式民居广泛分布于侗族北部方言区，本案例采集于贵州省天柱县高酿镇富学村。其结构是悬山顶，四柱开间，五柱进深，二层。"四柱开间"是指横向四排立柱建构出房屋的宽度，"五柱进深"是指纵向五排立柱建构出房屋的长度，立柱之间将木枋用穿斗式营造技法连成一个结实木架。

　　民居内部的房间设置根据需要用木板分隔，一般而言，一楼的房间分布大致是分成六个房间：中部的外间为堂屋，里间为储物室；左、右侧的外间为卧室，里间为厨房。二楼的房间分布共八间，左、右侧的外间是卧室，往里依次是过道、粮仓、"昂"（消烟通道）。中间部分的外侧没有分隔出房间，主要作为过道，里侧分隔出一间，作为堆放杂物之用。一楼至二楼用木梯相连，一般放置于房屋两侧的偏厦下。堂屋为进入民居的主要通道，堂屋内壁设为神龛（供奉列祖列宗），两侧是进入房间的木门，外侧为大门。大门设置和左右卧室不属于同一水平线，而是要凹进一些，所以此种民居被称为"吞口式民居"。

从历时性来看，吞口式民居由古代的干栏式建筑发展而来。历史上干栏建筑是南方一种普遍的民居，《魏书》卷一百一《僚传》记录到："僚者，盖南蛮之别种，自汉中达于邛笮川洞之间……依树积木，以居其上，名曰'干兰'，干兰大小，随其家口之数。"人居二楼，一楼则圈养家畜，宋代范成大著的《桂海虞衡志》载："黎人居处，架木两重，上以自居，下以畜牧。"如今在偏远山乡仍可见到此种居住模式。将一楼作为家畜圈养之所主要从安全角度考虑，但臭味及蚊虫一定程度上影响到家居质量。鉴于此，人们将畜圈移于户外，一楼、二楼均为人居。

图片来源
图一　龙昭宝　摄影
图二至图七　杨鹏　制图

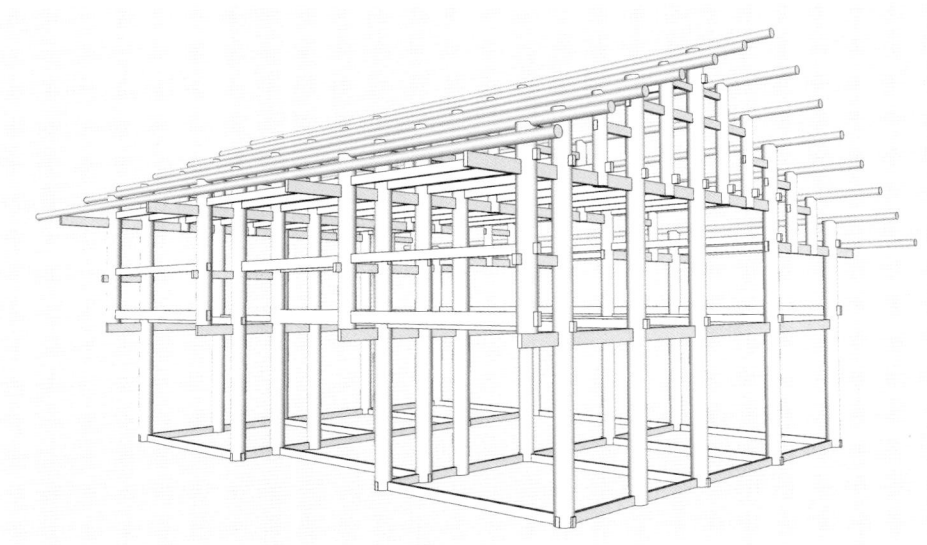

图二　侗族吞口式民居梁架结构图

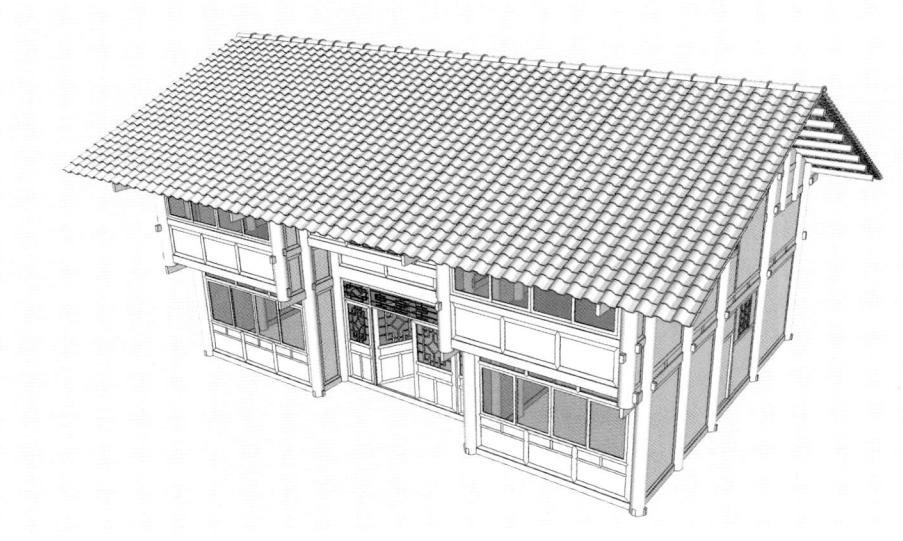

图三　侗族吞口式民居鸟瞰图

图四　侗族吞口式民居人视图

图五　侗族吞口式民居正立面

图六　侗族吞口式民居侧立面图

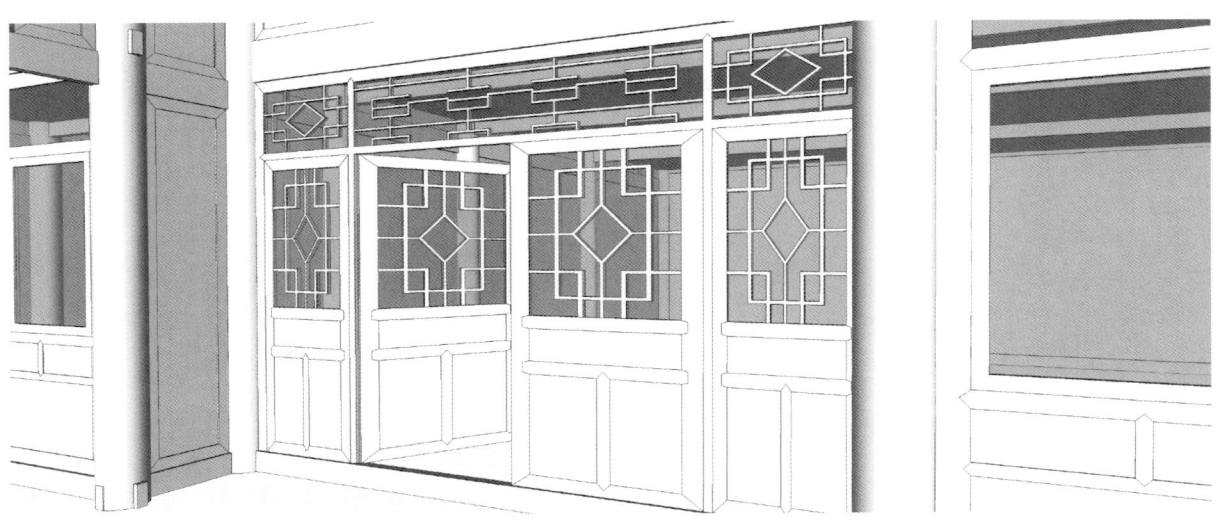

图七　侗族吞口式民居大门装饰图

侗族印子屋

图一　侗族印子屋主图

流布于清水江下游，有一种民居，因围有砖墙，形如一颗方方正正的印章，所以当地百姓形象地称之为"印子屋"。本案例采集于贵州省锦屏县茅坪镇。印子屋是一种"楼居"模式为核心的组合民居。主楼为干栏式建筑，一般面阔三间，高二层，有的房屋周边根据需要另配厢房。主楼房间分别根据实际需要而设，一般的布局是一楼中部为堂屋，两侧为卧室，靠里的两间设有火塘，为日常生活重要之所。二楼亦分成几个房间，各自作为休息、储粮以及堆放杂物之用。印子屋的左右侧及后面均围以高墙，尤其是左右侧，墙体高出主楼很多，主要是起到防火作用，因此称为"防火墙"。防火墙的设计主要出于现实需要，因为在聚族而居的村落里，房屋密集，一旦某舍失火，势必殃及四邻，防火墙则能挡住或者延缓火势蔓延，增加救援时间。其缺点是，因围以高墙，屋内常年光线昏暗，地面潮湿。

印子屋的形成源于徽州民居。明代中期之后，清水江流域掀起木材开发热潮，许多徽商落户清水江下游，也就把家乡的传统民居模式带了进来。和传统徽州民居略有不同的是，印子屋保留了防火墙和门楼建筑设置，但没有保留天井，只在正房前面开辟出一个较大空间，增强采光；而主楼部分继承了当地的干栏式建筑模式。可以说，印子屋是历史上侗、汉建筑文化深度融合的产物，如今已成为一道独特的文化景观。

图片来源
图一　龙昭宝　摄影
图二至图五　杨鹏　制图

图二 侗族印子屋侧视图

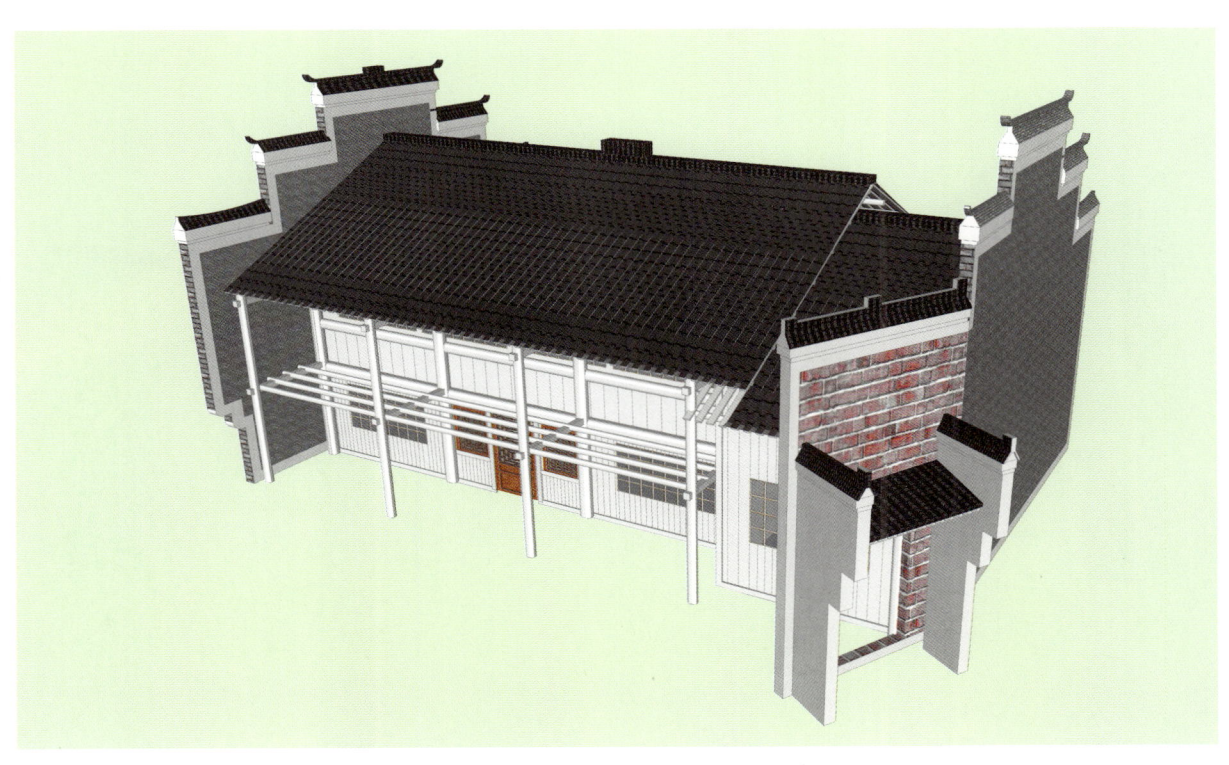

图三 侗族印子屋鸟瞰图

图四　侗族印子屋人视图

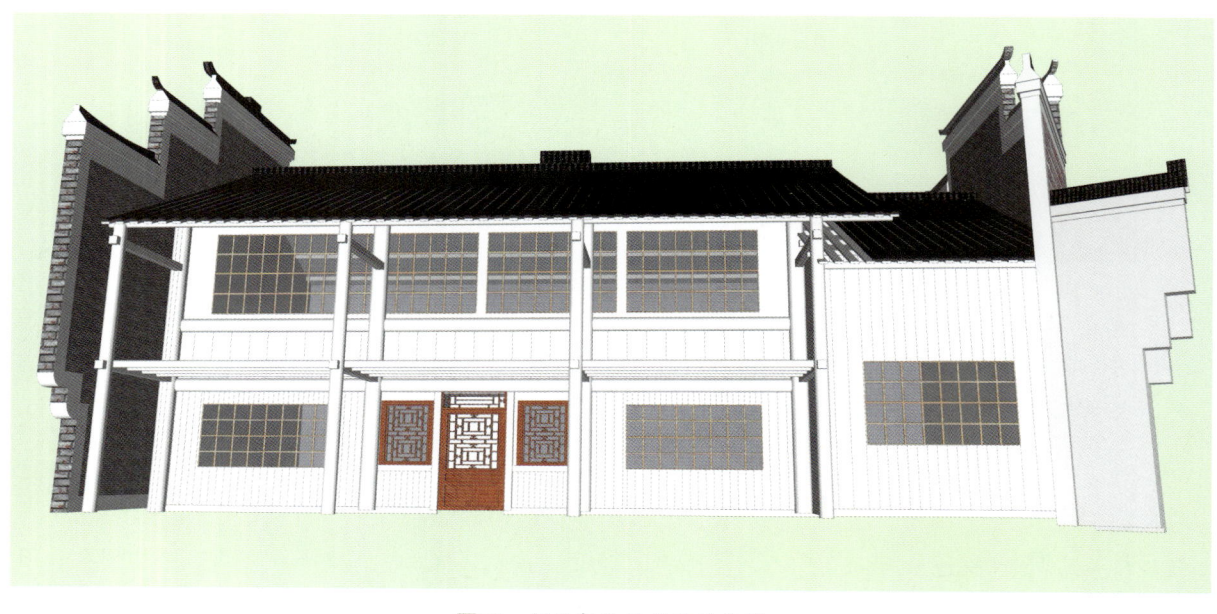

图五　侗族印子屋正面结构图

侗族陆地粮仓

图一　侗族陆地粮仓主图

侗族地区建于室外的传统粮仓大多数为单仓，并没有其他的附属品。随着社会的发展，现在从江县以及榕江县的一些地方，新修的粮仓增添了晾晒禾把的栏杆附属构件，扩大了粮仓的功能。本案例采集于贵州省从江县高增乡岜扒村，是此类粮仓的一个典型代表，因修筑于陆地上，便命名为"陆地粮仓"。

和传统的四柱粮仓比较起来，具有晾晒功能的陆地粮仓因使用面积扩大，立柱由四根变成九根。从空间位置而言，存放粮食的仓房位于干栏建筑的中间，底部临空，四周用木板封严，仅在侧面开一小门供进出。仓房的四面，利用穿枋悬柱技术增加晾晒附属构件，即悬柱通过木枋和主体建筑紧密连接于一起，在悬柱之间等距凿出三排圆孔，孔中插入圆形木棍即能晾晒禾把。晾架与粮仓之间留有一条走廊，便于劳作。

在粮仓四侧增加晾晒的栏杆，在功能上可视为传统粮仓的一种发展。其优点在于，集存放及晾晒功能于一起，极大地节省了人力、物力以及建筑用地。因为在过去，晾晒禾把的木架单独为一种建筑，待把稻禾晾晒干后再把它们放到粮仓之内，距离较远，搬运麻烦。而如今，把晾架作为粮仓的一个附属构件，可以减少许多劳动量，方便存储。

因功能的增加，此类粮仓在设计上也有自己的特别之处。仓房位于建筑物的中心，属于主体部分；晾架位于建筑物的四周，属于附属部分，粮仓的重心依旧保持在仓房上而没有失衡。晾架和仓房之间通过木枋连接，距离适合，晾架所承受的重力能够很好地转移到了主体建筑上，避免发生变形或者倾斜。而且，悬柱结构亦节省了一定的建筑用地。

图片来源
图一　龙昭宝　摄影
图二至图五　杨鹏　制图

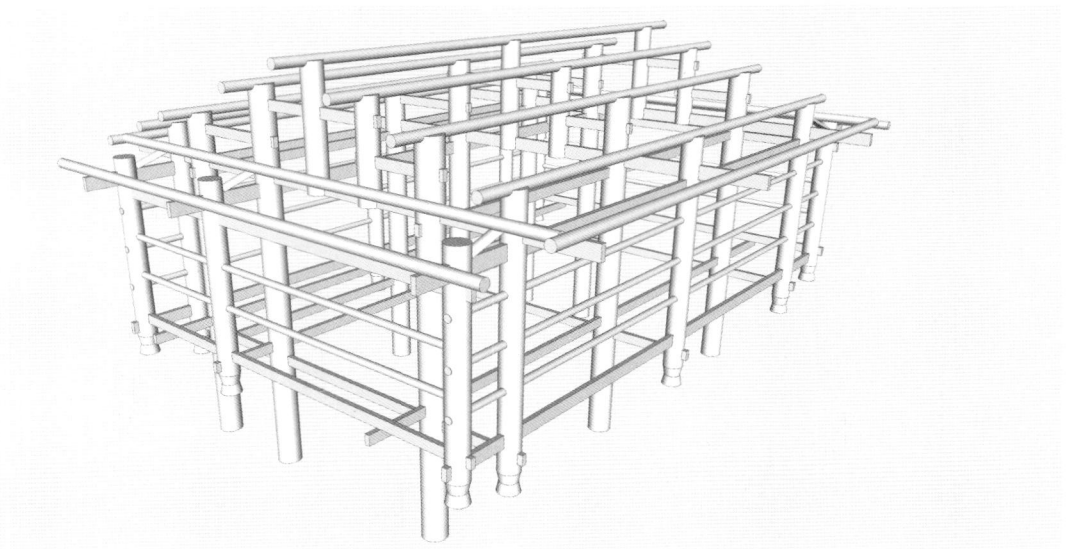

图二　侗族陆地粮仓梁架图

图三　侗族陆地粮仓人视图

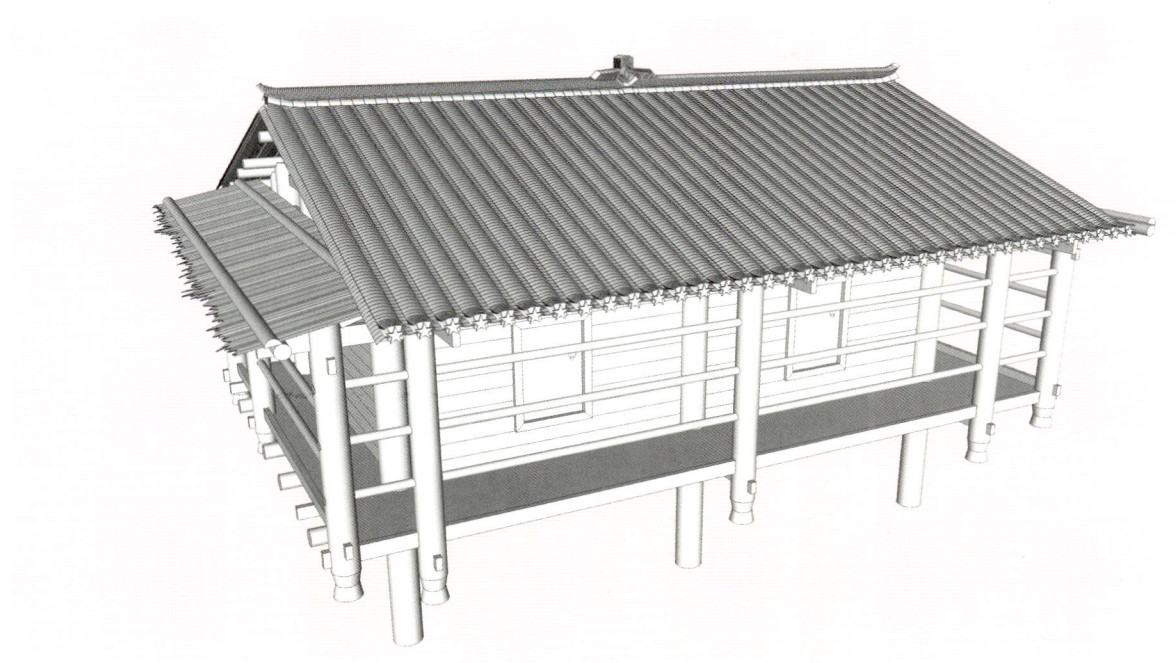

图四 侗族陆地粮仓鸟瞰图

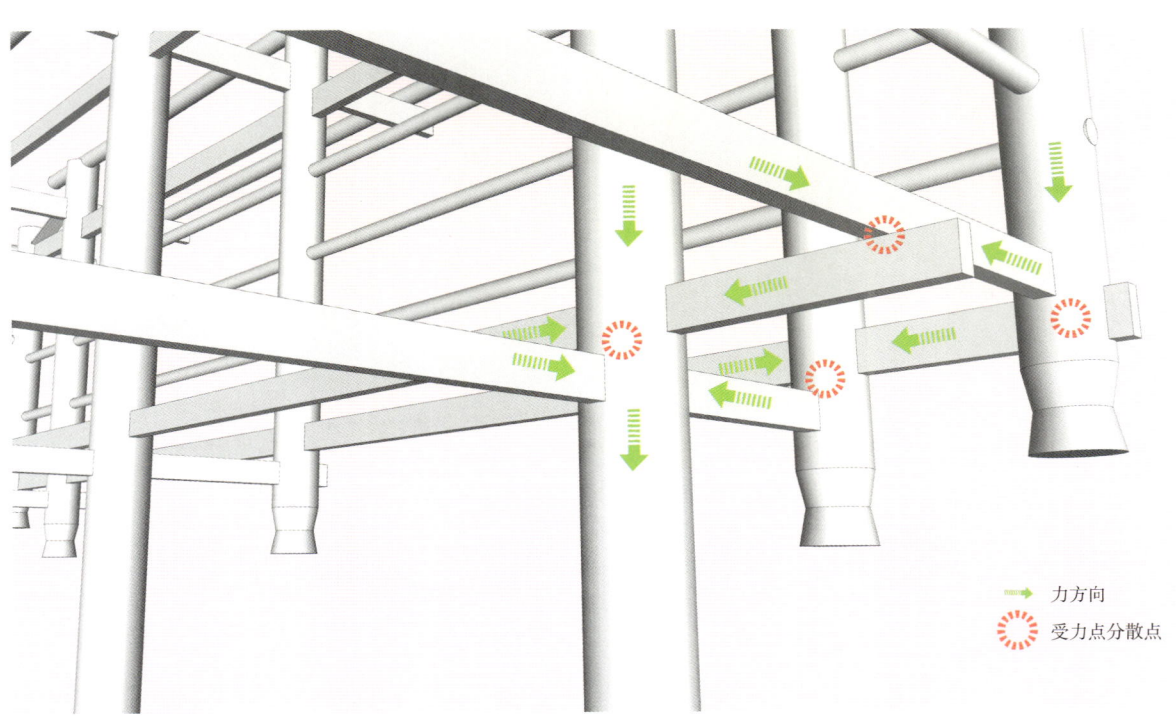

图五 侗族陆地粮仓力学分析图

侗族戏台

图一　侗族戏台主图

在侗族南部方言区，凡有侗戏的村寨都建有戏台，大的村寨甚至建有多座。戏台简易者上覆黑瓦，屋檐、台前额枋及前台柱等处无装饰。戏台繁杂者则在瓦脊中央翘角上塑有二龙抢宝、仙鹤等彩雕，在台前额枋上绘饰飞龙舞凤、花鸟虫鱼以及日常生活场景，在前台柱上悬挂有木质对联。

本案例采集于贵州省从江县高增乡岜扒村，是一种吊脚楼式的木结构建筑，为简易型戏台，单层，用杉木榫接穿斗拱而成。在结构布局上，主楼两侧配以偏厦。中间为表演场所，距离地面大约200厘米，前敞后封，在中柱位置用木板隔一小间，两边留门。偏厦用木板隔成两间，靠里的房间四周用木板密封，设一门，用于演员更换衣服或者放置道具。靠外的房间外侧用木板密封，朝楼台一面敞开，便于贵客嘉宾看戏或者演员休息。

在设计上，戏台不同于其他建筑：一是在吊脚结构上，底部较高距离的悬空不仅利于通风以及防潮，也便于民众看戏；二是在空间布局上，中间为表演场所，两侧可供演员休息，四周用木板密封，在冬季则起到御寒作用；三是楼台上部没有密封而是敞开，这样利于台下的观众清楚地听到唱腔。演戏时，戏师位于楼台中的木板后，演员在前台呈"8"字交叉走动表演，若忘记了台词，可走到木板前听戏师提醒。

图片来源
  图一　吴帮雄　摄影
  图二至图五　杨鹏　制图

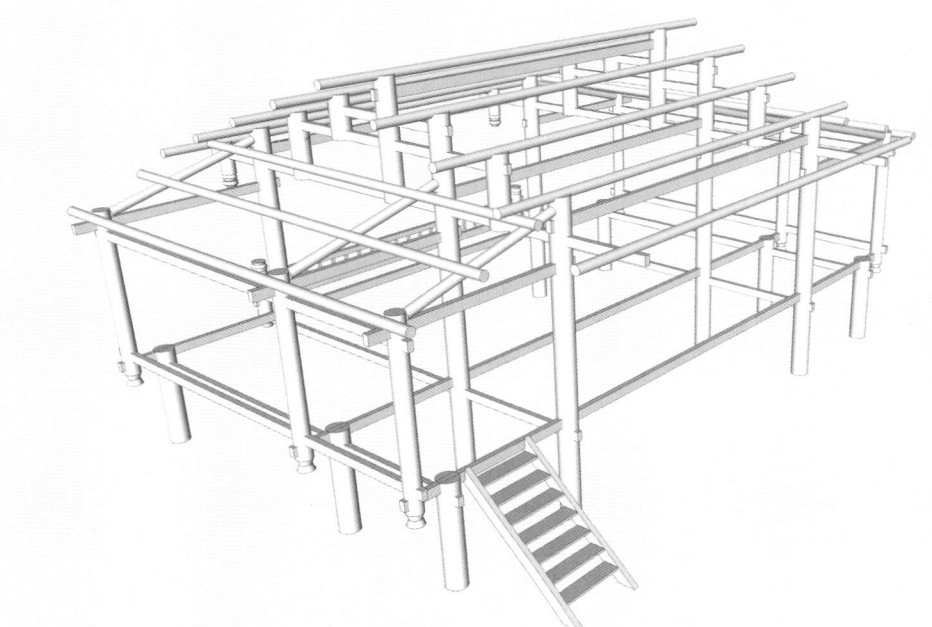

图二　侗族戏台梁架图

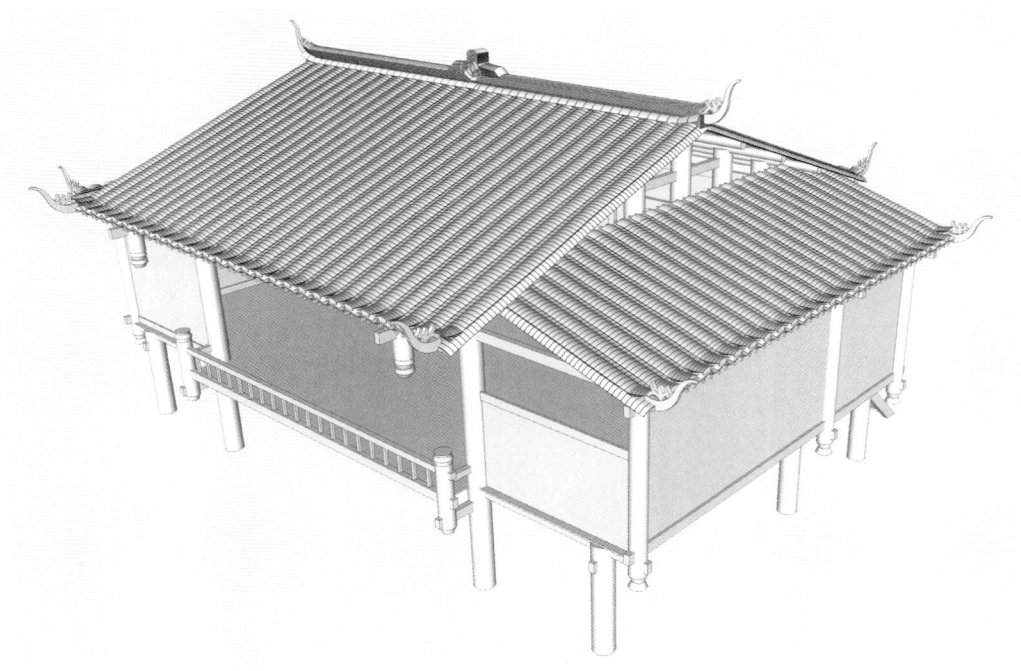

图四　侗族戏台鸟瞰图

图三 侗族戏台人视图

→ 力方向
受力点分散点

图五 侗族戏台力学分析图

高寅侗族集体粮仓

图一　高寅侗族集体粮仓主图

　　侗乡的粮仓多修建在村寨旁边，特别是靠水的地方，主要是考虑到防火需求。从形制上而言，大部分粮仓都是单家独户的。但是在贵州省黎平县九潮镇高寅村，至今还保留有集体粮仓，即至少两家或两家以上的粮仓共同修建在一栋木质建筑之内。本案例为两层干栏建筑，上下层各分为五个粮仓，即有十户人家把粮仓修建在同一木楼内。该集体粮仓修建于一小山谷内，一条小水沟从底下穿过。十二根硕大的杉木柱由许多块宽大的木枋连于一起，撑起粮仓构架，底部悬空，各粮仓间用木板隔离。每间粮仓都属全封闭型，粗厚的木板横向直接插入木柱上的深槽内，只在一侧墙面的中间开一小门供进出。为了增加防盗力度，除了在门上安装铁锁之外，还在门外侧用粗大的木棒设置一套门闩装置，即在主柱旁添加一副柱，副柱中部凿有两方孔，中间插有两根木棒，紧紧拦住仓门。如果要打开仓门，须先将门外的木棒移开。木棒插得很紧，移开时须用木槌敲打，"梆梆"的声响也就起到了预防的作用。

从历时性而言，高寅村集体粮仓保留了侗族早期的粮仓造型，在设计和功能上都具有地方特色。首先是设计上，多家粮仓集中于一座木楼之内，不仅节约了建材及费用，也节约了建筑用地；当然，因建筑物较高，对木柱的粗壮程度要求也高，因此这种粮仓只能产生于森林资料丰富的地方。其次是功能上，多家粮仓集中于一起，也就增强了集体防御的力量，无论是谁去开取粮仓，"梆梆"的锤打声都会引起附近人家的注意，因此，集体粮仓时刻处于严密的监控之中，被盗的可能性大大减少。集体粮仓，充分反映了侗族民众立足于资源优势、集体协作的生存智慧。

图片来源
图一　吴帮雄　拍摄
图二至图五　杨鹏　制图

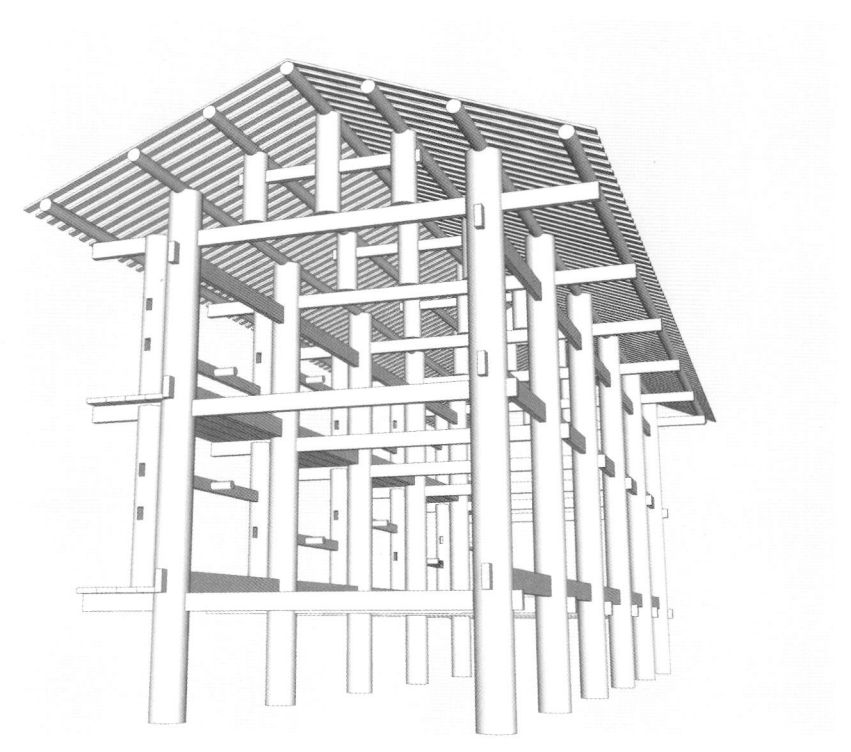

图二　高寅侗族集体粮仓梁架图

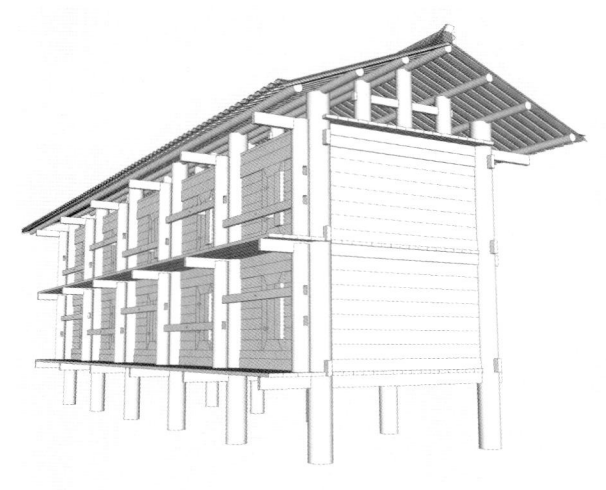

图三 高寅侗族集体粮仓人视图

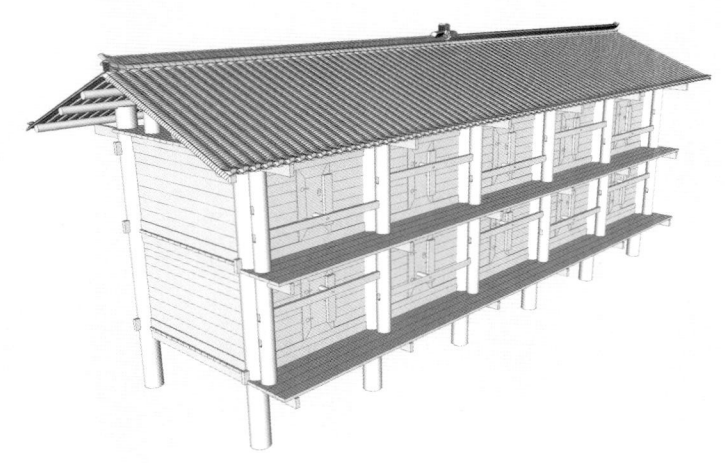

图四 高寅侗族集体粮仓鸟瞰图

图五 高寅侗族集体粮仓防盗装置图

侗族碾坊

图一 侗族碾坊主图

　　碾坊为传统社会里加工谷物的场所。本案例采集于贵州省黎平县九潮镇高寅村，该碾坊由房架和水碾两大部分组成。房架为木架结构，悬山顶、独间、单层、吊脚形式，建于河沟坎边，主要用于支架水碾。作为一种公共建筑，碾坊在装修方面略显粗糙，直接于木柱上开槽横向安装木板，屋顶盖以木皮。房间两侧上部没有封闭，呈敞开式，而下部用较粗的杉木紧紧拼于一起，楼板以木板铺成。房间中间架设立式水碾。立式水碾由导水、水轮、传动轴、碾盘、碾槽组成。碾盘和碾槽用岩石凿成。碾盘为圆形，呈龟背状，中间凿一圆孔，穿一光滑圆木，圆木一端和转动轴连接，以于碾压谷物。碾槽为凹形，以条石镶成，用于盛装谷物。碾盘和碾槽均安装于楼板之上。楼板下为动力装置，水枧、水轮、传动轴、齿轮和连杆为木质。工作原理是水枧导水冲击水轮，推动传动轴上的连杆旋转带动碾盘转动，从而将谷物碾碎。

在设计上，水碾的动力系统十分精妙，转动轴底部的齿轮和水轮一端的齿轮相互咬合，只要水轮转动，即可通过齿轮带动碾盘。把源源不断的河水作为产生动力的来源，这不仅是古代社会一种因地制宜的生存智慧，而且也暗含有基层民众的生态意识。现在，随着柴油驱动或电力驱动的机械碾米设备在乡村的普及，传统的水碾逐渐消失，变成了一种农耕记忆。

图片来源
图一　吴帮雄　摄影
图二至图七　杨鹏　制图

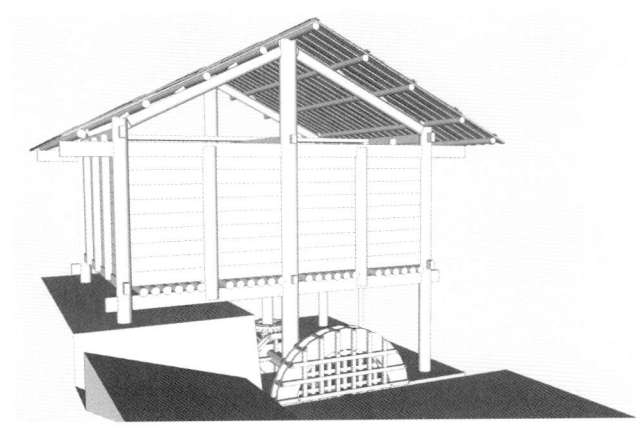

图二　侗族碾坊人视图

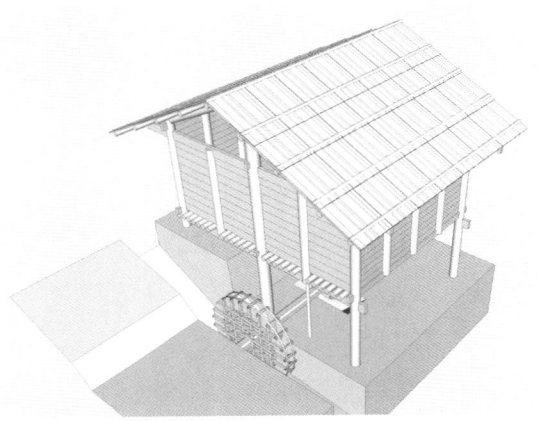

图三　侗族碾坊鸟瞰图

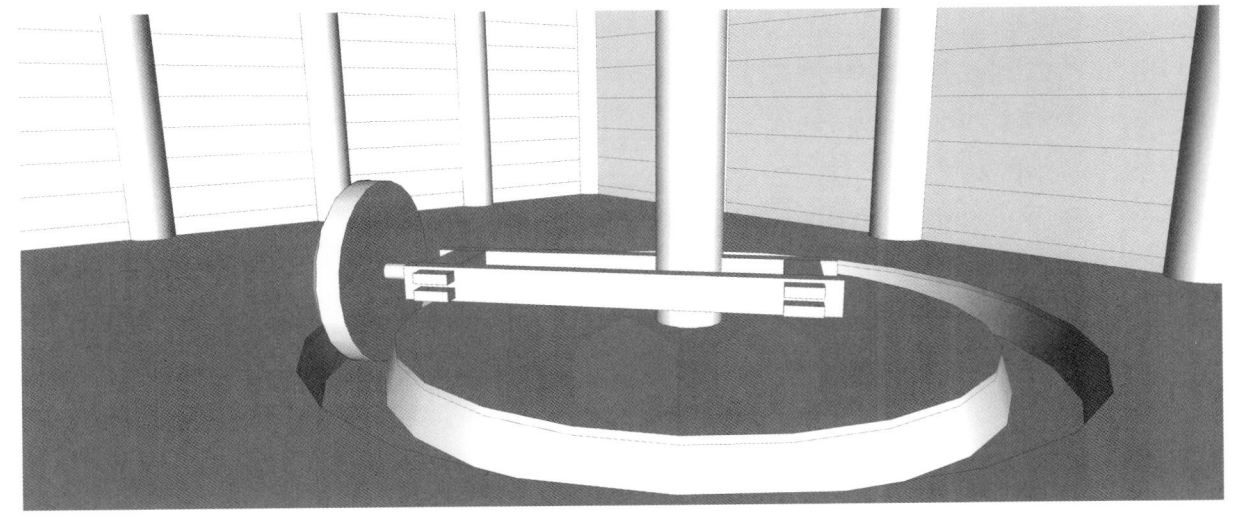

图四　侗族碾坊碾磨图

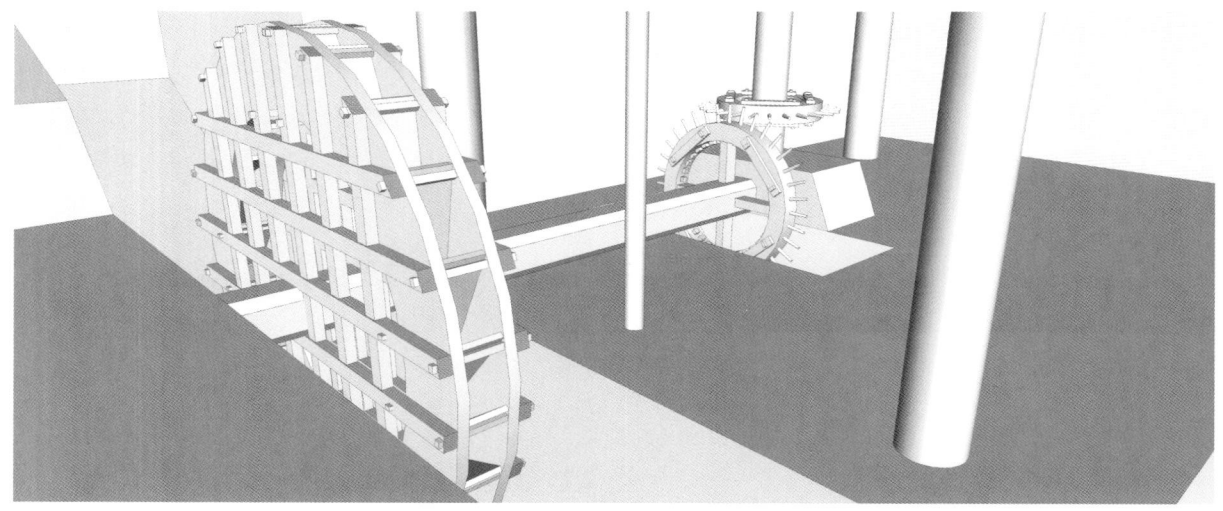

图五　侗族碾坊动力系统图

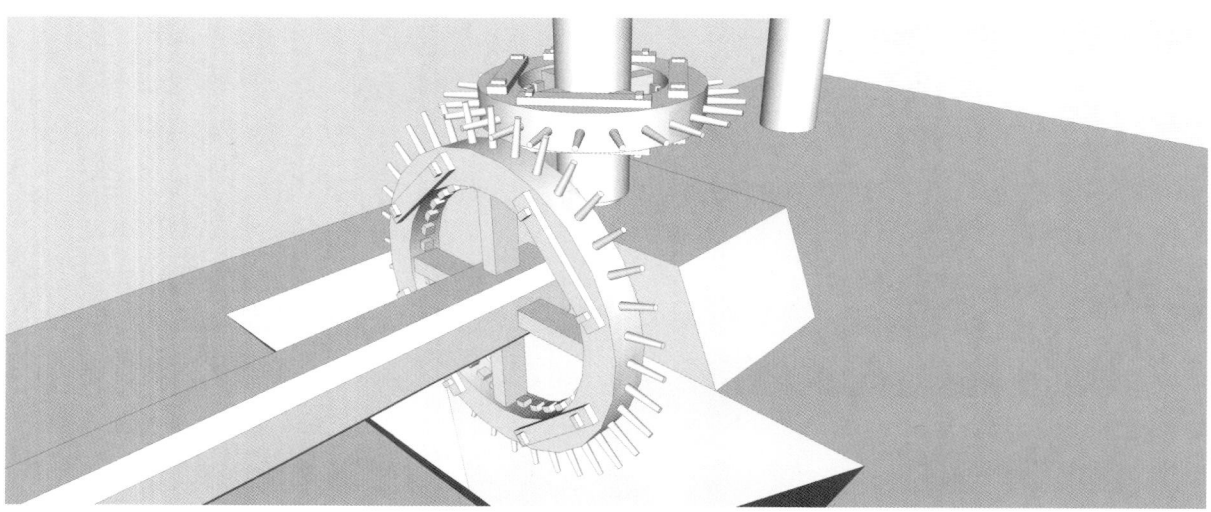

图六　侗族碾坊木齿轮图

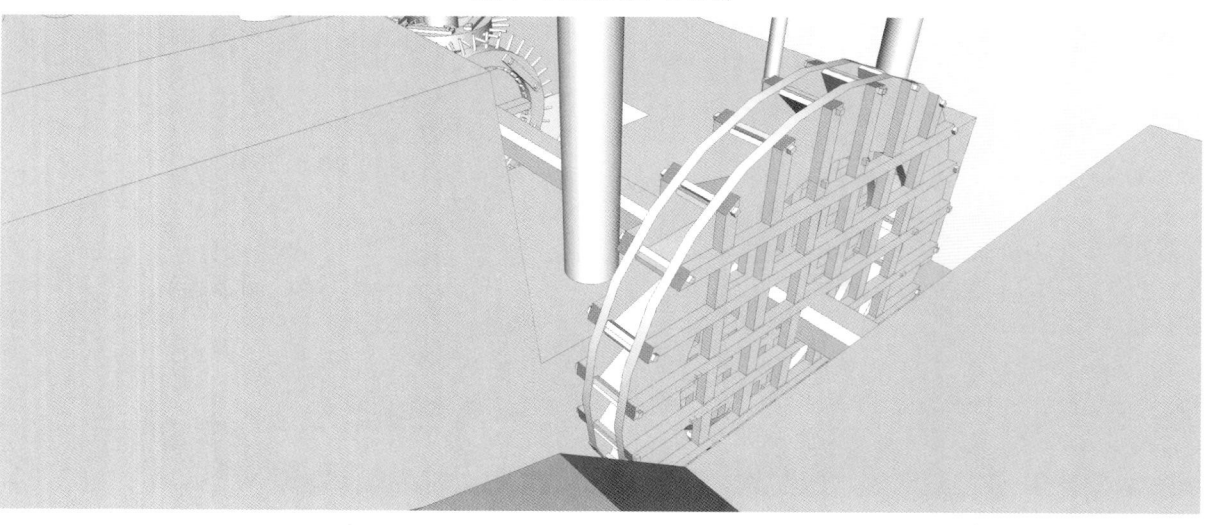

图七　侗族碾坊水车图

侗族水上粮仓

图一　侗族水上粮仓主图

　　在寨边修建粮仓的传统至今仍在侗族南部方言区得到很好的继承。此种粮仓的好处在于，因为离寨子有一定的距离，如果村寨遭遇特大火灾无法扑灭，至少可以保住粮食。拥有了粮食，也就拥有了灾后重建的信心和希望。侗族人多依山傍水而居，有的地方便将粮仓修建于水边或者水塘之上，这种营造之法更为科学，利用水资源来增强防火、防鼠、防盗功能，因而此类粮仓亦被称为"水上粮仓"。

　　本案例采集于贵州省黎平县茅贡镇流芳村，是侗族水上粮仓的典型代表。粮仓为干栏式木质建筑，伫立于寨口一处水塘上。从木板的光泽度来看，此粮仓为新修，时间大约为半年。在结构上，四根粗壮的杉柱立于水塘中的由石头垒成的柱基上，用宽大的木枋分两层通过榫卯构造技法将木柱牢固地连成一个框架，在下层木枋上放置横梁并铺设木板其上，用木板将框架的四周及顶部横向封严，仅在离岸较近侧开一小口作为进入粮仓的通道。通道用一方形门板关闭，门两侧纵向钉有两根凿眼木枋，用于闩门用。因为是修建于水上，粮仓开门处的木枋需支出两尺，并铺设木板其上用于架设木梯和便于进入粮仓。粮仓顶为歇山顶，支出的宽度正好挡住了雨水对仓体的浸湿，上覆黑瓦，顶部的花瓣飞角造型以及白色瓦口檐边增强了粮仓的美感。

将粮仓修建于水上，其目的是为了增强防御功能。但不可避免的是，年久月长，水气会对粮仓以及室内粮食产生腐蚀作用。为解决这一问题，四柱较高的悬空设计加强了通风干燥的功能，封闭的仓体也最大限度地阻挡水气进入仓内。与此同时，过去在粮仓木板上四周涂以桐油，现在多用清漆，以增强木板的抗腐性。水上粮仓，体现了基层民众因地制宜的一种生存智慧。

图片来源
图一　吴帮雄　摄影
图二至图五　杨鹏　制图

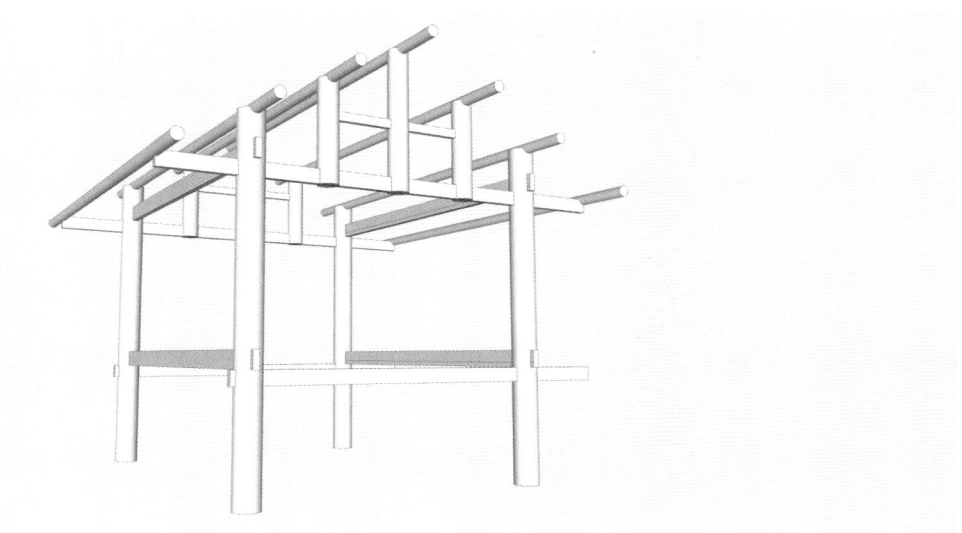

图二　侗族水上粮仓梁架图

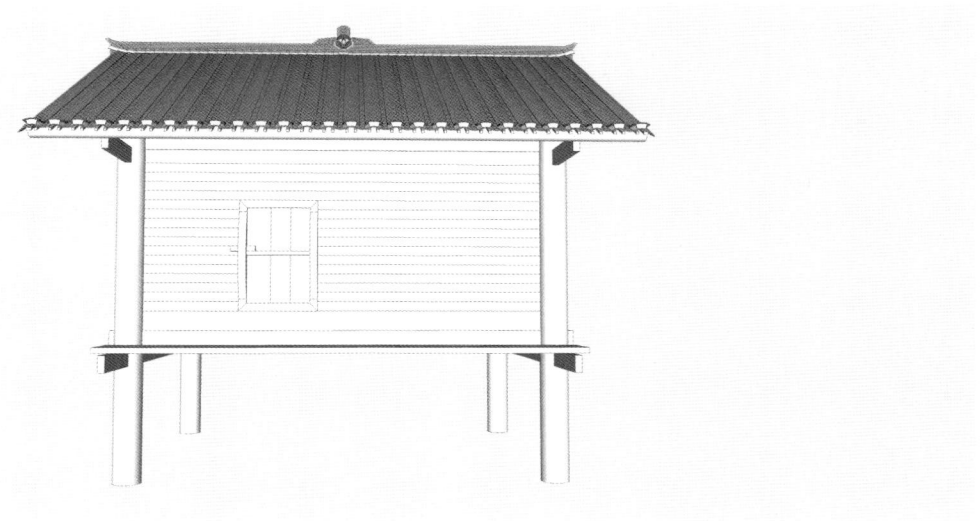

图三　侗族水上粮仓人视图

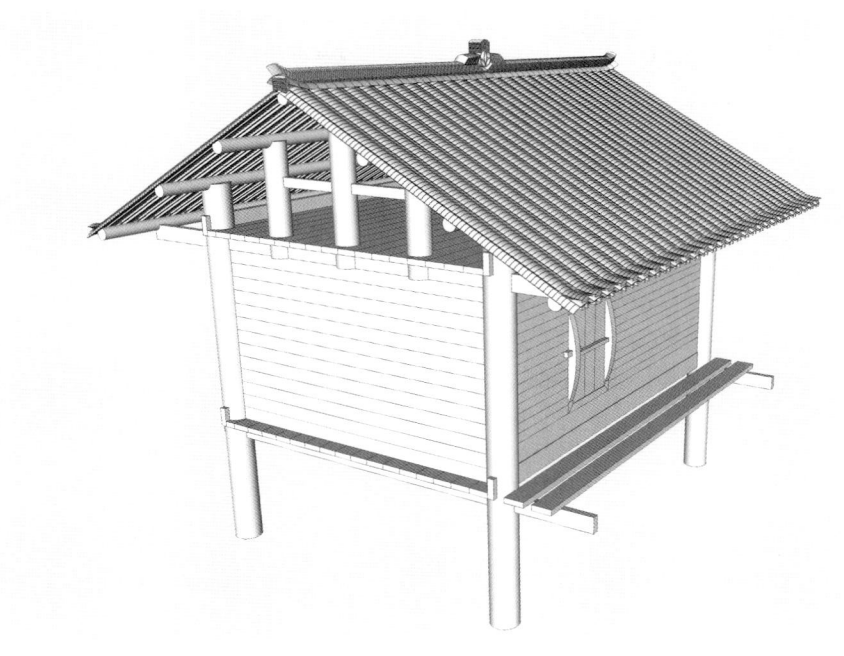

图四 侗族水上粮仓鸟瞰图

图五 侗族水上粮仓仓门防盗装置图

侗族凉亭

图一　侗族凉亭主图

　　凉亭系一种公众出力出资修建于山坳、井边、村口、路旁供人休憩、避雨的单体建筑。侗族凉亭形制上可分悬山顶和攒尖顶两种。悬山顶凉亭在结构上呈现出长方形特征，营造工艺是用木枋将立柱串成两个排扇，将排扇用木枋连成凉亭木架；于木枋上安放三根长短不一的立柱用以放置横梁，横梁上钉上木椽，上覆黑瓦，屋面呈两面倒水；立柱下部用木枋相连形成长凳。攒尖顶凉亭在结构上呈现出圆形特征，营造工艺和悬山顶凉亭相似，不同之处在于亭顶，运用梁上抬柱技术和穿斗技术将屋面攒集于一起，屋面呈四面或六面倒水，檐边饰以飞角，顶尖饰以葫芦造型，取"福禄"之意，有的还修出两或三层屋檐。本案例采集于贵州省黎平县岩洞镇述洞村，立于山腰道旁，为悬山顶，共有十二柱支撑，每个排扇六根，立柱通过穿枋构成一个牢实的整体。

从历时性来看，悬山顶应为凉亭的早期造型，在设计上注重的是遮阴避雨功能，因此通过横枋和立柱支撑起较宽的内部空间，即使下大雨，多人避于其下也不会被淋到。有的凉亭为了增加檐面的遮盖面积，于每一个支撑点增加立柱，如本案例，两侧各附加三柱就是为了延伸檐面，同时两立柱间的下端放置横凳，外柱中下部连以横枋，供人倚靠，增加舒适度。攒尖顶凉亭是此类建筑在工艺上不断发展的产物，除了强调遮蔽功能之外，还强调观赏性，亭边的飞角装饰增强了建筑的美感，亭顶的葫芦造型蕴含着民间求福辟邪的愿望。因受限于攒尖，此类凉亭的内部空间不是很大，避雨功能稍逊。

图片来源
图一　龙昭宝　摄影
图二至图五　杨鹏　制图

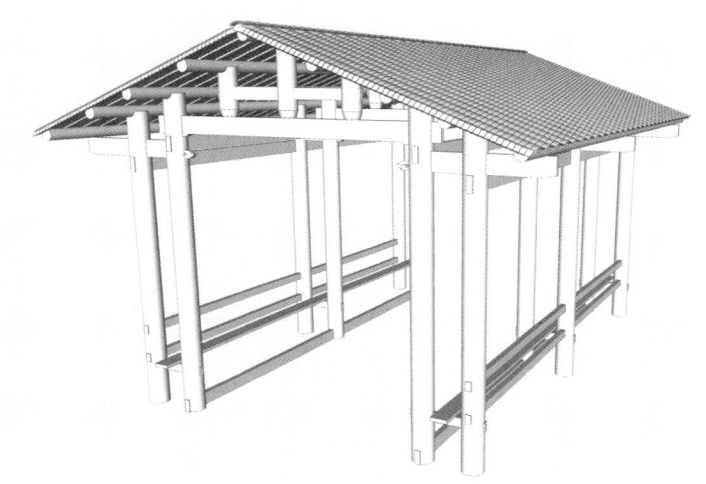

图二　侗族凉亭人视图

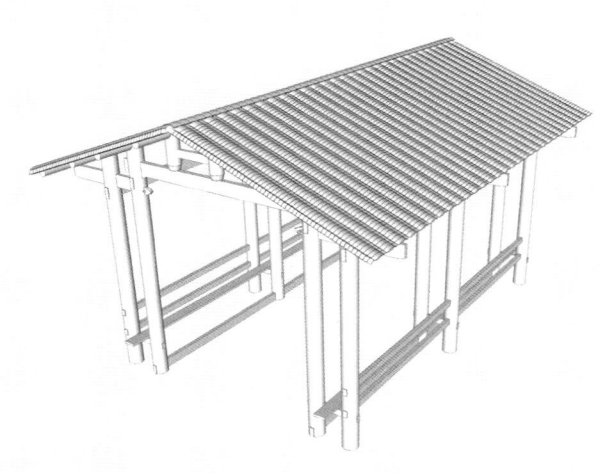

图三　侗族凉亭鸟瞰图

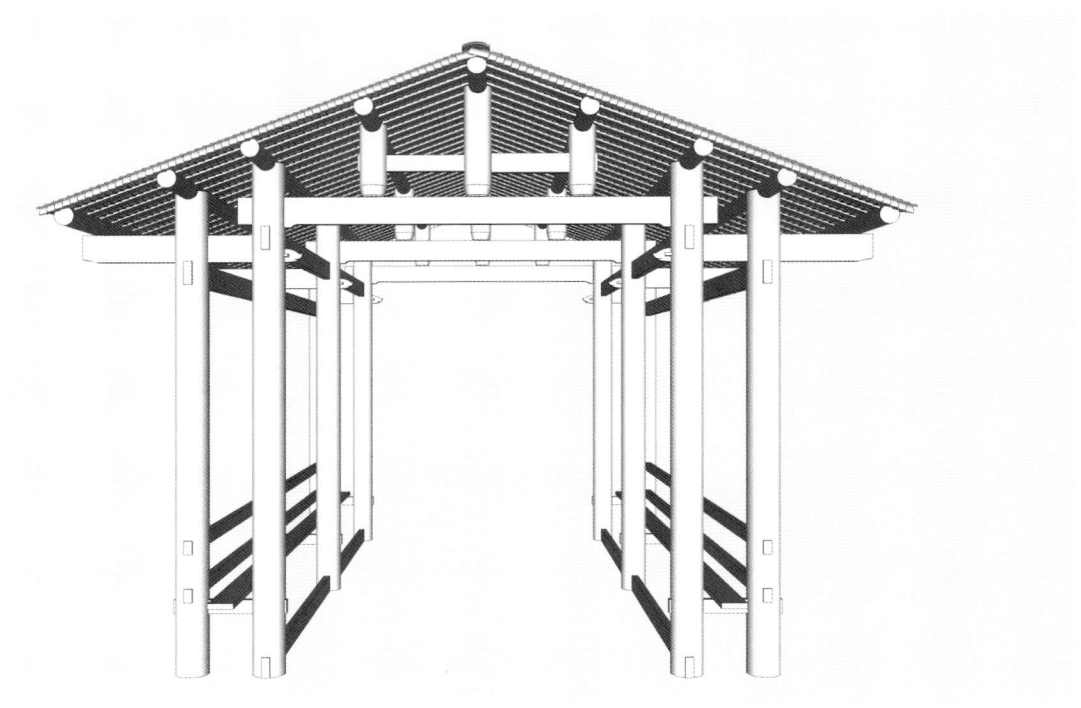

图四　侗族凉亭内透视图

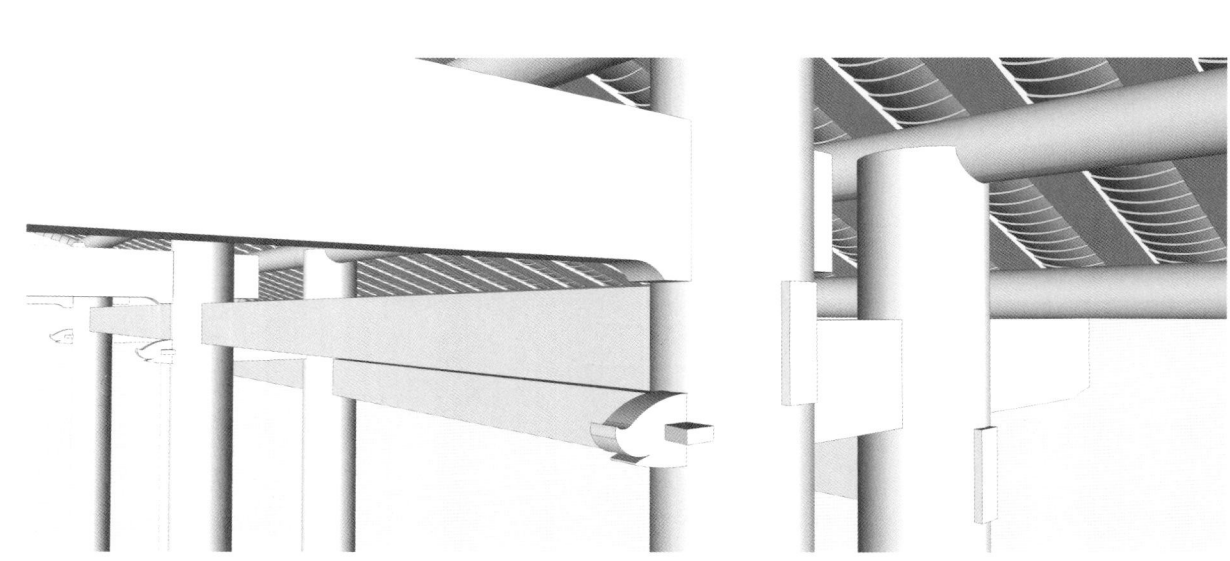

图五　侗族凉亭穿斗技术图

侗族寨门

图一　侗族寨门主图

　　寨门，是立于村寨边主要通道上的一种木质建筑物，根据营造工艺简繁程度可分为两种：一种为简易型，即用两根粗大的杉木通过榫卯结合成门框，上盖木皮或者烧瓦，呈悬山顶；另一种是繁复型，充分吸收门、亭等营造技艺以及彩绘技艺，显得繁复富丽。本案例采集于贵州省黎平县尚重镇盖宝村，为繁复型寨门，系门、亭结构完美合一。寨门下部为八根立柱支撑，立柱之间通过木枋结合成为一个整体，中间留出通道，两侧的四个立柱间用木板制成靠椅，供人休憩。寨门上部为凉亭造型，分三层：第一层为攒尖顶，重檐飞角，正中间题"朱冠侗寨"四字；第二层呈宝塔顶，檐边封以白板，下封薄木板；第三层位于寨门两侧，实为第二层之附属。该寨门红柱、黄板、白檐、黑瓦相互结合于一起，精细富丽，富有观赏性。

　　从发生学而言，寨门是因防御而产生的，因此早期的造型为简易型，对工艺的要求不高，如有匪盗侵扰，则可用粗大的木棍通过两侧门柱上的方孔拦住村寨入口，如今在一些边远村寨的寨门上仍可看到这种插孔。随着社会的稳定和经济的发展，寨门也由简易型变成了繁复型，成了一道引人注目的文化景观，由过去的防御拦门变成了迎客拦门，逢年过节，当一个村寨的村民到另一个村寨"为也"（集体做客）时，受访者则在寨门用草绳拦住，摆下酒杯，和来访者对唱拦门歌。从防御到观赏，从实用到景观，寨门的功能变迁实际上也承载了地方社会生活的变迁。

图片来源

图一　龙昭宝　摄影

图二至图七　杨鹏　制图

图二　侗族寨门平视图

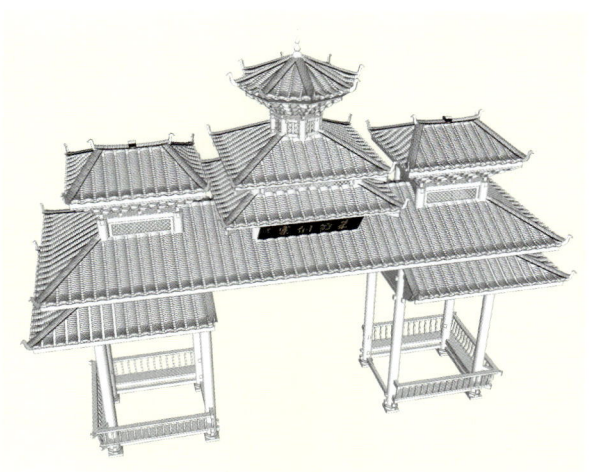

图三　侗族寨门鸟瞰图

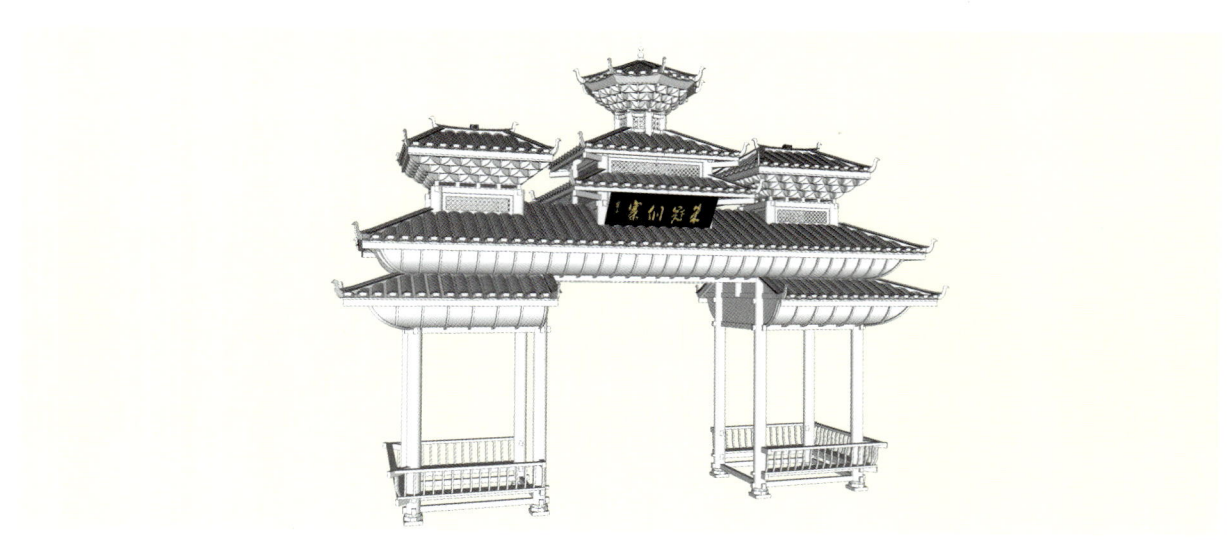

图四　侗族寨门人视图

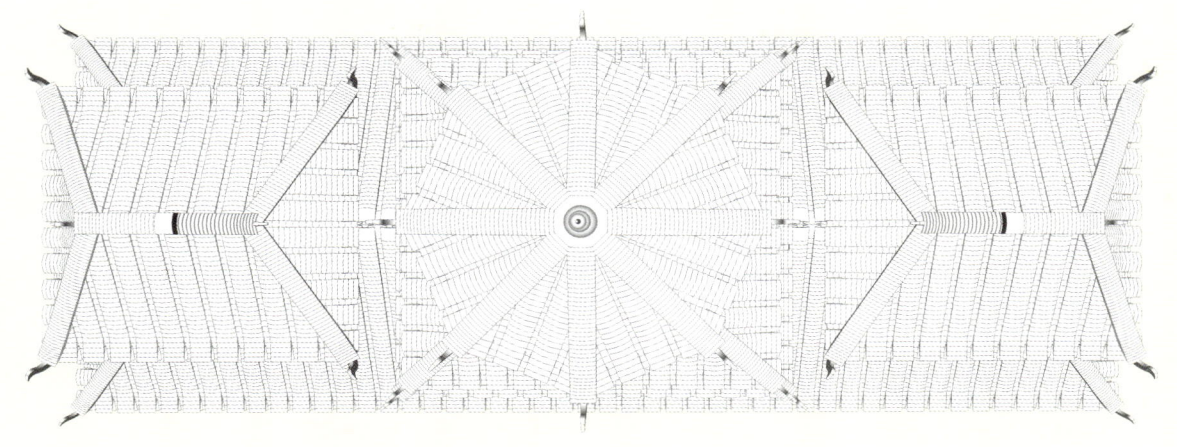

图五　侗族寨门顶视图

图六　侗族寨门顶部装饰图

图七　侗族寨门侧坐栏图

侗族井亭

图一　侗族井亭主图

井可以为人们解决汲水、饮水不便的问题。按水之来源，井可分为两大类型：一是地表水井，一是地下水井。地表水井是掘塘成池，将涌出地面的泉水蓄起来，周边围以石板，井壁不深，取水方便。地下水井是掘洞深入地下将岩层中的水蓄起来，洞壁砌上石头，井口高出地面，造型或呈圆柱形或呈方柱形，井壁较深，取水不便，须通过绳缆套住盛水设备汲取。

中国开发利用地下水的历史十分久远，至少可追溯到新石器时期，浙江余姚河姆渡遗址出土的木构水井遗迹表明，当时人类已经掌握汲取地下水的技术。

侗族所居之地依山傍水，水井多为地表

水井。为了防止周边高大植被的枯枝败叶落入井中以及在井边洗涤时不受日晒雨淋，有的地方就在井上修筑一木亭。此类建筑可称为"井亭"。从造型上井亭可分为两类：一类是悬山顶，一类是攒尖顶。悬山顶井亭主体由通过两排木柱构成，木柱之间过木枋连接，顶上覆以"人"字形屋顶，上盖黑瓦。攒尖顶井亭主体由六根木柱构成，呈六边形，木柱之间用木枋连接，两侧修有靠椅供人休息。正中两根木柱中间横跨一木梁，上置一木柱作为支撑亭顶之一。然后在此木柱上凿眼，向四周穿插木枋运用枋上抬柱技术逐次构成宇顶。上盖黑瓦，顶端饰以葫芦形瓷器，四角饰以飞檐。

本案例采集于贵州省黎平县茅贡镇地扪村，是侗族攒尖顶井亭的典型代表。从历史上看，在井上修亭古已有之。对侗族而言，从湖南省通道县垄岑村采集到的碑铭表明，至少在清代，侗族于井上修亭习俗已十分普及。该村村口有一古井，上覆一悬山顶井亭，井侧立有一块石碑。石碑落款时间为清道光二十九年（1849）八月，碑文讲述了修建水井及木亭的起因、过程以及捐款名单、数额。这通石碑表明，在民间，修建井亭是一项公益性事业，所承载的不仅是人类文明的一种进程，还有群众对公共性事业的积极参与。

图片来源
图一　吴帮雄　摄影
图二至图六　杨鹏　制图

图二　侗族井亭梁架图

图三　侗族井亭侗族人视图

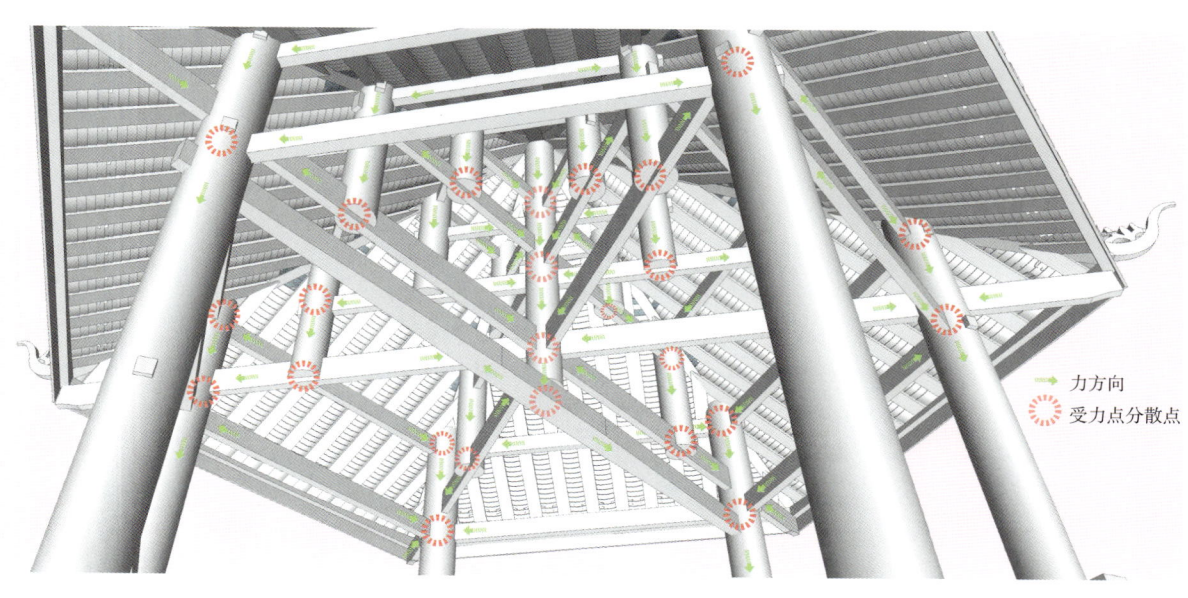

图四　地扪侗族井亭力学分析图

→ 力方向
⭕ 受力点分散点

图五 侗族井亭鸟瞰图

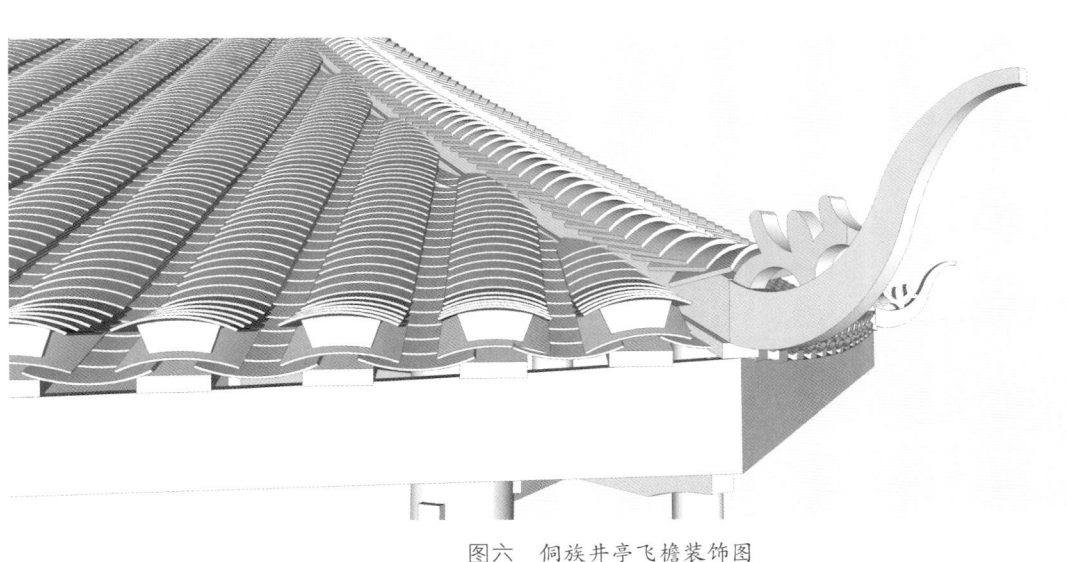

图六 侗族井亭飞檐装饰图

侗族禾晾

图一 侗族禾晾主图

禾晾系民间用以晾干糯谷的木架，多立在寨中向阳的空地上和池塘边，侗语称"烂"或"浪"，现在从江县的大部分乡村仍较常见。禾晾从形制上可分为两种：第一种是凿孔型，即用较粗的杉木作为支撑柱，在支撑柱上按一定的距离凿出十余排方孔或圆孔，圆孔之间安装上木条；第二种是捆绑型，即用较小的杉木作为支撑柱，在柱子之间按一定的距离用竹篾或藤索或铁丝捆上木条。比较而言，上述两种类型各有优劣：凿孔型禾晾取材要求高，修建耗时，但孔型装置可以一劳永逸，安插更换木条方便；捆绑型禾晾取材便利，工艺简单，但捆绑的绳索容易腐烂，存在一定的安全隐患。禾晾作为一种单体建筑，高度较高，虽然底部深埋土中，但挂上重物之后仍会重心不稳，鉴于此，人们在两侧撑以斜柱，通过三角力学原理以增强稳定性。有的地方将几排禾晾围成井字型，相互连成一个整体，亦可起到稳定作用。本案例采集于贵州省从江县高增乡占里村，为凿孔型禾晾，立柱由粗壮的杉木构成，上面凿有十余个圆孔，圆孔间安插有木条，禾晾两侧用木棒支撑，顶部盖木皮。如今，在从江、榕江等地的部分乡村，随着糯禾种植面积的减少以及杂交水稻种植的普及，禾晾设置进一步改进，在禾仓外侧增设木栏，这里也就省去了搬运糯谷的麻烦。

禾晾的出现是稻耕文明的一种产物，历史上侗族地区广种糯谷，品种有牛毛糯、香糯、红糯、白糯、黑糯等。这些糯谷成熟之后的采摘方式并不是直接用谷桶脱粒，而是将禾秆及穗连同摘下，捆绑成把，挂于木架上晾干后储存。因此秋收时节，林立的禾晾上晒满糯谷，金灿灿的一片，成为一道亮丽的文化景观。

图片来源

图一　龙昭宝　摄影
图二至图四　杨鹏　制图

图二　侗族禾晾人视图

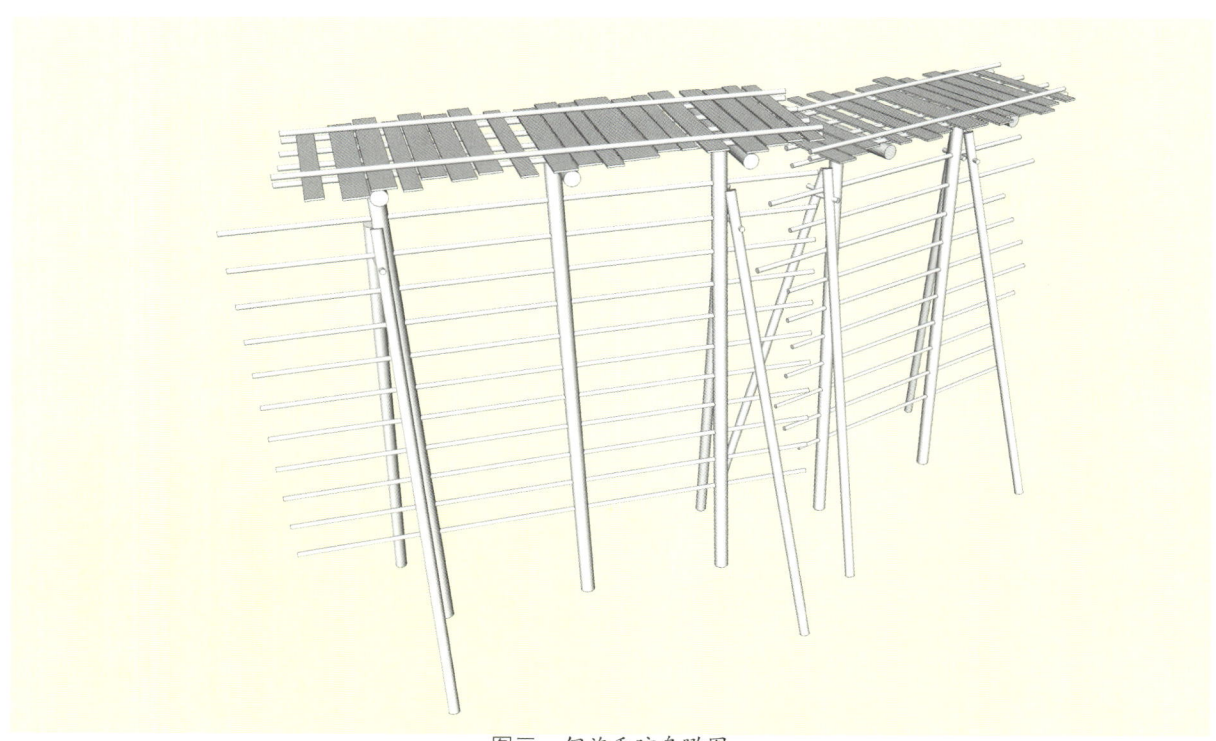

图三 侗族禾晾鸟瞰图

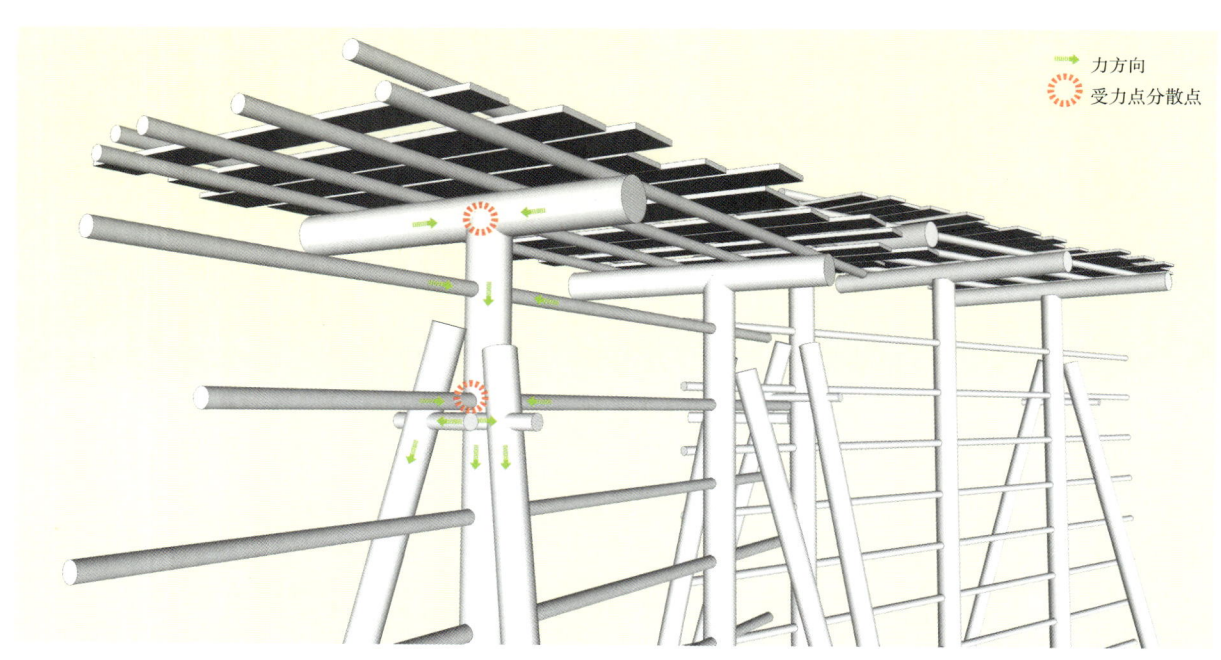

图四 侗族禾晾力学分析图

侗族蜂窝

图一　侗族蜂窝主图

"蜂窝"系鼓楼、风雨桥等建筑攒尖顶漏斗形的装饰部分，由弧形木片组合在一起。因状如蜂窝而得名。本案例采集于贵州省黎平县茅贡镇地扪村，为风雨桥攒尖顶。蜂窝构件因各部位的受力点不一样，支撑板长短不一，又分全弧形和半弧形两个类型。全弧形蜂窝，由两块长40厘米左右，宽20厘米左右，厚1厘米的叶瓣，利用企口十字交叉而成，企口深13厘米左右，宽30厘米左右。半弧形蜂窝，由三块杉木板利用企口交叉而成，三块木板只有一端锯成弧形，十字交叉的两块木板，长短一样，长均为40厘米左右，宽20厘米左右，厚3厘米左右，企口深3厘米左右，宽2厘米左右，再用一块长1米左右、宽20厘米左右、厚30厘米左右的木板，利用企口交叉，将前两块组成的十字形瓣垂直平分。

攒尖顶的内部为四柱支撑，柱子之间通

过横枋连成一个方形立柱体。方形立柱体外侧层层往外拓展密围木板，形成漏斗形，并在木板上规则钉上弧形木片进行装饰。从发生学角度而言，悬山顶的鼓楼没有"蜂窝"构件装饰，只出现在攒尖顶设计中，而悬山顶的建筑形式又早于攒尖顶，所以，"蜂窝"构件是随着攒尖顶的出现而产生，攒尖顶使得鼓楼更为俊俏挺拔。这种建筑形式不仅体现了民间设计理念的变化，也承载了普通大众对美的追求。如今，"蜂窝"构件装饰已广泛使用于鼓楼及风雨桥的攒尖顶设计中。

图片来源
图一　吴帮雄　摄影
图二至图五　杨鹏　制图

图二　侗族蜂窝人视图

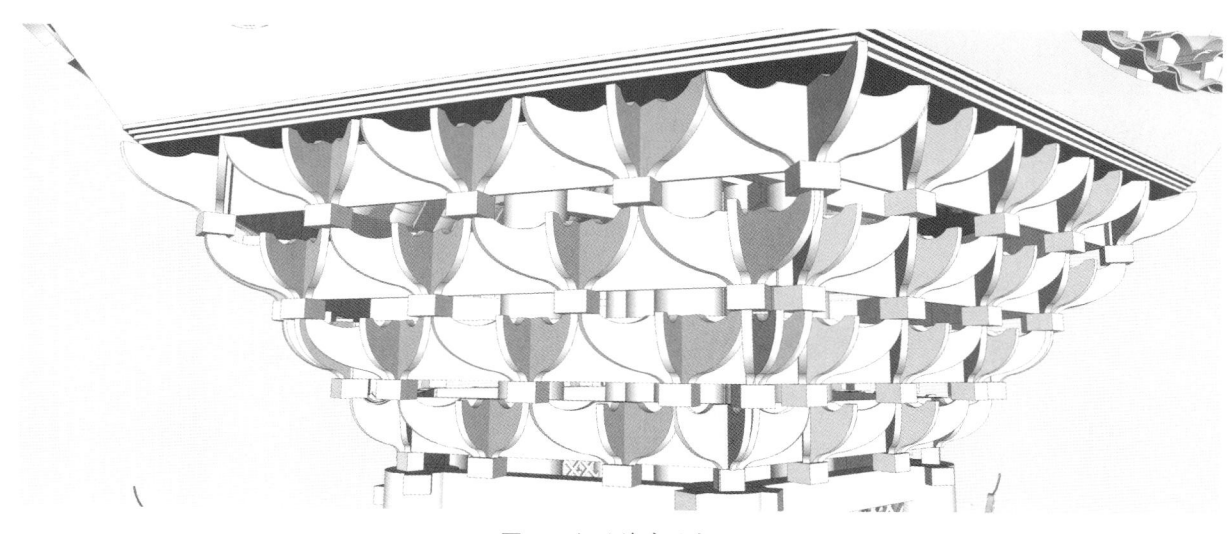

图三　侗族蜂窝局部图

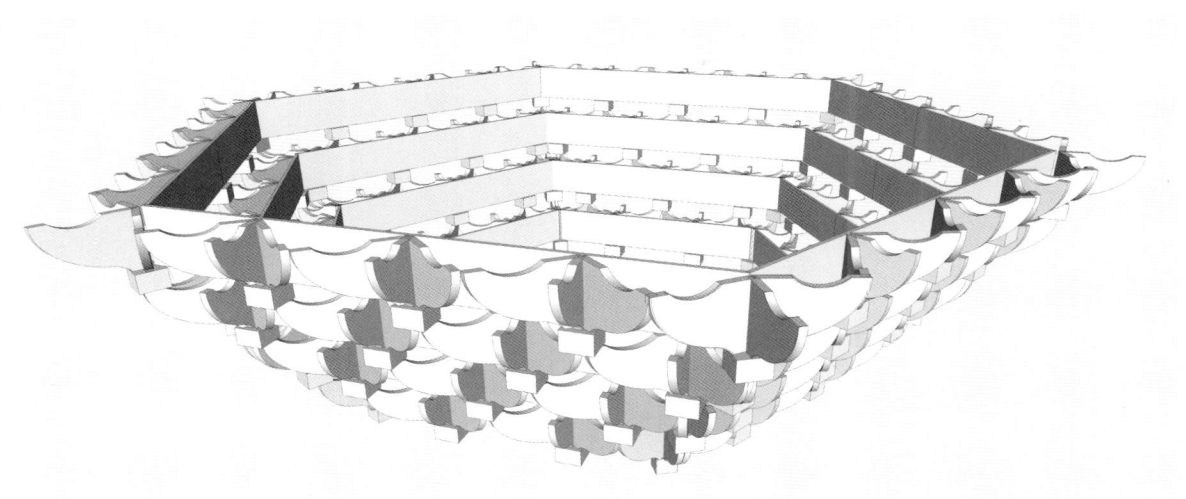

图四 侗族蜂窝内部结构图

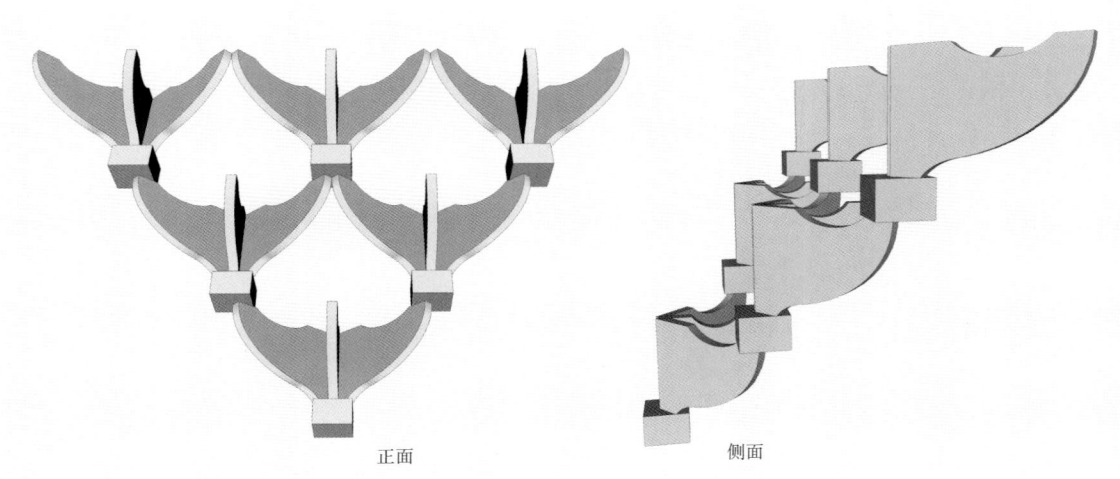

正面　　　　　　　　侧面

图五 侗族蜂窝叶瓣连接方式图

侗族吊脚楼

图一 侗族吊脚楼主图

　　吊脚楼是一种广泛流布于中国南方少数民族地区的干栏式建筑，依山而建，因主楼前面有部分支柱凌空支撑而得名。本案例采集于贵州省天柱县社学街道。吊脚楼的营造工艺是，于斜度较大的山坡上开挖出上、下两层屋基，上层屋基较宽，占主楼的大部分面积，下层屋基较窄，占主楼的少部分面积。因为上下层屋基存在一定的高度落差，因此对下层支柱的长度要求较高，有的地方通过衔接支柱的方式解决，吊脚部分的支柱通过穿斗式和抬梁式相结合的技法支撑起主楼，使之处于同一水平面，平稳牢固。由于修建难度较大以及对材料要求较高，吊脚楼布局一般设计为四排扇三间，也有少量的六排扇五间。因凌空支撑，吊脚楼形成三层建筑，一层作为堆放柴火、农具以及圈养家畜之场所，二至三层作为人的生活起居场所。

吊脚楼是人们适应生存环境的一种文明成果。于山坡上修建房屋，如果开挖出一个宽大平整的屋地基，不仅开挖出来的土方巨大，耗时费力，而且屋后形成很高的土崖，存在较高的滑坡风险。因此，通过吊脚的方式临空支撑，也就巧妙地解决了房屋占地问题。吊脚楼第二层的外部房间主要作为进入主楼的走廊，通风透亮，不仅便于休息会客，也是凭栏远眺，欣赏田园美景之佳所。在绿树翠竹掩映之下，吊脚楼成了一道亮丽风景，其中凝聚的营造技法成了人类的一种非物质文化遗产。

图片来源

图一　龙昭宝　摄影

图二至图五　杨鹏　制图

图二　侗族吊脚楼全景图

图三　侗族吊脚楼结构图

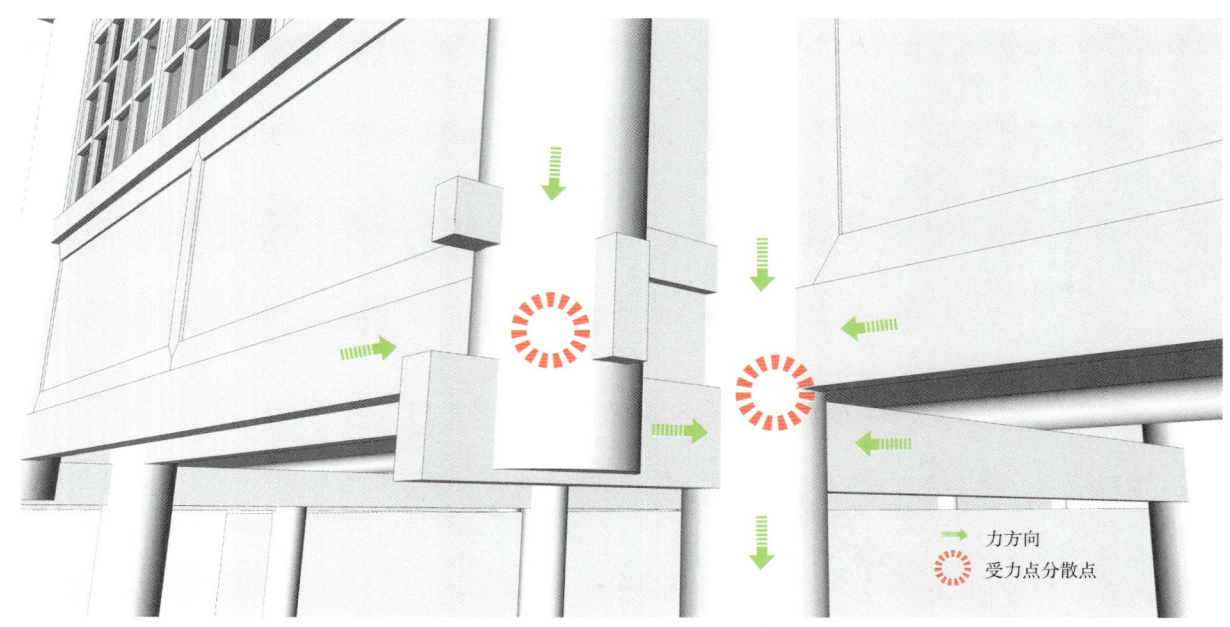

图四 侗族吊脚楼局部力学分析图

图五 侗族吊脚楼穿斗抬柱结构图

侗族偏厦

图一　侗族偏厦主图

　　偏厦系楼房两侧的附属部分，因位置较偏而得名。和主楼比较起来，偏厦的使用面积很小，通常是一小间，为一层设计，屋檐高度低于主楼，屋面呈一面倒水。构架简单，外侧用两根立柱通过木枋组合成一个"排扇"，再根据排扇的宽度及高度在对应的主楼立柱上凿眼，用木枋把排扇连接起来支撑成一个空间，顶上覆盖木皮或者黑瓦。根据实际生活需要，屋主可将偏厦设为厨房，或者是姑娘的卧室，或者进入主楼的通道。若是第三种用途，通常在偏厦里放置一部木梯，可从一楼上至二楼。

　　本案例采集于贵州省天柱县社学街道，其用途主要是作为通道。因主楼修建于陡坡之上，正面为吊脚悬空，须从侧面进入屋内，所以要修一个偏厦作为通道的支撑平台。建筑地势较陡，因此也属吊脚结构，地面铺以木板，外侧镶实木板。此偏厦使用空间较大，除了可以出入主楼之外，还可放置各种生活杂具和上至二楼的木梯。

就历时性而言，偏厦的出现晚于主楼，其设计可取之处在于既拓宽主楼的使用面积，还可遮挡风雨对主楼两个侧面的侵蚀，承载了民间因地制宜的生存智慧。因占地面积不多，结构简单，功能多用，因此在民间广受欢迎，成了一种常见的附属建筑。

图片来源
图一　龙昭宝　拍摄
图二至图五　杨鹏　制图

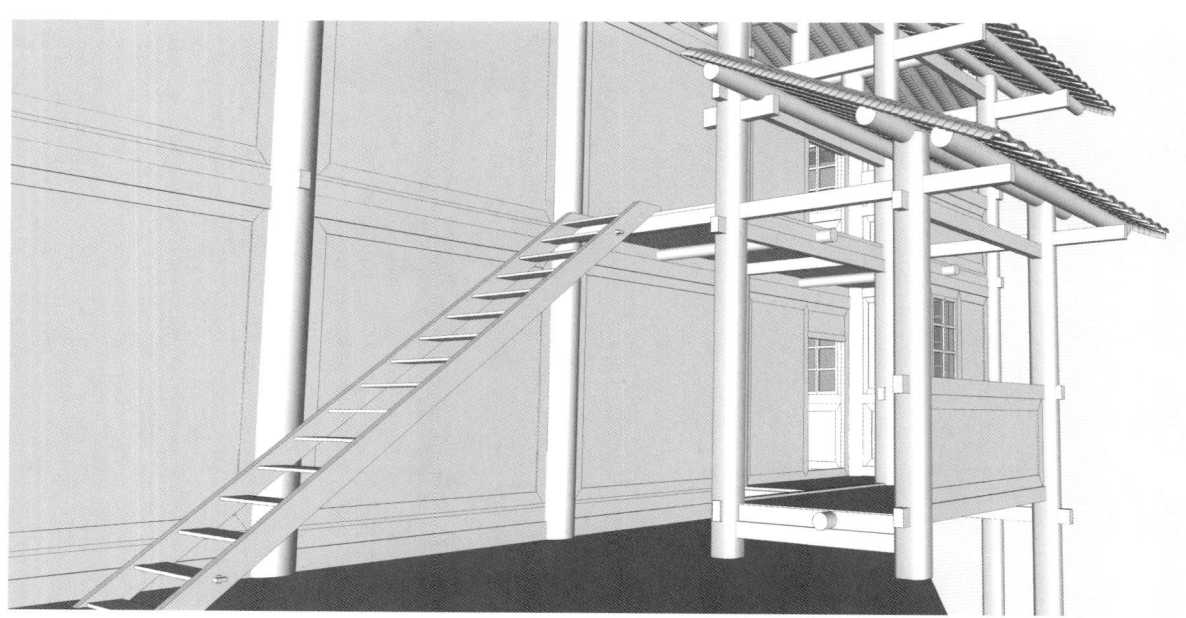

图二　侗族偏厦结构图

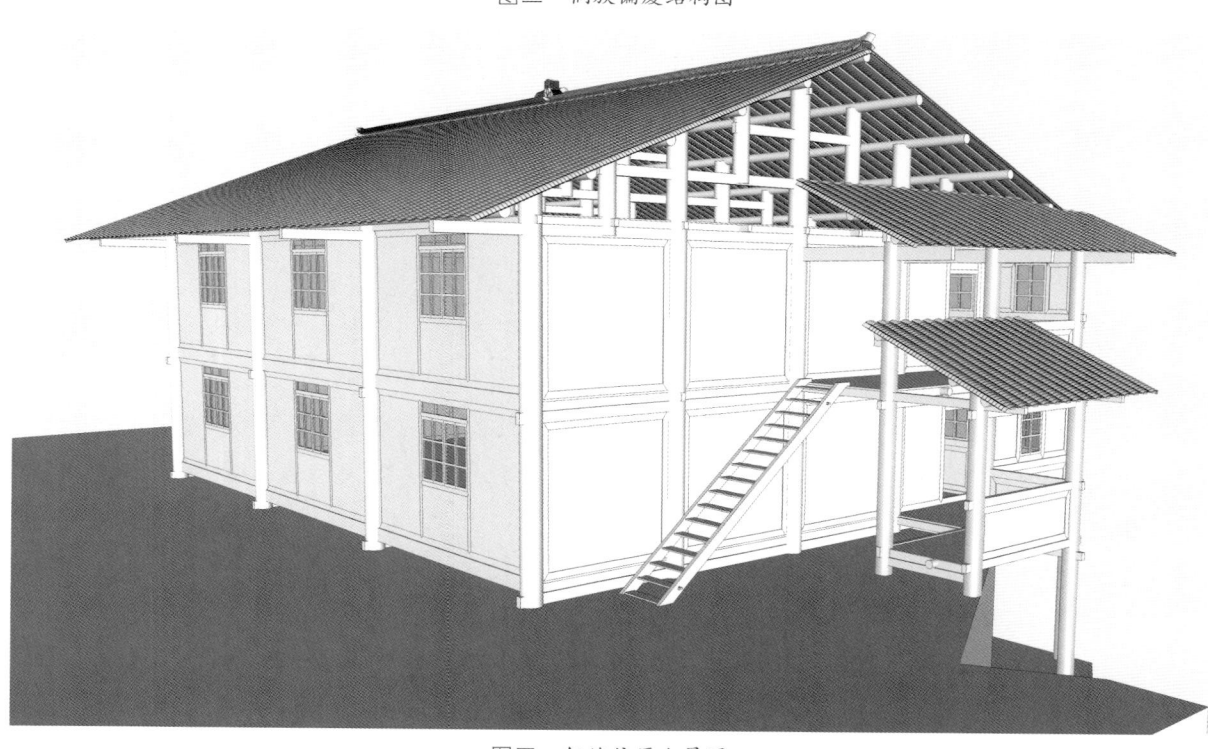

图三　侗族偏厦全景图

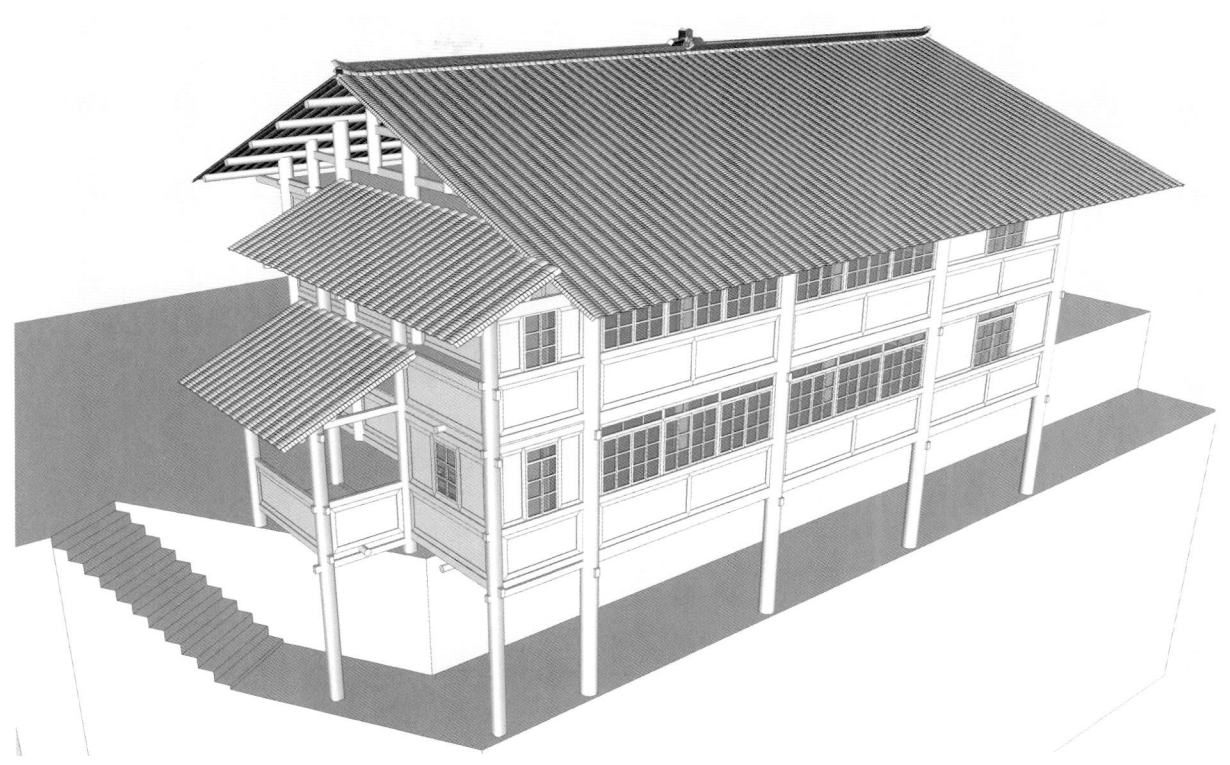

图四　侗族偏厦鸟瞰图

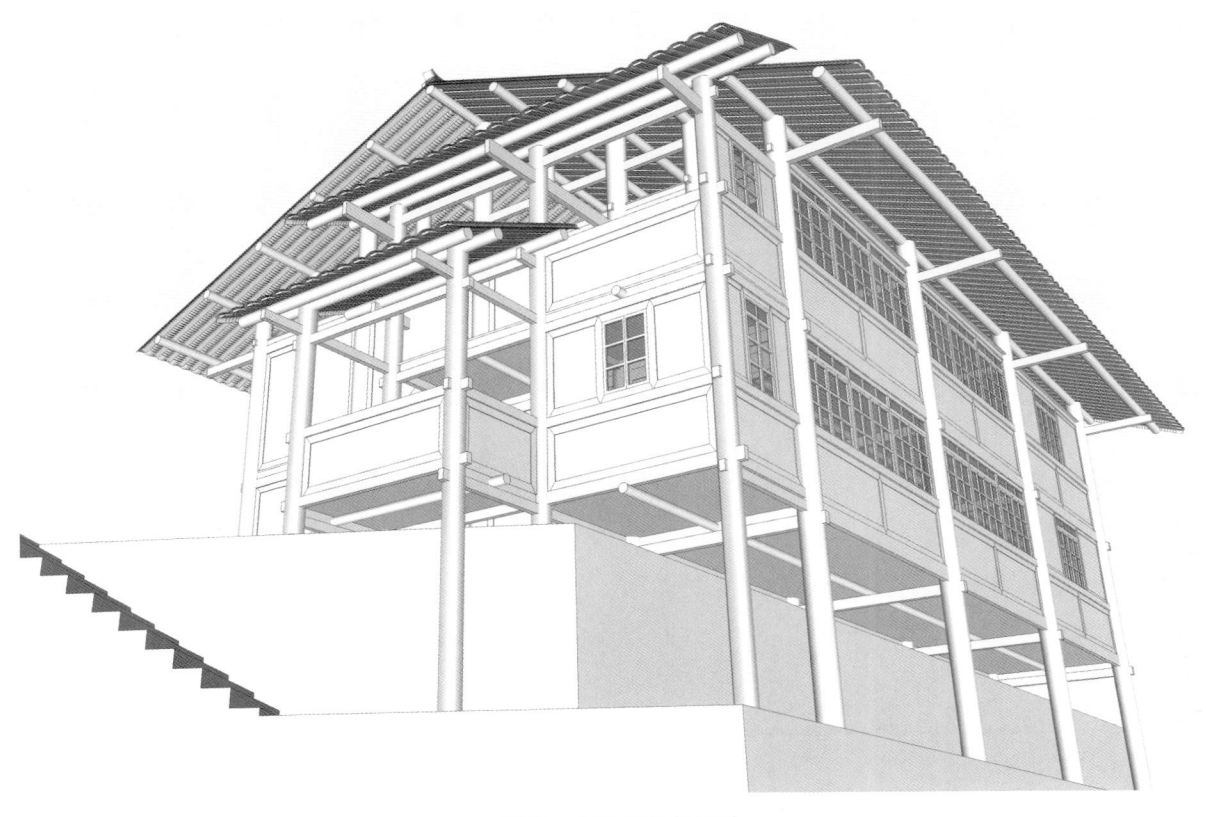

图五　侗族偏厦仰视图

侗族昂

图一　侗族昂主图

　　历史上侗族人烹饪食物的场所主要是火塘。火塘设于里屋中间的空地上，烧火所产生的烟雾主要通过火塘上方天花板的方孔消散。这一方孔在侗语中称为"昂"，本案例采集于贵州省天柱县社学街道，因中空而用几根木条拦挡，避免人在"昂"边走过发生意外。

　　昂不仅是主要的排烟通道，同时是熏烤腊肉的理想处所。先于木方上垂下两根木棍，然后在木根之间挂上腊肉。火塘里柴火产生的热量慢慢地将腊肉熏干。熏腊肉时，火塘里的火不能过猛，小火为宜，否则腊肉上滴下的油脂容易引发大火，导致火灾，因此熏制肉类食品时必须有人在场，人离开时须将火熄灭。

　　昂是干栏民居特有的产物，因为四壁都有木板隔断，因此火塘上面的方孔也就成了排烟通道。同时在昂下熏烤肉类食品，这一功能的增加见证了人们充分利用资源的智慧。因为昂的开孔较小，排烟效果不是很好，易使屋内烟熏火燎。所以在现代民居中，加工食物的场所已在灶上进行，火塘不复存在，昂的设置也就被取消，只有老屋尚留存有这一文明记忆。

图片来源

图一　龙昭宝　摄影
图二至图四　马晓婷　制图

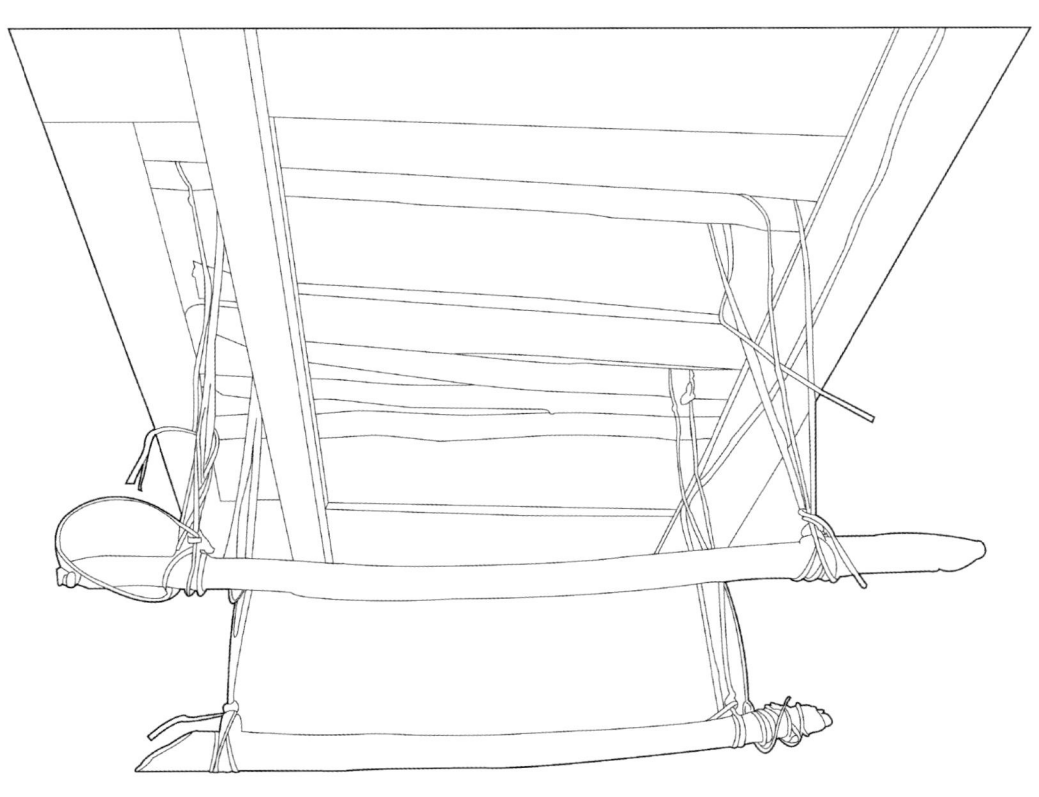

图二　红星侗族昂线描图

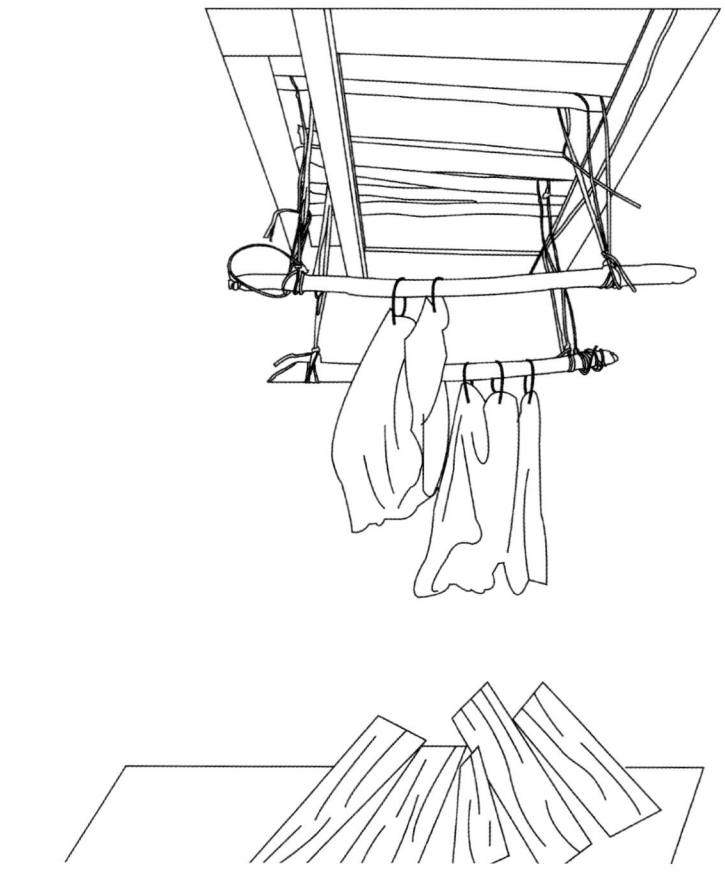

图三 侗族昂使用图

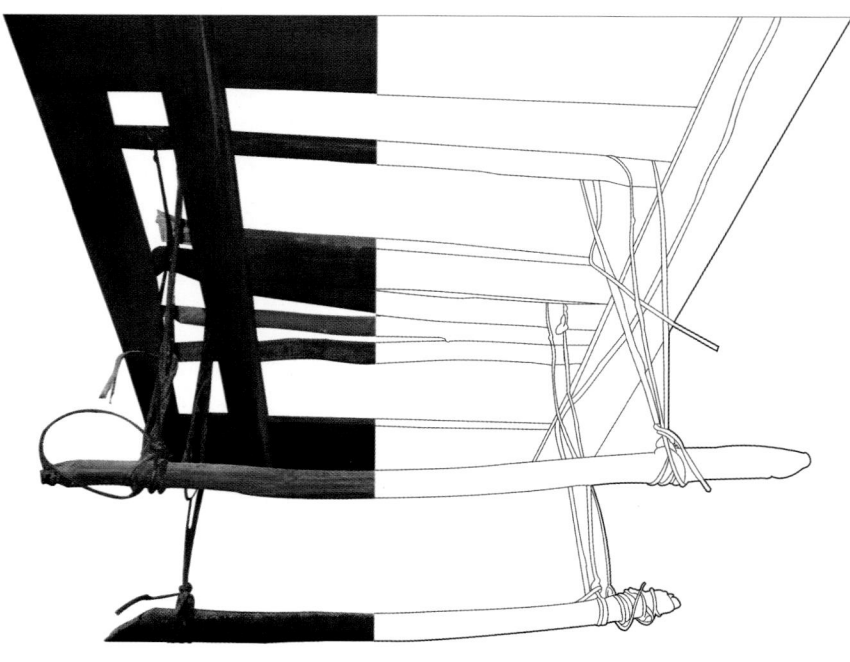

图四 侗族昂对比图

侗族火铺

图一　侗族火铺主图

　　火铺常见于侗族北部方言区的乡村，是一种建筑附属设置，常设于里屋，集烹饪、取暖、会客等功能于一体，是重要的生活用具。其营造工艺则根据里屋的大小而设计高度和宽度，一般而言，火铺占里屋的三分之二面积。先于泥地上用木桩支撑起一个木质平台，高度大约50厘米，太高则上下不方便，太矮则铺下不方便放置各种家常用品。平台有两侧紧靠墙，有两侧挨过道。平台靠过道的一侧留出一方形火塘，用于烹饪食物，靠墙的两侧留出较宽面积，便于坐在其上吃饭、烤火、会客等。火塘底部用石块或砖头垒实，四周用长条石围严，以免火塘里的火烤焦或者点燃平台边沿而引发火灾。火铺下常常用来放置柴火、木盆等日常杂物。本案例采集于贵州省天柱县社学街道，长241厘米，宽230厘米，高48厘米。火铺悬空部分用木头支撑，火塘用砖块垫底。

　　火铺是人类适应中国南方潮湿的生存环境之产物。古代人们主要在泥地上围绕火塘进行饮食起居。夏天潮气重，冬天寒气浓，为克服这一缺点，人们将火塘适当抬高，并在火塘周围搭建一个木板平台，通过平台与地面之间的距离隔住潮湿寒冷，更为宜居。但火铺虽占里屋的大部分面积，仍有一些地方直接是泥地，而且平台与地面形成一定的落差，上下不方便，因此，人们对火铺做了进一步改进，即在里屋铺上木板，中间开凿出火塘。这种形制，民间称为"满堂铺"。

火铺，侗语称"沙贝"，是侗族人民炊事、烤火、祭祀和接待客人的场所。火铺多设置火塘间，在火塘间三分之二的空间筑起台子，台高约50厘米，称"火铺"。火铺外侧正中设置长宽相等的正方形火塘（亦称"火坑"），面积约1平方米，火塘坑的底部糊黄泥巴，四周嵌石条，坑的中央放置铁三脚架，用以煮饭、炒菜等。

图片来源

图一　龙昭宝　摄影
图二至图三　马晓婷　制图

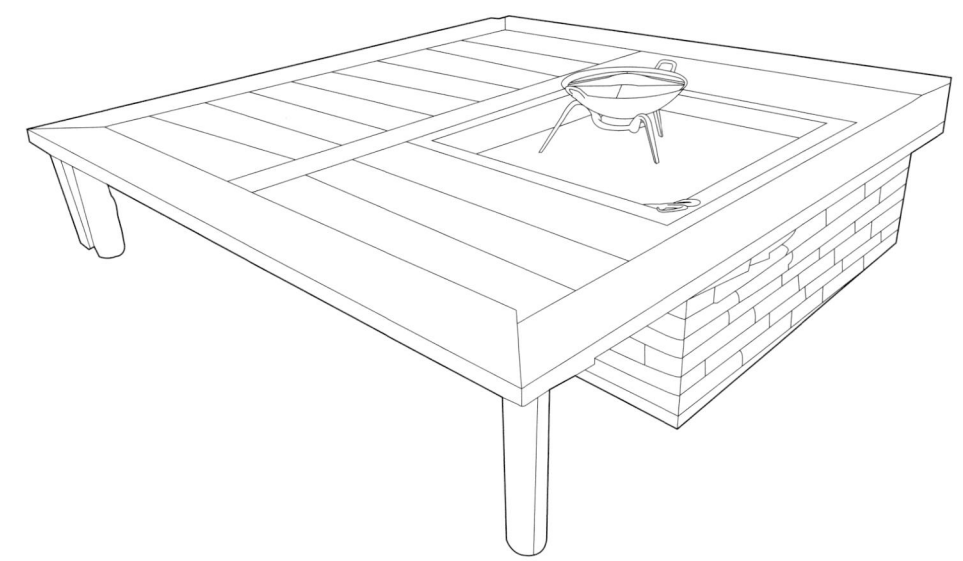

图二　侗族火铺线描图

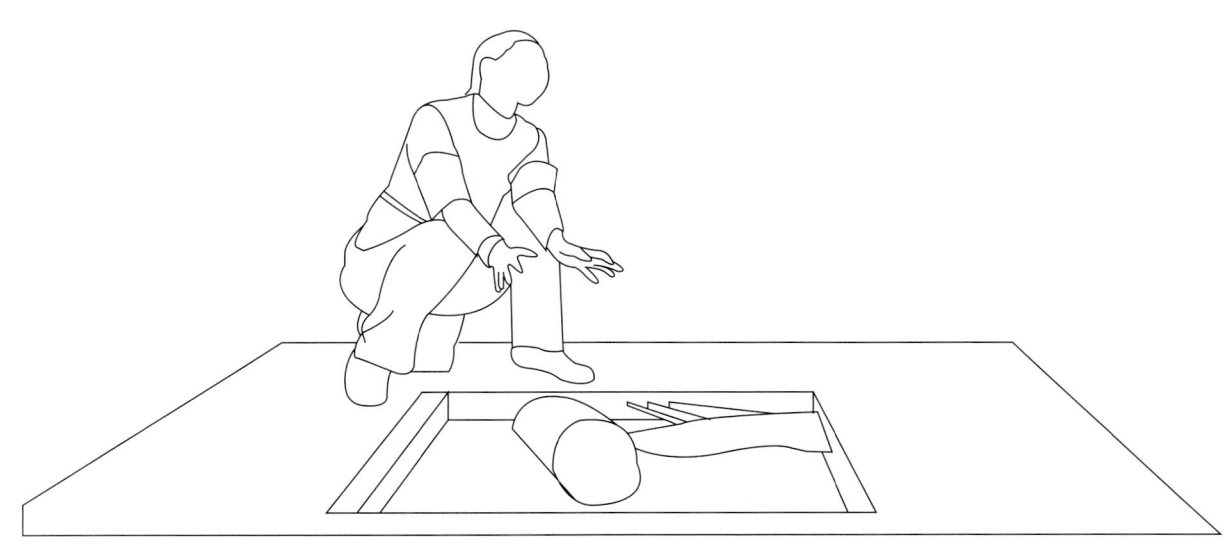

图三　侗族火铺使用图

侗族火塘

图一　侗族火塘主图

　　火塘系侗乡百姓烹饪食物以及烧火取暖的地方，是家庭成员活动的生活空间，也是一个家庭的交流场所，一般呈正方形。在南、北部方言区，因居住习俗不同，火塘的设置也互有区别。北部方言区的民居多为两层干栏建筑，因此火塘多设于一楼，位于堂屋两侧的里间，按简繁程度可分两种：简者直接于泥地上挖一方形凹坑即可；繁者先于地上用木板架起一个长方形的高约50厘米的平台，民间称为"火铺"，在火铺的外侧开一方孔，下面垫以砖块，高至火铺底部，在方孔四周围以条石。本案例采集于贵州省天柱县社学街道，即为北部方言区民间火塘的代表。南部方言区的民间多为三层干栏建筑，因此火塘一般设在第二层，位于房屋两侧的里间。因为一楼悬空，开设火塘的下方必须以漏斗状倒棱形架构支撑，漏斗内垫以泥土。火塘与二楼地板连接处四周围以条状石板，防止火苗烧到木板。从历时性而言，直接于地面上掘坑应是火塘早期的形式，而在木板上开孔应是火塘的一种演进，因为泥地夏则潮湿，冬则寒冷，悬空设计巧妙地解决了这一难题。

　　因为火塘是重要的生活空间，于是衍生出了一些习俗禁忌，如不准跨越、柴火要从外往里烧等。其功能也不断扩大，不仅是加工食物以及取暖，同时是待客、议事、祭祖之场所。贵客登门首先要请客人在火塘里侧坐以表示尊敬，而后主人烧火架锅煮甜酒或者油茶为客人消渴解乏。若遇有什么事情需要集体商议，大伙则围在火塘边共同讨论。逢年过节，家家户户则要在火塘旁摆上供品祭祀灶神、火神和祖先，祈福祛祸。

图片来源

图一　龙昭宝　摄影
图二至图四　马晓婷　制图

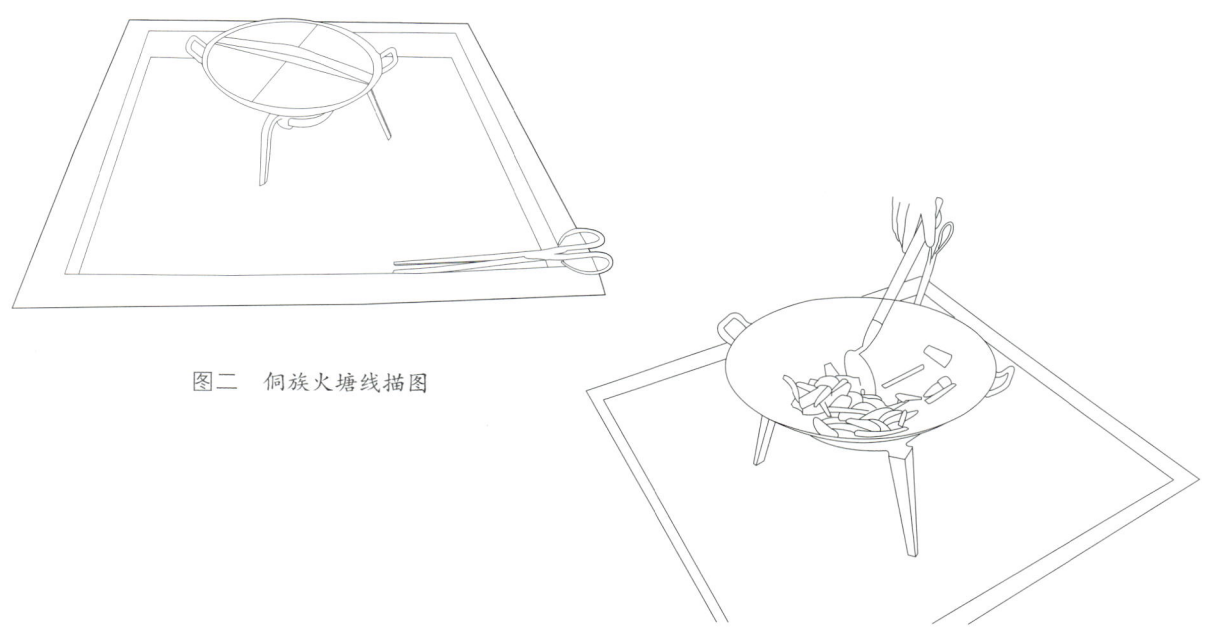

图二　侗族火塘线描图

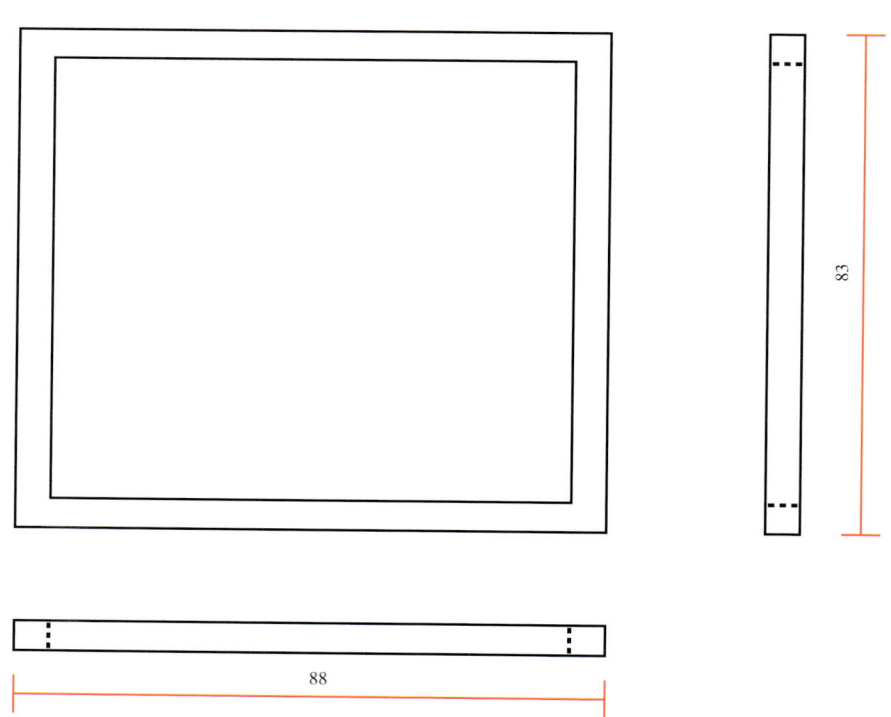

图三　侗族火塘使用图

图四　侗族火塘三视、尺寸图（单位：cm）

侗族雕花木窗

图一　侗族雕花木窗主图

雕花木窗是民间古建筑常见的一种窗户装饰。雕花图案多为"仙桃葫芦""石榴蝙蝠""扇状瓶形"以及"梅花报春"等，极富象征趣味。雕花造型逼真、构图精美，属于一种豪华装饰，显示了宅院主人殷实平稳的生活追求以及风雅闲适的人生旨趣。

本案例采集于贵州省黎平县，为花鸟图案。工艺程序是先用木枋通过榫卯结合做成窗套，窗套内用精致的木条构成两个大小不一的木框（小木框套于大木框内），木框之间用木条分割出更小的方形几何图形。接着在木窗中心位置的小木框中嵌入由花朵以及环形木条组合而成的如意图形。小木框的上下分别镶入正在休憩梳羽的水鸟图案。其他的小框之中分别镶入盛开的花朵图形。木窗采用的是透雕手法，图案形象逼真。木窗主要作为通风采光之用，但本案例后面封有一块木板，无法起到通风采光之目的，因此纯粹为了装饰。窗后附加的木板也使得雕花呈现出了浮雕的特色。

木窗在设计上讲求平衡对称,雕刻细腻,形象自然得体,体现出了工匠高超的雕刻技巧。从源流而言,黎平的雕花木窗源于徽州木雕,但和后者繁富华丽的风格比较,黎平木窗显得简洁明了,是中原建筑文明在边远地区本土化的一种见证。

图片来源

图一　龙昭宝　摄影
图二至图四　马晓婷　制图

图二　侗族雕花木窗线描图

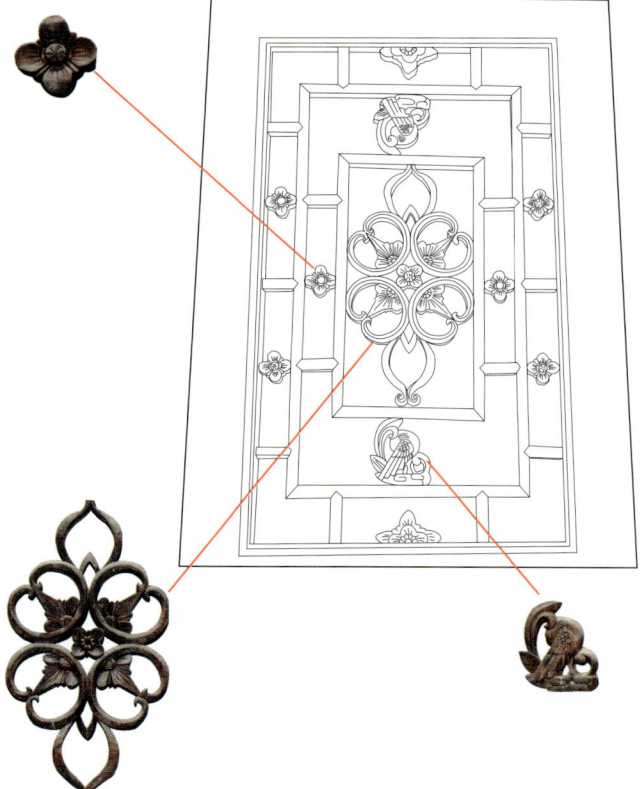

图三　侗族雕花木窗细节图

图四　侗族雕花木窗制作图

侗族碌石

图一 侗族碌石主图

民间修建房屋时垫于木柱柱脚起到支撑和防腐作用的石头，侗语称为"碌"，系音译，翻译成汉语即"垫底"及"支撑"之意。侗乡森林资源丰富，所住木楼以及鼓楼、花桥、凉亭等公共建筑和粮仓、牛圈、猪圈等附属建筑全为杉木建造。为了防止柱脚腐朽，需用表面较为平坦的石块支撑。碌石可分两类：一类是粗糙型的，一类是精致型的。粗糙型的碌石取材不是很讲究，凡散落于田间地头、沟旁河畔的扁平石块均可利用。精致型的碌石则更为讲究，体现于两个方面：一是材质，主要选择较硬的青石；二是造型，主要为圆柱型、方型以及上圆下方型。

本案例采集于贵州省黎平县，为圆柱型碌石。高23厘米，直径33厘米。青石制成。制作工艺是：先从石场采来大块的青石；然后根据尺寸需要用锤子及錾子将其制成粗坯，使之呈现出圆柱形；接着用特制工具将其打磨光滑；最后在其上端边沿处凿出一圈突乳状石纹进行修饰。精致型的碌石制作耗时费力，在过去非普通家庭能够使用，是大户人家或者上层社会用于豪宅装饰，以突出社会地位和身份的象征。磉石，虽为一普通之物，但从粗糙型发展到精致型，体现出了民间对美的追求。

图片来源

图一　龙昭宝　摄影
图二至图四　马晓婷　制图

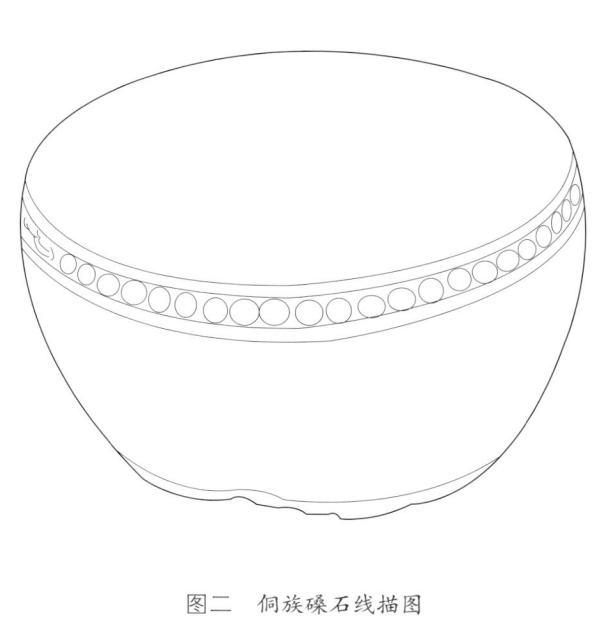

图二　侗族磉石线描图

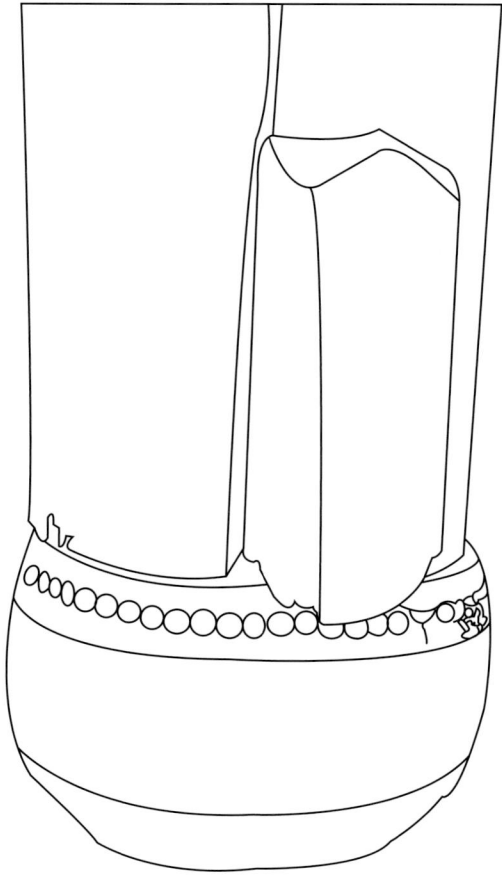

图三　侗族磉石使用图

图四　侗族磉石制作图

侗族石栏杆

图一　侗族石栏杆主图

侗乡木材资源丰富，所制栏杆多为杉木，但在盛产石料的地方则用青石凿制而成。本案例采集于贵州省天柱县坌处镇三门塘村，石柱高106厘米、厚9厘米、宽32厘米，栏杆长275厘米，厚10厘米，宽21厘米，系村中一段石阶的护栏，据传已有200多年历史。石栏制作工艺流程是：先从石场采下宽大的青石板，然后用锤子及錾子将其分成粗细不同的石条，接着在一些较粗的石条上凿眼作为立柱用，将较细的石条修理光滑作为横栏用。比较起木制栏杆，石制栏杆虽然采取了卯榫结构，但在工艺上难度更大：首先是对石材的特殊要求，只有那些异常坚硬的青石板才符合；第二是要有精湛的手艺，整个制作过程丝毫马虎不得，若是对某一构件造成损伤就必须重新更换。石栏杆制作成本大，在古代非一般村落能够拥有，只有那些经济较为发达的地方才能够雇用技艺高超的石匠制作。本案例所在地位于清水江畔。自明朝中后期开始，这一流域的优质杉木被当作"皇木"征用，继而在清代引发了木材贸易高潮，造就了沿江两岸许多富饶的村落。有的村落为了提升社会影响力和拥有更多的资源，耗资铺就宽大的石板路，请人制作精美的石栏杆。在现代机械的辅助下，制作石栏杆不是难事。但在传统社会，石栏杆承载的不仅是一种工艺智慧，还有当地特殊的经济能力和文化心理，蕴含有丰富的历史人文信息。

图片来源

图一　龙昭宝　摄影
图二、图三　马晓婷　制图

图二　侗族石栏杆线描图

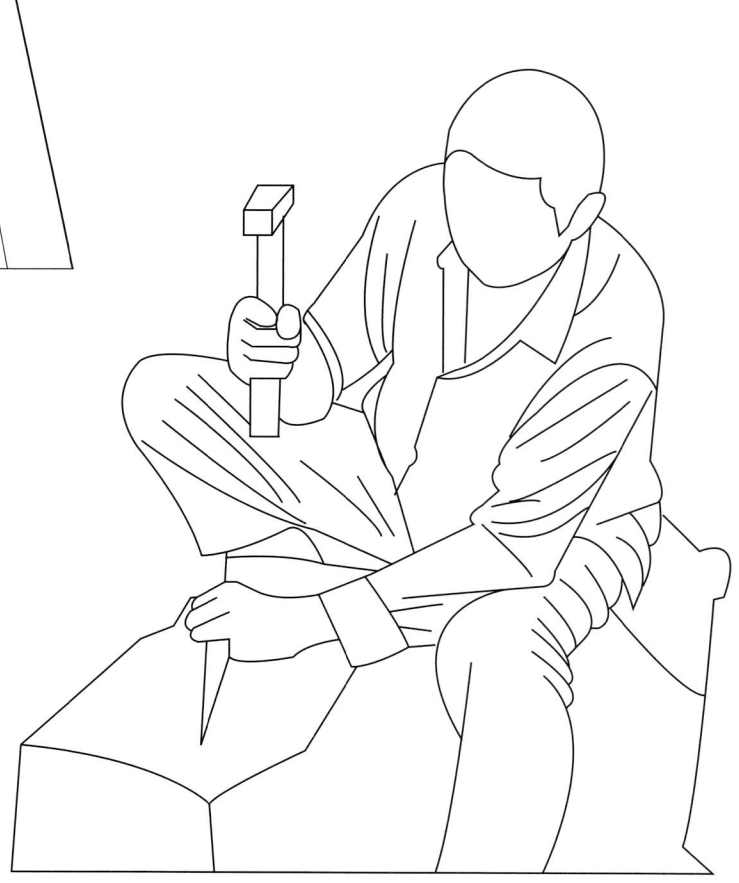

图三　侗族石栏杆制作图

侗族檐廊

图一　侗族檐廊主图

　　檐廊是侗族干栏民居建筑的一种常见附属形式，其特征是一侧和房屋主体连接，另一侧立有廊柱，上覆瓦檐。檐廊设置不限于建筑物的底层，根据通行需要每层都可设计。侗族民居多为二或三层，因此檐廊多设于建筑物的一层或二层，位于房屋的外侧，有的还和大门连接于一起。本案例采集于贵州天柱县坌处镇三门塘村，为砖木结构，即墙体为砖块，廊体为木架结构。营造工艺是用杉木通过榫卯结构组合成廊架，里侧镶入墙体中，外侧用立柱支撑。廊架顶部呈一面倒水，上覆黑瓦。廊柱间用木枋连接，下侧拦以木条，防止发生意外；而上侧则为敞开式，通风透亮。廊底为石板铺垫。值得指出的是，这些宽大的青石板吸收了挑廊的营造工艺而体现出一种凌空之美。

　　从功能上而言，檐廊主要是为了通行，但因其位于房屋的外侧，不仅拓宽了房屋的使用面积，又因通风透亮，同时也是一个纳凉休憩的好地方，人多宴客时还可在此摆成长桌宴，别有一番乐趣。

图片来源
图一　龙昭宝　摄影
图二至图五　杨鹏　制图

图二 侗族檐廊人视图

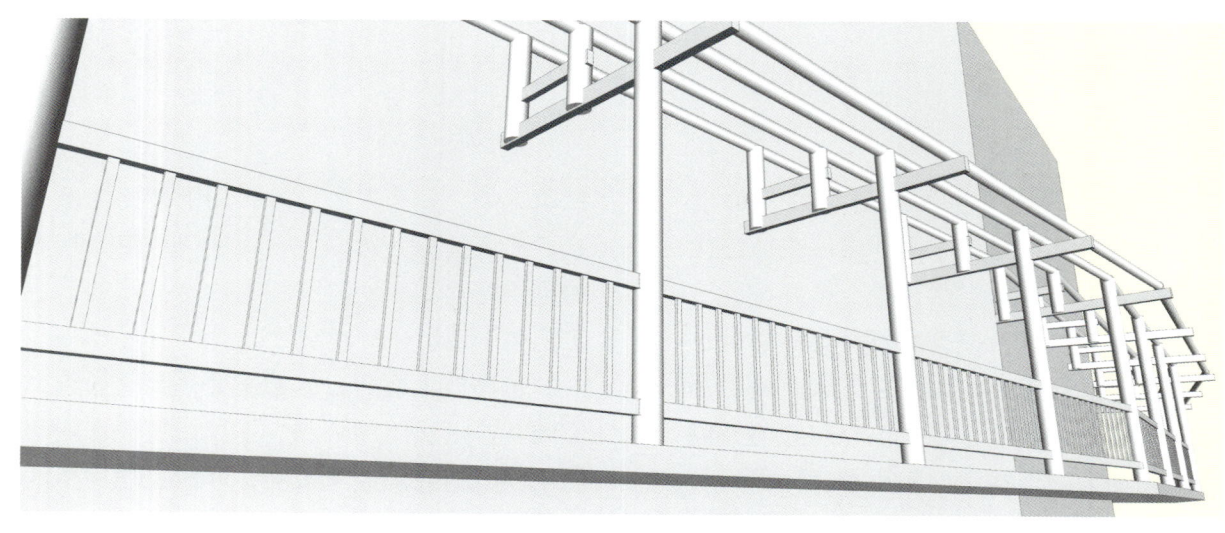

图三 侗族檐廊架结构图

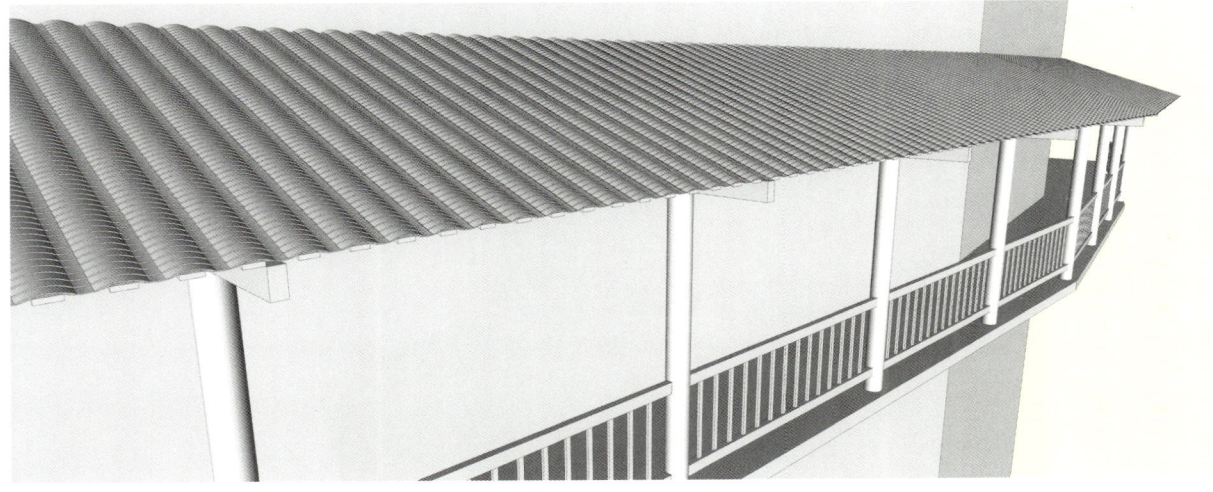

图四 侗族檐廊鸟瞰图

图五 侗族檐廊仰视图

侗族木楼重檐

图一 侗族木楼重檐主图

　　重檐是侗族干栏民居的一种建筑形式，即有上下两层屋檐。这种建筑形式主要流传于北部方言区。这一区域的民居大多为两层，上层屋檐位于顶部，为悬山顶形式；下层屋檐位于一层与二层之间的民居正面。从功能上论，重檐更能起到遮风挡雨的作用。由于受到木料的限制，上层屋檐挑出檐面的距离较短，遮挡的空间较小，刮风下雨时民居一楼势必为雨水所浸湿。为了克服这一缺陷，木匠师傅发挥聪明才智，在民居中部添加一层屋檐，扩宽了遮挡空间，有效地保护了底层。在有的地方，干栏民居为吊脚形式。为了便于出入，这些民居多在正面外侧另建一排走廊，走廊顶部的屋檐正好构成下层屋檐。本案例采集于贵州省天柱县社学街道，系添加了走廊附属设施的重檐。

在设计上，屋檐构件尤其是下层屋檐充分利用了三角形力学原理。重檐的支撑柱被称为"老檐柱"。老檐柱的顶部为上层屋檐的主要支撑点，当檐面向外延伸时，须在檐柱顶部往下适当的距离横插一挑尖梁，上放置一圆木承住檐面。下层屋檐的挑梁方法亦是一样，略有不同的是在挑尖梁上须新设一斜面屋檐。值得指出的是，下层屋檐挑尖梁的长度必须适宜，过短起不到遮挡风雨之作用，过长则重力过大老檐柱不能支撑。因此，有的地方增加檐柱进行支撑，但这一新增的附件又侵占了地面空间，对建筑用地提出了新的要求。因此，有的民居合理制定挑尖梁的长度，保留了地面使用空间，而有的民居因地制宜在下层屋檐底部修出前廊，一举两得。从效果上看，重檐结形式使得民居结构错落有致，形成了差序美感。

图片来源

图一　龙昭宝　摄影
图二至图六　杨鹏　制图

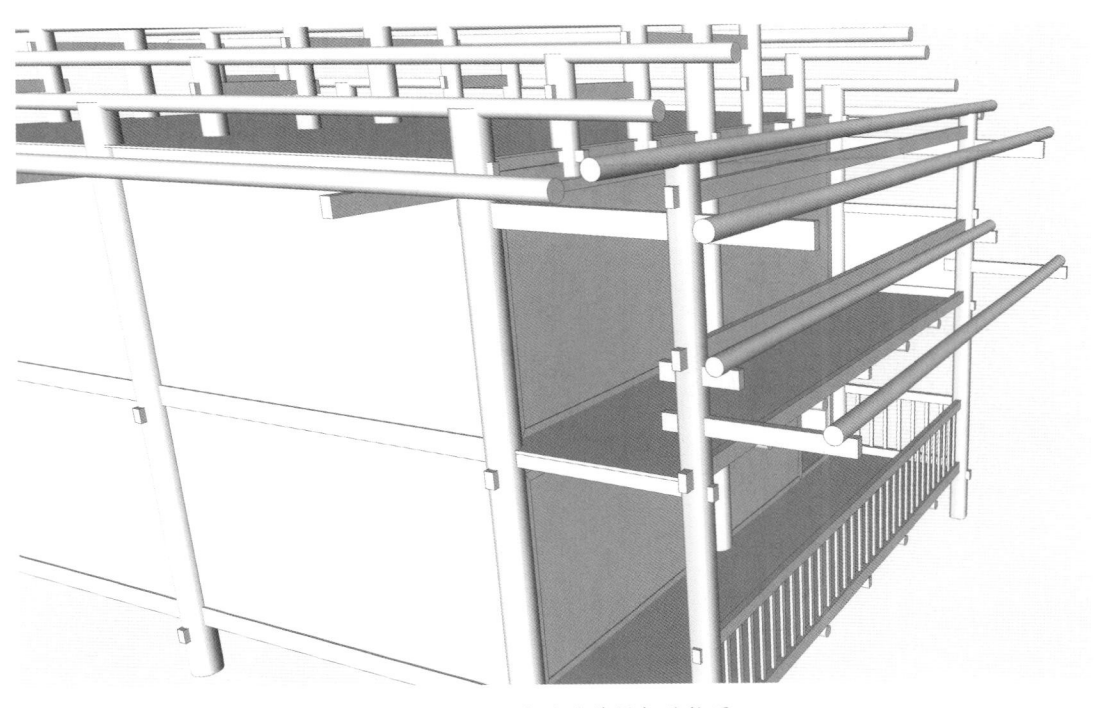

图二　侗族木楼重檐梁架结构图

图三 侗族木楼重檐人视图

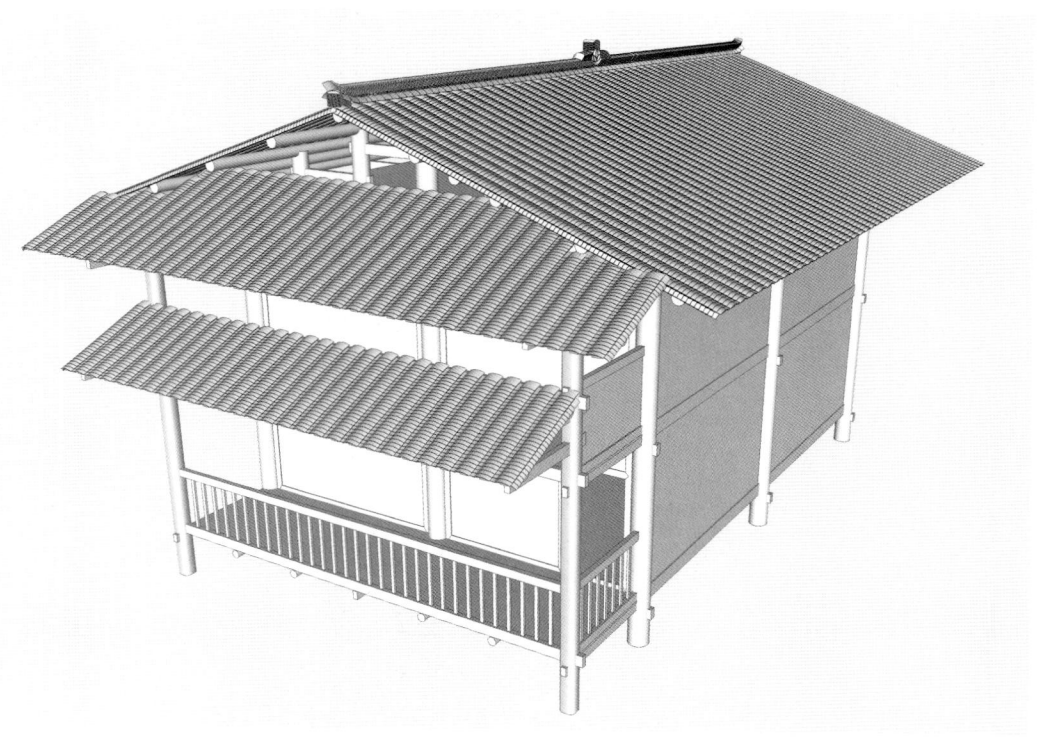

图四 侗族木楼重檐鸟瞰图

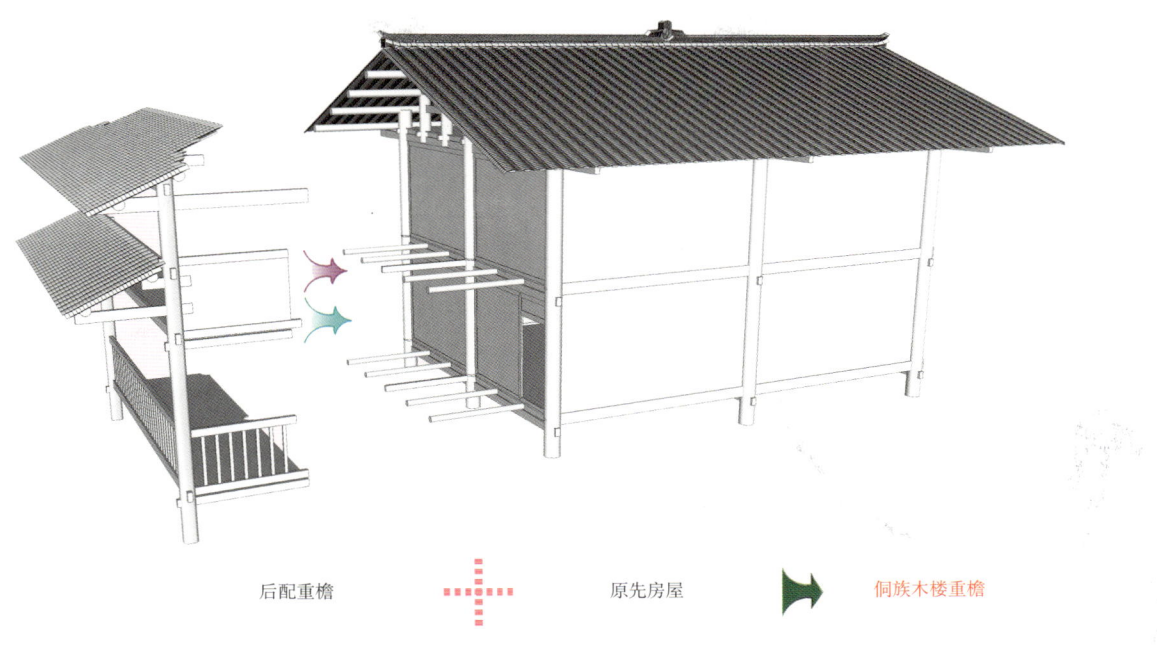

后配重檐　　＋　　原先房屋　　➡　　侗族木楼重檐

图五　侗族木楼重檐修建示意图

图六　侗族木楼重檐效果图

侗族泥瓦屋顶

图一　侗族泥瓦屋顶主图

泥瓦是土与火的结晶，是一种覆盖于屋顶的重要防水材料。出土实物表明，在三千年前的西周时期，中国已出现建筑用瓦。民间烧制出来的泥瓦类型主要有板瓦、筒瓦和瓦当。板瓦仰铺于屋顶，筒瓦覆盖于两行板瓦之间，瓦当是屋檐前的瓦头，起到阻挡作用。瓦以黏土为主要材料，经和泥、制坯、晾干、焙烧等环节，因用于屋顶防水和排水，因此要求质清密实，吸水率小。

经火高温烧制后的泥瓦变得坚硬，可用于铺设屋顶。先于屋顶的檩上纵向用铁钉钉上椽皮（长条的薄木板制成），椽皮之间的距离比瓦片稍小。然后于椽皮上放置瓦片，瓦当放在檐脚，板瓦放于椽皮之间，筒瓦覆盖住椽皮，两侧盖住板瓦边缘。瓦行之间要上瓦盖住下瓦的上部，依次向上，直至屋顶。屋顶的处理是先用筒瓦盖严，然后在筒瓦上斜放一排板瓦以起到固定作用。屋顶中间用瓦片搭成花状造型，两端搭成飞脊造型，起到装饰作用。屋檐四侧钉上波浪形薄木板，将檩头挡住，木板上绘云纹，起到美化作用。

本案例采集于贵州省天柱县社学街道。较之茅草和杉木皮，泥瓦使用年限更为长久，防水效果更为明显，因此从历时性而言，泥瓦屋顶体现了传统农耕时代人类建筑技术发展到了更高阶段，承载了人类巧妙利用自然资源的生存智慧。

图片来源

图一　龙昭宝　摄影
图二至图五　杨鹏　制图

图二　侗族泥瓦屋顶人视图

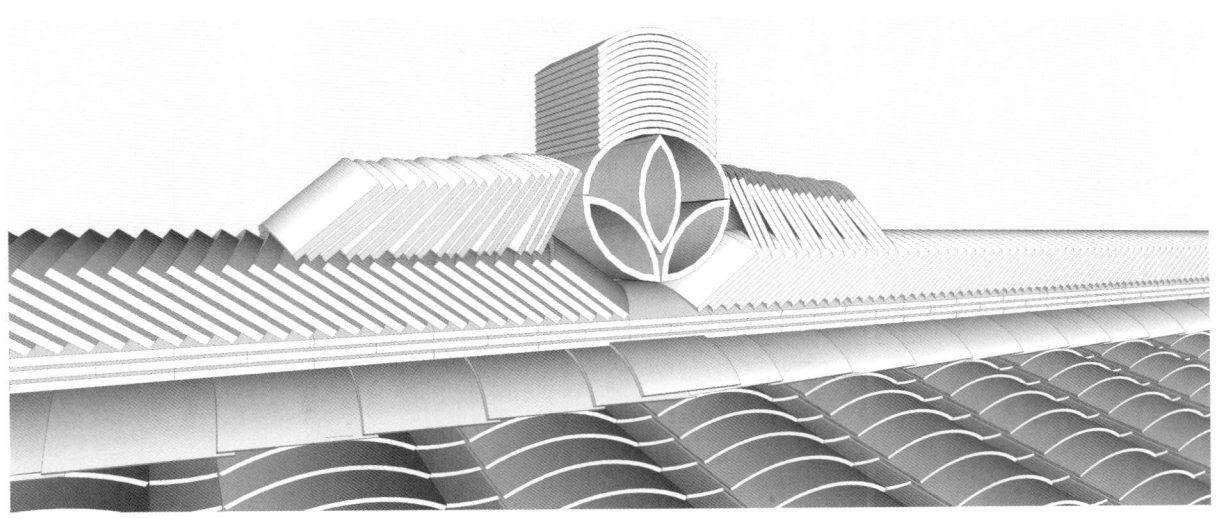

图三　侗族泥瓦屋顶瓦构件图

图四　侗族泥瓦屋顶瓦祠尾图

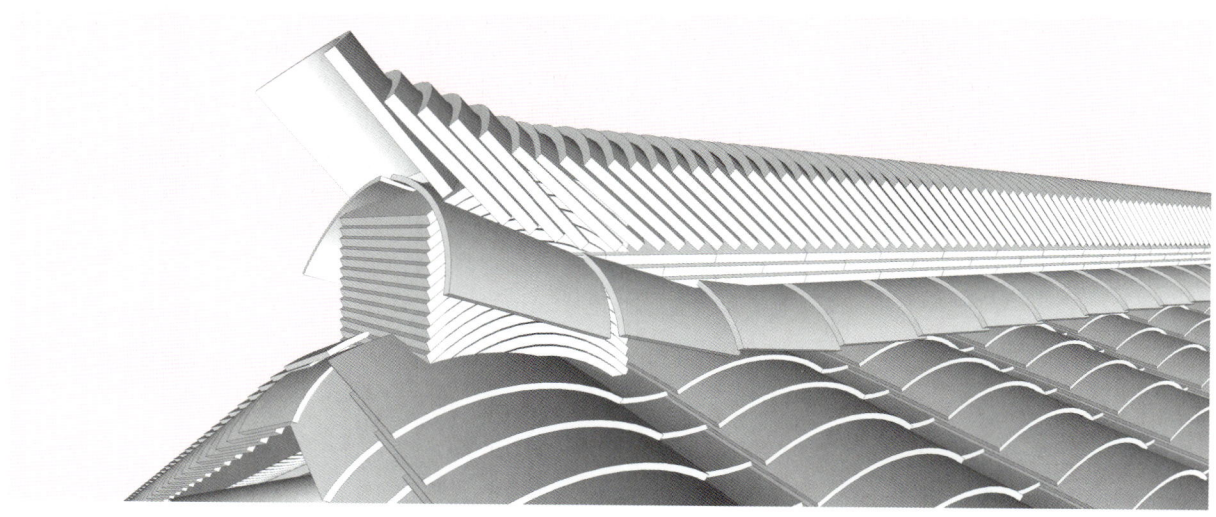

图五　侗族泥瓦屋顶瓦片置放方式图

侗族杉木皮屋顶

图一　侗族杉木皮屋顶主图

侗族地区盛产杉木。杉木一身都是宝，主干可以做建材，枝叶可以做燃料，树皮可以盖在屋顶遮光挡雨。历史上，侗族人主要就以杉木皮来做屋顶，因此亦被称为"杉木皮屋顶"。杉木皮的采割时间较为讲究，主要在夏季进行，此时雨水丰盛，杉木皮易于剥下。先将所需的杉木伐倒，然后在主干上以150厘米的长度横向将木皮劈开，用斧头纵向将木皮锤裂，再用一端削成扁状的木棍将木皮剥开。采割下来的杉木皮成卷状，要摊开压平晾干方能使用。

本案例采集于贵州省天柱县社学街道。

杉木皮盖屋顶的工艺是，从檐脚向檐顶将长短一致的木皮纵向重叠排成几排，用竹篾通过孔洞缠住里外的两个木条将每一排木皮固定住，第二排的木皮下端遮住第一批木皮的上端，依次往上。至檐顶后，一侧的杉木皮要高出另一侧，二者相接处用木皮横向盖严，以免漏水。为了进一步固定住木皮，先于每一排木皮的下端横向压上粗大木块，然后于檐顶呈"人"字形纵向于木块上再压上木头。

从历史上看，从茅草屋顶到杉木皮屋顶，可视为人类生存能力的一大进步，比较起前者，后者的避雨效果更为明显，使用寿命更长，而且取材易得。不足之处在于时间久了杉木皮容易腐烂，因此需三至四年更换一次。如今，随着烧瓦的普及，杉木皮逐渐遭到舍弃，但从历史长河而言，它见证了人类建筑文明的发展。

图片来源
图一　龙昭宝　摄影
图二至图五　杨鹏　制图

图二　侗族杉木皮屋顶结构图

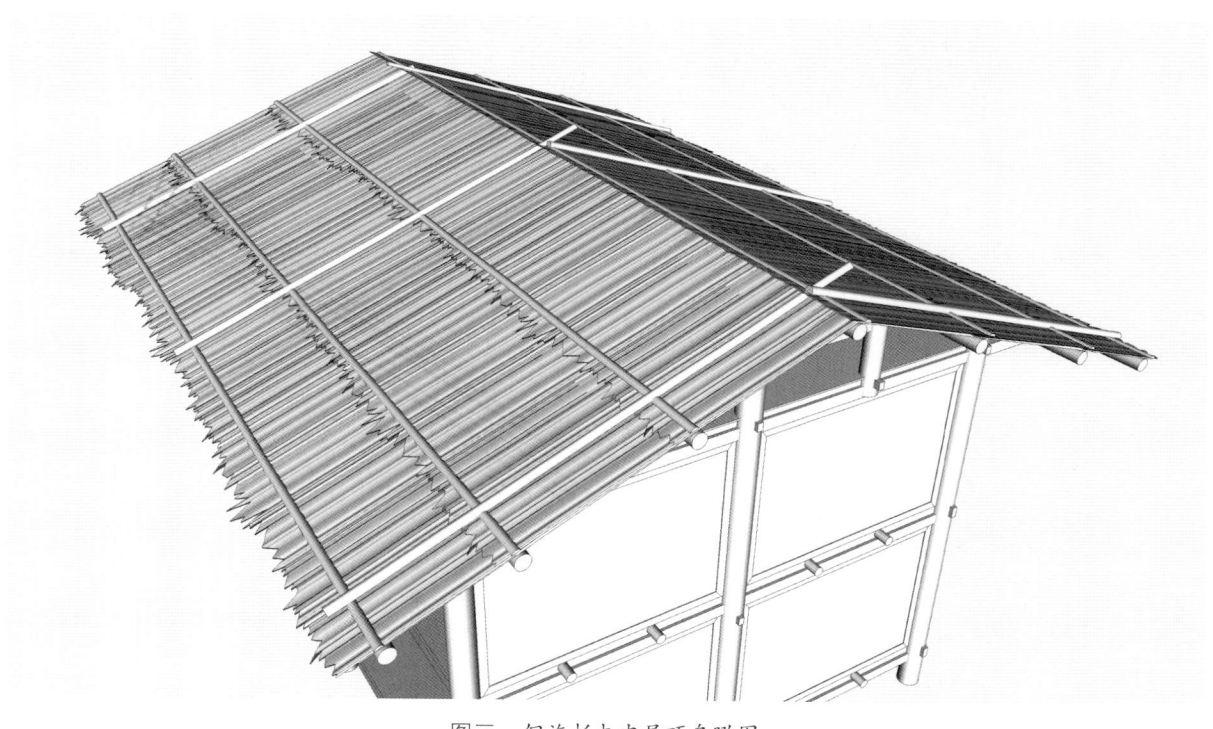

图三　侗族杉木皮屋顶鸟瞰图

图四 侗族杉木皮檐原材料图

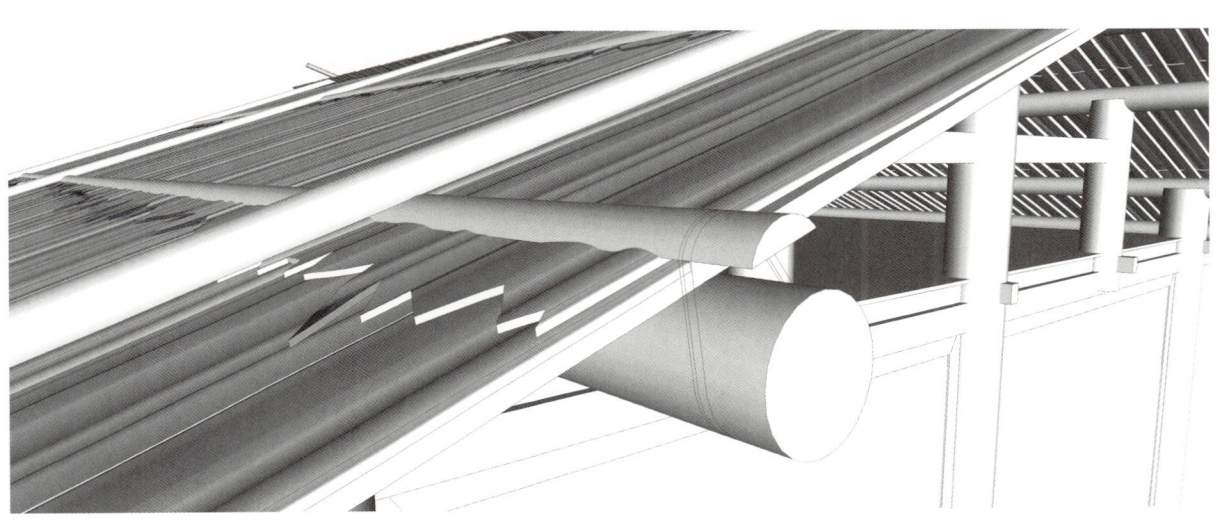

图五 侗族杉木皮屋顶捆扎局部图

第一章 侗族传统建筑

081

第二章 侗族传统服饰

小黄侗族少女盛装

此套服装流行于从江县高增一带。开襟系带衣、短百褶裙，绑腿，布鞋，衣服上没有花边装饰。头上用木梳固定盘髻，服饰十分朴素。可一旦节日来临，就变得相当讲究，要佩戴大量银饰。左右盘绕于头顶的发髻用银簪固定。银簪一头呈圆花形，另一端为尖锥形，长16到20厘米，斜插于左侧。头上还插满各式各样的银花，犹如戴着一顶银花冠，将黑发完全盖住。最顶端插一支长尾银锦鸡钗。走动时锦鸡闪烁，引人注目。身穿加花边的交襟衣。颈戴大小不等的四个银项圈，胸前佩戴两条银链。腰系围腰，其上装饰五六十片圆形银片，镶钉在围腰上部及左右两边，组成整齐对称的图案，只留出下部的紫色侗布底料。全副盛装银饰重数公斤。

本案例采集于贵州省从江县高增乡小黄村，是这一区域少女盛装的代表性穿法。上穿亮布制成的衣服，衣为右衽，系布扣，里穿长袖衣，外套断袖衣，领口、袖口、襟均绣花边装饰。下穿棕色百褶裙，长至膝盖，小腿以下缠绑腿，缠"X"状蓝色布带为饰，脚穿绣花鞋，衣着朴实。因此以大量银饰进行装饰。发挽高髻，插银花、银簪，另配红花。颈套银项圈、银链，多者六条，套银锁。腰系镶满银片的围腰。棕、白、红等色相互映衬，走动时银花颤动，银锁声脆，实为一道亮丽风景。

图片来源
图一　龙昭宝　摄影
图二、图三　马晓婷　制图

图一　小黄侗族少女盛装主图

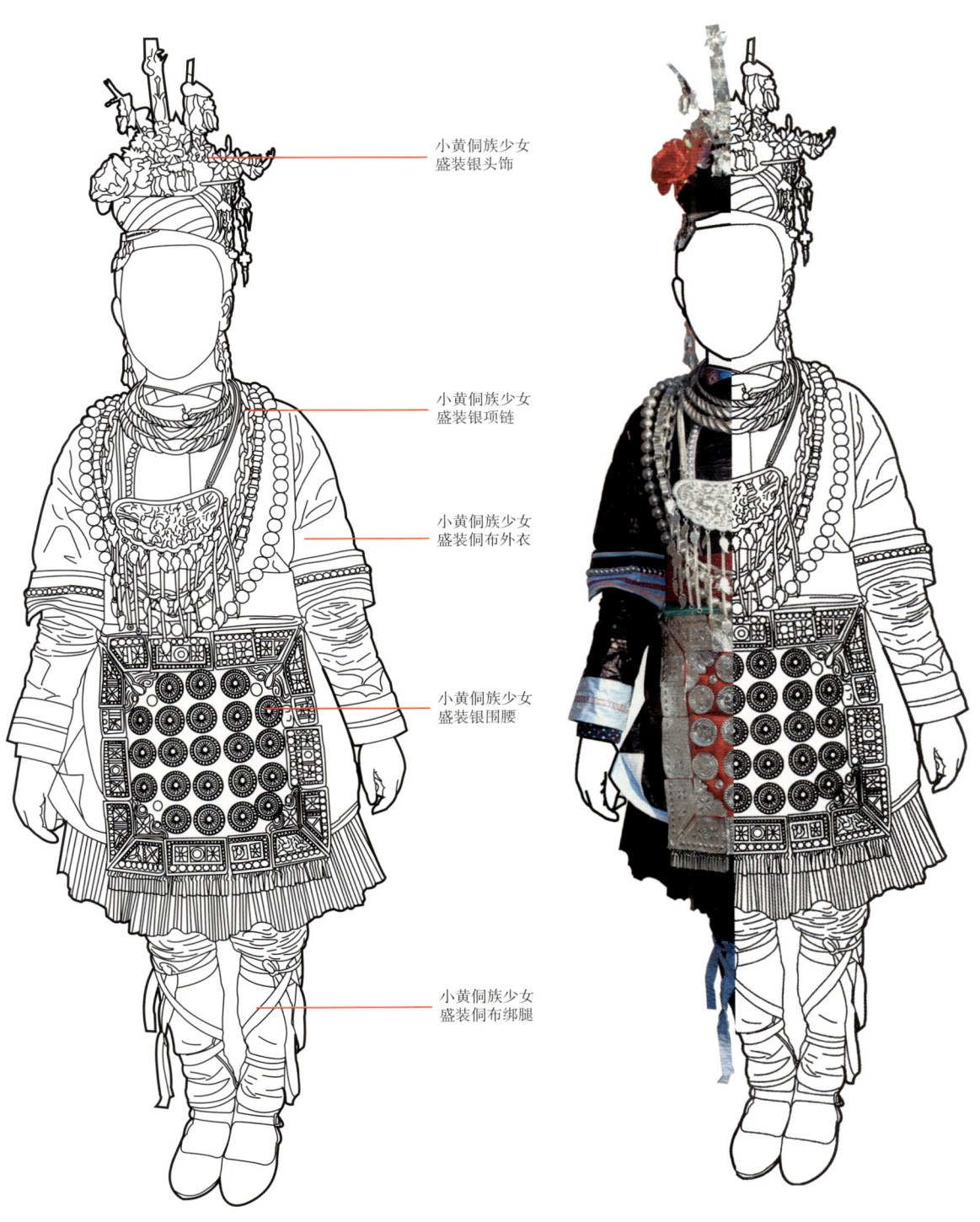

图二 小黄侗族少女盛装线描说明图　　图三 小黄侗族少女盛装对比图

标注（图二，自上而下）：
- 小黄侗族少女盛装银头饰
- 小黄侗族少女盛装银项链
- 小黄侗族少女盛装侗布外衣
- 小黄侗族少女盛装银围腰
- 小黄侗族少女盛装侗布绑腿

第二章　侗族传统服饰

085

尚重侗族少女盛装

尚重系贵州省黎平县下辖的一个乡镇，位于黎平县西北，此地的少女盛装极具地方特色。本案例采集于尚重镇下辖的朱冠侗寨。盛装由银饰、绣衣、披肩、围腰、飘带、百褶裙、绑腿构成。银饰的种类有银花、银簪、银吊坠、银项链、银锁、银背扣等。银花、银簪、银吊坠用于装饰头部，佩戴方式是插于高挽的发髻两侧，如果是女孩，则再饰以粉红假花；银项链、银锁饰于胸前；银锁下端吊以一排响铃，走动时叮当作响，可增加美感；银背扣用于装饰背部，另一功能是拉住内衣。绣衣系右衽大襟衣，分外套和内衣两种，由自制亮布制成，外套袖短至肘部，内衣袖长至手腕，袖口均饰有绣片制成的套筒。披肩用于装饰肩部，呈半圆形，上面用粉红、黄、绿等色丝线相杂绣满线状图案，披肩下端饰以各色丝线扎成的吊坠。围腰用于装饰腹部，用飘带束于腰部，垂至膝部，四边缝以绣片，中间设计成心形，四角各绣有一蝙蝠图案。百褶裙用于修饰臀部，长至大腿，由自制棉布制成，呈棕色。绑腿由自制亮布制成，呈套筒形状，用于装饰小腿，上缝一手指宽的绣条，穿戴时须在膝盖处用白布条打结系住。

此盛装雍容华丽，走动时银饰叮当作响，熠熠生辉，和精美的绣片相互映衬，引人注目，体现了当地妇女高超的刺绣技艺，承载有当地民众对美的不懈追求以及对民族文化的良好传承。

图片来源
图一　龙昭宝　摄影
图二、图三　马晓婷　制图

图一　尚重侗族少女盛装主图

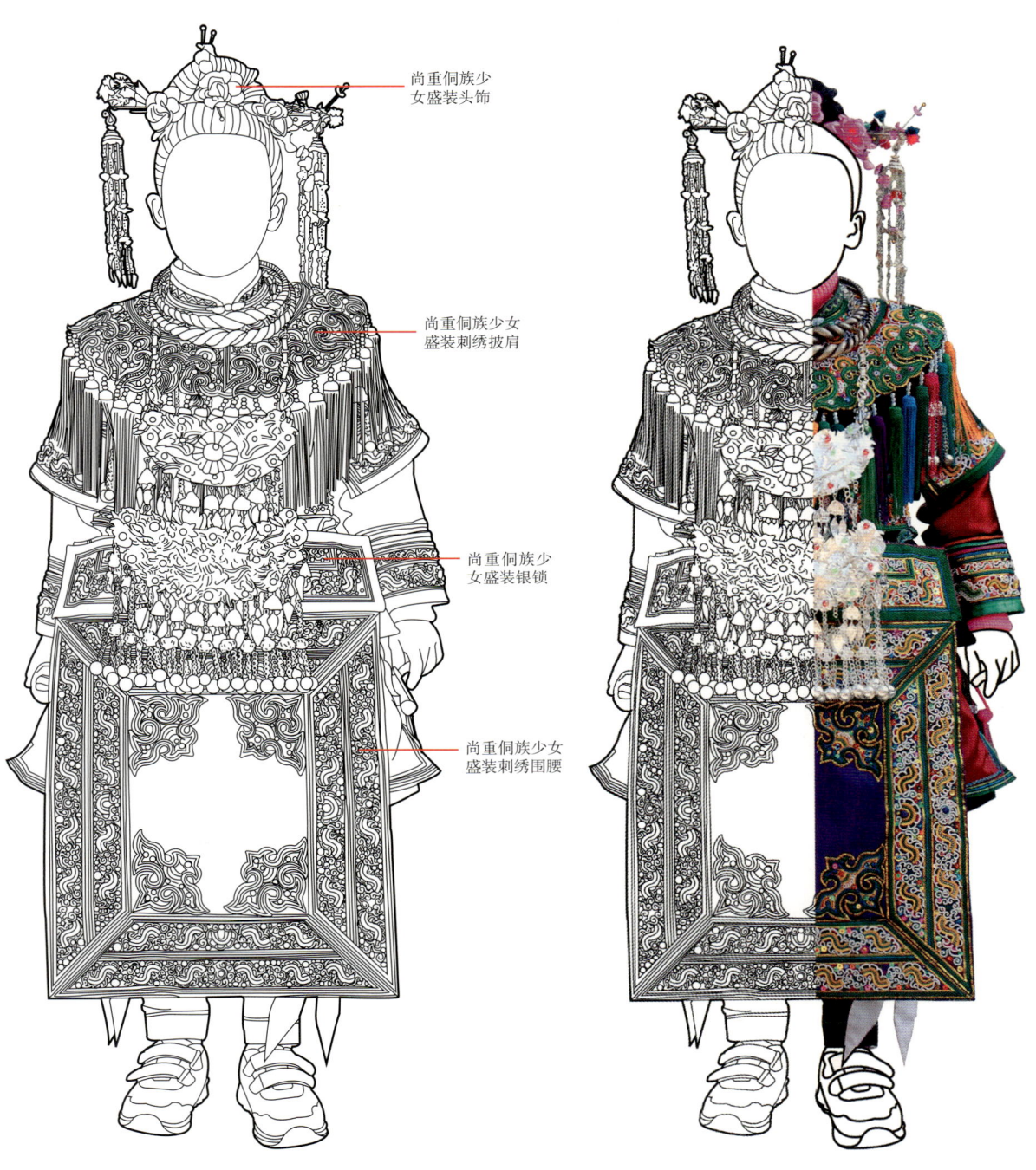

图二 尚重侗族少女盛装线描说明图　　图三 尚重侗族少女盛装对比图

尚重侗族少女盛装头饰

尚重侗族少女盛装刺绣披肩

尚重侗族少女盛装银锁

尚重侗族少女盛装刺绣围腰

第二章　侗族传统服饰

087

侗族女性春装

图一　侗族女性春装主图

　　本案例系吴帮雄先生采集于西迷侗寨2014年4月19日举办的赏花节上。春装由银冠、绣衣、围腰、百褶裙、绑腿构成。银冠由白银制成，顶部交错焊接有诸多银花，饰以五色丝绒花蕊，两侧各插一支银吊坠，下沿吊有一排喇叭状响铃。佩戴银冠时须于里层垫一层毛巾起到固定作用。绣衣由外衣和内衣构成：外衣由绸面浅蓝布料制成，在袖口处饰以绣片，在两侧齐腰处往下开口，边缘饰以几何形浅纹绣条；内衣由自制亮布制成，领口呈三角形，饰以线状绣片，领口两侧另缝两条绣带牵至背后，用银背扣吊住。围腰由浅蓝色绸面布料制成，中间无绣片，仅在上端缝以狭长绣条。百褶裙掩于外衣之下，下沿与外衣的下摆齐。膝盖至脚踝处饰以绑腿，现多以侗布制成筒状，上饰狭长绣带，系以白色布条。

　　因为春季天气逐渐转暖，其外衣在设计采用浅蓝绸面布料，给人以清新素雅之美感，而袖口饰以绣片，于清雅之中增添了几丝亮色。内衣仍保留有传统穿戴方式，棕色布质与浅蓝外衣相互映衬，色调搭配协调，体现出了和谐之美。

图片来源
图一　吴帮雄　摄影
图二、图三　马晓婷　制图

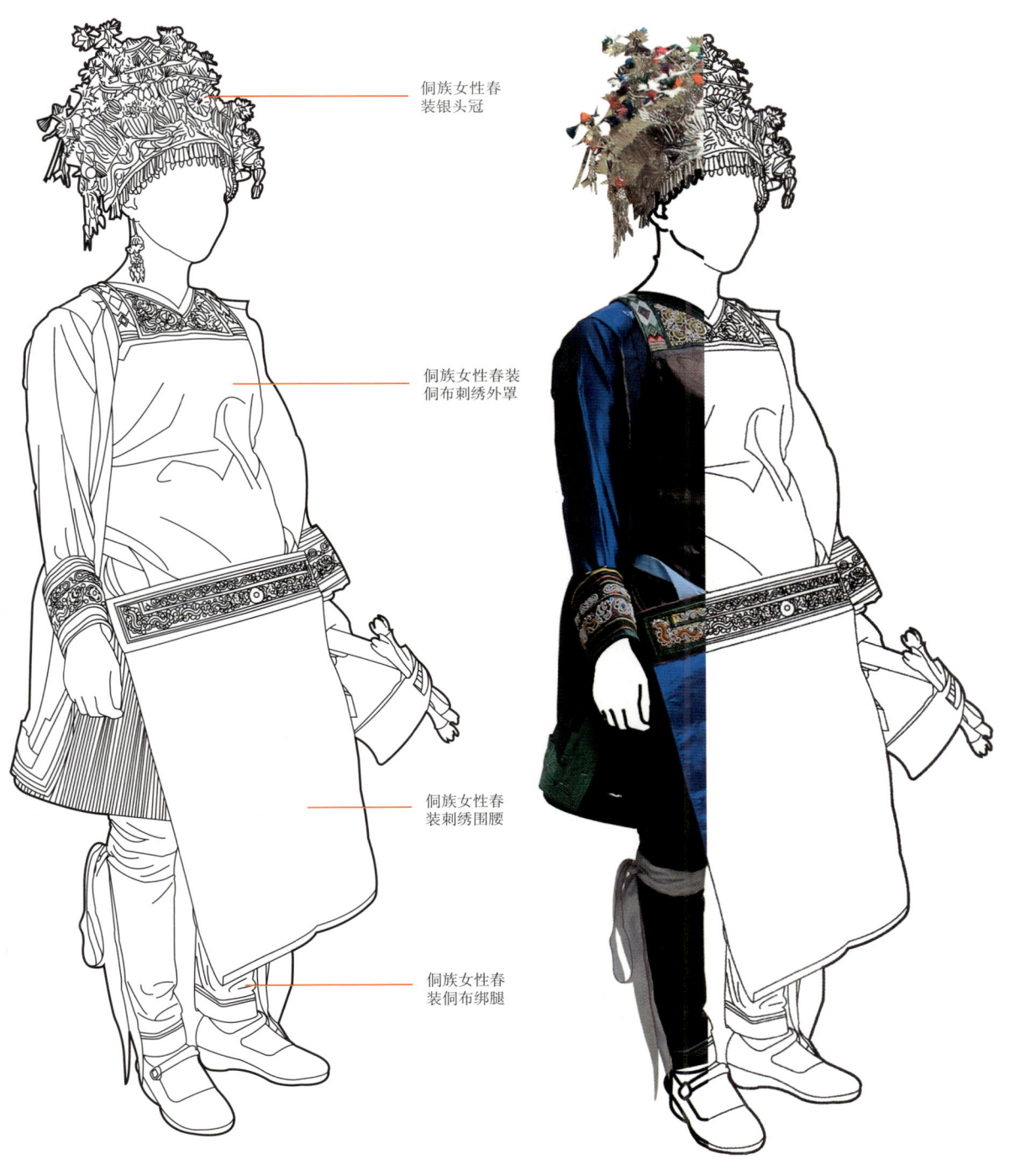

图二 侗族女性春装线描说明图　　　　图三 侗族女性春装对比图

侗族女性春装银头冠

侗族女性春装侗布刺绣外罩

侗族女性春装刺绣围腰

侗族女性春装侗布绑腿

第二章 侗族传统服饰

089

镇远侗族女性盛装

图一　镇远侗族女性盛装主图

　　本案例由龙耀宏先生提供，为流行于贵州省镇远县报京乡一带的女性盛装。由襟衣、绣花带、围腰、头帕及各种银饰组合而成。上衣为左盖右大襟衣，长及膝盖。衣服托肩（领下四周）、襟边、袖口以及裤脚等处均镶宽边，并饰绣花带。绣花带或以家织白布为底，黑线挑花；或以缎料作底，丝线绣花。色泽鲜明，美观大方。胸前戴绣花围腰，图案有牡丹、芙蓉、秋菊等。构图严谨对称，红绿相映，色调明快。头上盘发，包头帕，头帕分冬夏两种。冬季缠白色或青色布帕，长一丈有余。夏天搭颜色鲜艳的提花或印花毛巾，节日喜庆佩戴银花头饰和各种银项链、银手镯等。银花头饰呈半圆形，

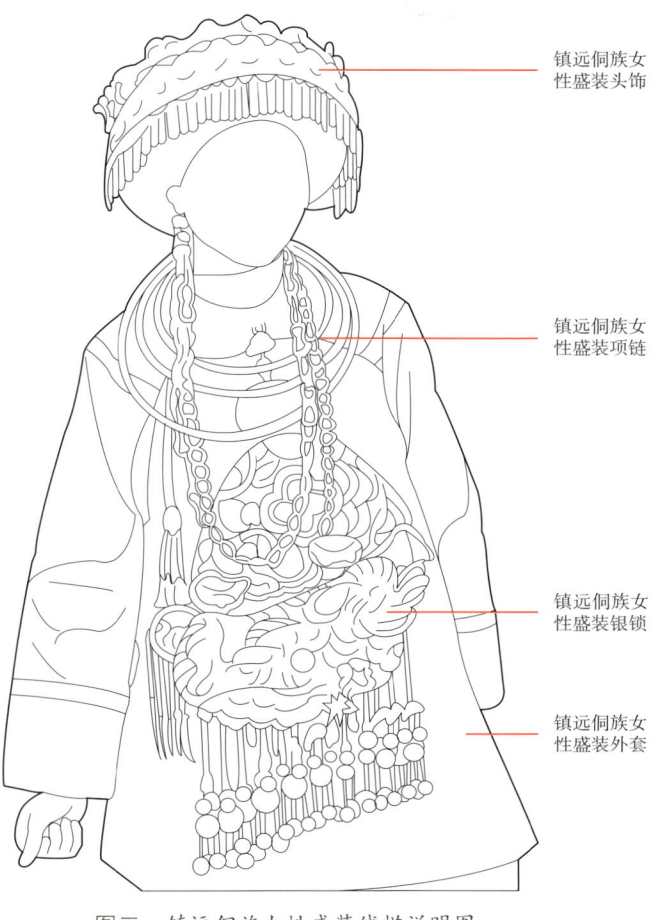

镇远侗族女性盛装头饰

镇远侗族女性盛装项链

镇远侗族女性盛装银锁

镇远侗族女性盛装外套

图二　镇远侗族女性盛装线描说明图

由二十多块鸟、兽、鱼形的银铸物并列而成，银饰物上插着十多枝银叶花枝，下垂上百个小玉兰花形银铃，戴于前额上部，与南部地区插在发髻上呈花束型的银花头饰风格不同。

图片来源
图一　龙耀宏　摄影
图二、图三　马晓婷　制图

图三　镇远侗族女性盛装对比图

第二章　侗族传统服饰

从江侗族青年女性夏装

从江侗族青年女性夏装由银花、绣衣、银锁、围腰、绑腿构成。银花用于装饰头部，先将长发盘于头顶，在脑后用银梳把发梢固定在，再从左右两侧插入银花，中间饰以红色假花。绣衣分内外两种：内衣为三角形领口，边侧用绿黄红等色丝线绣花装饰，胸围为棱形图案，底色为亮棕色；外衣为浅蓝色开襟系带衣，衣袖窄小，袖口和襟边镶桃红和浅绿色两条布边。银锁上端用环形银链悬挂，下端吊一串响铃。围腰为正方形，为紫色布料，四边缝钉有浅纹银片，中间棱形图案处规则分布十八个圆形银片。百褶裙长至膝盖，由自织棉布制成。小腿系方形青布裹腿，裹腿带为浅蓝色。

本案例于2013年11月28日采集于贵州省从江县第十届原生态侗族大歌节上（在小黄村举行开幕仪式）。因夏天天气炎热，从江青年女性夏装在设计上采用浅蓝色布料，清凉透气，而袖口及襟边的花纹装饰增强了服饰的美感。在搭配上，浅蓝上衣与亮棕短裙互相映衬，尤其是大量银饰品的佩戴，为夏装增添了不少亮色，衬托出了侗族女性的婀娜身姿。

图片来源
图一　龙昭宝　摄影
图二、图三　马晓婷　制图

图一　从江侗族青年女性夏装主图

图二 从江侗族青年女性夏装线描说明图　　图三 从江侗族青年女性夏装对比图

从江侗族青年男性盛装

图一 从江侗族青年男性盛装主图

　　从江侗族男性青年盛装由包头帕、亮布衣以及红绸带子构成。本案例于2013年11月28日采集于贵州省从江县第十届原生态侗族大歌节上（在小黄村举行开幕式）。

　　头帕系一条约300厘米长的紫亮布，侗族人民称为"包头帕"，帕的两端用红绿丝线绣成一排锯齿形的图案。包头帕可裹成"团圆形""角形"两种。本案例为"团圆形"，即将包头帕折成三指宽，轻轻依头部层层缠绕，每绕一圈高出两分，形成一个盘状。靠头部的内短折向下边，使其露出刺绣部分，外端的一半扎入盘外两层之间的空隙处，余下一半则散开呈鱼尾状。这种样式多为中年人或较稳重的青年人所用。"角形"头饰不讲究帕布的工整，而是将头帕捏成皱条形缠于头上，靠头内边的一端向上高高斜立，形似一只扇形的独角。缠绕时，头帕交叉包裹，尾端随便插于其中即可。服装是由自制亮布缝制而成，衣为对襟设计，共有八排布纽扣，裤为宽裆窄筒式，袖口及裤腿分别进行绣花装饰。腰束约为300厘米长的红绸腰带，带子两端吊以银片制成的吊坠。

　　与当地女性的盛装比较而言，男性服饰较为简朴，多为亮棕色。但该案例表明，男性青年盛装也在逐渐发生变化，例如包头帕两端以及袖口、裤管的绣花装饰，摆脱了传统服饰的单一色调，在不失稳重的同时增添几丝灵动感。这种局部装饰的设计，预计将是侗族男性传统服饰未来发展的一种趋势。

图片来源
图一　龙昭宝　摄影
图二、图三　马晓婷　制图

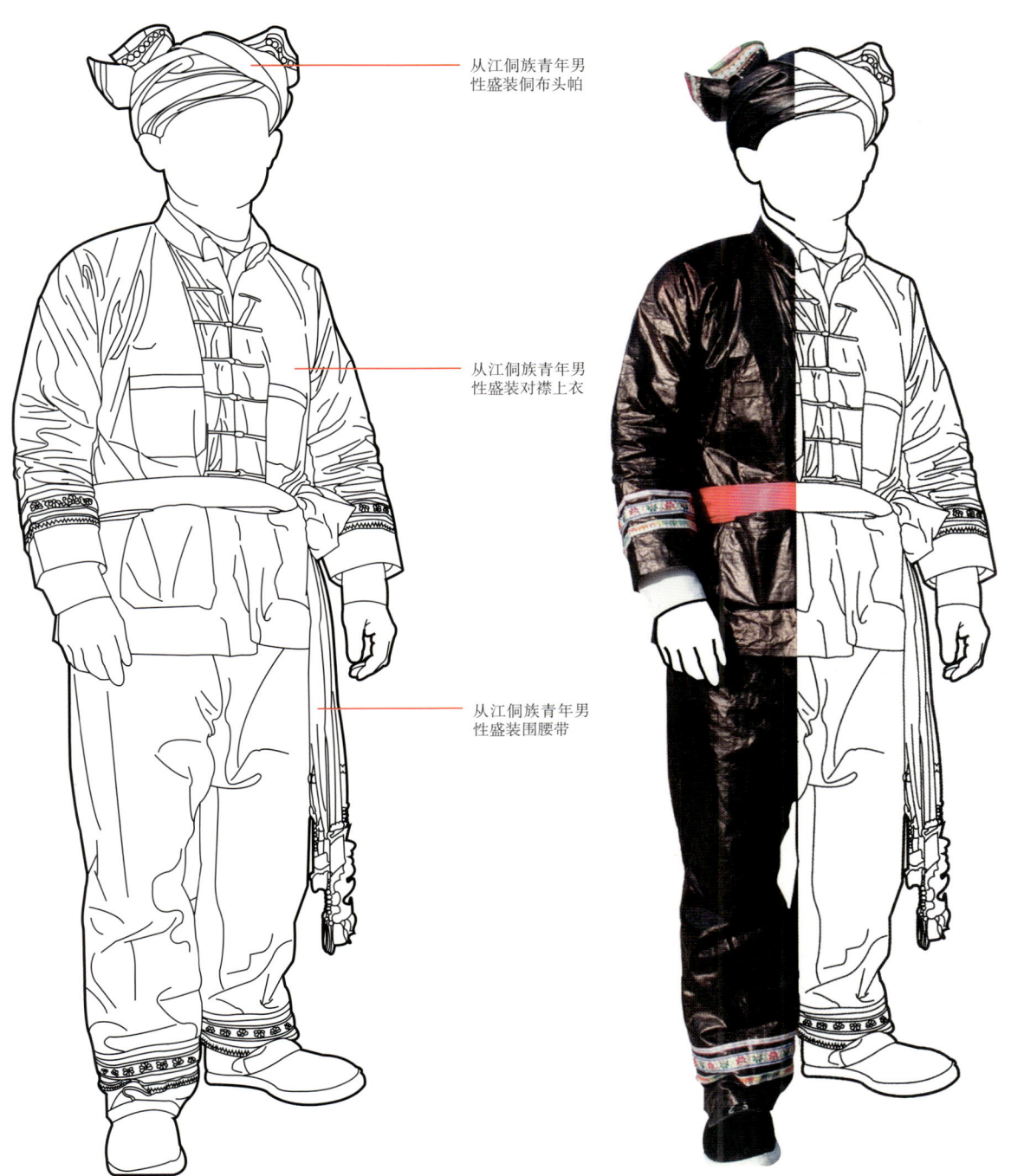

图二　从江侗族青年男性盛装线描说明图　　　　图三　从江侗族青年男性盛装对比图

第二章　侗族传统服饰

侗族寨老盛装

寨老服饰，主要流行于侗族南部方言区，多在盛大的祭祀场合穿戴，款式为清代至民国初期的长袍马褂瓜皮帽的传统服饰。本案例采集于贵州省黎平县永从镇九龙村，为寨老在祭祀萨岁时所穿戴。萨岁是侗族南部方言区最崇尚的祖母神和保护神。在侗语世界中，萨是无形的，在祭祀时用伞来代替。因此在本案例中，红伞是在特定场合中寨老专用服饰的一个文化符号。

寨老服饰由长袍、马褂及瓜皮帽组成。长袍布料多用丝织品，表层为黑色，里层为蓝色，长至脚跟，下端左右开叉，便于走动，右襟，开九纽，袖与手腕齐，以圆形暗花纹为饰。马褂系套在长袍外面的对襟短衫，料用丝织品，底色为棕色，以浅红圆形花纹为饰，两侧左右开叉，对襟开五纽。瓜皮帽面料为黑素缎面，六瓣布攒顶缝于一起，帽顶用红绳打结点缀，底边上镶约3厘米宽的帽檐。从源流而言，长袍马褂系满族传统服饰。自满族建立清王朝之后，一直推行自己的文化，因此长袍马褂瓜皮帽成了标准服饰，并一直延续至民国初期。如今，此种服饰在侗族地区仍得以保存，记录了历史上侗族地区与中原地区的一种文化交流。

图片来源
图一　龙昭宝　摄影
图二、图三　马晓婷　制图

图一　侗族寨老盛装主图

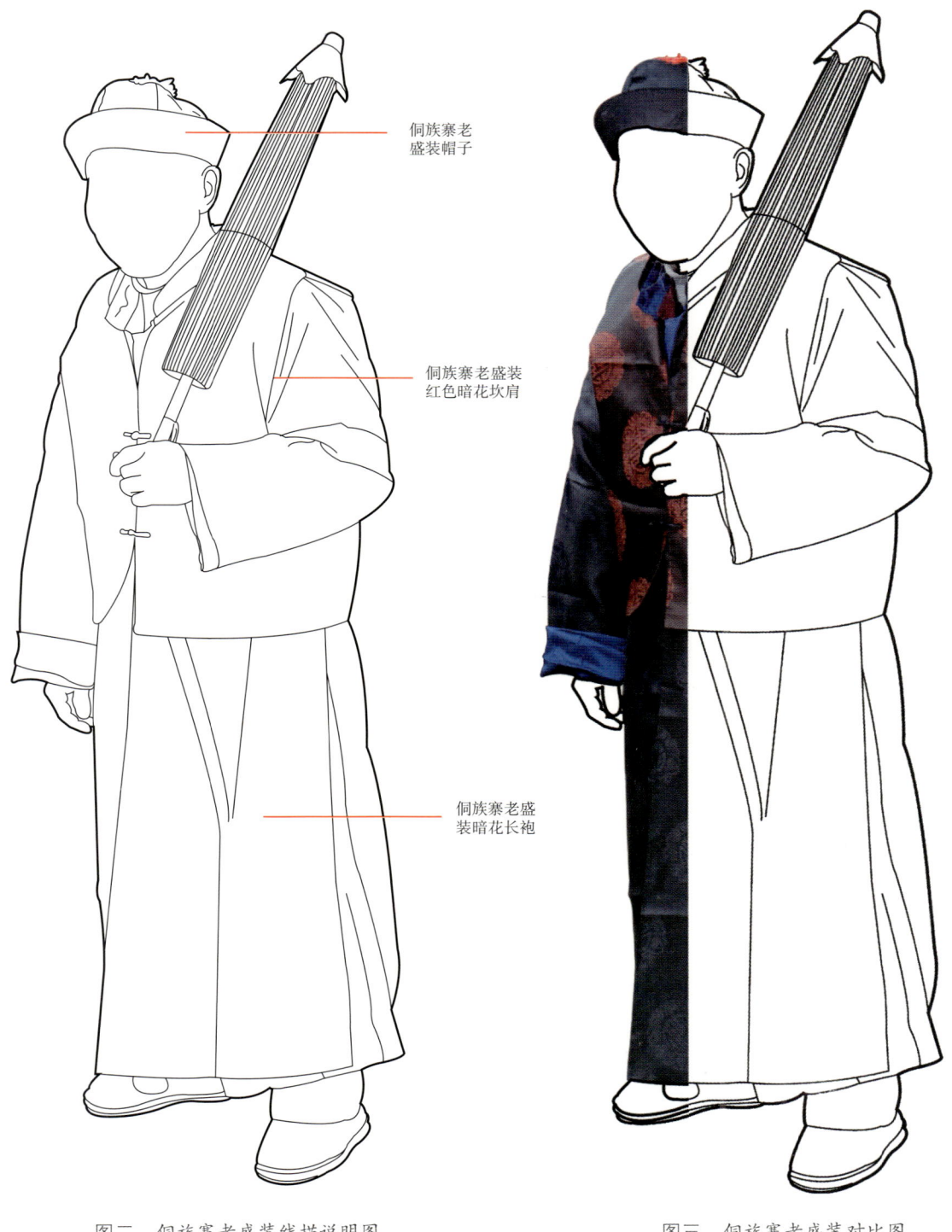

图二 侗族寨老盛装线描说明图　　　　　图三 侗族寨老盛装对比图

天柱侗族老年女性服饰

在天柱的三合、注溪、蓝田、邦洞以及清水江沿岸，妇女传统服饰多为矮领右衽的大襟衣，长至膝，托肩绲边，袖口与腕齐平，由上至下共五枚布扣，襟边及袖口饰以红、白、黄、紫等色花边。下着长筒便裤，裤脚宽23至27厘米，齐踝，束腰带。首饰有玉簪、铜簪、银簪、银手圈、玉手圈、金耳环等。1949年以后，妇女服饰有较大变化，首先是花色增多，不再局限于传统的青、蓝、白三色，尤其是春、夏、秋三季，各类服饰色彩缤纷。二是家织土布逐渐消失，取而代之的是市场供应的各种布料，大多数男女青年衣着款式与汉族相似，只有一些偏远侗寨的老年人仍保留传统服饰。

本案例采集于贵州省天柱县坌处镇三门塘村，系龙耀宏先生提供，为天柱老年女性传统服饰之代表。其特点是：衣料为工业面料，低领右衽，袖长手腕，袖口缀浅蓝布带；衣长过臀，衣身宽大，衽边以紫色绣花带装饰，分别于肩前两侧及腋下缝钉三个布扣，上缀三至六个不等的银扣，银扣间用银链相连，腰间束黑色布带；下穿各色无花边长裤。从整体上而言，天柱老年女性服饰色调单一，仅有局部装饰，浅黑的基色符合老年人的沉稳心理。但衽边花带及银扣、银链于沉闷中点缀出了几丝生动，承载了女性爱美、善于装扮自己的生活情趣及追求。

图片来源
图一　龙耀宏　摄影
图二、图三　马晓婷　制图

图一　天柱侗族老年女性服饰主图

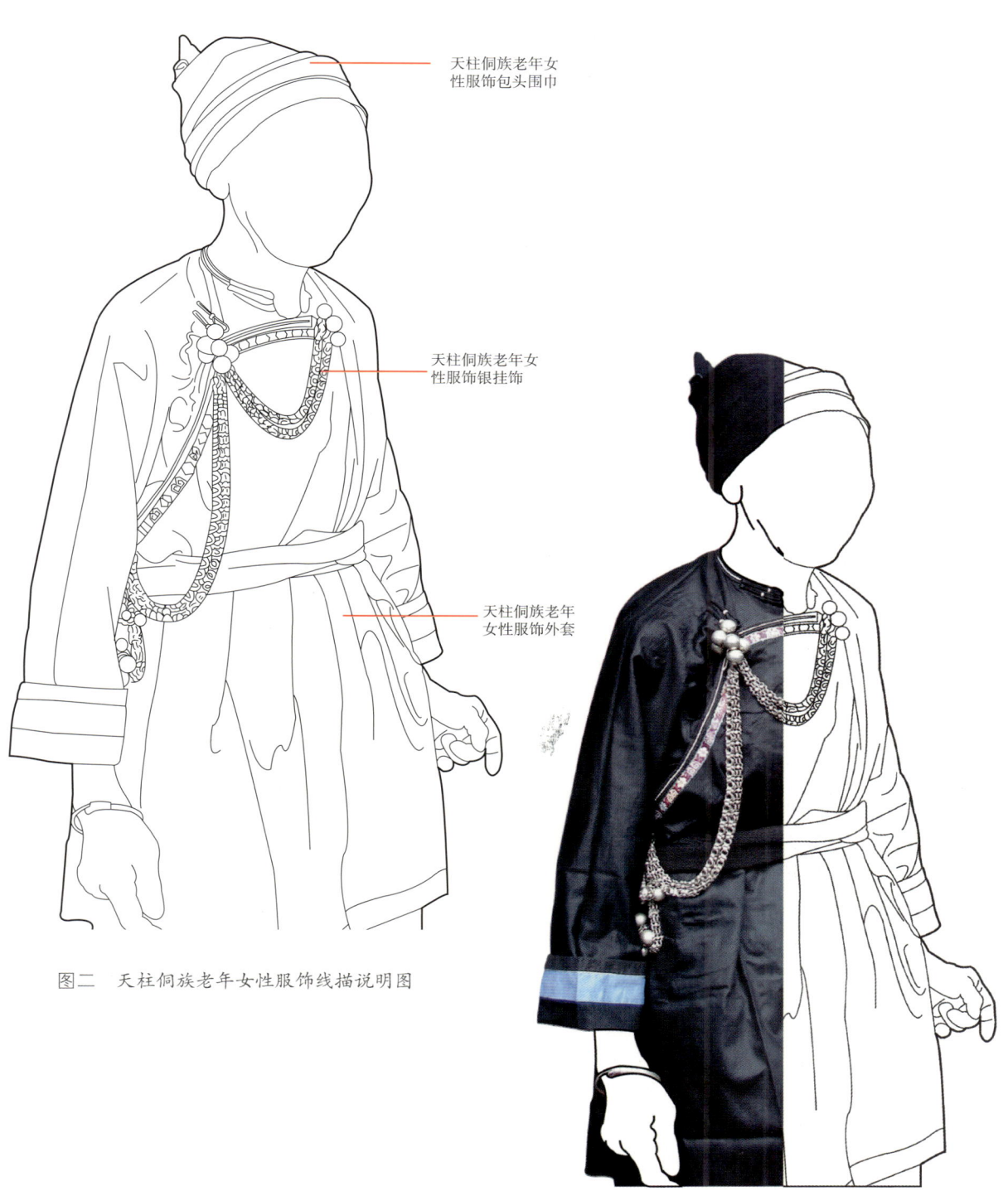

图二　天柱侗族老年女性服饰线描说明图

图三　天柱侗族老年女性服饰对比图

天柱侗族老年女性服饰包头围巾

天柱侗族老年女性服饰银挂饰

天柱侗族老年女性服饰外套

第二章　侗族传统服饰

侗族老年女性盛装

图一　侗族老年女性盛装主图

贵州省从江、黎平等地的老年女性盛装为传统的右衽小襟衣裙装。上衣领口正前处下开约2厘米后，往右裁小襟，宽约4厘米，再直裁到衣脚之上12厘米处横裁转回中线而形成小襟。有的地方小襟以花边装饰，有的则无。使用铜质圆扣。衣袖长及肘部，在襟边、袖口缝缀多道浅蓝色绣片或者布条，下穿及膝短裙，腿套以月白色布带捆系点缀。

本案例采集于贵州省从江县高增乡小黄村，整套盛装由头帕、上衣、百褶裙、长裤、绑腿等构成。头帕以深紫色的现代工业布料裁成，以浅蓝色布料点缀。上衣由外套和内衣构成，外套为浅黑呢绒布料，袖长及肘，袖口以白边蓝底缠紫纹袖套点缀；内衣为自织亮布缝制而成，袖长及手腕，袖口饰以浅蓝色袖套。下穿蓝黑色百褶裙，长至膝盖。长裤为亮布制成，小腿部分缠有黑色绑腿，用浅蓝色布带上下呈"X"交叉捆系点缀。

就历时性而言，从江小黄老年女性盛装既保留有传统特征，亦呈现出与时俱进的特点。保持传统之处在于内衣及裤子都还采用亮布制成，且袖口均有花边装饰，而变化之处在于外套的缝制已采用了现代工业布料。比起青年女性靓丽的银饰盛装，从江老年女性盛装色调单一，没有过多的色彩装饰，这种风格是由老年人稳重的心理特点所致。

图片来源

图一　龙昭宝　摄影
图二、图三　马晓婷　制图

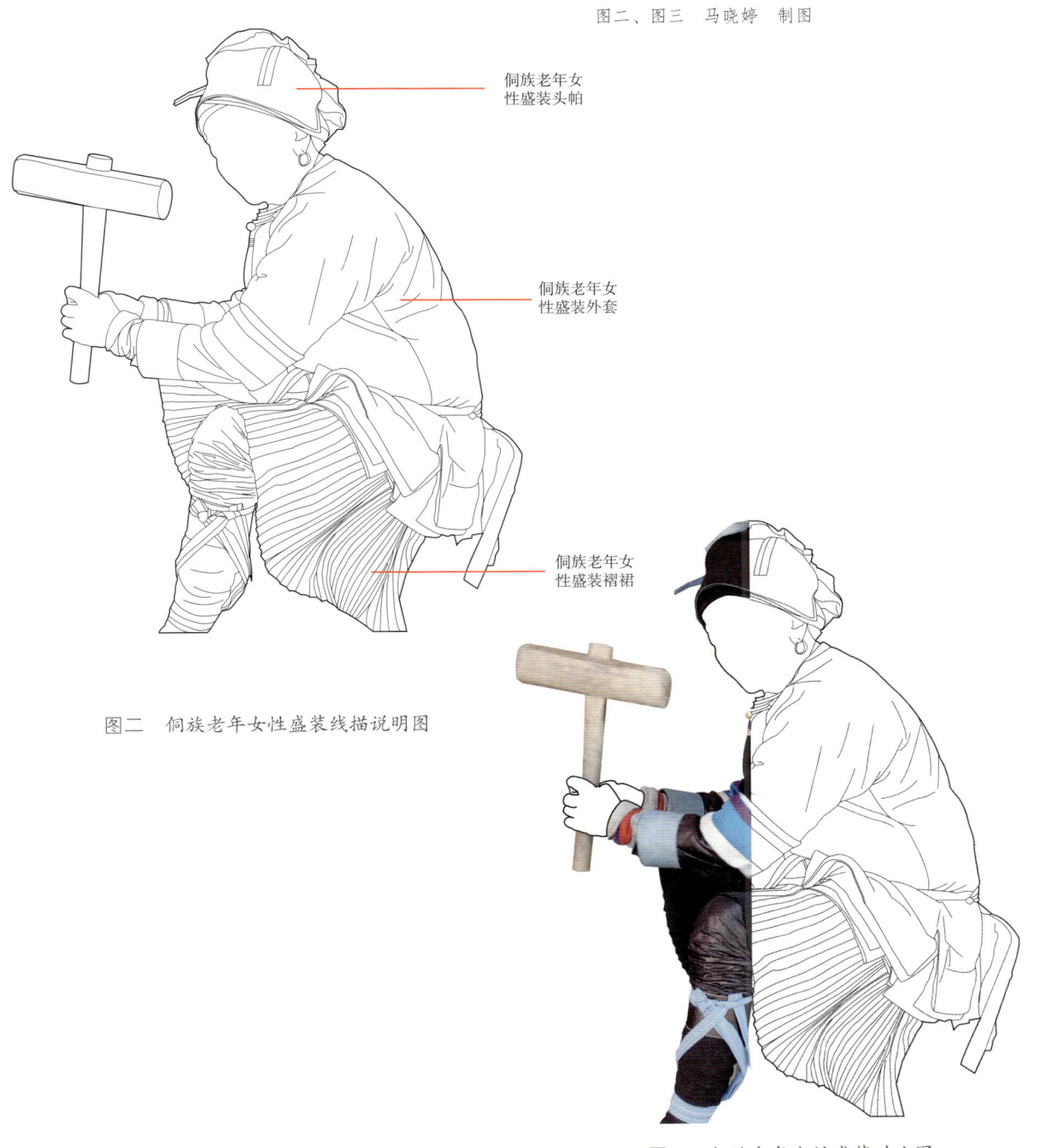

图二　侗族老年女性盛装线描说明图

图三　侗族老年女性盛装对比图

第二章　侗族传统服饰

侗族男性冬装上衣

图一　侗族男性冬装上衣主图

男性冬装在侗族各地较为统一，衣裤均用自制的亮布剪裁而成。在穿戴的样式上，各地略有区别，有的地方头挽自织的蓝、青、白三色花格布头帕，长300厘米有余，包成左右向上交叉状。上衣无领，两襟对开，衣扣扣于胸前。衣扣有布扣和圆形银扣两种，共六对，每对均两排，共十二排纽扣，非常紧密。衣身短小贴身，衣袖紧裹手臂。穿长便裤，裤腿肥大。足蹬布鞋或草鞋。有些人还将精致的银烟盒、烟杆等挂在上衣的右下侧。

本案例采集于贵州省黎平县尚重镇盖宝村，系中年男子冬装上衣，色调单一，外层为单黑色，因涂有蛋清变得亮光，但布质较硬；里层用浅蓝色布料作里子；中间缝有八排布扣。和繁丽的女性盛装比较起来，男性盛装显得简朴。侗族传统服饰因制作工艺复杂，耗时费力，在现代社会中逐渐遭到舍弃，只有中老年人才保留有穿戴传统服饰的习惯，而青年人只在节庆场合中偶尔穿戴。

图片来源

图一　龙昭宝　摄影
图二、图三　马晓婷　制图

图三　侗族男性冬装上衣线描图

图五　侗族男性冬装上衣穿着效果示意图

第二章　侗族传统服饰

侗族观音童帽

图一　侗族观音童帽主图

　　侗族童帽为布质，有的为方形，有的为簸箕形。帽身饰以各种精美的绣花图案，多为龙凤或者花草图案。帽额上装饰有银质的观音像，六至九个不等，相互连成一块。帽檐多镶嵌银珠。帽后围十多条银链，末端系有状如花朵的响铃，佩戴时叮当作响。

　　本案例采集于贵州省从江县，此童帽呈方形结构，边长17厘米，高10厘米。做工精细，图案繁复。童帽前面边沿饰有条花纹图案的绣带，绣带上方是十二颗串成一排的银珠，银珠上面是一排头披纱巾的观音银像，位于最中间的观音头部顶有一个银碗。观音像后面绣有"富贵康宁"四个汉字，字间夹有花朵。上方缝钉有一朵银花，两侧是软绸扎成的布花以及由紫线扎成的穗束，顶部是做工精致的绣花。和市场上的机器缝制出来的童帽比较，本案例的各种图案充满了文化内涵：观音图像表示父母希望孩子得到神灵护佑而无灾无难，"富贵康宁"四字寄托了大人对孩子未来的一种美好祝福，精美的刺绣图案显示出了母亲高超的技艺以及对孩子的慈爱。独特之处在于银质饰品与刺绣的精妙结合，彰显出了浓郁的民族特征，是民族审美观及价值观的一种物质载体。

图片来源
图一　龙昭宝　摄影
图二、图三　马晓婷　制图

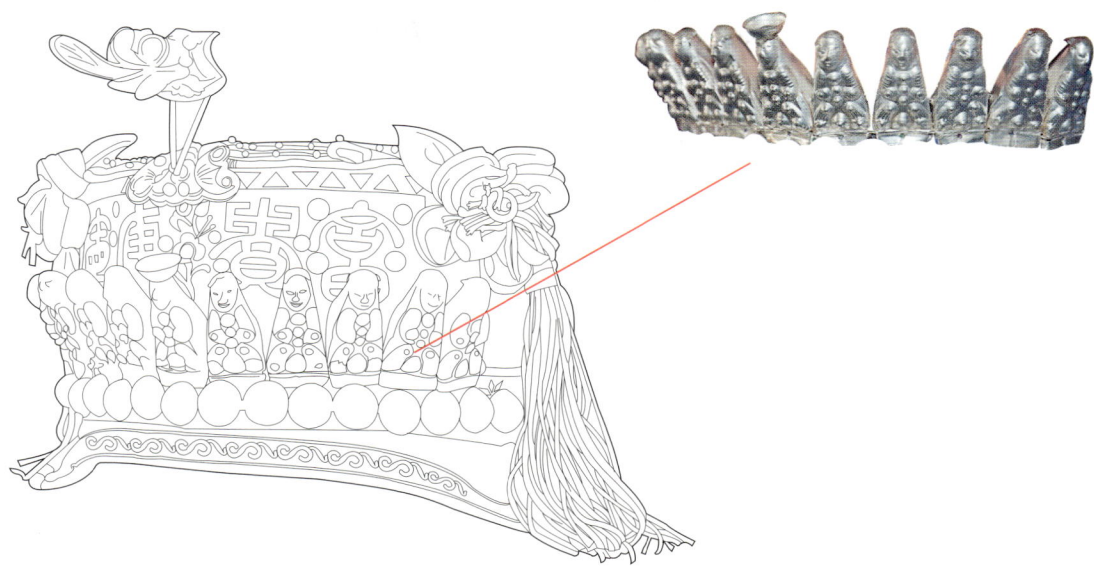

图二 侗族观音童帽细节图

图三 侗族观音童帽使用图

第二章 侗族传统服饰

105

侗族绣花鞋

图一　侗族绣花鞋主图

绣花鞋流行于南部方言区，用料较为讲究。制作过程是，先选好鞋子面料，用锦纸剪好花纹图案后贴于其上，再用各色丝线以及各种刺绣手法将图案绣下来，图案多为花鸟虫鱼题材。刺绣装饰的帮面，色彩鲜艳，图案逼真。鞋面制作好后，将其缝在布质鞋底上即可。

绣花鞋因所绣鞋面的纹饰不同，可分为"满帮""跟花""半帮"三种。"满帮"即在整个帮面绣满花纹，"跟花"即只在鞋帮前后两端绣上花纹，"半帮"则只在鞋帮前端绣上花纹。绣花鞋的穿戴年龄也有讲究，未婚少女穿"满帮"，已婚妇女穿"跟花"，老年妇女穿"半帮"。绣花鞋因为耗时耗工，只在外出做客、赶集、聚会、逢年过节时穿戴，和盛装搭配于一起。本案例采集于贵州省从江县，长14厘米，高7厘米，鞋底宽7厘米，为"满帮"型绣花鞋，图案为花朵，底色为橘红色，配以白色布质鞋底以及青色鞋帮。设计精巧之处在于各种色泽巧妙地选择和搭配，显得富丽大方。而栩栩如生的绣花展现出了侗族刺绣技艺的高超以及侗族姑娘崇尚美的生活追求。

图片来源
图一　龙昭宝　摄影
图二至图四　马晓婷　制图

图二　侗族绣花鞋线描图

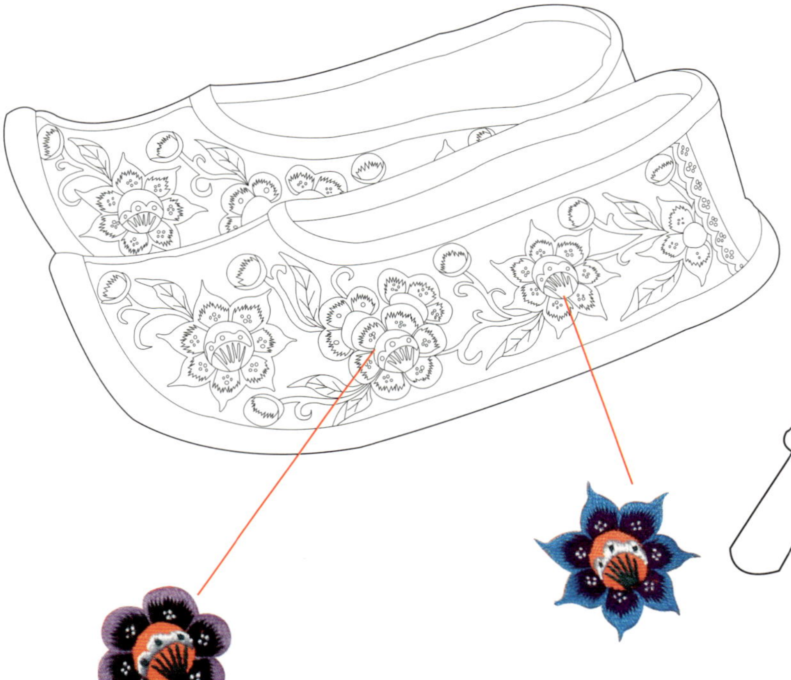

图三　侗族绣花鞋细节图

图四　侗族绣花鞋穿着效果示意图

第二章　侗族传统服饰

107

侗族剪纸破线绣

图一　侗族剪纸破线绣主图

侗族剪纸破线绣的布料多用棉布、侗布和丝绸，线主要用红、黄、蓝、绿、紫等各色丝线。绣法属于平针绣，是将绣线劈破成数十根细细的丝线，从皂夹树种子或蒜米中穿过，使其粘上蜡状油脂，目的是让丝线产生光泽并起到硬化的作用，等绣线干硬之后方是用细小的绣花针在布料上绣出花鸟虫鱼以及树木等各种图案。因线很细，绣一件绣品耗时费工。侗族的剪纸破线绣图案精美、工艺精致，色泽细腻，为绣品中的精品，很受海内外朋友以及收藏家的青睐，在市场上很受欢迎。

本案例采集于贵州省从江县。绣片布料为黑色丝绸，中间为圆形绣片，四角为三角形绣片，而四边则饰以条状绣片。本绣品的特色设计在于：一是不同形状的绣片组合成一体，增强了层次感；二是不同颜色的绣片相互搭配，丰富了色泽感，尤其是中间八边形白色绣片与八块梯形修片巧妙搭配，同时衬以黑色背景，增强了整个修面的灵动感；三是修面上饰以各种颜色的圆形细珠，犹如花苞，更是增强了绣品的立体感。

图片来源
图一　龙昭宝　摄影
图二、图三　马晓婷　制图

图二　侗族剪纸破线绣线描图

图三　侗族剪纸破线绣制作图

侗族中老年妇女上衣

图一　侗族中老年妇女上衣主图

在传统社会里，侗族人的服饰均为自己纺织缝制而成，各地均显示出自己的地域特点。在南部方言区，侗族中老年妇女平装由左衽右开直襟短袖外衣和百褶裙组成。左衽右开直襟短袖外衣无领或者矮领，钉银质纽扣，共四排，每一排银扣一至二颗。根据季节的不同外衣的颜色有所区别，冬天为墨绿色，夏天为青蓝色。外衣开襟处以及袖口均缝有绣片进行装饰，内部用花格布料作里子。百褶裙制作工艺复杂，将细纱侗布放在平整的石板上，涂上用牛膏、豆粉以及蛋清调和而成的粘浆，每涂一道，则在涂液处折叠出细褶，如此反复，最后用竹片或者牛角片刮净每一道皱褶。百褶裙制作完毕后要捆扎定型好后才能穿戴。

本案例采集于贵州省黎平县尚重镇盖宝村，为中老年妇女平装中的上衣，衣长68厘米、宽48厘米，袖长18厘米、宽18厘米。为避免通体墨绿色过于单调，分别于袖口以及衣衽饰以绣片。设计精巧之处在于袖口的绣套不仅延伸了袖子的长度，也增添了花样。衣衽的绣片，尤其是青红蓝黄四色线条，增强了衣服的线条感。四排圆形银扣，于单调之中添了一丝生动。

图片来源
图一　龙昭宝　摄影
图二、图三　马晓婷　制图

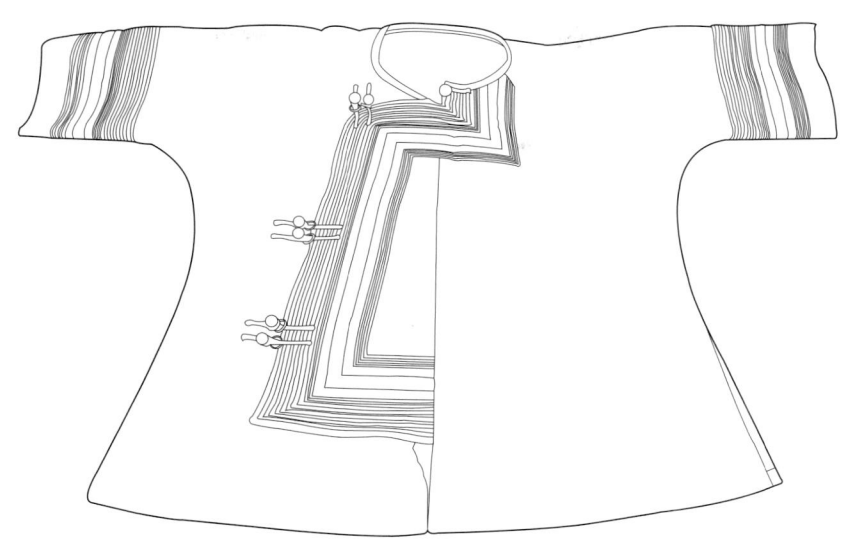

图二　侗族中老年妇女上衣线描图

图三　侗族中老年妇女上衣穿着效果示意图

第二章　侗族传统服饰

朱冠侗族中年女性宽袖上衣

图一 朱冠侗族中年女性宽袖上衣主图

在贵州省黎平县和榕江县交界的四十八寨地区，中年女性的上衣极具地域色彩。本案例采集于贵州省黎平县尚重镇盖宝村，系短袖左开右衽上衣，袖长22厘米、宽20厘米，衣长67厘米，腰宽44厘米，为中年妇女所穿。该上衣系棉布制成，底色为淡黑色，内部用花格布作里子。该上衣的特点之一是因受限于布料，袖子短而宽大。边饰为单独的绣片卷制成筒，穿戴时缝钉在袖口即可，线缝的设计优点在于方便拆下和更换，一套图案精美的绣筒可装饰多套衣服。特点之二是衽边绣片装饰，图案精美，色泽鲜艳。袖口及衣衽边的绣片均配以青绿、粉红、浅蓝、淡黄四色布条，这种配饰增加了服饰的线条美，而花纹多样的绣品也使衣服摆脱黑底的沉默而富有灵动。在中国古代，服饰穿戴方式是左前襟掩向右腋系带，将右襟掩覆于内，称右衽。侗族女性上衣保留了中国古代服饰右衽的特征，绣片装饰体现出了浓郁的地域色彩，可谓是侗、汉文化融合的一种物证，精美的绣片和蓝、黄、粉、绿等色的巧妙搭配体现出了当地妇女高超的刺绣技艺。从历史上看，短袖宽大的特点保留了侗族早期的服饰模样。

图片来源
图一　龙昭宝　摄影
图二、图三　马晓婷　制图

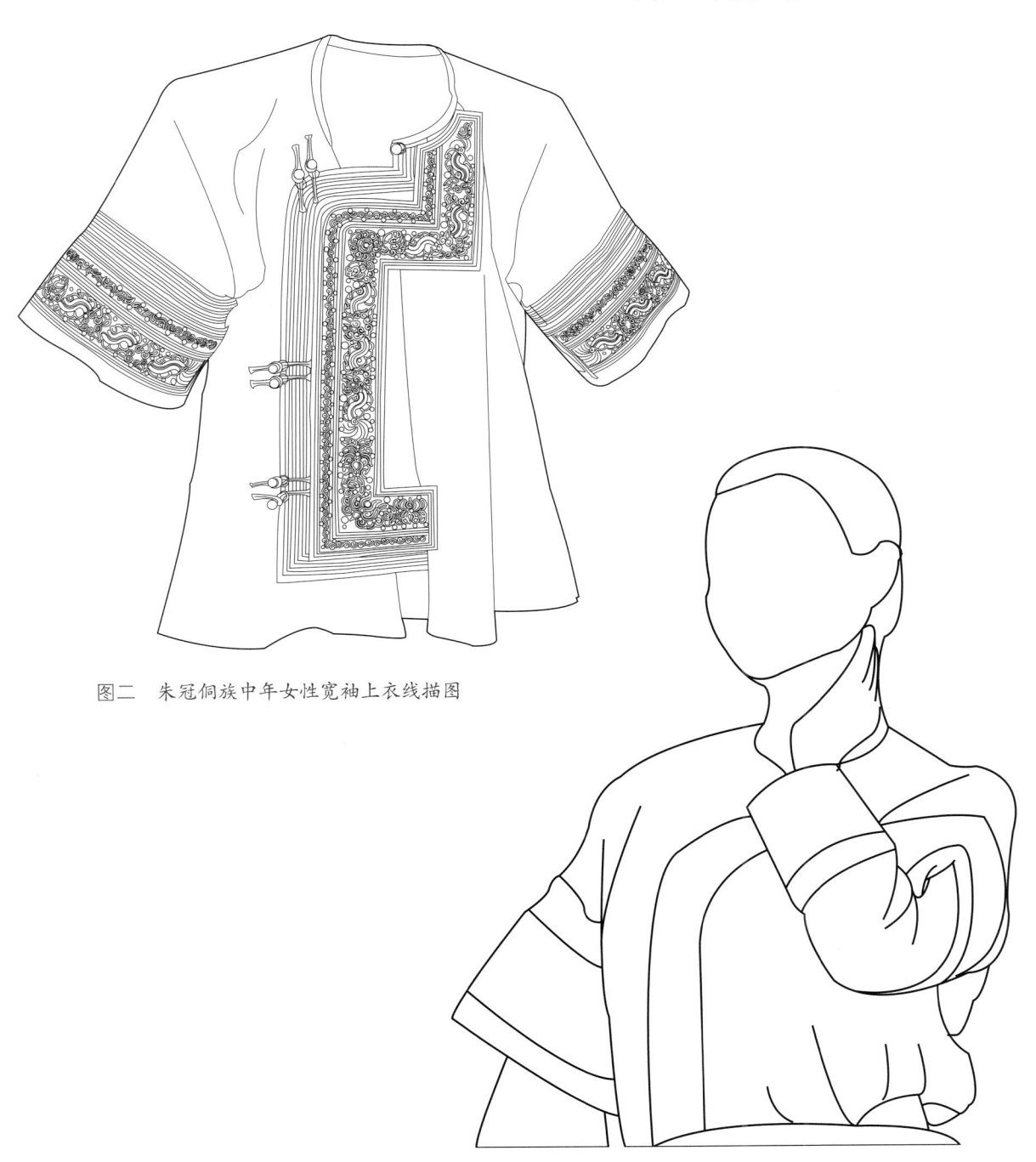

图二　朱冠侗族中年女性宽袖上衣线描图

图三　朱冠侗族中年女性宽袖上衣穿着效果示意图

侗族绣包

图一　侗族绣包主图

　　绣包是侗乡民间用侗布缝制而成外饰绣花的有拷带以及袋体的女性生活用品。传统的绣包正中用红、绿、黄、蓝、白等色泽鲜艳的布条裁成三角形、菱形、直角等几何图形拼成各种精美图案，袋子边缘用红、绿、蓝、黄、紫等各色丝线绣出花鸟虫鱼图案。拷带用彩色丝带编织。

　　本案例采集于贵州省黎平县，袋体长22厘米，宽33厘米。和传统的绣包比较起来，该案例全用绣片装饰，做工难度更大。袋体两侧的正中缀以花瓣纹图案，而花瓣纹中间则夹杂一圈如意钩形。袋体的左、右下角各绣有一支盛开的花朵，花朵上面是一条腾飞的写意性龙形图案。在袋体开口边沿，中间为太阳纹图案，两侧为蝙蝠形图案。拷带用淡蓝色布料缝制，缀以粉红色小花。

此绣包体积较大，在制作工艺上吸收市场上的女式挎包造型结构，但在装饰上仍保留了民族刺绣传统，具有独特的文化韵味和地方风情。从刺绣的流传区域来看，此种绣法主要流传于黎平、榕江两县毗邻的四十八寨地区。本案例图案精美，线条柔和，颜色搭配得当，一针一线均是手工完成，体现出了绣者高超的技巧。把绣品制成旅游产品推向市场，是民间工艺在现代社会中能够不断传承发展的一种有效路径。

图片来源

图一　龙昭宝　摄影
图二至图四　马晓婷　制图

图二　侗族绣包线描图

图三　侗族绣包使用图

图四　侗族绣包制作图

第二章　侗族传统服饰

侗族绣花背带

图一　侗族绣花背带主图

　　背带分简易背带和绣花背带两种类型。背带由250厘米长的家机布构成，约3厘米宽，两端垂有打结的线头作装饰；背负时将带子从孩子腋下穿过搂于后背，在胸前呈"X"交叉，然后从身后搂住孩子臀部，缠绕两圈后将带头捆扎于腹前。简易背带主要用于天热时背负孩子，便于通风凉爽。绣花背带的背法与简易背带同，不同之处在于有背面以及绣花装饰。背面用几层布料缝制而成，呈长方形，外层缝上绣片，绣花图案取材于日常生活，主要是自然景物，如花鸟虫鱼之类。背面的里层用较为柔和的花格或者蓝色布料缝制。背面的下方为一块较软的布块，颜色或黑或蓝，上面不做绣花装饰，主要用于包裹孩童的腿部。背面的两侧钉上两条呈"丁"字行的背条，背条的上层也缝上绣片。绣花背带主要用于天冷时背负孩子，将孩子裹在里面可以御寒，背面顶部及两侧可以护住孩子的头部和胳膊。又因有绣花装饰，此种背带现在民间广受欢迎，十分盛行，简易背带逐渐受到淘汰。

本案例为绣花背带，采集于贵州省黎平县，带长73厘米，背面长76厘米，背面宽29厘米。背面由六块绣片组合而成，底色为暗红色，中间正方形绣片为花鸟环形图案，四周梯形绣片均为花朵图案，色泽鲜艳，构图精致。此背带的独特设计在于背面与背条结合之处，曲线形的设计弥补了背面方形结构，同时增加了着力面，在增强曲线美的同时利用三角力学原理减轻背条的承重力，体现出了民间独到的设计意识。

图片来源
图一　龙昭宝　摄影
图二、图三　马晓婷　制图

图二　侗族绣花背带线描图

图三　侗族绣花背带使用图

侗族侗布

图一　侗族侗布主图

　　侗布系自织自染的土布，又称"亮布"，本案例采集于贵州省从江县高增乡小黄村。制作过程是：先将织好的布匹放入蓝靛桶中洗染三至四遍，使其变成蓝布；然后用柿子浆、猴栗树皮、砂根块等捣烂挤汁，将蓝布染成藏青色后，于染桶中继续浸染多次，使布匹呈现出青红色；再用牛皮熬汁浆染，使布质变得稍硬并不褪色；最后用蛋清涂抹上光。在制作亮布过程中，每次浸染晾干后，都要用木槌在青石板上反复捶打，使布匹柔软平滑和光亮。

　　传统社会里，家家户户都要制作亮布，一到农闲时间，"咣咣"捶打布匹的声音回荡在村寨中。现在，在黎平、从江的一些偏远侗寨，仍保留有制作亮布的传统，只是白布不再是自己织，而是从市场上买来的。制作出来的亮布主要是用来制作节日盛装，平日里很少穿。

图片来源
图一　龙昭宝　摄影
图二、图三　马晓婷　制图

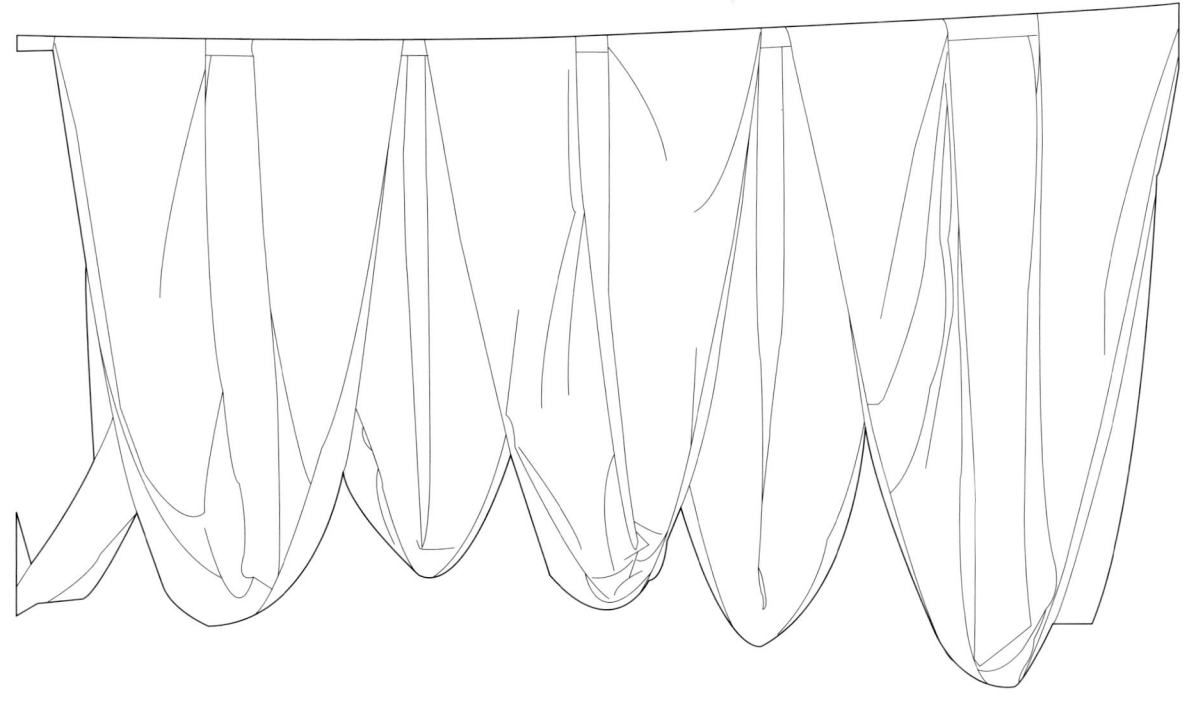

图二　侗族侗布线描图

图三　侗族侗布制作图

侗族妇女偏髻

偏髻是盛行于侗族南部方言区"六洞""九洞"地区的妇女发式。本案例采集于贵州省从江县高增乡小黄村，挽法是将长发呈螺旋状盘于头顶左上侧，插上木梳将其固定。逢年过节时还要插上银簪装饰，与民族盛装搭配。

相传偏髻是反抗明王朝暴政的起义首领吴勉当年赶山驱石时打偏的，又名"吴勉鬓"。明朝初年，中原王朝对侗族地区暴敛横征，吴勉为首的民众起义反抗。有一次为了避开和官军的正面交锋，吴勉施法用赶山鞭像赶猪羊一样，驱赶石头从羊角崖经佳所、永从、顿洞，想到从江县去把八洛河上游的水拦住，待官军来时开坝放水淹没敌人。吴勉来到信洞坎时，遇到一个姑娘，问道："你见我赶的猪羊走到哪儿了？"姑娘随口回答说："没看见猪羊，只看见死石头。"姑娘刚说完，那些岩石都停在了原地，赶不动了。吴勉很生气，一巴掌朝姑娘打去。姑娘头一低，发髻被打偏了。从此以后侗族妇女头上的发髻，再也不能盘到顶部，于是偏髻发型也就传到了今天。

如果从历史上来考证，至今仍延续在侗族南部地区的配插木梳的偏髻保留了中国古代中原地区妇女的挽发方式，有资料表明，

图一　侗族妇女偏髻主图

在唐代已出现"偏梳髻"发型。当中原文明作为一种主流文化向少数民族地区传播时,其发饰民俗也逐渐被接受。如今侗族妇女的偏髻装饰,不仅仅是一种发型,还见证了历史长河中民族文化的碰撞与融合。

图片来源
图一　龙昭宝　摄影
图二、图三　马晓婷　制图

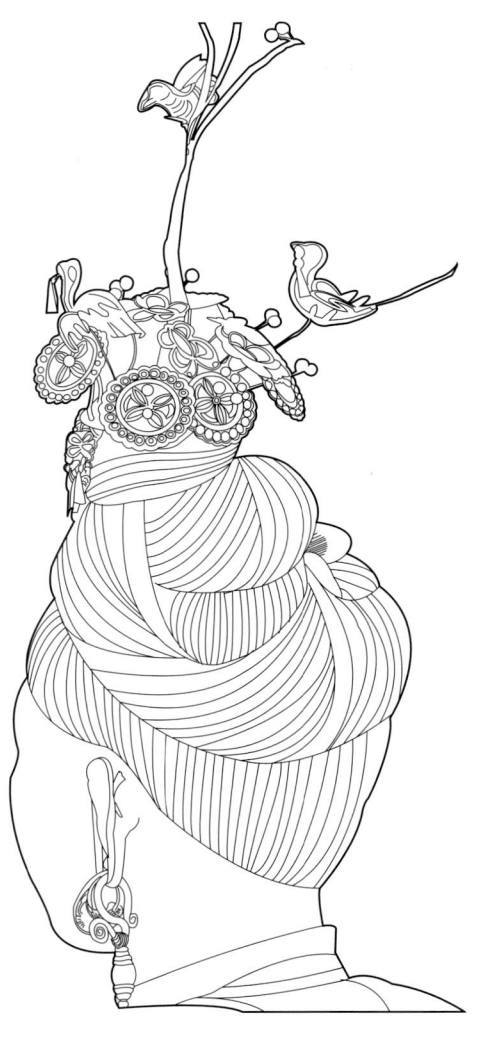

图二　侗族妇偏髻线描图

图三　侗族妇偏髻编制图

第二章　侗族传统服饰

侗族银冠

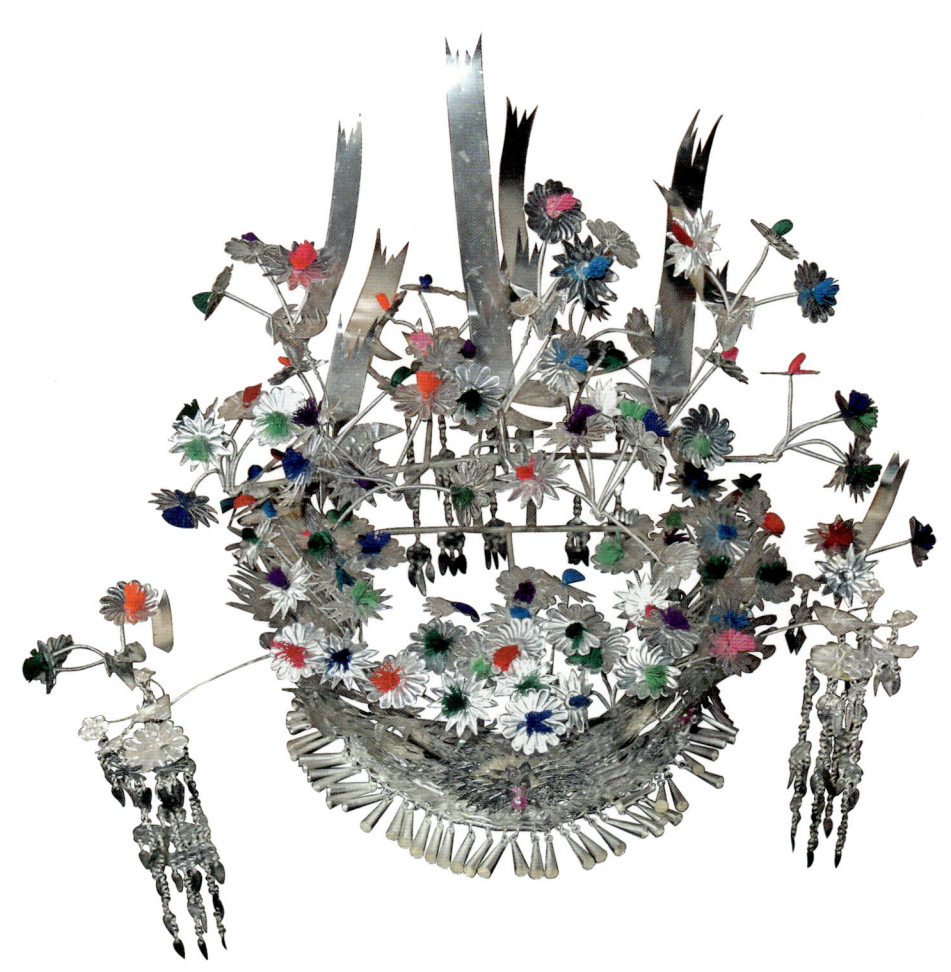

图一　侗族银冠主图

　　银冠为侗族传统盛装头部银饰品。根据文献记载，至少在清代，侗族已广泛用银来加工各类装饰品。爱必达著的《黔南识略·黎平府》描述道："又一种曰阳洞罗汉苗，妇人绾髻额前，插木梳于上，富者以金银作连环坠耳，织锦为衣，系双带结于胸前，刺绣一方以银钱饰之，长裩短裙。"头部银饰按工艺的简繁程度可分为两种：简者为银簪、银梳、银花；繁者为银冠。

　　本案例为银冠，采集于贵州省黎平县尚重镇盖宝村，高33厘米，宽27厘米，由银圈、银花、银吊坠、银铃构成。银圈呈半圆形，为银冠的基座，主要起佩戴作用，正面以浮雕形式雕以花朵图案，两侧饰以云纹。

银圈上方布满银花,先用银条撑起一个支架,然后将银片捶打成大小不一的银花,再利用银条把银花和支架错落有致地焊接于一起。两侧的银花上各吊以一串银坠,以增加银冠的动感,而银圈下沿的一排呈喇叭状银铃,丰富了银冠的层次。

和简单的银簪、银梳以及银花比较起来,银冠在工艺上更为复杂,体现了侗族民间审美意识的嬗变,尤其是在细节装饰上,如银花中的七色布绒装饰,丰富了银冠的单一色泽。银冠通常和盛装搭配使用,二者相互映衬,更显得雍容华丽。行走时,银冠轻微颤动,各构件相互触碰发出悦耳声响,增强了佩戴的美感。银冠不仅是一种财富的象征,也承载了民间对美的不懈追求。

图片来源

图一　龙昭宝　摄影
图二、图三　马晓婷　制图

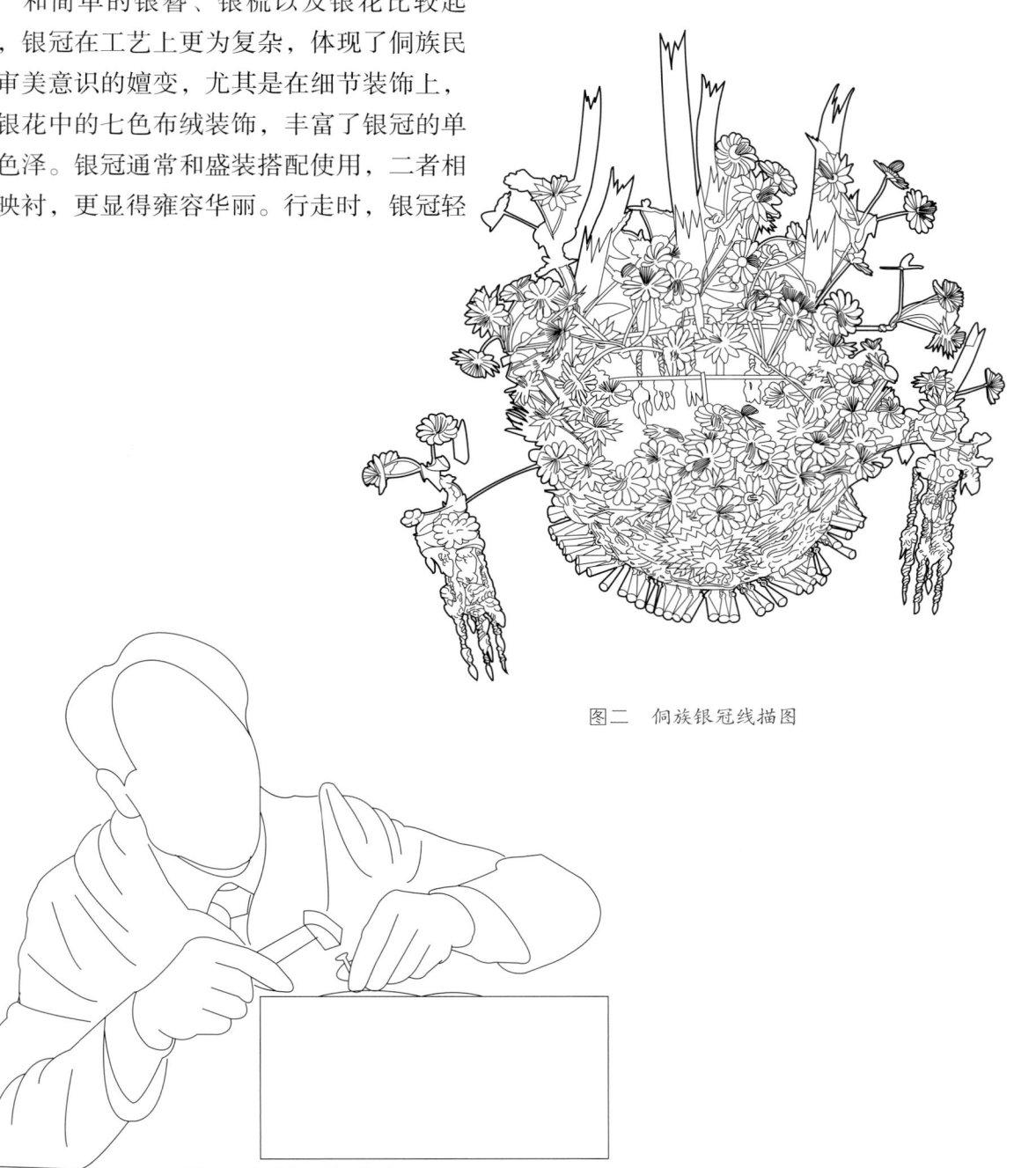

图二　侗族银冠线描图

图三　侗族银冠制作图

第二章　侗族传统服饰

侗族巴肩

图一　侗族巴肩主图

巴肩为侗族传统女性盛装的颈部饰品，主要流传于贵州省黎平县与榕江县交界的四十八寨地区。巴肩为绣品，原材料有土布、各色丝线。制作时，先将土布剪成"Ω"形，"Ω"形的外侧剪出不规则的云纹凹口，边沿用金色的布料裹紧后用绿丝线层层缝紧。然后在上面将白色的纤维布条曲折成云纹并用丝线钉紧，云纹图案可根据喜好设计成花朵或者波浪形状。接着在云纹中缝入粉红色丝线进行点缀，在云纹上缝上黄、绿相间的绣条进行装饰。最后在云纹凹口里点缀一些红色丝线。巴肩为纯手工织成，耗时费工。

本案例采集于贵州省黎平县尚重镇盖宝村，直径48厘米，宽17厘米，色泽鲜艳，图案精美，充分反映出了当地侗族妇女独特的审美情趣、创造美的智慧以及高超的刺绣技艺。在传统社会里，刺绣是妇女必须掌握的一项技能，老人教，孩子学，刺绣技艺一代代传承下来。即便在工业文明深入浸染的当代，当地妇女依然一有空闲便拿起针线，缝制精美绣品，构筑她们的精神世界，展示她们的聪明才智。巴肩在设计上讲究线条美、色泽美，对现代设计如何向民间吸纳借鉴具有较为重要参考价值。

图片来源

图一　龙昭宝　摄影

图二至图四　马晓婷　制图

图二　侗族巴肩线描图

图四　侗族巴肩使用图

图三　侗族巴肩色彩对比分析图

第二章　侗族传统服饰

朱冠侗族披肩

图一　朱冠侗族披肩主图

披肩为四十八寨地区侗族妇女盛装的肩部装饰品。披肩为圆形，内圆为红底辫线穿织图案，红、绿、蓝、黄四色交错点缀。外圆用穿珠连接，做成如意云钩造型，外侧为鱼尾形。图案丰富多样，有珍禽异兽、祥花瑞草等等。另外披肩的下端，坠以蓝、黄、绿、紫、粉等各种捆扎而成的彩线以及银质响铃。五色丝线及银质响铃均饰以三至八个不等的彩色亮珠。

本案例采集于贵州省黎平县尚重镇盖宝村朱冠侗寨，高40厘米，宽45厘米。整块披肩以深绿为底色，线边均以金布镶裹，上饰白、黄、粉三色。领口为竖领造型，上以白色丝线缠成环形装饰，下端饰以一条白色丝线绕为环形造型的绣片。肩部主要为如意云钩形及鱼尾形，中间较宽处以各色花形装饰。花形以白色丝线为边，中间填满粉红、浅黄等色。披肩的下端坠以多条彩线和银质响铃。佩戴时银铃叮当作响，与绣工精美的披肩一道映衬出了妇女们的美丽容颜。披肩的每个图案、每条绣线都凝聚了她们的勤劳与智慧，是侗族人民用手创造美好生活的一种重要表现。

图片来源

图一　龙昭宝　摄影

图二至图五　马晓婷　制图

图二　朱冠侗族披肩线描图

图三　朱冠披肩色彩对比图

图四　朱冠侗族披肩制作图

图五　朱冠侗族披肩使用图

朱冠侗族围腰

图一 朱冠侗族围腰主图

围腰是四十八寨地区妇女盛装的腰部饰品。一般用深蓝色绸布为底，图案由正条、外框、中间花纹图案构成。正条图案以二龙抢宝为主体，双鱼护宝、云钩缠绕为辅。外框有四条波浪形图案，图案基本与正条图案相同，但两边角上增加蝴蝶一对，还有桃形、梅花等图案点缀其中。中间图案以四个三角形、四个云钩形图案组成，三角图案在四角，绣有凤凰、牡丹、鱼、八宝等图案。云纹图案分布于围腰的四边，绣有凤凰、梅花、犀牛、鱼等图案。

本案例采集于贵州省黎平县尚重镇盖宝村朱冠侗寨，长70厘米，宽52厘米。以深蓝绸布为底，中间缀以四个如意钩形，均以金布镶边，然后密密缝上深绿丝线，再在图案之四角饰以黄、白两色丝线。围腰的四周分别缝上三块长短不一的梯形绣片。这些绣片依旧是金布镶边，再以深绿丝线勾勒出边线，中间饰以白、黄丝线构成的云纹图案。这些绣片虽然图案大致相同，但颜色搭配不一，从而显示出了丰富的层次感。为了增加围腰的长度，可在围腰的上方添加一块绣片，同时将系带与围腰的连接处遮挡住。系带的末端缀有两块银质响铃吊坠。

围腰的穿戴方法是捆系于前腰，下端垂至膝盖处，主要用于遮住墨蓝色的百褶裙。这种盛装饰品均由手工缝制而成，一针一线都承载了民间妇女对美的创造与追求。

图片来源
图一　龙昭宝　摄影
图二至图四　马晓婷　制图

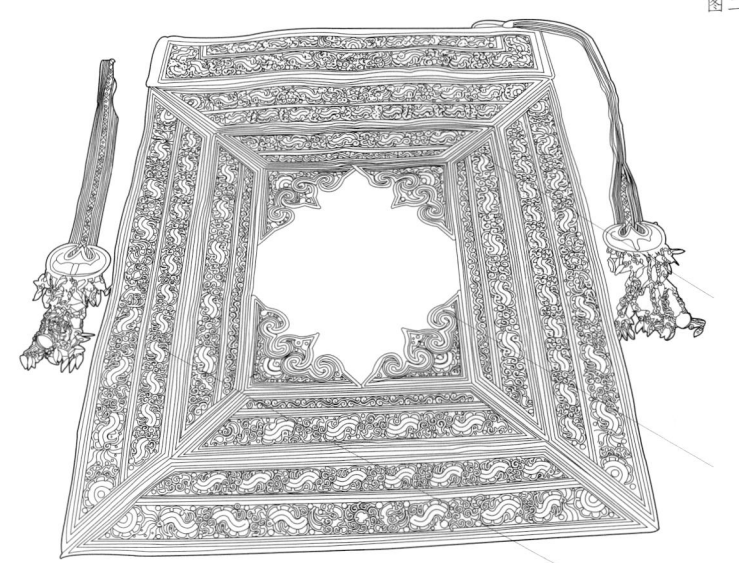

图二　朱冠侗族围腰线描图

图三　朱冠侗族围腰使用图

图四　朱冠侗族围腰制作图

侗族银锁

图一　侗族银锁主图

　　银锁是年轻女性盛装时佩戴于身前，用于修饰的，因主要部件形似古代半月形门锁而得名。银锁由银链、银牌以及吊坠构成。银链悬挂于颈部，银牌为半月形，上缀有银铃为主的各种吊坠。

　　本案例采集于贵州省黎平县尚重镇盖宝村。银链为环形相扣，链端分别饰两个蝴蝶造型。第一个银牌的主图为二龙戏珠，配以花卉；第二个银牌的主图为双凤朝阳，配以花鸟。吊坠用银链连接响铃，银链中间用彩珠点缀。

　　和早期的银锁样式比较起来，此案例在制作工艺上更为复杂，在色彩布局上也追求多样。早期的银锁制作仅在银牌上刻以

"长命富贵"字样或者浅雕花草虫鱼之常见图案，而此案例采用浮雕手法，把中国最具代表性的传统文化符号——龙凤图案雕刻其上，并辅以其他图案，增强了立体感。在色彩布局方面，早期的银锁为单一的银白色，而此案例则大胆地在适当位置添加进红、绿二色，如把"珠宝"和"太阳"用红珠代替，花朵饰以红色，绿叶扮以绿色。颜色的添加也增强了银锁的立体性和灵动感，与民族传统服饰相互映衬。银锁上的吊坠相互碰撞摩擦，发出悦耳的声音，引人注意。

图片来源
图一　龙昭宝　摄影
图二、图三　马晓婷　制图

图二　侗族银锁线描图

图三　侗族银锁使用图

侗族银项圈

图一　侗族银项圈主图

　　银项圈是青年女性盛装时的颈部装饰品，侗语统称为"勒吾"或"穷哦"。样式多为环形、后开口式，根据雕花装饰的程度分简繁两大类：修饰简单者多为管状，有的条理分明，有的则扭弯成麻花状，有的则在上面浮雕花鸟等图案，佩戴时将几个大小不一的项圈套于一起，小者在里，大者在外；修饰繁丽者为月牙形，呈扁平状，进行雕花以及悬挂响铃等装饰。本案例采集于贵州省黎平县尚重镇盖宝村，为第二种类型，月牙形上半部分饰以乳状突点，下半部分饰以花卉，花卉之上雕以二龙戏珠。月牙形的边缘吊有二十一个响铃，响铃用银链相连，链上再饰以蝴蝶结图案。

　　从历时性而言，简单修饰应是银项圈的早期样式。随着冶炼技术的不断发展，煅银工艺愈加复杂。银匠们研制出各种工具，采用雕、焊、铸等技法，将日常生活中常见的图案作为项圈的装饰，使得项圈装饰内容多样，浅浮雕和立体造型错落有致。银项圈的变化承载了普通大众对美的追求。

图片来源
图一　龙昭宝　摄影
图二至图四　马晓婷　制图

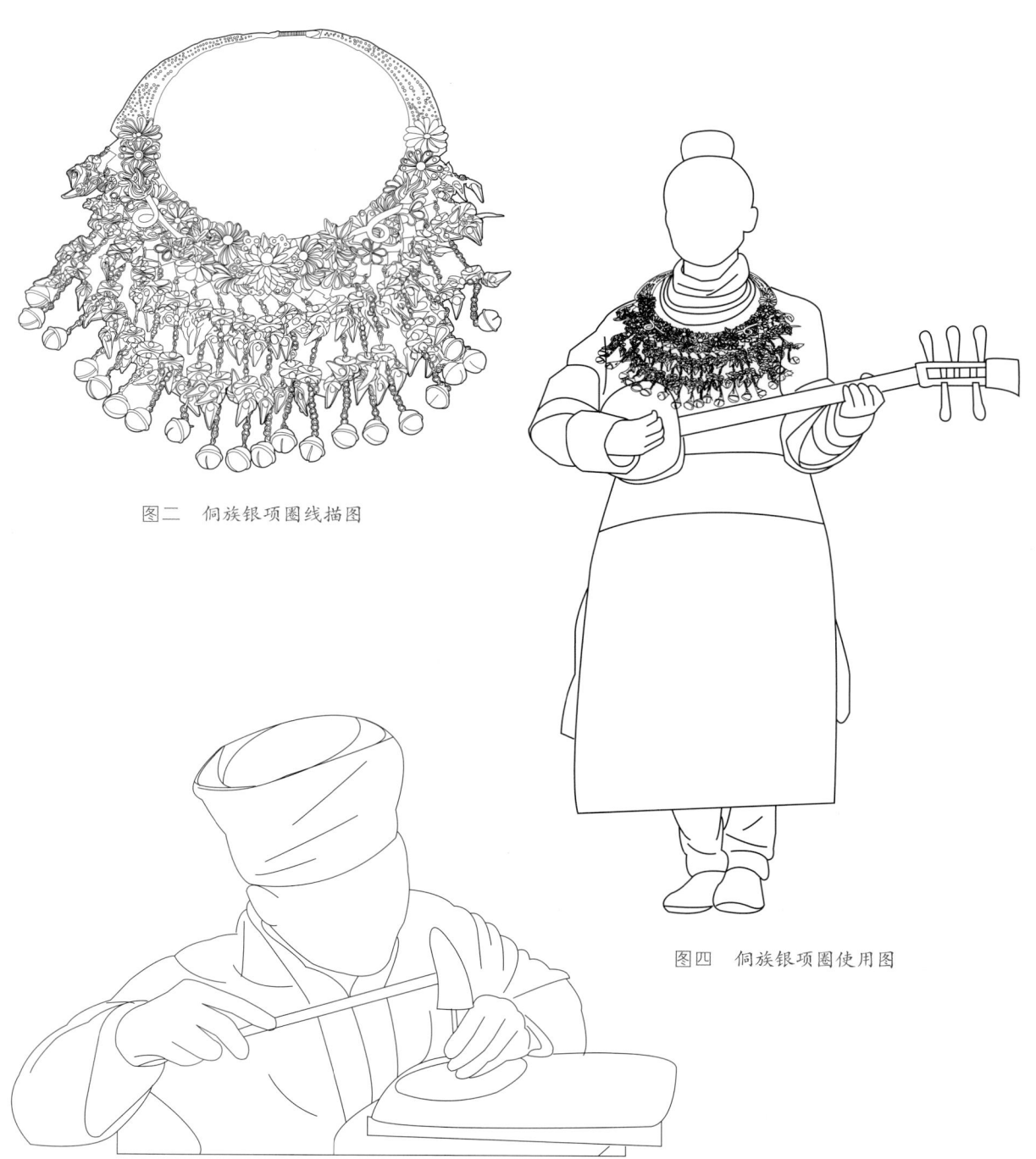

图二　侗族银项圈线描图

图四　侗族银项圈使用图

图三　侗族银项圈制作图

侗族耳坠

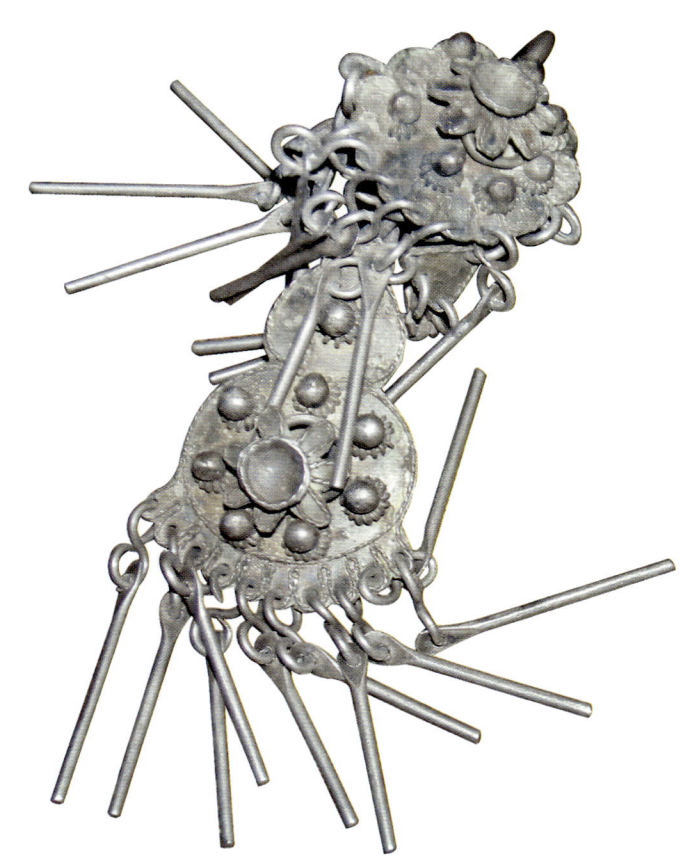

图一　侗族耳坠主图

　　侗族女性耳部银质饰品有耳环、耳坠、耳线三种。耳环种类和制式较多，有"套"环，用方形银条做成，在主耳环上又套着由大到小的数十个小圈；"竹根"环，用块状银子卷成，因其环上的节点突起，形似竹根而得名；"叶"环，用薄薄的扁形银箔制成，上有几个似铜扣的凸珠。耳坠有"耳包"和"耳花"两种：耳包是在小圈下吊一个四方形小包或一串圆珠；耳花是报京侗寨妇女独有的耳部装饰品，是在小耳环下吊一束小玉兰花式的银铃。耳线为黎平县南江一带妇女专用的耳部装饰品，平时用长丝线（未婚者用红色，已婚者用蓝色），节日时用一根银链串数片小叶子坠至肩部。

　　本案例采集于贵州省锦屏县彦洞乡瑶白村。和其他地方的耳坠有所区别的是，此案例由两个部分组成，第一部分为太阳形，第二部分为葫芦形。太阳形银片的边缘呈为波浪线条装饰，挂钉处饰以花朵，花朵周边规则分布五颗小花蕾。太阳形的外沿挂满管状银条，正中部分悬挂一葫芦形银片，上面饰满大小不一的花蕾图案，下部边沿吊以十根管状银条。比起耳环而言，此耳坠形制较大，工艺较为复杂，为纯手工制成，反映出了工匠的高超技艺。

图片来源
图一　龙昭宝　摄影
图二至图四　马晓婷　制图

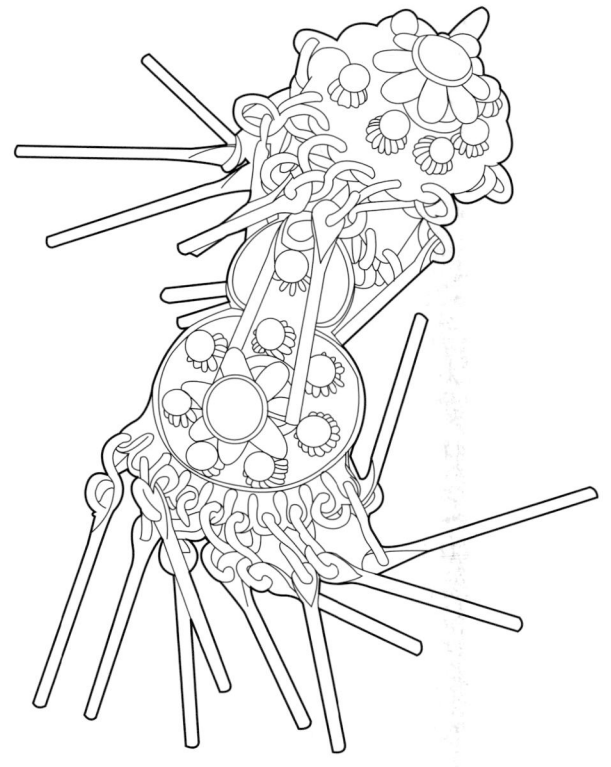

图二　侗族耳坠线描图

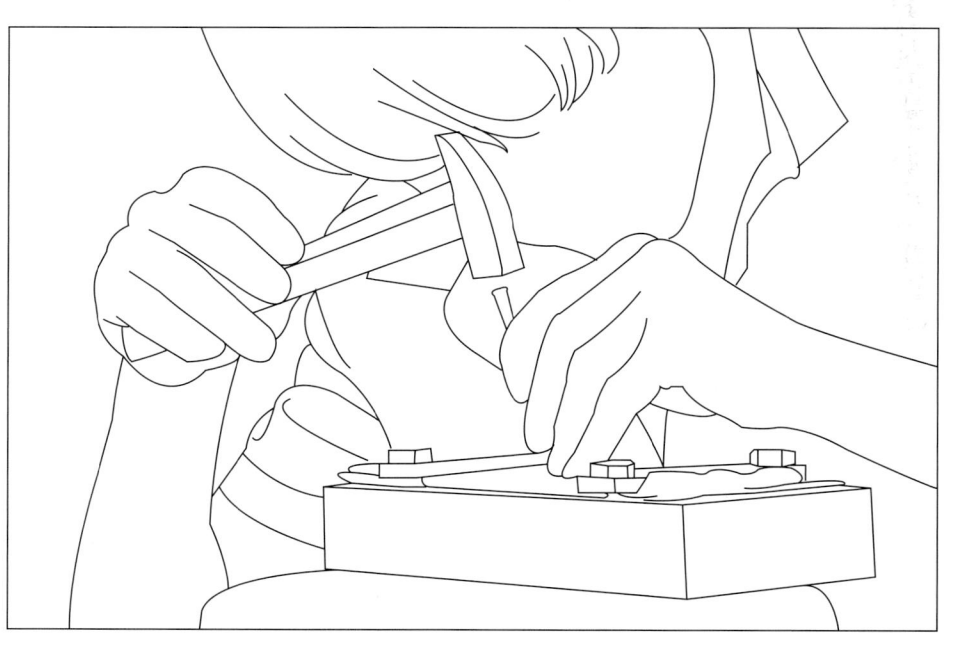

图三　侗族耳坠制作图

侗族绑腿

图一　侗族绑腿主图

绑腿为侗族妇女穿戴传统服饰时的腿部装饰。侗族妇女的传统服饰是无领右衽宽袖上衣配百褶裙。裙长至膝盖，腿部没有遮挡，因此需要绑腿以御寒，同时起到装饰作用。绑腿多为三指余宽的黑色布条，捆绑时从脚踝处层层包裹，直至膝盖。1949年以后，随着现代观念的普及，侗族妇女日常生活中已普遍接受裤装，只有在传统节日里才穿戴民族服饰，绑腿的花样上也有变化，改用边沿饰有白纹的布条，绑法上也有不同，不是横向而是斜向包裹，以突出线条美，只有老年妇女，依旧沿用传统黑色布条。有的地方，为了免去打绑腿的麻烦而直接用腿套，腿套上端用两条细布系牢。

　　本案例为腿套，采集于贵州省黎平县尚重镇盖宝村，长58厘米，上端宽25厘米，下端宽20厘米，用亮布制成，内侧缝有一条狭长绣片进行装饰，图案主要为几何图形，色彩有绿、黄、红等，以绿为底色，其他颜色作点缀。从布条到腿套，从御寒兼装饰到纯粹的装饰，绑腿虽为普通之物，但样式以及功能的变迁从局部反映出了侗族服饰的变迁以及审美观念的嬗变，反映出了侗族妇女的心灵手巧。

图片来源
图一　龙昭宝　摄影
图二至图四　马晓婷　制图

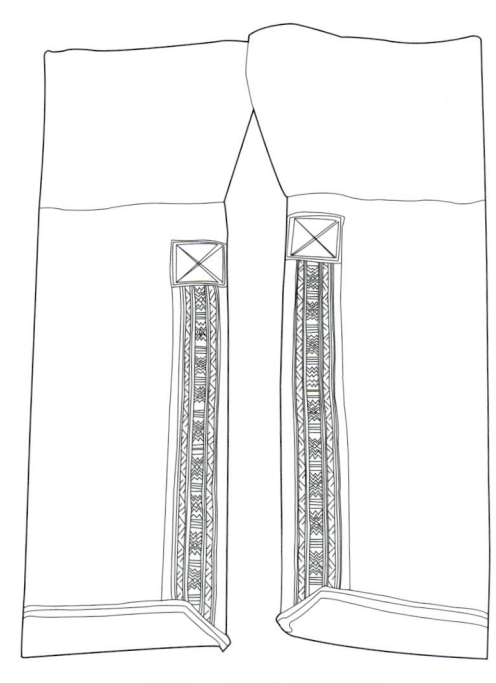

图二　侗族绑腿线描图

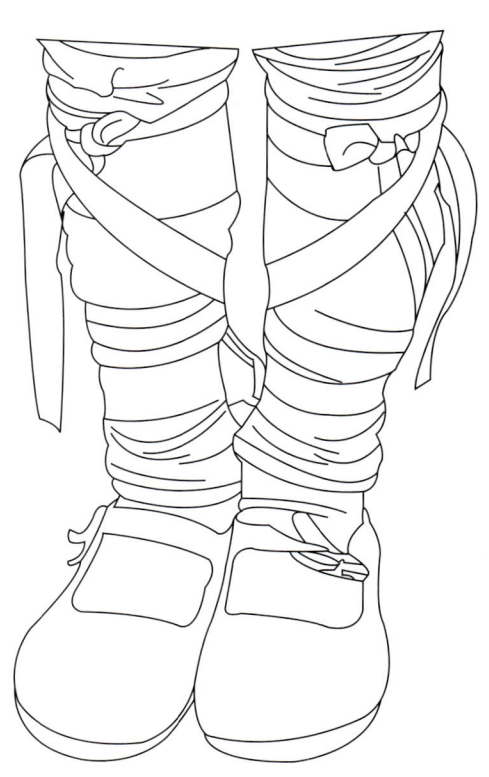

图三　侗族绑腿使用图

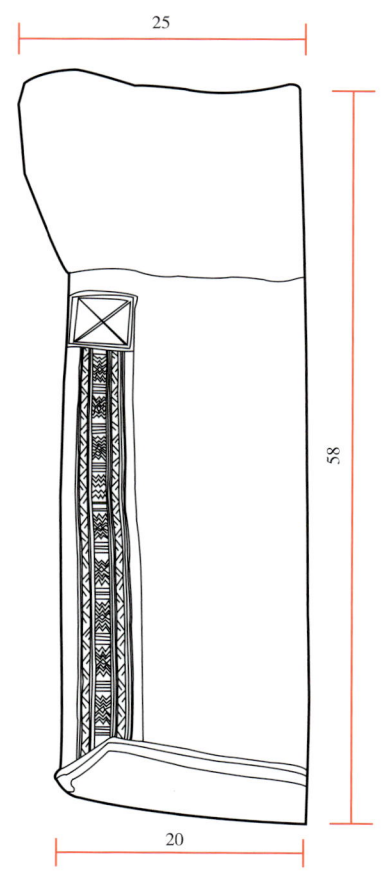

图四　侗族绑腿尺寸图（单位：cm）

朱冠侗族飘带

图一　朱冠侗族飘带主图

　　飘带为四十八寨地区的侗族妇女盛装的腰部饰品，由花腰带及绣片组成，穿戴时系在后腰上，所以又称为"后围腰"。花腰带为红底，金布镶边，带边弯曲状如云纹，上绣双鱼护宝、二龙抢宝、鸳鸯戏水等各类吉祥图案。绣片上为如意云钩，下为金丝云钩、鱼尾、锯齿、箭头、桃形、菱形、圆形等造型，一般为九至十一片。金布缠边，再依次往里缝以绿、蓝二色丝线，以突出线条感。绣片中间根据个人喜好绣上龙、凤、鱼、蝴蝶、花卉等各种图案，再在适当位置钉缝亮珠。每块绣片的下端坠以一捆扎好的彩线，彩线与绣片连接处饰三个彩珠。另在绣片下端间坠五至八串银质响铃。

　　本案例采集于贵州省黎平县尚重镇盖宝村朱冠侗寨，腰带长71厘米，绣片长54厘米。腰带上侧为锯齿形，下侧为鱼尾形和如意钩形。腰带中间以红色为底，上面缝钉白色云纹丝线，云纹丝线中间再饰以黄、粉等色。腰带下共坠以五串绣片，每串绣片分别由三块小的绣片联结组合而成。绣片边形为云纹，宽处仍以红色为底，再饰以白、黄、粉三色丝线。绣片下方共有二十一束彩线，中间夹有六串银质响铃。飘带全由手工缝制而成，云纹边形极大地展现了线条美，红、白、绿、黄、蓝等色以及各种图案巧妙搭配，体现出了民间妇女高超的刺绣技艺以及积极向上的生活追求。

图片来源

图一　龙昭宝　摄影
图二至图五　马晓婷　制图

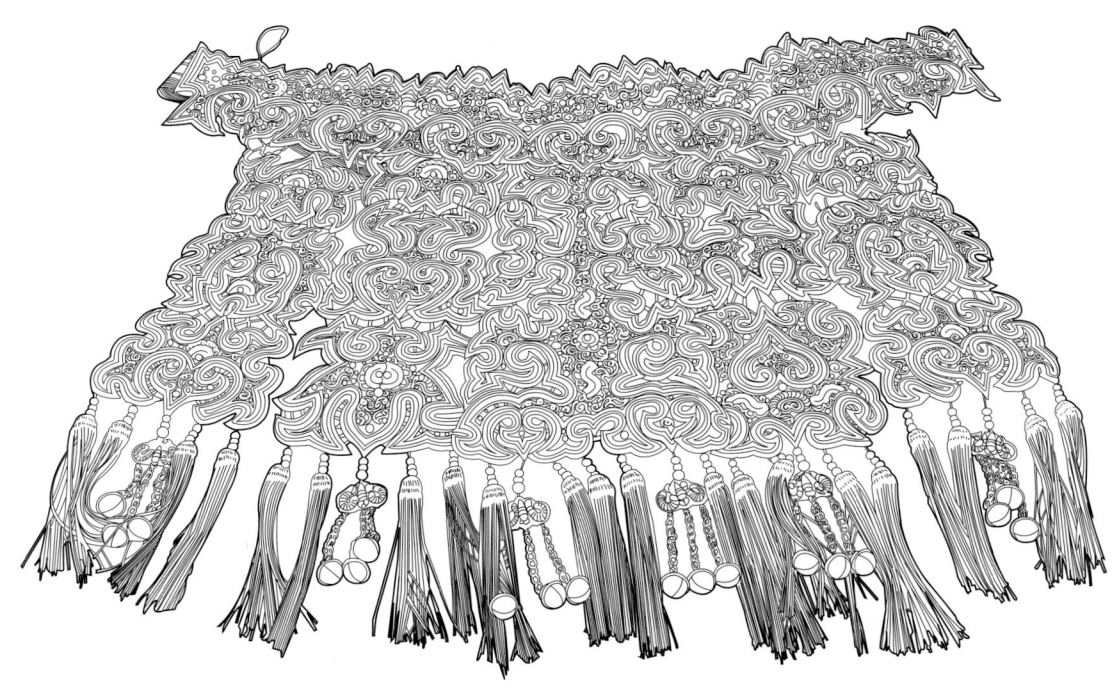

图二　朱冠侗族飘带线描图

图三　朱冠侗族飘带制作图

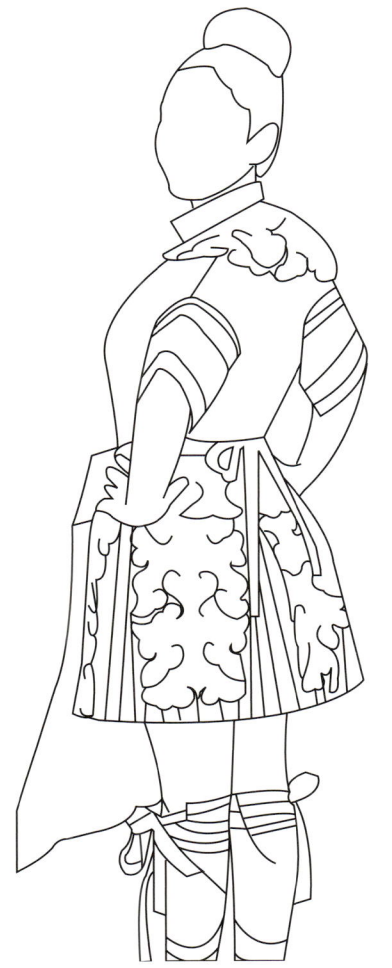

图四　朱冠侗族飘带使用图

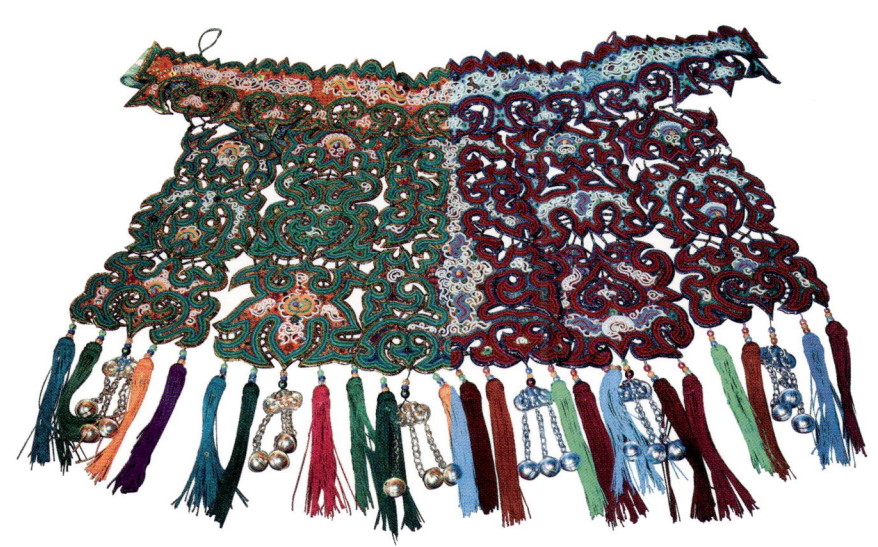

图五　朱冠侗族飘带色彩对比图

侗族手镯

图一　侗族手镯主图

手镯为女性手部银质饰品，侗语称"就"，直译为镯子、手镯，流行于整个侗族地区。它包括手镯、戒指、臂圈等。侗族手镯主要是银手镯，也有金手镯和玉手镯。它们都有多种制式。银手镯称"就宁"，常见的有两种：一种是"捆"镯。"捆"镯是用正四棱形银条制成，上镶若干圆珠，每对重约120克，制作工艺较为粗糙。另一种是"翠"镯。"翠"镯造型优美，纹饰精细，并着珐琅色，每对重约60克，制作工艺较为精致。金手镯称"就金"，制式较单一，一般用很薄的扁形金片制成，雕刻简单的花草纹样。玉手镯只有一种制式，即圆柱形圆圈，但由于玉石质量的不同，玉手镯的价值亦很大差别。戒指也是侗族女性较为普遍的一种手部饰品。有金戒指和银戒指两种。造型简单，既有扁形顶针式样的，也有半圆形圈式的，其上均镂简单的花纹。平时不戴，遇重大节日或"月也"、大红喜事着盛装时戴上几枚甚至十几枚，以显示富有和庄重。

本案例为手部饰品中的代表类型——银手镯，采集于贵州省黎平县尚重镇盖宝村，造型为环形，直径7厘米，宽2厘米。手镯图案为太阳纹，外环中间部分为镂空设计，太阳纹之间用银丝曾"S"形相连。图案雕法细腻，立体性强，展现出了民间银匠高超的锻造技艺。

图片来源
图一　龙昭宝　摄影
图二、图三　马晓婷　制图

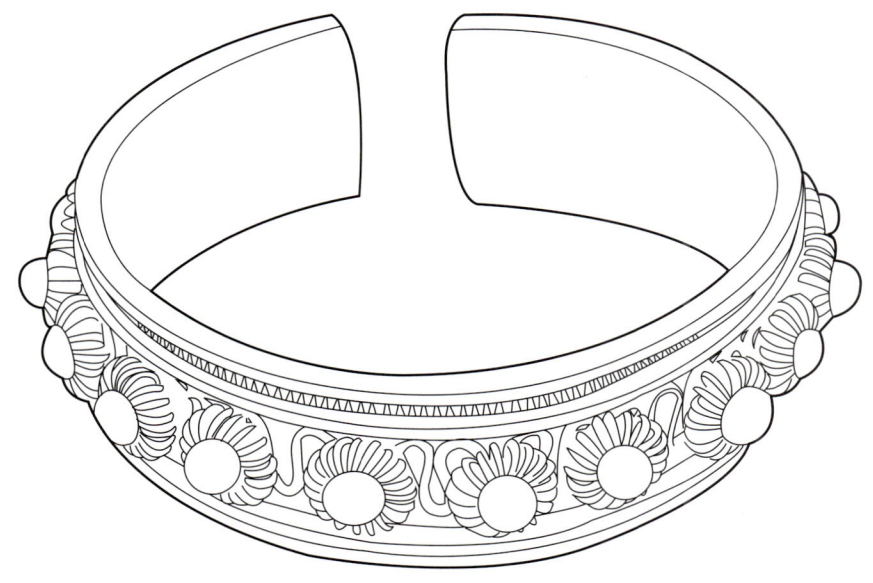

图二 侗族手镯线描图

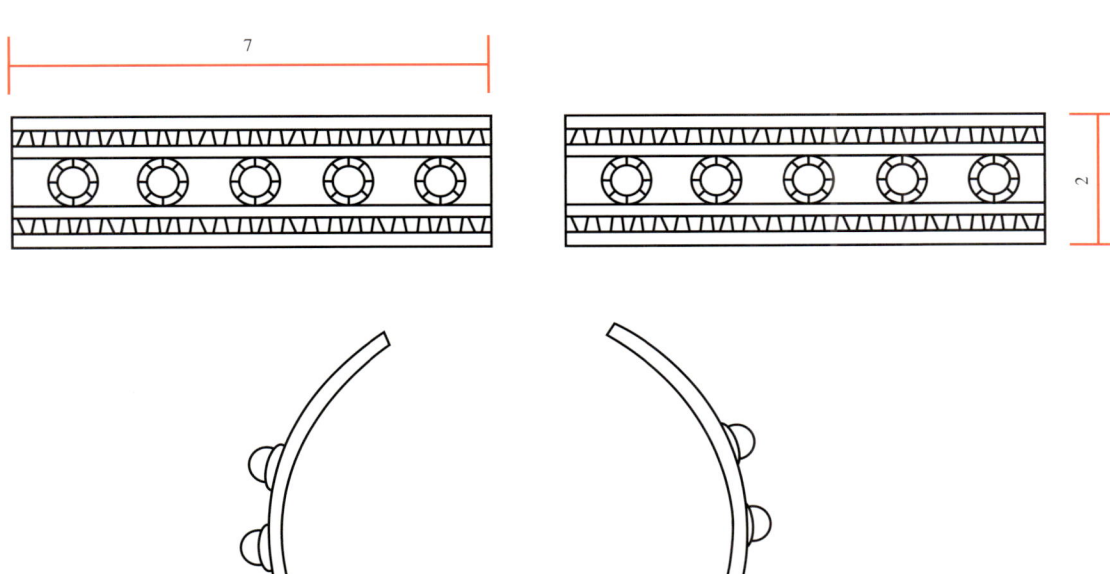

图三 侗族手镯三视、尺寸图（单位：cm）

侗族手帕

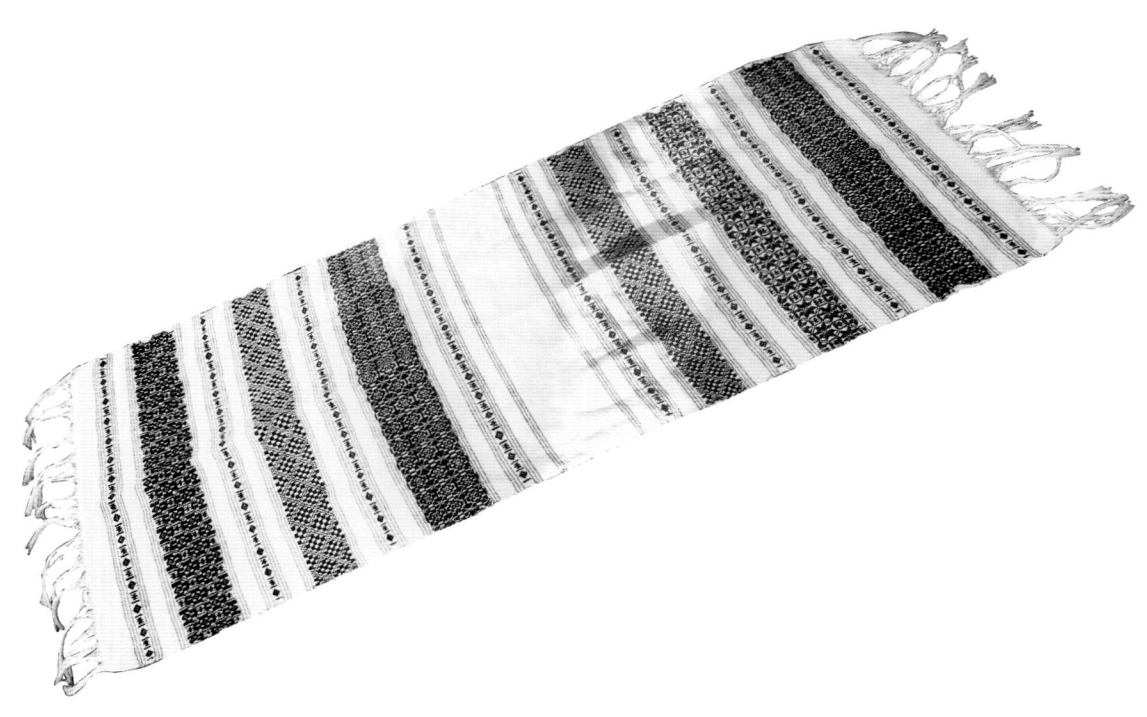

图一 侗族手帕主图

侗乡手帕均用棉线纺织而成。传统社会里，侗族织布劳作全由女人完成。纺织手帕前，要先将棉花弹松后搓成棉条，再经纺车纺成棉线。因纺纱系手工活，一年四季都可进行，但多在农闲时间进行，一天纺纱量为100至200克。纱线纺好后，即可在织布机上纺织出来。织布时，将棉纱经线牵上木制织机，穿扣后用脚踏木板带动"综"一上一下将经纱分开，然后用手来往操梭送纬纱穿过，再用"筘"将纬线拍紧。如此反复，手帕也就制成了。

本案例采集于贵州省黎平县尚重镇盖宝村，长77厘米，宽31厘米，两端饰以飘穗。主要是青年男女用于当地"记坚"节上盛装踩歌堂舞蹈所用，舞蹈时手握手帕中部，随芦笙音乐节奏左右挥舞。采用原生态的设计材料：棉花自己种植，棉线亲手纺织，无污染和杂质，白黑两色相间，色泽素雅，凝聚着侗族妇女发现与创造美的智慧与勤劳，对于现代设计的自然性和原生意识的发掘起着重要的导向作用。

图片来源
图一　龙昭宝　摄影
图二、图三　马晓婷　制图

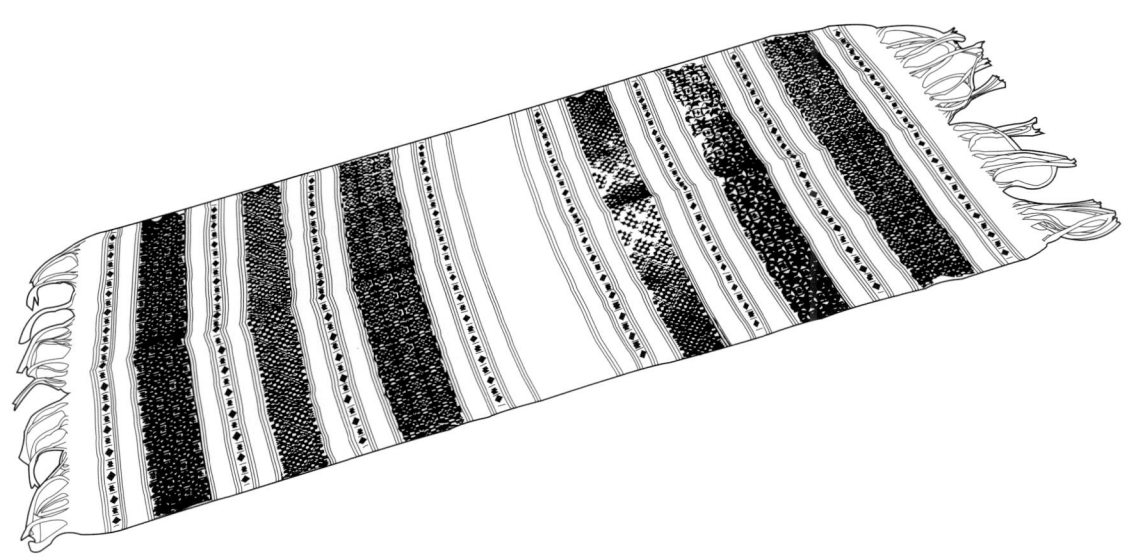

图二　侗族手帕线描图

图三　侗族手帕使用图

第二章　侗族传统服饰

侗族头帕

图一　侗族头帕主图

　　头帕为侗族传统服饰用品，用于包头护头，起到取暖御寒以及装饰之作用。在南部地区，头帕分为男、女两种类型。男式头帕用自织亮布制成，两端刺绣，长约250至300厘米。因年龄的不同捆扎方式也有所区别：中年人为圆形包头，扎法是将头帕折成三指宽，围绕头部层层缠绕，每绕一圈要高出一点，呈立锥状，头帕两端刺绣部分露出以增加美感；青年人为角形包头，将头帕捏成皱条状，在头上交叉包裹，帕尾随便插于某一处，使靠头内边部分高高斜立，形成一个独角。女式头帕与男式头帕不同，可分两种：一种是用绿绸布制成，帕头织以各种几何图案进行装饰，两侧缝一细条用于捆扎用，包裹时头帕将头发全部遮盖，中间用细布条捆扎，前面将刺绣图案露出，后面留一些帕尾盖住衣领；另一种用毛巾做成，帕尾在脑勺处插入帕中，形成角状。

本案例为妇女刺绣头帕，采集于贵州省黎平县尚重镇盖宝村，长54厘米，宽44厘米，为绿绸布质，帕头缝有一狭长绣片，帕脚用青布缠边。绣片以青色绸布底色，针法为平绣，先将白色尼龙线曲成云纹状，用细线将其钉缝布上；然后在云纹上点缀青色绣条，云纹中点缀红色绣点，在云纹四周围以黄色边沿。绣片虽小，但颜色搭配合理，色泽鲜艳，图案精美，彰显出了当地妇女的聪明与智慧。

图片来源

图一　龙昭宝　摄影
图二至图四　马晓婷　制图

图二　侗族头帕线描图

图三　侗族头帕细节分析图

图四　侗族头帕使用图

第二章　侗族传统服饰

147

第三章 侗族传统餐饮

侗族牛瘪

图一　侗族牛瘪主图

牛瘪是侗族南部方言区特有的美食。牛宰杀后，肠胃中遗存着没有消化尽的草渣溶液。用棕片滤去渣滓，留下的汤汁即是牛瘪。食用时，先将牛肉切成丝或薄片，掺入辣椒炒熟，然后于锅中浇入一定量的瘪汤，掺入五香、薄荷、吴茱萸、大蒜等调料，遂成一道美食。牛瘪味道微苦，具有清凉解热、健胃消食的功效，俗称"百草之药"。牛瘪有"荤瘪""素瘪"之分，"荤瘪"即加入大量辣椒，味辣且微苦，而"素瘪"则没有加入辣椒，味微苦且纯。

牛瘪食法古已有之，曾是南方少数民族普遍流行的一种食俗。最早的文字记载见于唐代刘恂撰的《岭表述异》："容南土风，好食水牛肉，言其脆美。或煮或炙，尽此一牛。既饱，即以盐酪姜桂调齑而啜之。齑是牛肠胃中已化草，名曰圣齑，腹遂不胀。"宋代周去非著的《岭外代答》称牛瘪为"青羹"："深广及洞溪人，不问鸟兽虫鱼，无不食之。其间异味有好有丑。……甚者则煮羊胃，混不洁以为羹，名曰青羹，以试宾客之心。"

与古代食法比较起来，如今牛瘪食俗大有改进，被作为一种地方特色饮食广泛推向市场，深受民众喜好，其经济价值得以开发。

图片来源
图一　龙昭宝　摄影
图二、图三　马晓婷　制图

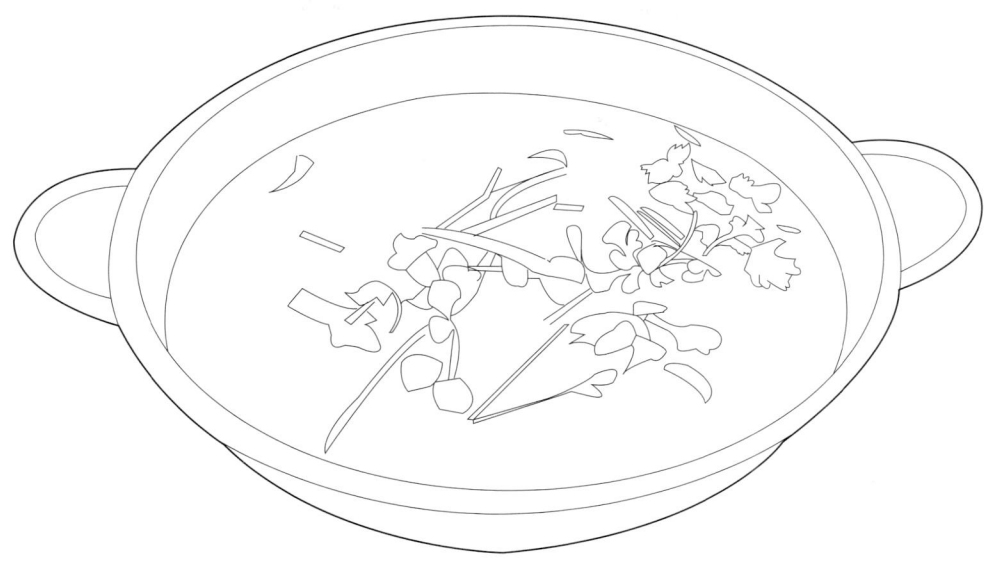

图二　侗族牛瘪线描图

图三　侗族牛瘪制作图

侗族腌肉

图一 侗族腌肉主图

腌肉为侗族传统特色菜肴，亦是储存猪肉的传统方法之一。制作工艺是，将鲜肉切成小块，洗净、晾干，然后加盐、喷酒，过一两日，再拌以糯米饭、辣椒粉和五香作料，一层层压在桶里，上面再铺一层厚实的糯米饭，盖上粽叶，加上禾草编结的底盖，再用严实的木板盖，上加重石头紧压即成，置于屋内阴凉处。经两三个月后，肉经盐水浸渍、隔绝空气，进而碱酸化，生味腥气消失，发出扑鼻香味，即可取食。腌期越长，味道越酸美。食用时，按需取出腌肉，切成薄片，或蒸或炒均可，是待客之珍品，广受百姓欢迎。

用盐腌制能使肉类不易腐败变质，其原理是盐在肉制品水分中溶解，形成较高的渗透压，使肉类和细菌菌体脱水，从而抑制细菌的生长繁殖。当食盐浓度达到10%时，就能阻碍细菌的发育。腌制可杀灭猪肉中的细菌，故而能长期保鲜。用盐腌肉之法古已有之，明代高濂著的《饮馔服食笺》总结出来"夏月腌肉法"："用炒过热盐，擦肉令软，匀下缸内石，压一夜挂起，见水痕即以大石压干，挂当风处，不败。"较之汉族古法，侗族腌肉之法略有不同，擦盐拌辣长期贮存于缸内，以味酸为妙。

图片来源
图一　龙昭宝　摄影
图二、图三　马晓婷　制图

图二　侗族腌肉线描图

图三　侗族腌肉制作图

侗族腌鱼

图一　侗族腌鱼主图

腌鱼是侗族地区普遍流传的贮藏鱼类的一种方法，亦是一道美食，本案例采集于贵州省黎平县。腌鱼的步骤是，先将养在田里的鲤鱼捉来，用清水洗净，从背脊下刀剖开，取出内脏，保留血渍。然后将剖开的鱼用米酒和盐浸腌两三天，待盐充分溶化再放入泥坛。入坛时，鱼腹里填进腌糟（辣椒粉拌炒黄煮熟的米制成），然后一层腌糟一层鱼，层层码好。摞完后用腌糟填实，将坛口密封好。腌鱼在夏季一个月左右即可开坛食用，冬季要两个月左右。刚出坛的腌鱼黄中透红，芳香醇厚，酸中有辣，色香味俱佳。

食用时，将腌鱼或煎或蒸，实在是开胃下饭的佳肴。

腌鱼，古时称之为"鲊"，《说文·鱼部》解释道："鲊，藏鱼也。"宋代周去非著的《岭外代答》记录道："南人以鱼为鲊，有十年不坏者。其法以箬及盐面杂渍，盛之以瓮。瓮口周为水池，覆之以碗。封之以水，水耗则续。如是，故不透风。鲊数年生白花，似损坏者。凡亲戚赠遗，悉用酒鲊，唯以老鲊为至爱。"

图片来源
图一　龙昭宝　摄影
图二、图三　马晓婷　制图

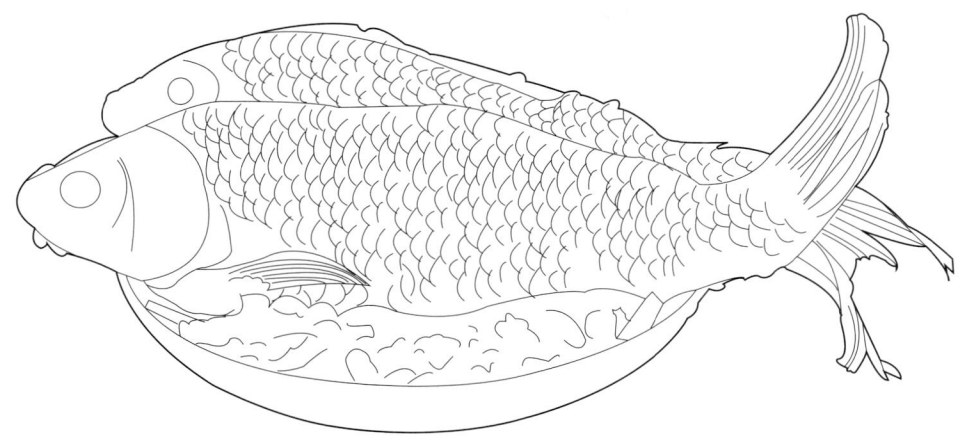

图二　侗族腌鱼线描图

图三　侗族腌鱼制作图

天柱侗族血浆鸭

图一　天柱侗族血浆鸭主图

血浆鸭是清水江下游天柱、锦平一带的名吃佳肴。本案例采集于贵州省天柱县，具体做法是：杀鸭前，用一只碗盛半碗加适量食醋的水或半碗酸汤，在杀鸭时将血放进碗里，再用筷子轻轻搅拌均匀，使鸭血不至于凝固。鸭子脱毛后，开膛取出内脏，用清水洗净，切成小块，倒入烧热的油锅内爆炒，待炒出香味时，加适量的水，再放入适量的辣椒和生姜，用文火炖，待鸭子炖好，将鸭血搅拌后倒入锅中，不停地翻铲，等血浆颜色变得绛黑时，撒上葱花即成。若在秋季板栗成熟时做血浆鸭，可待鸭肉半熟时，将去皮的板栗放入锅中与鸭肉同焖，做成血浆板栗鸭，味道则更加鲜美可口。血浆鸭呈绛黑色，气味香郁，营养丰富，十分可口，下酒佐饭皆宜。

图片来源
图一　龙昭宝　摄影
图二、图三　马晓婷　制图

图二 天柱侗族血浆鸭线描图

图三 天柱侗族血浆鸭制作图

天柱侗族腌鸭肉

图一　天柱侗族腌鸭肉主图

　　腌鸭肉为贵州省清水江下游天柱、三穗一带的侗族传统特色菜肴，同时是储藏肉制食品的方法之一。其制作方法是：将鸭杀好，去掉头、脚、翅膀、内脏，然后抹上食盐压平存放在木桶里一两天，再把肉和骨头一起剁成肉末。按一斤肉末放二两米的比例将米炒成焦米，与肉末拌和，以吸收水分。同时还要放辣椒面、花椒面、姜片、木姜粉和少量的食盐。焦米和肉末拌匀之后，将其放入土坛内，用拳头把肉稍稍按紧；再将坛子盖好，沿坛边密封，如此腌上一个月即可食用。吃时，以清油煎炒最香。

　　天柱腌鸭肉，不但生津开胃、增加食欲，还可以提神解倦、消炎解暑，是侗族人民招待客人和逢年过节的美味佳肴，也是平时人们带饭上山劳动的佐餐食品。

图片来源
图一　龙昭宝　摄影
图二、图三　马晓婷　制图

图二 天柱侗族腌鸭肉效果图

图三 天柱侗族腌鸭肉制作图

侗族熏腊肉

图一　侗族熏腊肉主图

腊肉是指猪肉经过腌制后再烘烤或者曝晒脱去大部分水分制成的肉类食品。因多在腊月里制作，民间俗称"腊肉"。用火烘干的叫"熏腊肉"，在太阳底下曝晒的叫"风肉"。腊肉制作古已有之。熏腊肉明代叫"火猪肉"，宋诩所编的《宋氏养生部》对当时的制作方法进行了介绍："冬至后杀猪，不宜吹气，乘热取其肩腿，每斤炒盐一两，先揉肤，透；次揉肉，透；平布器内，重石压四五日。复转压四五日。煎石灰汤，冷，取清者洗洁，悬寒劲风中通燥。焚砻谷糠，烟高熏黄香，收置烟突间。有云涂以香油，熏以竹枝烟不生虫。"清代朱彝尊撰的《食宪鸿秘》介绍有五种制作腊肉之法，其中一种就是火熏："腊腿腌就，压干，挂土穴内，松柏叶或竹叶烧烟熏之。两月后，烟火气退，肉香妙。"

本案例采集于贵州省从江县。侗族腌制腊肉之法和古代文献记载的方法大致相同，但在熏烤上有自己的特点。侗族多在正月间熏烤腊肉，将腌制好的肉块整齐挂于屋内火塘上的"昂"（通烟孔）下面，烧柴火慢慢熏干。此种熏烤之法的好处在于：一是可以同时烤火和烹饪食物，能有效提高火塘的利用率；二是可以防止发生意外，因为熏烤过的腊肉有油滴落于火上，存在安全隐患，而人在火塘旁能保证安全。慢火熏干的腊肉透明发亮，色泽鲜艳，黄里透红，味道醇香，肥不腻口，有着特别的木材香味。经盐腌制而又经火熏干的腊肉，防腐能力强，可长时间放置，不仅是待客之美味，也是赠人之佳品，如今还成为地方特产走进了市场，深受消费者欢迎。

图片来源

图一　龙昭宝　摄影
图二至图四　马晓婷　制图

图二　侗族熏腊肉线描图

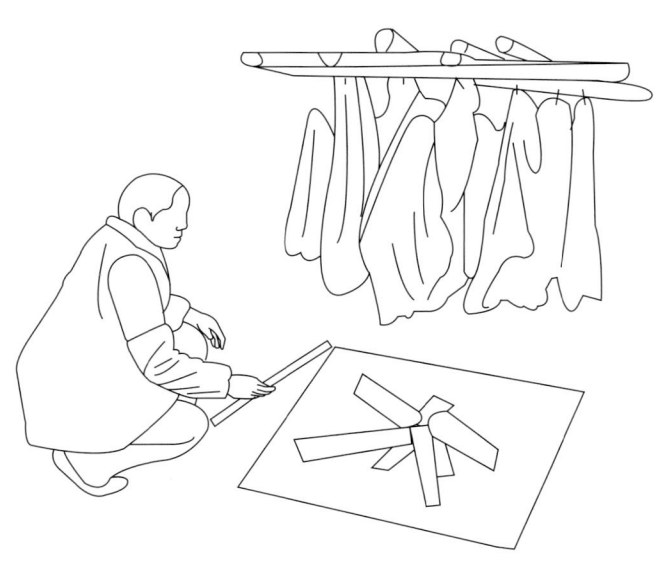

图三　侗族熏腊肉制作图

图四　侗族熏腊肉食用图

侗族干鱼

图一　侗族干鱼主图

侗族栖居之地依山傍水，水资源丰富，适合稻田养鱼。春耕时节在田塘中放入鲤鱼苗，到了秋天稻谷泛黄之后，也是大大小小的稻田鱼丰收之时。捕获上来的鲤鱼除了腌制储存外，另外一种方法就是制成干鱼。制作工艺是：先将鲤鱼于木桶中用清水养三至五天，直至鱼腹中的各种杂质排净；然后将鱼从腹部剖开，取出内脏，在鱼内外侧均涂上少量食盐及米酒，腌制两至三天；待食盐完全浸入鱼身之后，将其放在铁锅内用文火慢慢烤至焦黄即可。文火烤成的鱼干还要悬挂于阴凉处，再风吹几日，干透的鲤鱼可存储一年而不坏。

本案例采集于贵州省黎平县，烹饪方法是：先将鱼干用温水浸泡十几分钟，一是软化鱼肉，二是消除咸味；然后将鱼干切成细块，放入热油锅中炸至酥脆；第三是根据个人喜好放入辣椒、生姜、葱、蒜等调料猛火爆炒；最后倒入适量冷水，用文火焖一至两分钟即可装盘食用。因鱼干较咸，可在里面加入少量的胡萝卜，这样不仅咸淡合适，还能增加色泽，提升食欲。干鱼是侗乡的一道传统特色菜肴，只有在过节或者待客之时才食用。鱼稻共生的养殖方法是侗族人在长期的农业生产中探索出来的，反映出了民间因地制宜的生存智慧。

图片来源

图一　龙昭宝　摄影

图二、图三　马晓婷　制图

图二　侗族干鱼线描图

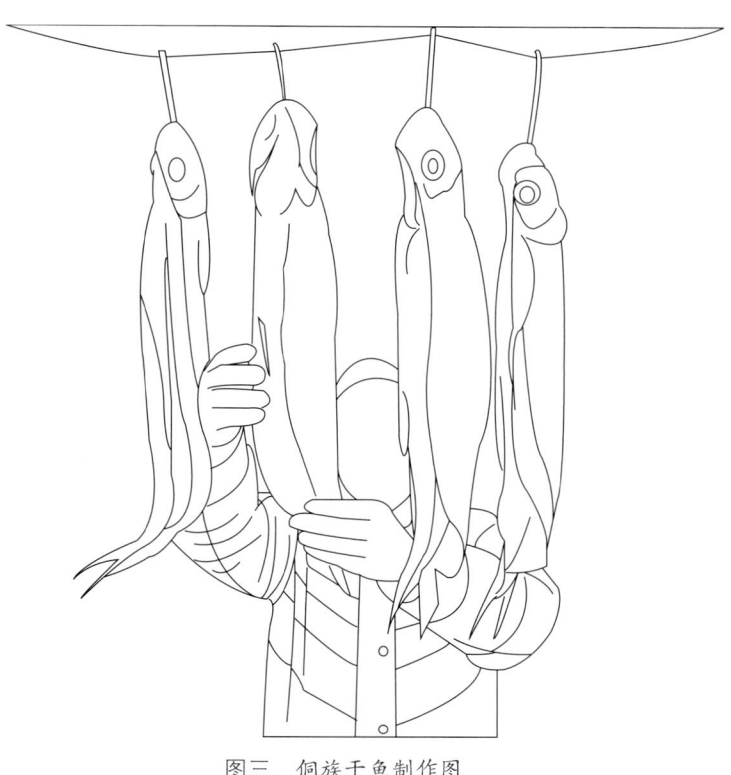

图三　侗族干鱼制作图

侗族烧鱼

图一　侗族烧鱼主图

烧鱼为侗族传统饮食。侗族所居环境依山傍水，自古以来就有着稻田养鱼的传统，春耕之时，稻田中放入鱼苗；秋收季节，禾熟鱼肥。摘禾收谷时，先把田水放干，捕捉鲤鱼放在清水中漂养，并在田边地头燃起火堆，中午休息时烤鱼就餐。烤鱼方法多样，或将鱼洗净去肠，放些盐巴、香料，用阔树叶或宽菜叶包好扎紧，放火中煨熟；或用两头削尖的树枝，一头把鲜鱼从嘴插到尾部，另一头插入篝火边的泥土里，慢慢烘，缓缓烤，也有把活鱼投入火中烧烤的，等到鱼烧得焦黄滴油，就去掉内脏，加盐巴、辣椒、生姜、大蒜和临时采集的野生香料等食用，香味扑鼻，鲜嫩异常。如今，烧鱼已作为一种地方特色美食进行了商业开发。

本案例采集于贵州省黎平县，其烤制技法和传统的田间地头的方法有所不同：先是燃起一盆炭火，在炭火上面铺上烤架，将剖洗干净的鲤鱼放在上面慢慢熏烤；待一面烤黄后再翻至另一面。食用时，把烤熟的鱼放入小钵中，将骨刺去掉，掺入烤熟的辣椒、西红柿等以调味，鲜嫩微辣，引人垂涎。

图片来源
图一　龙昭宝　摄影
图二、图三　马晓婷　制图

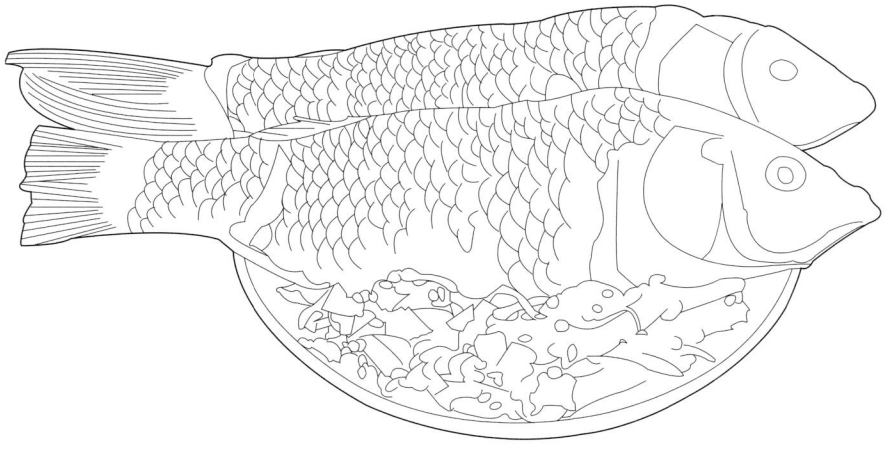

图二 侗族烧鱼线描图

图三 侗族烧鱼制作图

侗族糯米饭

图一 侗族糯米饭主图

糯米饭是侗族传统主食。制作方式是先将碾好的糯米放置于木盆或木桶中，用冷水浸泡大约八至九小时，然后滤去水，盛于木甑中在灶上用猛火蒸一小时左右即能熟透。将蒸好的糯米饭倒入竹筛中待稍冷后即可食用。因侗乡多种植香糯稻，可谓"一家蒸食，满寨飘香"。木甑蒸熟的糯米饭不烂不焦，白中透亮，柔软可口，又极为抗饿。

糯米饭性粘，进食时不用碗筷，而是用手捏成团，伴以酸菜及辣椒。侗族人"以手搏饭"的食俗在清代爱必达著的《黔南识略》中就有记载："高坡苗在八洞等处，多散居悬崖峭壁间……男妇皆蓄发跣足，常食糯米，蒸饭捏团，以手掬食，无匙箸，食蔬菜少用盐，以草灰滤水代之。"进入现代以来，随着杂交水稻在侗乡的不断推广，糯米种植面积不断缩小，目前仅在黎平、从江、榕江三县毗邻地区尚保留有糯稻种植传统，糯米饭仍为一日三餐的主食。

本案例采集取于贵州省黎平县，蒸制方式如前所述。为了增强食欲，还将糯米饭制成彩色。方法是将几种家种及野生植物的花、叶、茎舂碎取其汁浸泡糯米蒸制而成：黑色是鲜嫩的枫香叶舂碎后泡成；黄色是一种野生的"染饭花"煮成；紫色是用一种叫紫叶的家种植物的茎舂碎浸泡成；红色是用朱木削片泡成；绿色是用生姜叶舂碎浸泡成。将各色的水汁分别浸泡糯米，然后用甑蒸熟，倒在簸箕内搅拌即成。蒸熟了的彩色糯米饭色泽诱人，香味扑鼻，再用编织精致的竹篮盛装，就成了精美的传统糯食礼品。

图片来源
　图一　龙昭宝　摄影
　图二至图四　马晓婷　制图

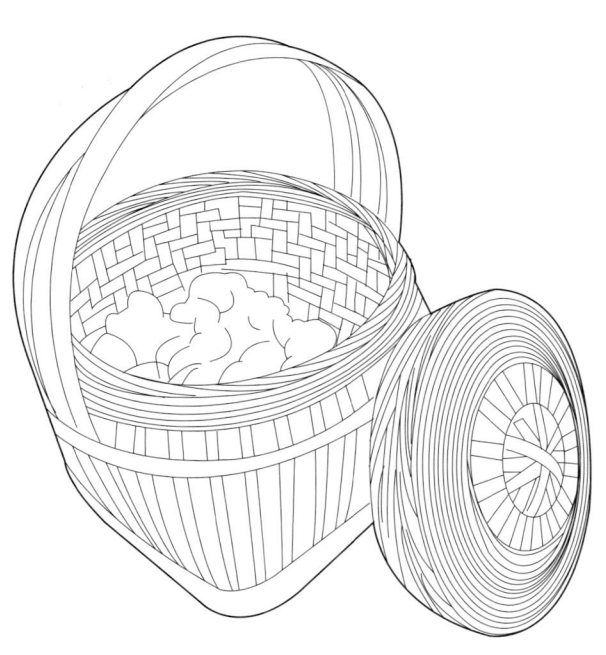

图二　侗族糯米饭线描图

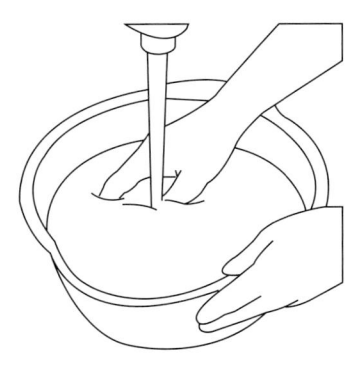

图三　侗族糯米饭制作图

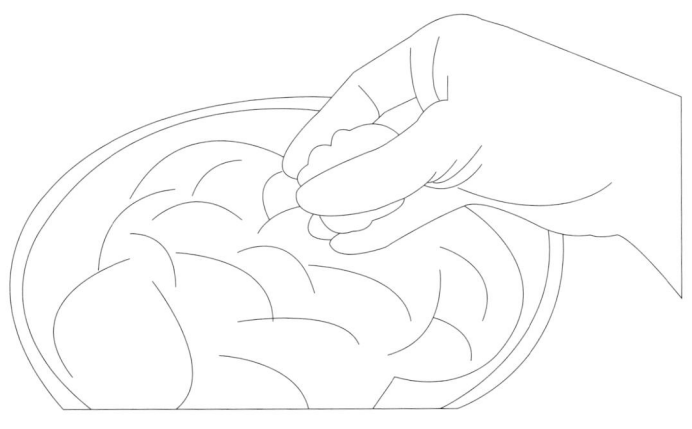

图四　侗族糯米饭食用图

侗族泡汤

图一　侗族泡汤主图

　　泡汤为侗族传统特色菜肴。逢年过节杀猪后,主人家都要邀请宗族兄弟来尝第一刀屁股肉,因架火锅把肉及其他蔬菜煮于一起,俗称"泡汤"。本案例采集于贵州省黎平县,食材主要是肥肉。当把猪宰杀完毕后,主人家先从猪屁股上割下一大块肉,把肥瘦分开,切成薄片;然后在灶里生火,将肥肉放进铁锅中稍微翻炒,待肉片微卷且略出油之后,倒入井水猛火煮沸;接着放入瘦肉、胡萝卜、青辣椒、海带等食材,煮熟即可食用。如此烹饪出的肥肉肥而不腻,瘦肉味道鲜嫩。

　　吃泡汤是侗族人强化宗族亲情的一种重要方式,大家围在火塘旁,一边大碗喝酒,大口吃肉,一边谈论一年的生活和收成,交流各种农事经验。因为年关时节农事已结束,正处于休憩时期,所以大家吃泡汤时并不匆忙,慢慢品尝,拉家常,杯箸交错之间彼此的距离也就慢慢拉近,一派和气。在吃泡汤的过程中,还可根据个人口味在火锅中加入猪血、猪肝之类。掺入猪血的菜汤色泽紫红,味道鲜美。

泡汤，不仅是民间的一道美食，同时是侗族人宗族间增进了解、加强联系的一种纽带。如今，泡汤亦走向市场，成了餐馆里的一道主打菜肴，在传播美味的同时产生了一定的经济价值。

图片来源

图一　吴帮雄　摄影

图二、图三　马晓婷　制图

图二　侗族泡汤线描图

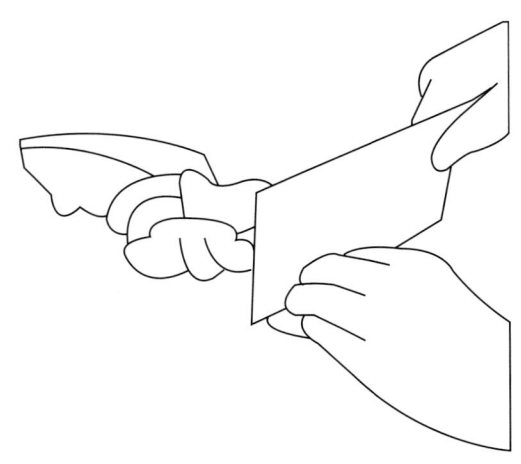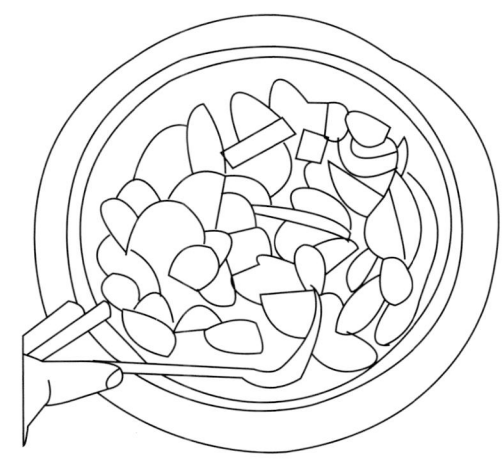

图三　侗族泡汤制作图

侗族乌米饭

图一　侗族乌米饭主图

乌米饭是侗族的传统饮食，流行于黔东南苗族侗族自治州的广大侗族地区。本案例采集于贵州省黎平县，用杨桐叶浸泡糯米后蒸成，乌黑发亮，溢出草木清香，故称"乌米饭"，有的地方也称"黑糯米饭"。

每年农历四月初八牛生日(或称牛节、祭牛节)，侗乡各地普遍蒸黑糯米饭。除了用黑糯米饭喂牛，表示对牛的感谢外，有的地方还要进行黑糯米饭比赛。姑娘们纷纷邀小伙子们上山唱歌，吃黑糯米饭，看谁做得最好，以色泽黑紫、颗粒分明、油亮柔软、清香扑鼻者为佳。因侗布与黑糯米饭的色泽有相似之处，以深紫光亮为上品。妇女们便以黑糯米饭的色泽来卜测当年染布的色泽。如果做的糯米饭光亮乌紫，预示当年可染出最漂亮的侗布。在杨姓侗族人中，吃黑糯米饭还有纪念祖先的特殊意义。相传，他们的祖先杨文广曾被陷害入狱。家人为避免狱卒侵吞，将糯米饭染成黑色送进去，文广食后力量倍增，打破牢房，从监狱里逃出来。是日正是农历四月初八，四月初八吃黑糯米饭遂在杨家相沿成习。

有的地方女子出嫁时，男方送礼必须有黑糯米饭，女方亲友以吃黑米饭之名前去送嫁。因此"吃黑米饭"成为女子出嫁的象征和代名词。人们寻问姑娘出嫁佳期，往往问何时吃黑米饭。生了女孩，常说生了一碗黑米饭。侗家婚礼一般在腊月底举行，逐渐形成在正月初一吃黑米饭习俗。如今，乌米饭作为地方特色食品在市场上也可买到。

图片来源

图一　龙昭宝　摄影

图二、图三　马晓婷　制图

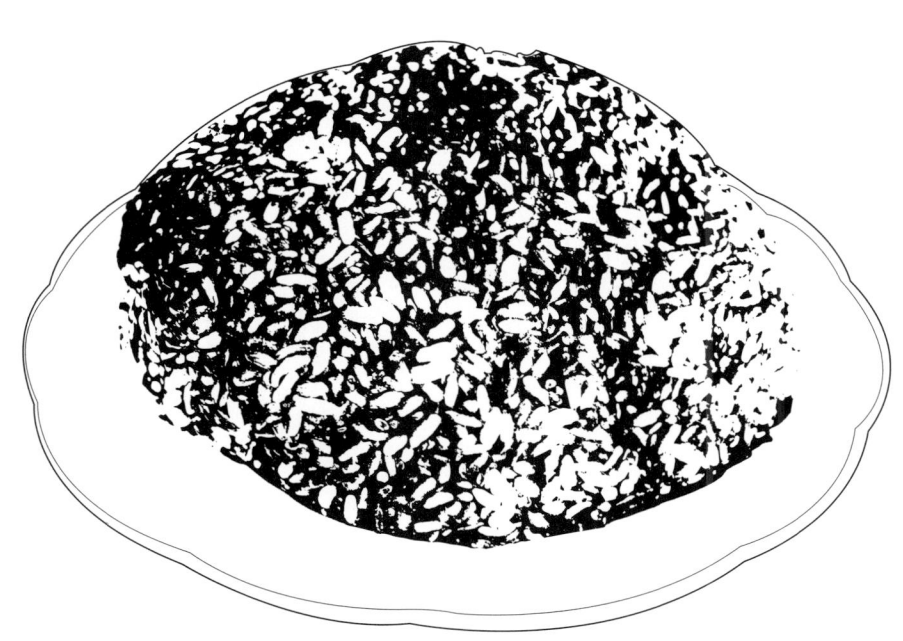

图三　侗族乌米饭线描效果图

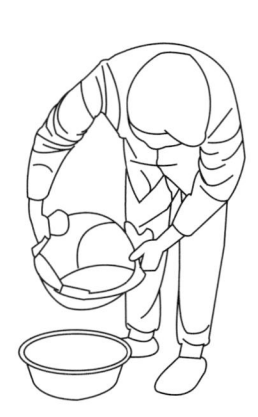

图五　侗族乌米饭制作图

侗族血灌肠

图一　侗族血灌肠主图

血灌肠是侗族传统特色菜肴。本案例采集于贵州省黎平县。制作工艺是，先将新鲜的猪小肠翻洗干净，并截成若干100厘米左右的小段，再将小肠的一头捆扎结实，另一头装上一个自制的漏斗，然后进行灌制。灌制用料为搅拌均匀的新鲜的猪血，切碎的五花肉，少量的水，适量的食盐，煮熟的糯米饭及姜丝、葱末、花椒面等佐料。通过漏斗慢慢灌入肠内，再将开口的一端捆扎好即成。

血灌肠煮熟晾干后香味鲜醇，食用时切成片状，可蒸可炒，味道鲜美，是待客之佳肴。

图片来源
图一　龙昭宝　摄影
图二、图三　马晓婷　制图

图二 侗族血灌肠线描图

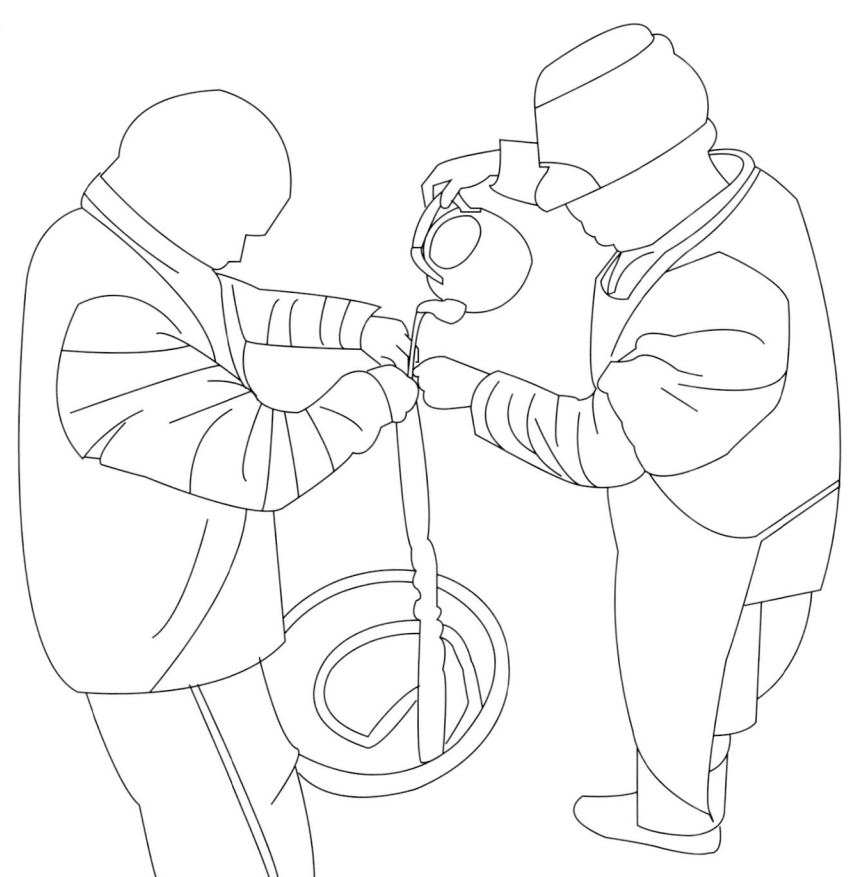

图三 侗族血灌肠制作图

侗族醋血

图一　侗族醋血主图

醋血系侗族南部方言区一道新兴的特色凉拌菜肴。本案例采集于贵州省黎平县，由槽血（刚宰杀的猪腔内的猪血凝结块）、家醋、折耳根、辣椒粉等搅拌而成。醋血之所以能够成为侗乡的一道特色食品，是各种原料都有相应的营养价值及独特功效，搭配于一起还可以互为补充。猪血味甘、苦，性温，富含维生素B_2、维生素C、蛋白质、铁、磷、钙、烟酸等，对因贫血而面色苍白者有改善作用，是排毒养颜的理想食物。醋，味酸，富含钙、铁、磷、钾、钠、铜、镁、锌、硒等，具有调节肠胃、消除细菌、抵抗疾病的功能。折耳根，味辛，性微寒，富含维生素A、胡萝卜素、维生素C、钙、磷、钾、钠、镁等，具有清热解毒，化痰排脓消痈，利尿消肿通淋的作用。辣椒，味辛，性热，含有丰富的维生素C、β-胡萝卜素、叶酸、镁及钾等，有健胃消食、预防胆结石、改善心脏功能、预防疾病等功能。制作方法是，先取一定量的槽血，用清水快速冲洗一下去除杂质，放置于盘中用竹筷夹成小块；然后倒入一定量的米醋，拌匀；接着选择较为鲜嫩的折耳根的根茎，洗净后切成小节，掺入其中；最后拌入少量辣椒粉进行调味。食之宜用调羹，入口爽滑。因有十分明显的食疗价值，醋血不仅成了普通百姓餐桌上的常见之物，亦成了餐馆里的一道招牌菜品。

图片来源

图一　吴帮雄　摄影

图二、图三　马晓婷　制图

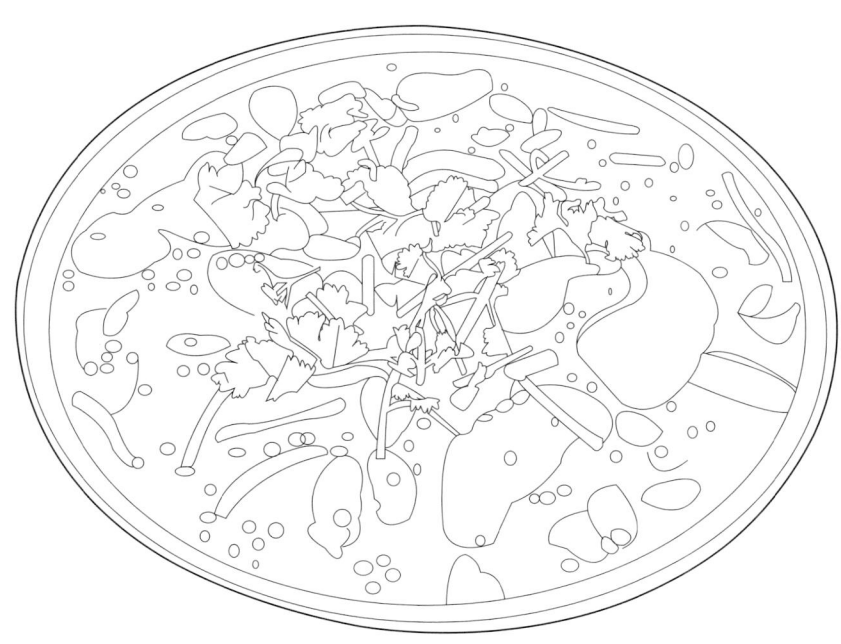

图二　侗族醋血线描图

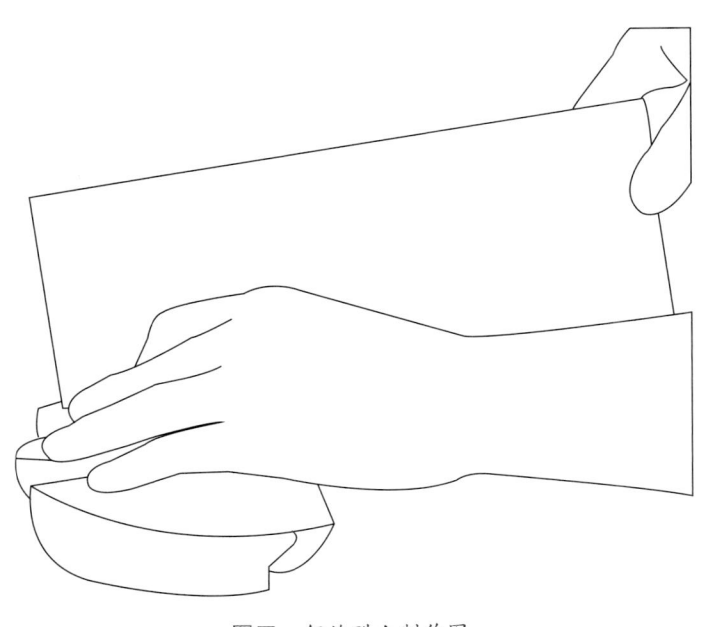

图三　侗族醋血制作图

侗族血红

图一　侗族血红主图

血红是侗族传统特色菜肴，用槽血拌猪肉制成。制作方法是：将猪肝、猪心、猪肚、瘦猪肉煮或炒熟，切成薄片，然后放上茱萸粉、辣椒面、花椒面、橘子皮、大蒜、葱花、盐、醋等调料，再取适量猪腔内所存的槽血拌匀即成。因有猪血，又呈红色，故称"血红"。被视为逢年过节、招待嘉宾的上等佳肴。

本案例采集于贵州省黎平县，原料主要有瘦肉、槽血、折耳根。制成过程是将瘦肉切片放置于炭火上烤熟，然后掺入槽血以及折耳根搅拌，再放入米醋、辣椒粉、葱、蒜等调料，腌制一刻钟左右，待其入味即可装盘食用。炭火烤熟的瘦肉肉质酥脆，略有嚼劲；槽血性温，有排毒养颜功能；折耳根及米醋则能开胃健脾。三者搭配，不仅色泽诱人，而且富有营养，是民间在长期的生活实践中探索出来的一道美食。如今血红不仅是普通百姓餐桌上的常见之物，亦成了餐馆里的一道风味菜肴，变成了一种舌尖上的经济。

图片来源
图一　吴帮雄　摄影
图二、图三　马晓婷　制图

图二　侗族血红线描图

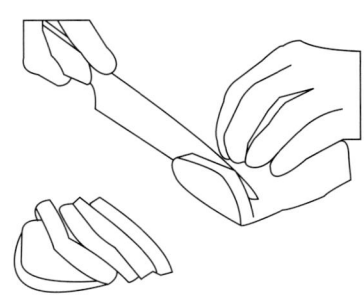

图三　侗族血红制作图

远口侗族油炸豆腐

图一　远口侗族油炸豆腐主图

豆腐系我国传统食品，相传为汉代淮南王刘安炼丹时所发明，延续至今已有两千多年历史。豆腐高蛋白、低脂肪，具降血压、降血脂、降胆固醇的功效，口感细嫩，老少皆宜，广受百姓欢迎。豆腐烹饪方式丰富，可炒、可煮、可煎、可炸、可蒸，可作菜肴之主材，亦可作菜肴之配材。油炸豆腐是此种食品最为常见的一种加工方法，据文字记载至少在北宋已普遍流行，苏东坡的《物类相感志》描述道："豆油煎豆腐，有味。"制作油炸豆腐的工艺是：先将制作成型的豆腐胚子切成薄片，然后放入油温较低的油锅中进行炸制，待起泡后放入油温较高的油锅中炸熟。炸油以菜籽油、花生油、豆油为主，要求澄清透亮、有光泽。豆腐胚子的含水量要适宜，一般控制在40%左右，水分太少或太多都会大量耗油。

本案例采集于贵州省天柱县远口镇，当地人称油炸豆腐为"水皮子"，又叫"发豆腐"。和其他地方的比较起来，远口油炸豆腐表层金黄光亮，虽经过油炸，尚能保留豆腐细腻质感，外嫩内松，风味独特。远口油炸豆腐能保持有自己的特色，主要源于制作工艺的与众不同：少量的碱水能够让豆腐质地细嫩；茶籽油能让豆腐色泽金黄；切成薄片一次性在高温油锅中炸成；滤干油后放入豆腐水制成的酸水中保存，以保持表皮的柔软，还可浸泡栀子花以增加豆腐的色泽。远口油炸豆腐食法可单炒，可作为配品掺入其他主菜；现在不仅是农家餐桌上的常见之物，还成为市场上的地方特色热销商品。

图片来源

图一　龙昭宝　摄影

图二、图三　马晓婷　制图

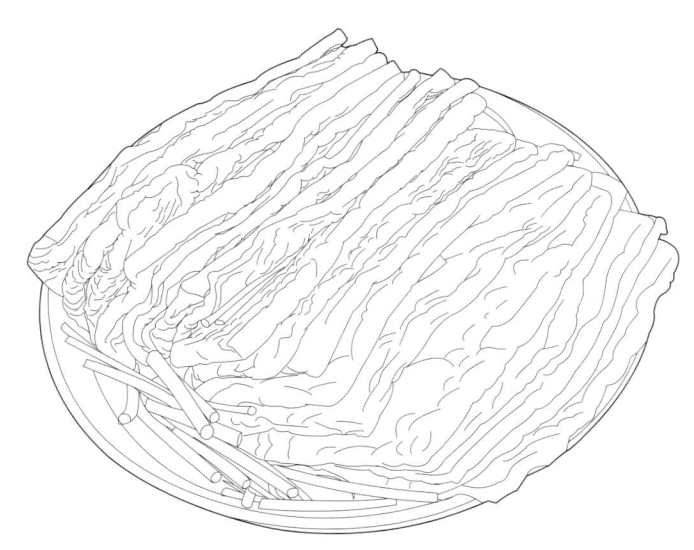

图二　远口侗族油炸豆腐线描图

图三　远口侗族油炸豆腐制作图

侗族油茶

图一　侗族油茶主图

　　油茶是侗族的传统饮食。本案例采集贵州省天柱县高酿镇春花村盘塘组。侗乡南、北部方言区的食材略有不同，南部以米花为主，北部以米豆腐为主，然后配上各种调料。米花的制作工艺是，先将糯米拌油或粗糠蒸熟，放在通风处阴干，再放碓臼中舂扁，去掉粗糠，制成阴米。阴米都要预先准备。煮油茶前，将阴米或者拌河沙炒成米花，或者放在油锅里炸成米花。米豆腐的制作工艺是，先将籼米用草木灰浸泡两个晚上，洗净，磨成粉；然后放入锅中熬煮，直至黏稠，再用芭蕉叶将之捆扎成团，冷却后切片用沸水煮一下即能食用。食用时可根据个人喜好添加辣椒、葱、蒜等调料。

　　煮油茶时，把米花或米豆腐和炒熟的花生米、黄豆、芝麻等各种佐料放在碗里。佐料没有定规，时鲜瓜菜、猪肝、虾米、小鱼、玉米、饭豆、糍粑、葱花、姜丝等都可以。先放一把米在锅里炒，到焦黄松软程度，放入土制的茶叶炒拌几下，兑水煮沸，滤出渣子，然后将茶水倒进盛着各种原料的碗里即可。

　　油茶香而不腻，清心明目，解乏开胃，是招待客人、村民集会的传统食品，逢年过节、婚庆添丁、生日寿诞、乔迁新居、祭祀萨子、亲朋来访等都要聚于一处煮油茶。高档正宗的油茶会要吃五碗油茶。第一碗只放米花、花生,添小半碗茶水;第二碗又加些佐料,还要备五六碟腌鱼、腌肉、酸菜等小菜伴茶;第三、四碗主要是汤圆或糍粑片,也可以糯米饭代替;第五碗多为甜茶。

图片来源

图一　龙昭宝　摄影

图二、图三　马晓婷　制图

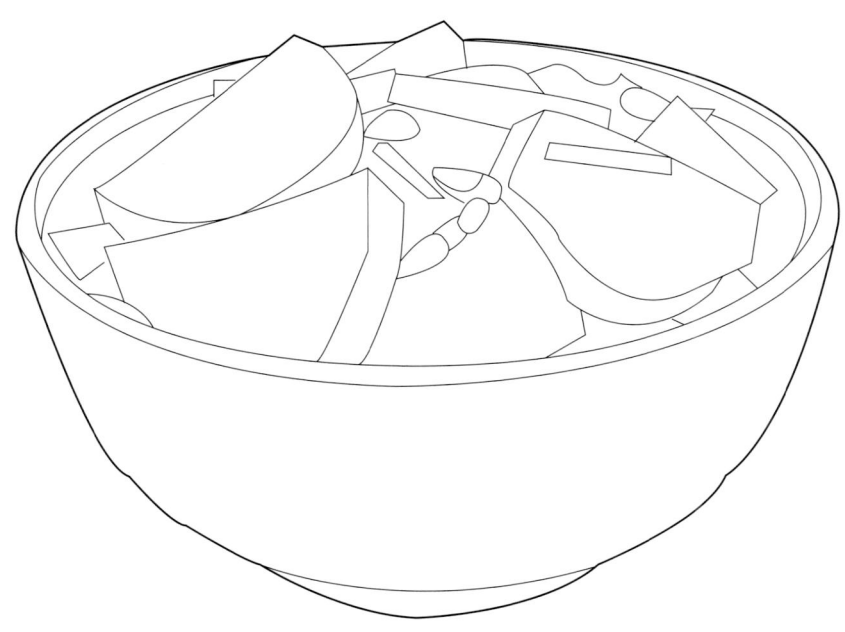

图二　侗族油茶线描图

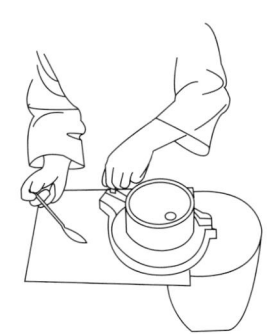 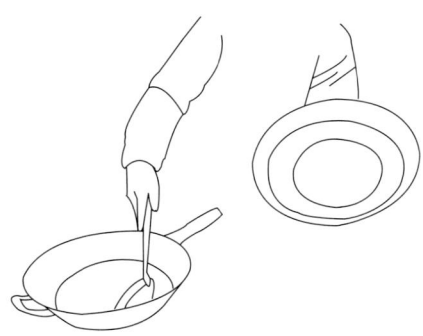 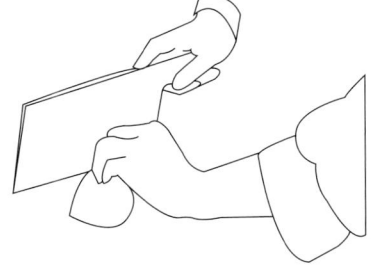

图三　侗族油茶制作图

侗族三月粑

图一　侗族三月粑主图

三月粑糯米甜食，是侗族农历三月三"歌节"的特有食品。主要食材是糯米和甜藤，南、北部方言区加工方法略有不同。在南部方言区，先用碓舂烂甜藤挤出甜汁，用甜汁来浸泡糯米；然后把糯米舂成粉状，舂时不断加入甜汁；舂好后，将糊状的糯米均匀摊入油锅内煎烤，用锅铲压成扁平圆形状，不断翻面，直至焦黄。北部方言区的方法是，将泡有甜藤汁的糯米磨成糊状，滤干，然后用猴栗树叶呈十字包裹，外用粽叶捆扎，放入锅中蒸熟即可。三月粑所用材料均为绿色食品，味略甜，气清香，不仅为地方特色食品，亦是赠人之礼物。三月三吃"甜藤粑"，是因为此时节春暖花开，万物复苏，正好是郊游时刻，因此许多地方在这一天都要举行歌会，唱歌择偶。人们制作三月粑，一是在这一集体社交场合赠给亲朋好友，增加感情；二是丰富平淡的生活，祈求在接下来的日子里风调雨顺。在古代，三月三郊游已为一种生活习俗，南朝梁时的宗懔所著《荆楚岁时记》载："三月三日，士民并出江渚池沼间，为流杯曲水之饮。"

本案例采集于贵州省天柱县，为乡民制作好后进城销售之商品，一元一个，物美价廉。此种现象说明，民间的节日食品为人们所喜爱和接受，逐渐从一种民俗现象变成了一种商业行为，为农民提供了一条补贴家用的渠道。三月粑所含有的经济价值使得民间制作该食品的工艺得以传承，这也给我们当前的非物质文化遗产保护提供一点借鉴，即民族文化的保护传承是与经济利益密切关联的。

图片来源

图一　龙昭宝　摄影

图二至图四　马晓婷　制图

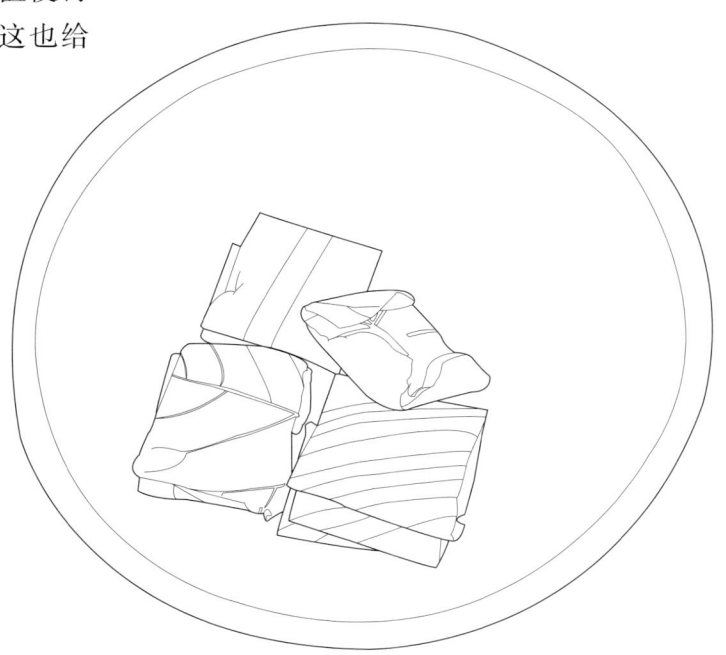

图二　侗族三月粑线描图

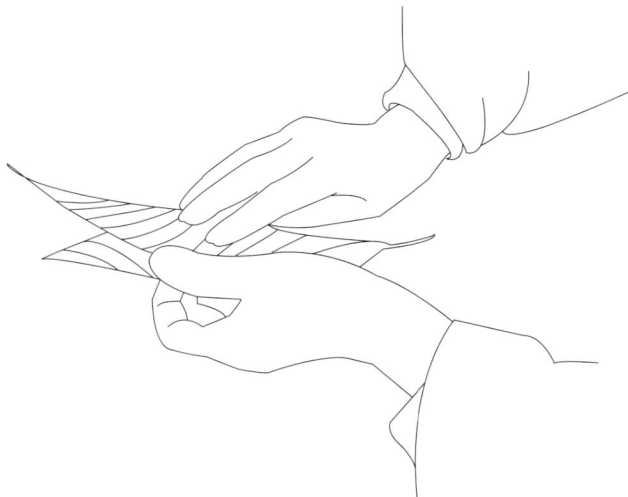

图三　侗族三月粑制作图

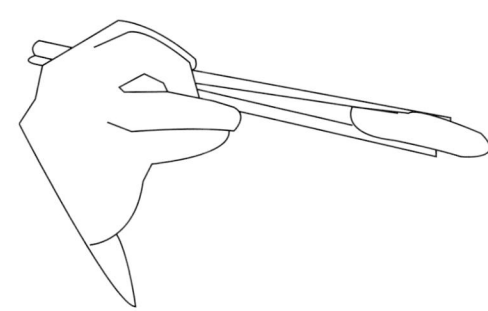

图四　侗族三月粑食用图

第四章 侗族传统生活用具

侗族雕花脸盆架

侗族脸盆架属于支撑型家具，主要是木制，形制上可分四柱、五柱、六柱型，有几只柱子就有几个面，柱子越多支撑点就多，也越稳定。构造方式是：后面两只柱子上下两栏用木枋连成一个排面，而前面两至四只柱子构成一个扇形，中间分两层用木枋与后面的木柱构成一个整体。上层用于承托盆底，上下层之间可存放脸盆。前面木柱较矮。后排木柱较高，除了起支撑作用之外，其上端的横枋上可用作悬挂毛巾、脸帕之类，横枋下面的空格中可镶入雕花木板或者照镜，或者放置肥皂盒。如果是四柱型，承托盆底的支架为正方形；如果是五柱或者六柱型，承托盆底的支架则为星型。

本案例采集于贵州省黎平县，为木质五柱型脸盆架。后柱高150厘米，承托架宽40厘米，前柱高75厘米。和普通脸盆架不同的是，该脸盆架除了满足日常需要之外，还有一定的审美价值。脸盆架的上端全是装饰，中间镶嵌有两块雕花木板，其中一块为浮雕，一块为透雕，图案均为花鸟；顶端为拱顶花朵透雕，正中几片叶子拥簇一盛开的花朵；两侧为龙形雕刻，首上尾下，龙首和中间的拱形木构组合成一个官帽造型。为了增加美观，五只柱脚亦雕刻成龙首形。该脸盆架雕花精美，做工细腻，为过去大户人家所用，并含有一定的寓意。

图片来源
图一　龙昭宝　摄影
图二至图四　马晓婷　制图

图一　侗族雕花脸盆架主图

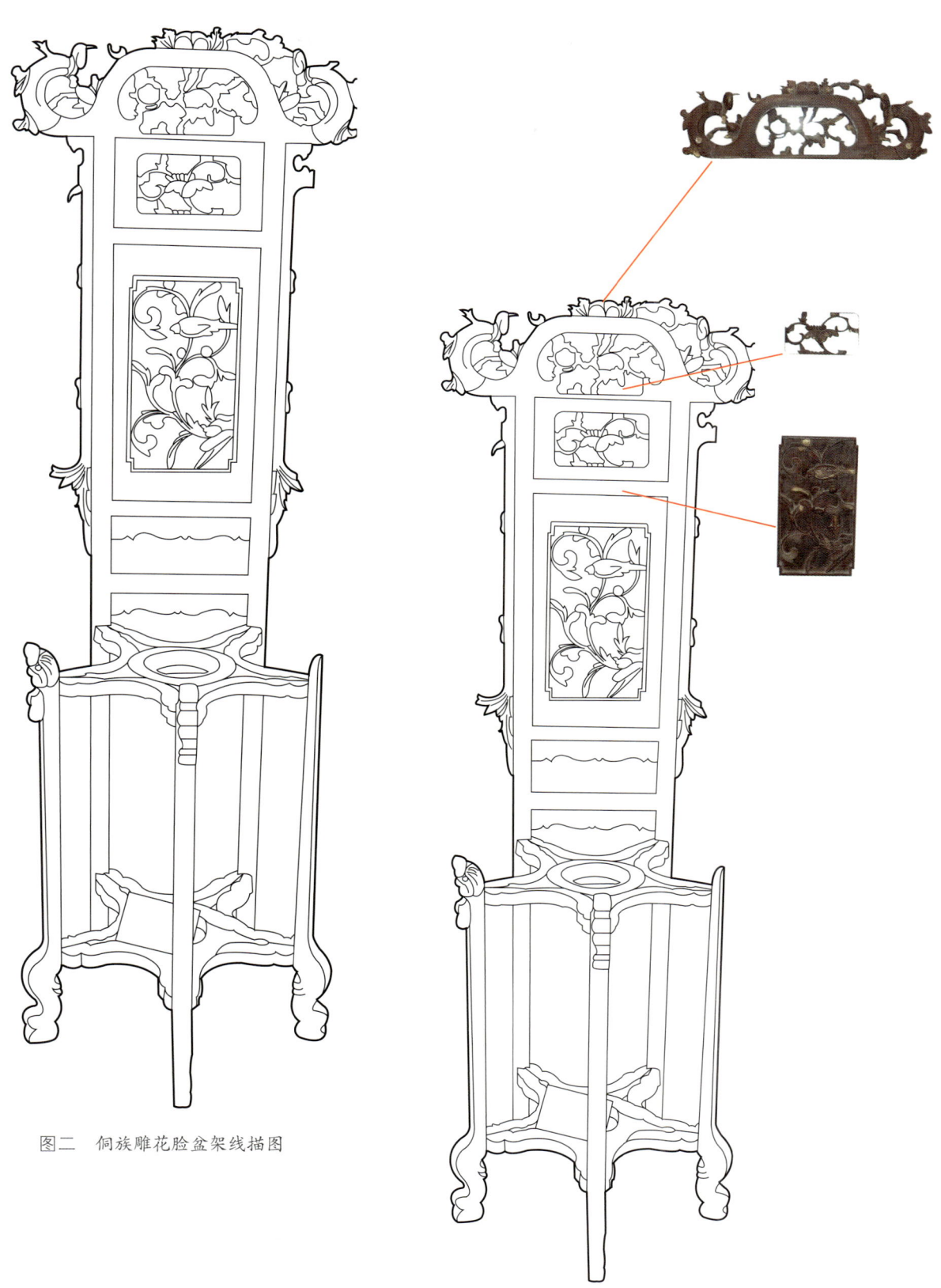

图二　侗族雕花脸盆架线描图

图三　侗族雕花脸盆架细节图

第四章　侗族传统生活用具

187

图四　侗族雕花脸盆架使用图

侗族清代雕花木床

图一　侗族清代雕花木床主图

木床是侗族人民睡觉休憩时使用的木制家具，可分普通型和雕花型两种。无论是哪种木床，都以杉木为主要建造材料。因杉木在侗乡便宜易得，材质硬而抗腐，纹理自然天成，所以广受欢迎。

本案例为雕花型木床，采集于贵州省黎平县德凤街道，长204厘米，宽166厘米，高230厘米。和普通型木床比较起来，该案例虽然在结构上更为繁缛，但依然采取了榫卯结构法。首先是一个体积宽大的雕花镂空床架，床门上方饰以两排红底镂空花卉木板，雕工精美；而床门两下侧饰以木楞组合而成的几何图形，与上方的雕花装饰形成简与繁的视觉对比。第二是封闭型抽屉床底，空间的合理利用拓宽了木床的用途。第三是踏板，悬空设计增强了木床的层次感，而两边的坐凳亦可放置衣物之类。

本案例在构造上利用榫卯的方式将床架和床体紧密地连成一个整体，在满足实用的基础上兼顾了审美愉悦，雕花装饰做工精美，老漆漆成的深红颜色并未随着岁月的流逝而褪去，显得古朴典雅。宽敞的床架内部设计还考虑到了人躺卧时不至于压抑。从源流而言，雕花木床体现了清代中国上层社会家具繁缛富丽的木雕风格。它能在偏远侗乡保留下来，所承载的不仅仅是古代社会生活时尚的一种追求，还有汉文化在少数民族地区的传播。

图片来源

图一　龙昭宝　摄影
图二、图三　马晓婷　制图

图二　侗族清代雕花木床线描图

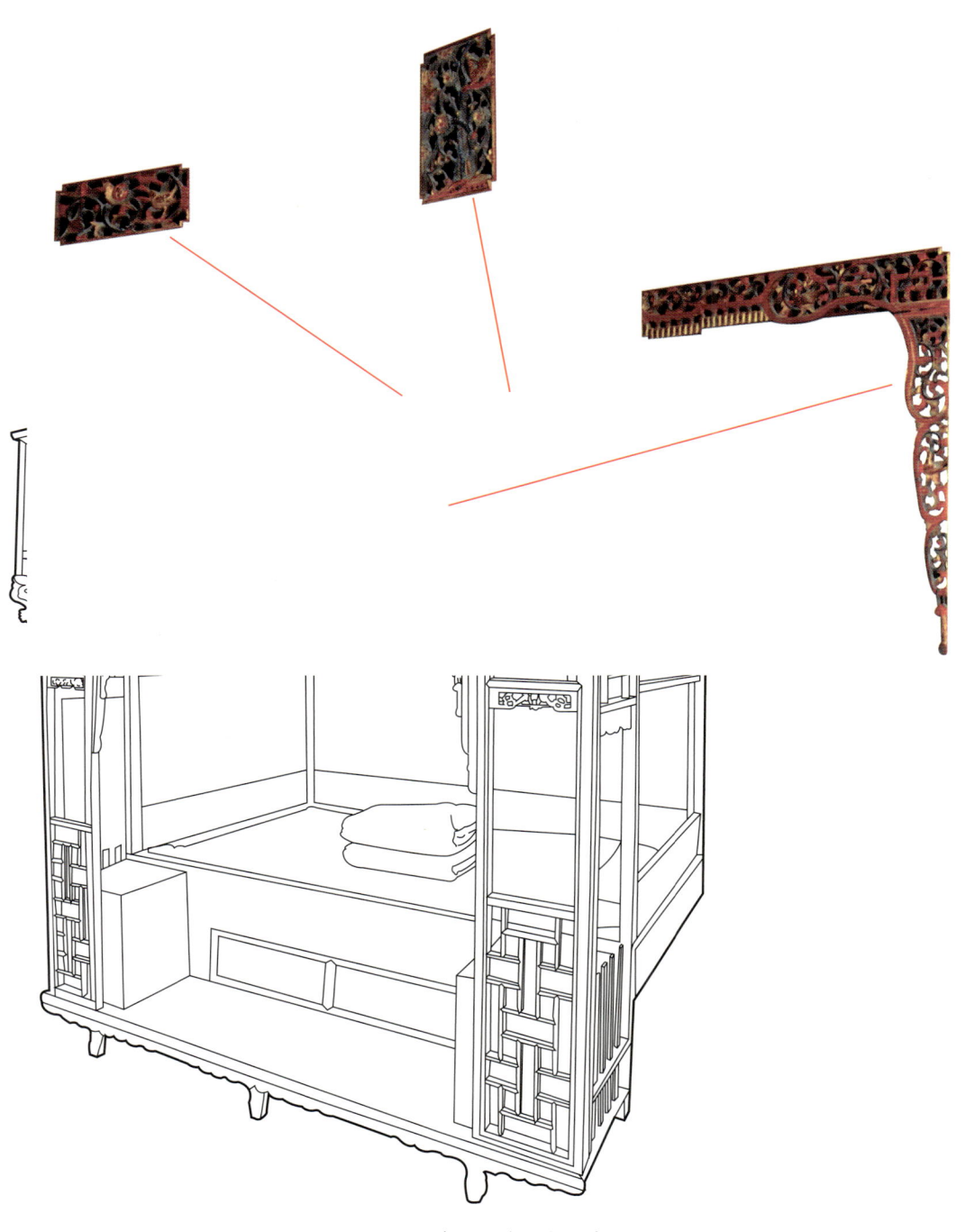

图三　侗族清代雕花木床细节图

侗族雕花碗柜

图一　侗族雕花碗柜主图

　　碗柜，木质，按形制可分为独立式和镶壁式两大类，二者不同之处在于前者为独立个体，可随意搬动；而后者则嵌入墙壁中，和建筑连在一起。在结构上二者大体相似，分上下两部分。上半部分为敞开式，分两层，用于放置碗筷盘碟之类，之所以敞开，是为了便于通风干爽。下半部分为封闭式，分两层，有两扇对开木门，主要用于存放各类食物，锁上木门可以防止老鼠或者爬虫咬啮污染。

　　本案例采集于贵州省黎平县，高174厘米，上宽109厘米，下宽120厘米。分四层，上面两层为敞开式，为增加美观，第一层饰以透雕木纹，图案为几何形；第二层饰以雕花木窗，图案为方形木框夹花。下面两层为封闭式，第一层为抽屉，外饰环形拉扣；第二层为木门封闭橱柜，两边上下装以转轴，中间钉上环形拉扣。本案例的独特之处在于其雕花装饰和抽屉设计。雕花装饰增强其审美性，说明木质家具除了能够满足日常生活之外，还能给人们带来感官愉悦，体现出物主别样的审美情趣以及匠人高超的木雕技艺。抽屉设计亦体现出匠人的精巧心思，利用碗柜较高的形体于中间安插一层抽屉，既丰富了传统碗柜的结构造型，又便于主人分类放置一些日常生活杂具，一举两得。

图片来源

图一　龙昭宝　摄影

图二至图四　马晓婷　制图

图二　侗族雕花碗柜线描图

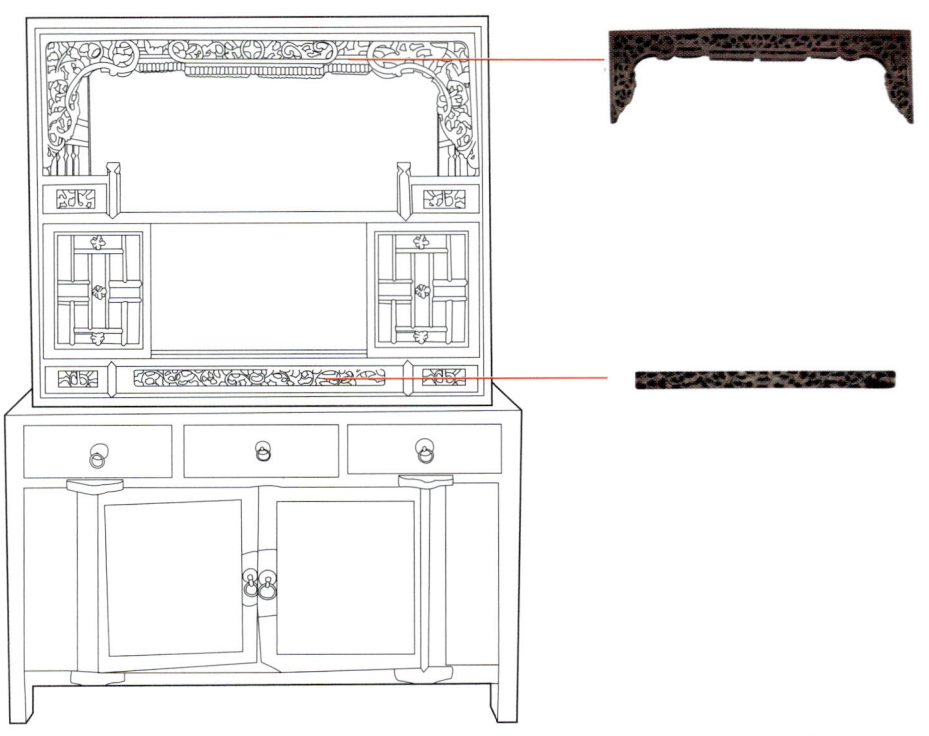

图三　侗族雕花碗柜细节图

图四　侗族雕花碗柜色彩对比图

侗族杉木盆

图一 侗族杉木盆主图

杉木盆是侗族传统木质洗浴盆具，盛行于侗族北部方言区的天柱、锦屏、剑河、三穗、玉屏、新晃、芷江、会同等地。杉木盆以杉枝为盆帮，以杉木板为底，盆体上、中、下分别以铁线箍紧。制作工艺是：将较粗的杉枝刮去外皮，放置于阴凉处让其慢慢干透；然后将杉枝按尺寸需要锯成若干段，用斧头削成弧形，用特制的刨具刨光；待每一段杉枝都削刮光滑后，在其两侧钻上等距的三个小孔，涂上粘胶，用竹签将它们连成一起成为上大下小的环状盆帮；最后根据盆帮下沿的大小用木板制成盆底。为了使盆底的木板不散开，需在组合而成的木板上横向锯出一梯形木槽，用木枋将其固定住。为了增加盆帮的承重力，在盆体外侧用筷子粗的铁线箍紧。为了让木盆不漏水，还要用一根削尖的木棍将木皮灰扎入盆底与盆帮的结合部。

本案例采集于贵州省天柱县凤城街道，高17厘米，直径64厘米。盆帮的椭圆形木纹排列有序，自然美观。杉枝内含丰富的油脂，不易变形，不被虫蛀，坚固耐用。若是涂上桐油，不仅色泽光亮红润，而且可以延缓朽坏，可持续使用十多年。杉木盆美观耐用，在传统社会里，不仅是家家户户洗衣以及给幼童洗澡的必备之物，在有的地方还作为嫁妆之一。

图片来源
图一　龙昭宝　摄影
图二至图五　马晓婷　制图

图二 侗族杉木盆色彩对比图

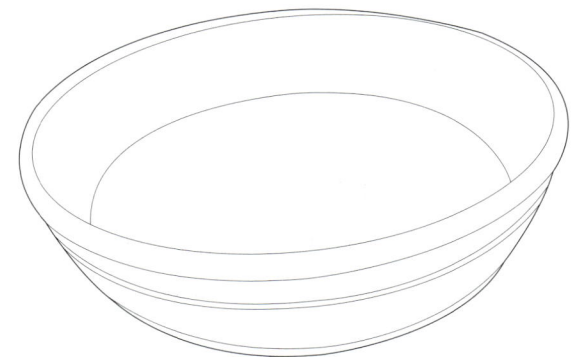

图三 侗族杉木盆线描图

图四 侗族杉木盆制作图

图五 侗族杉木盆使用图

侗族鼓楼木鼓

图一　侗族鼓楼木鼓主图

木鼓系古代社会侗族放置于鼓楼之上用于召众集会和报警的器物，通常用楠木、樟木以及枫木制成。制作工艺是，先从山上伐来粗大的木料，根据尺寸需要锯出一截圆木，长度大约180至300厘米不等，直径39至50厘米不等；然后用利斧将粗皮削去，砍至中间大、两头稍小后，用刨子刨光；第三步是将圆木内部掏空，两端封上牛皮钉上木钉。木鼓多悬挂于鼓楼的顶部，也有放于三四层或立于鼓楼门前的。贵州从江县高增、增冲以及黎平县高近等周边侗寨的木鼓均悬挂于鼓楼顶上。本案例采集于贵州省黎平县茅贡镇流芳村，木鼓用绳索悬吊于鼓楼内，表面已被烟火熏黑。关于鼓楼悬挂木鼓的历史，可追溯到宋代，天柱县龙氏族谱《四体堂谱》载："邦村在天柱南三十里……寨中建高楼，楼上置大鼓，以集临近……"

鼓声作为一种传达信息的号令，敲鼓时有着特定的规定：如鼓声密集且长久不断，表示呼救，邻近村寨听到后要立即组织队伍前往救助；如鼓声密集而短促，表示情况紧急，需要本村人立即赶往鼓楼集中；如鼓声重而有序，节奏缓慢，表示有大事商量，但并不紧急，可以在晚饭吃完后再去鼓楼商议；如鼓声密集而又有重音在后，表示有追捕强盗或作战任务，青壮年男子必须带上干粮和武器到鼓楼待命；如鼓声一高一低，轻快自然，则表示喜庆吉祥，这是节日专用的鼓点。据田野调查资料来看，在20世纪80年代以前修的鼓楼均保留有悬挂木鼓的传统，之后新修的鼓楼则不再延续。此种变迁表明，木鼓是特定时期的文化产物。

图片来源
图一　龙昭宝　摄影
图二、图三　马晓婷　制图

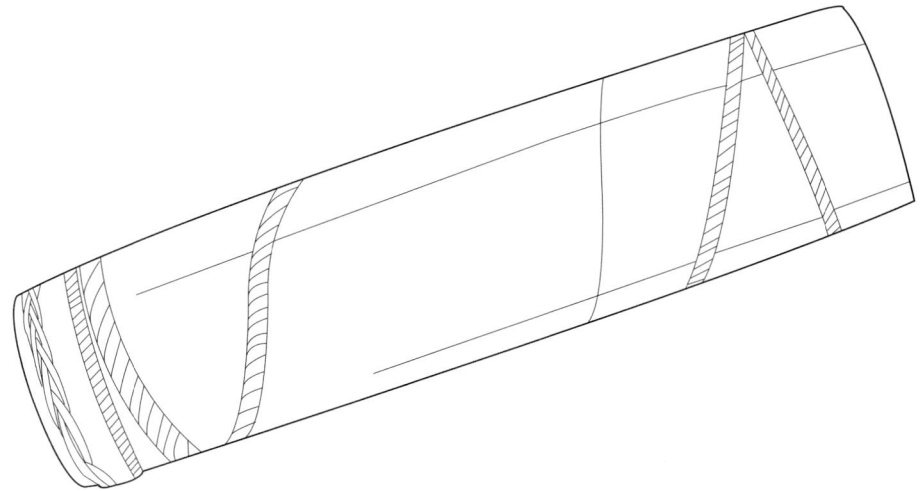

图二 侗族鼓楼木鼓线描图

图三 侗族鼓楼木鼓使用图

侗族木质多层多边形轴转茶几

图一 侗族木质多层多边形轴转主图

茶几是家居生活不可或缺的生活用品。从历时性而言，中国的茶几自清代之后，才从香几中分离出来。现代茶几材质多样，有木质、石质、藤竹、玻璃等，从形状上有方形、矩形以及圆形等。在侗族民间，工匠用当地丰富的木材资源制造出别致多用的茶几，为日常生活提供了诸多便利。个别工匠还独具匠心，设计出了多层多边形轴转茶几。本案例采集于贵州省天柱县社学街道，为三层多边形活轴转茶几，系杨继良设计制造，整体高度为52厘米。该茶几由桌面、转轴以及支架三部分构成。桌面分三层，第一层为圆形，位于茶几的最上面，直径25厘米；第二层为十二边形，直径62厘米；第三层为八边形，直径80厘米。第一层和第二层桌面中间有一木制轴心，可转动；第三层桌面和支架结合于一体。支架有如方形小方桌，木质轴柱安装于桌子中间，上设一方形木盒，用以支撑第二层桌面。四只柱脚设计成象鼻状，增加了茶几的线条美。

和现代工艺制造出来的两层桥形茶几相比，本案例在工艺上可谓是一种创新突破，体现出了民间的智慧，三层桌面的设计拓宽了茶几的使用面积，轴柱转动的设计在使用上也更为便捷。该茶几甚至可以当作饭桌使用，能够转动的桌面可将每一道菜转到每一个人的面前。设计应该申请专利，产品也值得推广。

图片来源
图一　龙昭宝　摄影
图二、图三　马晓婷　制图

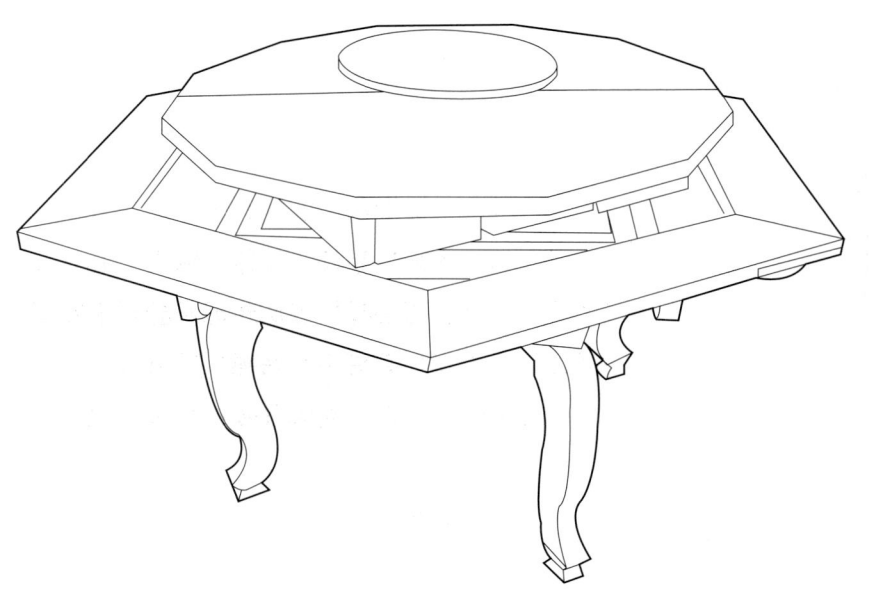

图二　侗族木质多层多边形轴转线描图

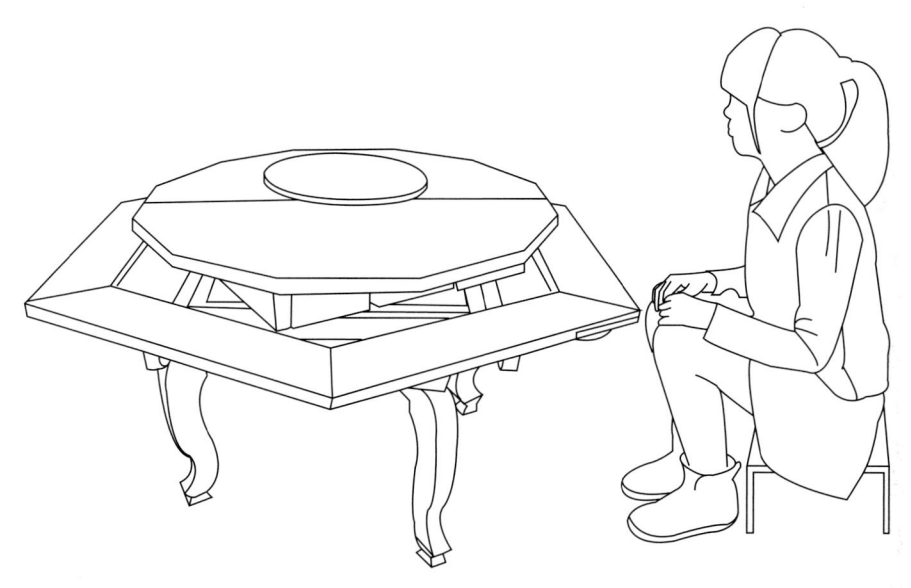

图三　侗族木质多层多边形轴转使用图

侗族豆腐箱

图一　侗族豆腐箱主图

豆腐是中国的一种历史久远、营养丰富且极为普遍的食品。豆腐箱是民间制作传统豆腐的必须工具。

本案例采集于贵州省天柱县社学街道，箱体长50厘米，宽33厘米，高25厘米。豆腐箱制作工艺并不复杂，先按尺寸锯出四块厚木板，用刨子将表层刨净；然后用凿子在较长的木板的两端上下分别凿出两个方孔，在开孔处的内侧纵向凿出一条浅槽；第三步是在较短的木板的两端制作出两个插头，插头之间的距离要和方孔之间的距离相一致；第四步是将长、短木板通过插头和方孔组合成一个箱体，露出方体外的插头钻一小孔，插入一小根木楔将箱体固定住；第五步是选一比箱体稍宽的木板作箱底，朝上的木板上横竖凿出十二块大小一样的模块，四周凿出一浅槽用于固定住箱体，再按照箱体内径尺寸做一个木板盖。

豆腐箱用来使豆腐定型。待烧开的豆浆点浆（传统工艺用石膏制作卤水以点浆）形成豆腐花后，须将其滤干才能制作成块状。先是在箱内放置好洗净的纱布，纱布四周要与箱体贴于一起，底角呈直角，纱布外沿要露出箱口。然后将豆腐花舀入木箱内，将布角翻折向内覆盖在豆腐花上,让其自然滤去多余的水分,使豆腐花自然下沉凝结成块。在凝结的过程中可在上面盖上木盖,施加重力。待豆腐成型后,将箱套取出,用刀沿底板上的纹路切分出小块即可。豆腐箱材料自然环保,取材易得,在豆腐制作技术不断发展的当今,仍为民间广泛使用,所代表的不仅仅是一种工艺,还有一种舌尖上的文化。

图片来源

图一　龙昭宝　摄影

图二、图三　马晓婷　制图

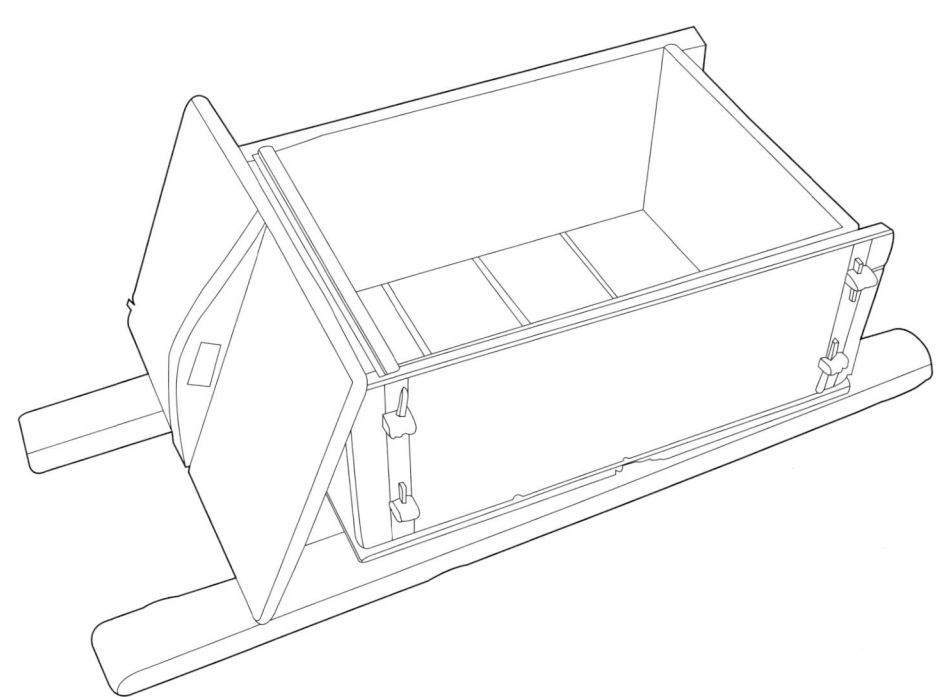

图二　侗族豆腐箱线描图

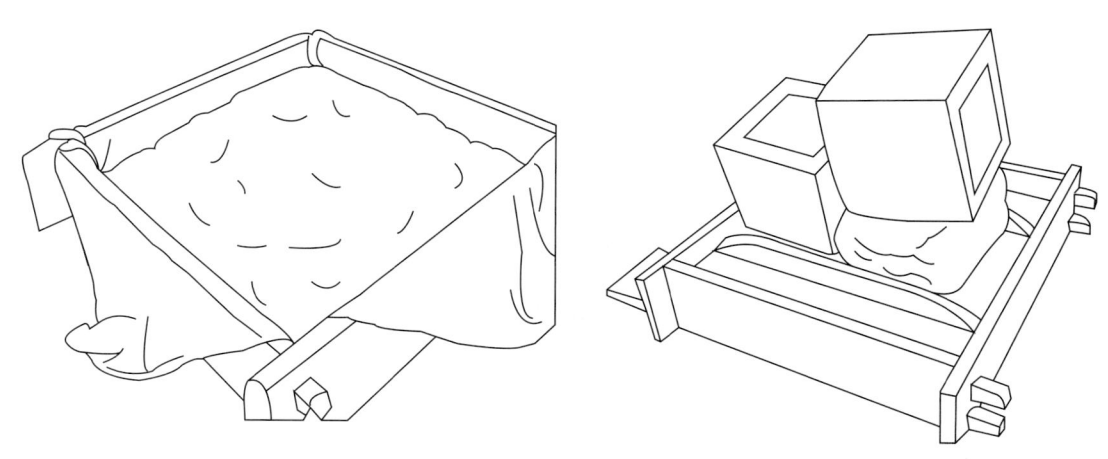

图三　侗族豆腐箱使用图

侗族扶手木椅

图一　侗族扶手木椅主图

　　椅子系有靠背的传统坐具，根据材质分为木椅、竹椅、藤椅等。本案例采集于贵州省天柱县，为扶手木椅，长50厘米，宽65厘米，高75厘米，杉木质地。该木椅靠背为支棱型，坐凳宽大，涂以清漆，粗犷的线条和分明的棱角显示出一丝古朴，而靠背木板上的菊花浮雕，为这个做工不是十分精细的木椅增添了几分意趣。在制作工艺上，该木椅不用钉、不靠胶，以榫卯斗合方式组成，经久耐用。四方形的椅柱十分结实，坐凳前端下沿的云形木板不仅起到装饰作用，还能增强承重。

　　木椅造型，从简单到繁复，在中国古代经历了一个较长的演变过程。虽然石头、木桩等都可充当坐具，但真正意义上的椅子出现于唐代，源于东汉末年从北方游牧民族地区传入的胡床。直到唐代中期，胡床才逐渐演化为我们习以为常的有靠背和扶手，能够让双腿自然垂下的椅子，并且在宋朝才开始广泛流行。椅子的出现不仅解放了人的双腿（上古时期人们会客时是跪坐在席子上的），也改变了中国古代的坐礼、窗户设计、家居高度以及饮食习俗等。如本案例，是从简单实用的靠背椅发展而来，既追求椅子既有的坐具功能，又强调舒适度以及观赏性：扶手的设计是根据人的手臂自然呈弧度向前弯曲，靠背根据人体脊背自然曲线制成，以增强舒适度，而背板雕花装饰则承载了人们对美的追求。

图片来源

图一　龙昭宝　摄影

图二至图四　马晓婷　制图

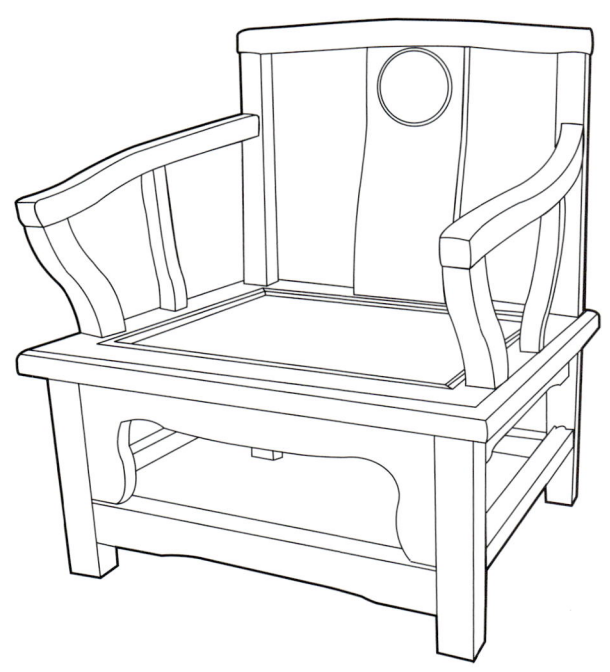

图二　侗族扶手木椅线描图

图三　侗族扶手木椅色彩对比图

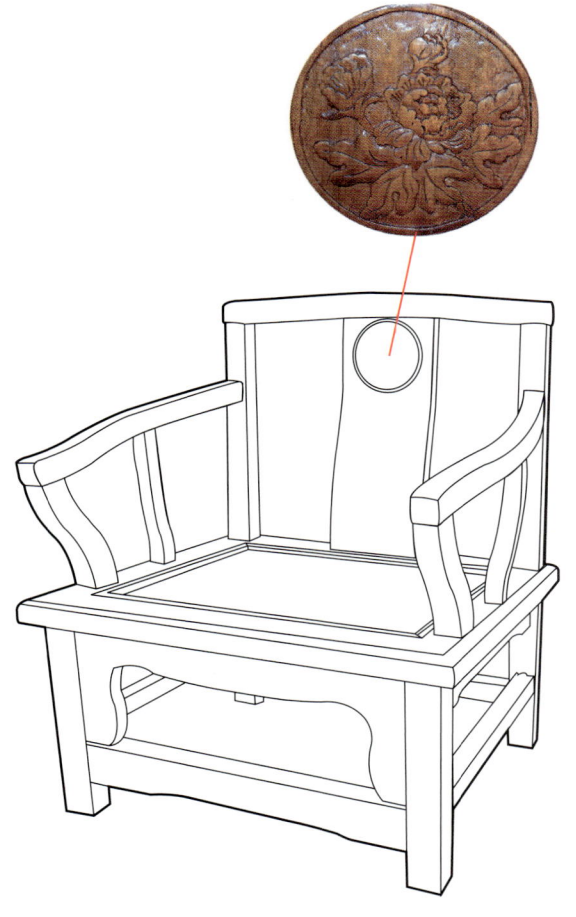

图四　侗族扶手木椅细节图

侗族高脚圆柱坐凳

图一　侗族高脚圆柱坐凳主图

　　侗乡盛产杉木，日常坐凳均为木制。木凳根据形制可分为高坐凳、矮坐凳、长坐凳、短坐凳等，各种坐凳使用对象也各有区别，高且长的坐凳主要用于八仙桌、条桌，而矮且短的坐凳主要用于小方桌以及火塘旁。在构造上，各种坐凳大体相似，均由一块木板以及四根木条组成。大部分坐凳的柱脚开口呈喇叭形，以增加稳定性；有的则是直柱形，这种造型的凳子坐板较宽，凳脚占地面积较宽，无须斜角也具有较强的稳定性。

　　本案例采集于贵州省天柱县社学街道，为高坐凳，主要用于书房中，长35厘米，宽33厘米，高52厘米，外涂红色油漆，坐板光滑，呈正方形。和其他使用于餐饮场合的坐凳比较起来，此坐凳不同之处在于凳脚的装饰。普通坐凳的凳脚均为四方形木柱，而此坐凳为圆形木柱。为增加观赏性，工匠在木柱上雕刻出犹如竹节的环状装饰，于呆板中增加了几丝生动与意趣。在保证承重力的基础上，柱脚装饰坐凳的出现表明的不仅是民间普通坐具的一种演变，还有民间审美意趣的与时俱进。

图片来源
图一　龙昭宝　拍摄
图二至图四　马晓婷　制图

图二　侗族高脚圆柱坐凳线描图

图三　侗族高脚圆柱坐凳对比图

图四　侗族高脚圆柱坐凳使用图

侗族染桶

图一 侗族染桶主图

染桶是民间用于染制土布的木制容器，侗语称"帮纽"，汉译为"染桶"，在黎平、从江、榕江等县又称"靛塘"。本案例采集于贵州省从江县高增乡小黄村，呈圆锥体，桶口直径63厘米，高度78厘米。染桶由许多块木板组合而成，制作工艺是，先将木料制成长短一致、上大下小的木块；然后在每一块木板两侧钻上几排小眼，涂上粘胶；接着用竹钉把各木块组合成圆桶状，利用粘胶将木板间的缝隙黏住，防止渗漏；最后是制作桶底，将一块木板卡在距桶底一定距离处，再在木桶底部锯挖出一梯形浅槽，镶如一根大小相当的木枋以增强稳定性。染桶制作好后，要用竹篾或者铁丝在外侧分几层箍紧，防止染桶受到水的挤压而散开。

染桶是传统染布工艺的必须容器。传统染料是蓝靛草。制作靛的时期一般是夏季，因为此时蓝靛生长最为茂盛，而且天气温度高，更易于蓝靛的发酵，大大缩短了制靛的时间。当蓝靛收割到家后，先用清水洗净，后就整齐地放入染缸中，加入少许生石灰，压以大石。一周之后，蓝靛草腐化，滤去渣质，用盆或瓢将缸内的水不断搅拌，约半天后，沉淀于染缸底部的沉积物即为靛。如今，一些地方改用塑料桶以及陶桶，但这二者均易破碎，而木制染桶更为耐用，且材质易得。

图片来源

图一　龙昭宝　摄影

图二至图四　马晓婷　制图

图二　侗族染桶线描图

图三　侗族染桶使用图

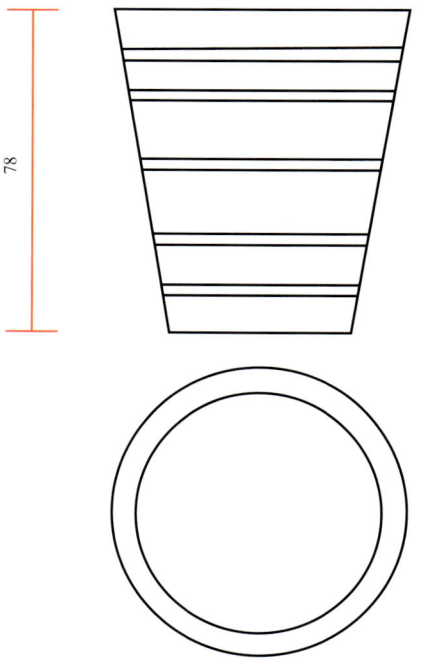

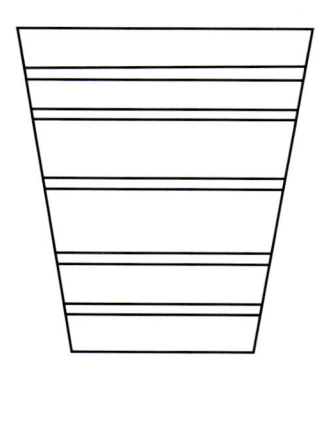

图四　侗族染桶三视、尺寸图（单位：cm）

侗族米桶

图一　侗族米桶主图

　　米桶是盛装大米的传统器具。本案例采集于贵州省黎平县尚重镇盖宝村，木质。高45厘米，桶口直径36厘米。米桶制作工艺是，先制作出十几块小木板，木板两侧等距钻上几排小眼，然后用木签将各个木块连为一体。为增加稳固性，可在木板之间涂上乳胶。桶体做好后，要做一个略小的圆形木板卡在距桶底约10厘米处，再做一个木盖盖在桶口。为了增强牢固性，要在桶体上上几道竹篾做成的箍圈。因体积较大，特别是装上米后，重量有所增加，因此制作桶体时要在两块木板上预留出两耳，凿上眼，便于搬动。米桶为杉木板制成，能防潮，在多雨潮湿的南方是重要的储米器具，家家户户不可或缺。

图片来源
图一　龙昭宝　摄影
图二至图四　马晓婷　制图

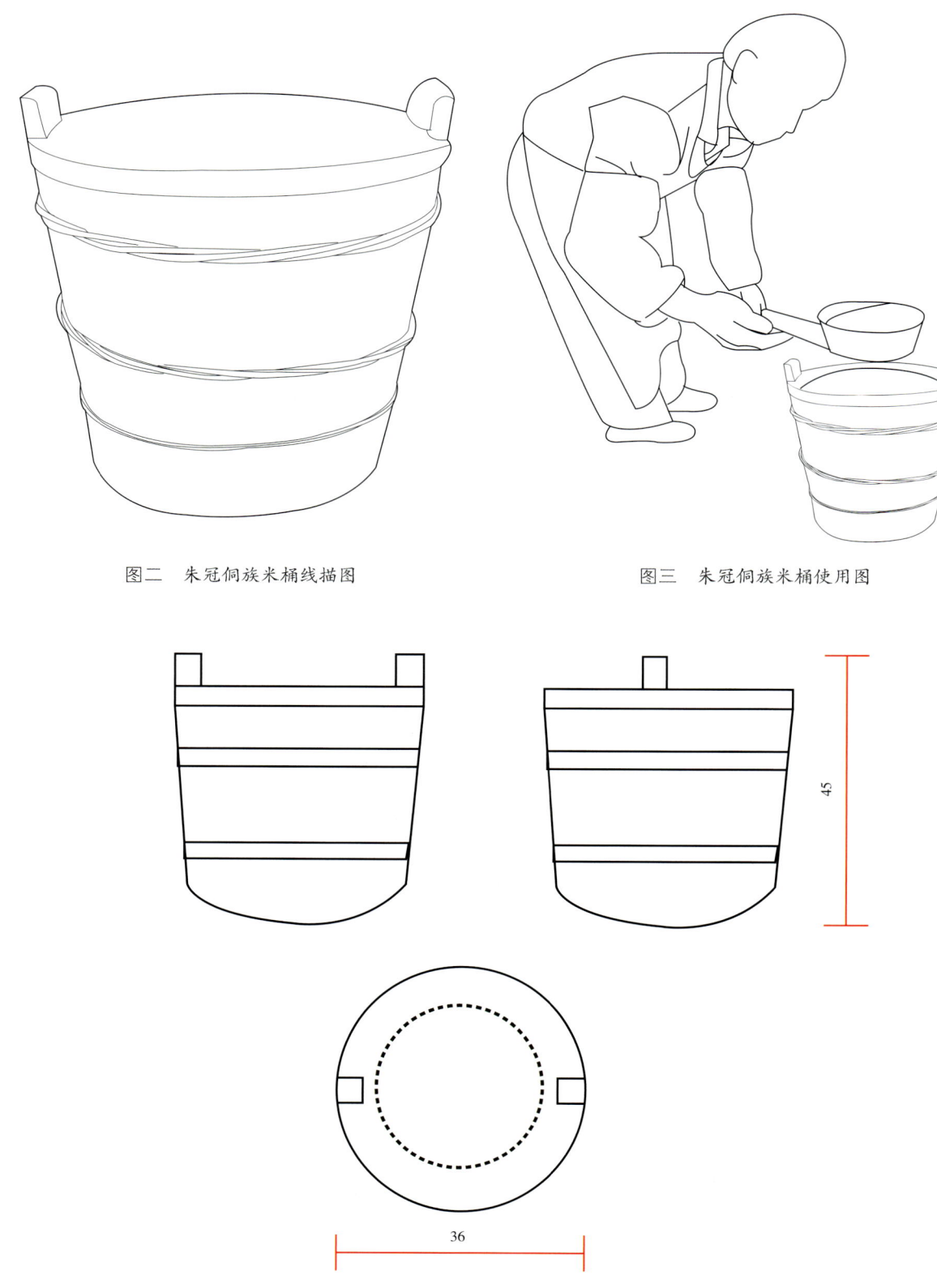

图二 朱冠侗族米桶线描图

图三 朱冠侗族米桶使用图

图四 侗族米桶三视、尺寸图（单位：cm）

侗族木质粑槽

图一　侗族木质粑槽主图

　　粑槽系用于制作糍粑之器具。本案例采集于贵州省天柱县高酿镇春花村盘塘组，长147厘米、宽35厘米、高26厘米，为青冈树制成，之所以用这一木材，是因其质地坚硬，经得住捶打。制作工艺是：采来木料之后，用斧头除掉外皮，制成长方体，在中间挖出一个半椭圆形凹槽，用宽嘴凿修平；为了便于搬动，于槽两端的两侧各挖一小凹口，方便手指扣住；粑槽干透后容易开裂，要在两端用凿子深挖一锤形凹口，镶入木楔，防止裂口扩大。粑锤也是用坚硬木材制成，呈圆柱形，一般长度为67厘米，直径为9厘米，柄长75厘米。也是先从山上砍来硬木，根据需要锯成一定长度的木棒，必须直，弯者不能用；然后将其削砍成圆形，修理光滑；之后用凿子于木棒的中间凿一洞，插入一长度合适的木柄，木柄不能太长或者太短，否则在捶打糯米时不易使力或者特别费力。

　　一般在重大节日（例如重阳节或春节）或者娶亲的时候使用粑槽制作糍粑。其过程是先将糯米洗净，浸泡一至两天，滤干水后，放入蒸桶中蒸熟。捶打之前要将粑槽及木槌洗净，然后将蒸熟的糯米倒入槽内，两个壮汉手持木槌分立两侧奋力捶打。经过数轮的捶打，糯米已相互融为一体。此时，即可制作糍粑了。将捶烂的糯米铲入盆中,双手捏住一团,合力一挤,即为一个糍粑,放置于涂有蜡的木板下压成扁平状。有的地方,用刻有"喜"字或者"福"字的木质印章在糍粑上印上红色的字迹,以求吉祥或者表示祝福。

图片来源

图一　龙昭宝　摄影
图二至图四　马晓婷　制图

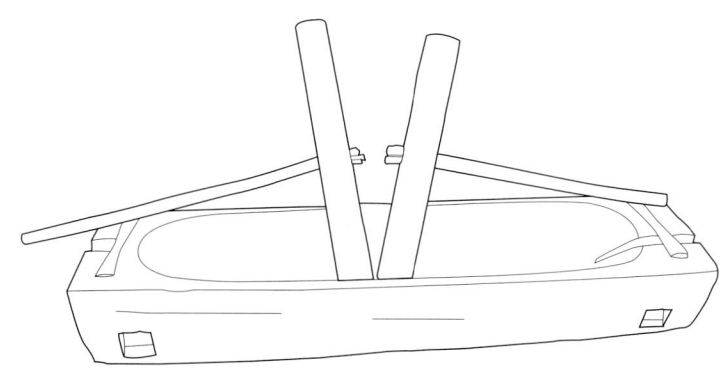

图二　侗族木质粑槽线描图

图三　侗族木质粑槽使用图

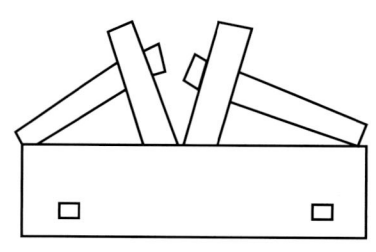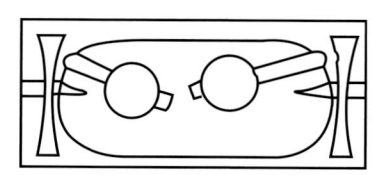

图四　侗族木质粑槽三视图

侗族腌桶

图一　侗族腌桶主图

侗族人喜食腌制食品，食材主要有猪肉、鱼肉及鸭肉三种。在古代，腌制食物多用特制木桶进行，此类木桶叫作"腌桶"。本案例采集于贵州省黎平县，高57厘米，直径38厘米。板质为杉木，制作工艺是：将较厚的木板根据尺寸需要锯成若干小块；然后用刨子将表面刨光，在板子的两侧等距钻上三至四排小眼，插上竹签，将各木板连成一个圆柱体；第三步是用几块小木板组合成一起，锯成圆板做桶底；第四步是用宽竹篾编成竹圈将腌桶箍紧。杉木板制成的腌桶不易腐朽，经得住磨损，而且重量轻，便于移动，在民间几乎家家置有。腌制肉类时，先将食材切成块；然后拌上盐巴、辣椒、炒米、生姜之类的佐料，整齐码放于桶内；最后将桶口封实即可。肉类在密封的木桶内腌制两至三月之后，即可取出食用，可炒可蒸。

现在民间陶制的腌坛已广为流行，但木质的腌桶仍受欢迎。和陶桶比较起来，木质腌桶更显得耐用与环保。其设计精妙之处在于：首先是取材方便，天然生成的材料无任何污染；其次是利用木板浸水即膨胀的原理构成一个坚固的桶体，不像陶坛那样易碎，若有损坏也可修复；第三是木板经辣椒水及盐水长期浸泡，增强了耐腐性。

图片来源

图一　龙昭宝　摄影

图二至图四　马晓婷　制图

图二　侗族腌桶线描图

图三　侗族腌桶制作图

图四　侗族腌桶使用图

侗族甑子

图一 侗族甑子主图

甑子是侗乡传统蒸具，木质，圆锥形，由十几块梯形薄木板（上大下小）组合而成，无底。在甑子口下方约5至10厘米处卡有"十"字形木架，上面放置竹篾编成的"甑被搭"，起到通气和防止食材掉漏的作用，如果是蒸饭，则要在"甑被搭"上另放一张洗净的纱布，防止大米掉入锅内。甑子盖，系杉木板拼合而成，在盖子中间用锯子锯开一缝，镶入一木柄，一是起到固定作用，二是便于揭开。甑体用竹篾或者铁丝箍紧。甑子按形制可分为大、中、小三类。大型的甑子主要是在过年的时候蒸糯米以打糍粑，或者是婚丧嫁娶活动中用来蒸饭。因体量重，甑口左右对称设有两"提耳"，中间有洞，便于手提或者杠抬。中型的甑子主要用来蒸肉，小型的甑子主要是用来蒸饭。

本案例采集于贵州省天柱县，为小型甑子，甑口直径30厘米，深度28厘米。使用方法是，将要蒸食物放于甑子内，置于灶上的铁锅中，加入一定量的水并烧开，利用水蒸气的传热功能将食物蒸熟。材质为杉木板，材料易得，而且环保。

图片来源
图一　龙昭宝　摄影
图二至图四　马晓婷　制图

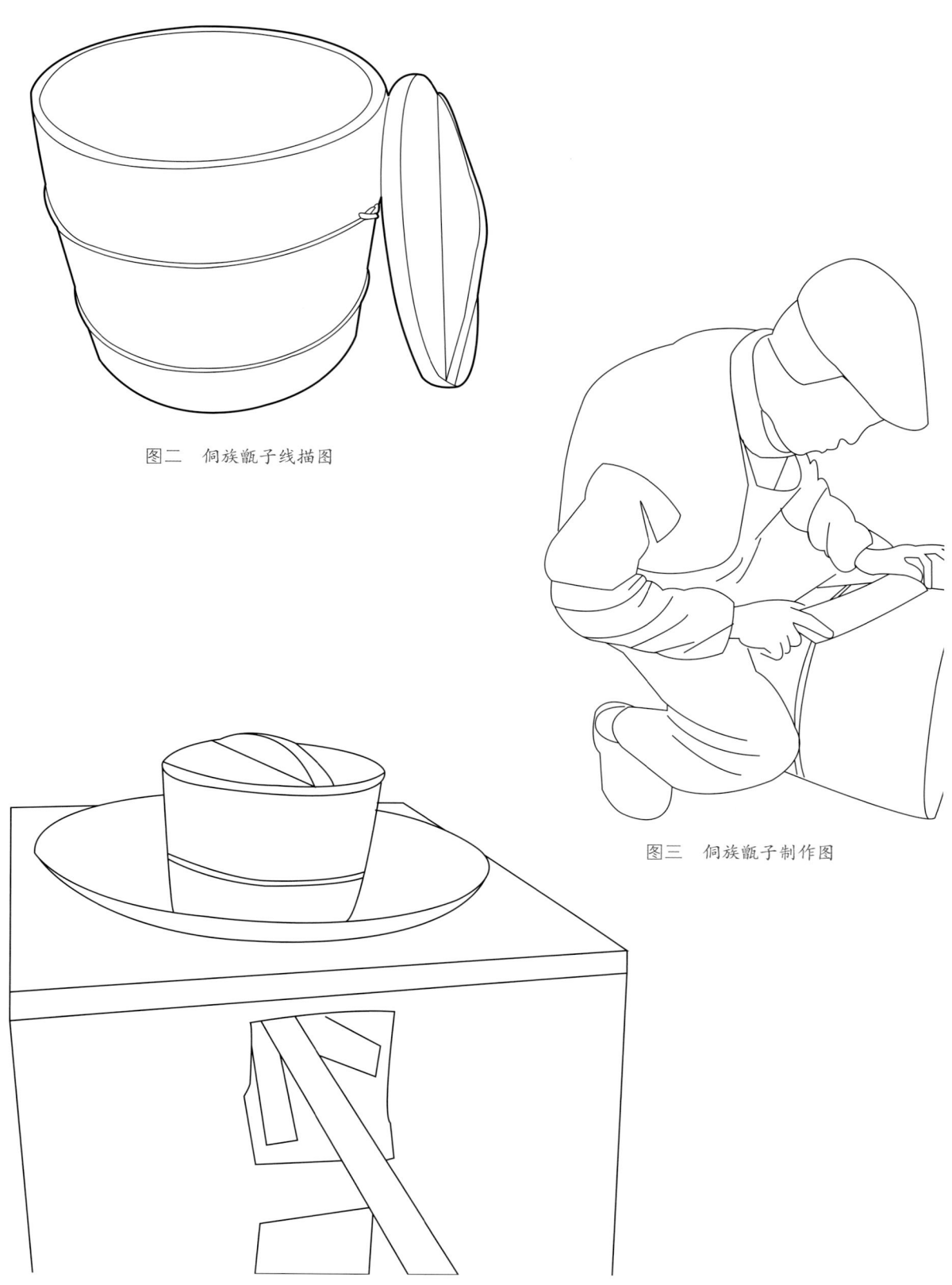

图二 侗族甑子线描图

图三 侗族甑子制作图

图四 侗族甑子使用图

侗族木质水桶

图一　侗族木质水桶主图

水桶是用于挑水的生活器具之一。其营造工艺要求较高：先用特制工具把杉木板削刮成里外弧形一致的薄片，其中有两片木块比其他木块要长出一半，并于一端凿出方孔；然后在木块的两侧分别钻上几排小孔，涂上粘胶，用竹钉将木块组合成一个牢实的圆桶形状；高出的两片木板要左右相向对称，作为木桶的柄，两柄之间横镶一个弧形的木块在方孔中，作为提把；最后令将两块薄木板组合成在一起，根据水桶下端的口径锯出一个略小的圆形作为木桶的底，圆形桶底要镶上一个梯形小木条，防止木板松动。木桶制作完后，要用竹篾或者铁丝分上下两道将桶身箍筋，防止其因承受不住重量而破散。为防止木板过快朽坏和漏水，延长木桶的使用年限，可在木桶上涂上桐油，同时起到美化作用。

本案例采集于贵州省天柱县社学街道，水桶口径为30厘米，柄高54厘米，因使用时间较长，呈暗红色。

木桶是日常生活中不可或缺的挑水工具，因此过去有的人家还将之作为一种重要的嫁妆。新娘嫁到新郎家之后，第一件事就是到水井挑水，以彰显自己的贤惠勤劳。随着社会的发展，现在家家户户都用上了干净的自来水，而铁质以及塑料的水桶物美价廉，使得木质水桶逐渐退出历史舞台，制作工艺已变成了一种非物质文化遗产。

图片来源
图一　龙昭宝　摄影
图二至图四　马晓婷　制图

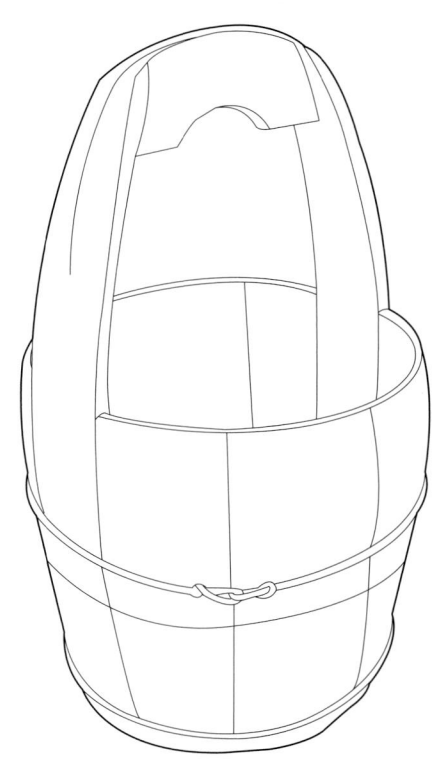

图二　侗族木质水桶线描图

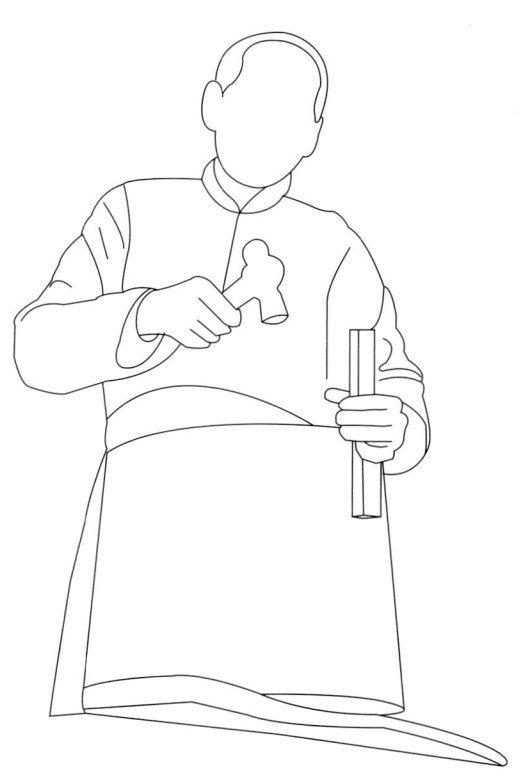

图三　侗族木质水桶制作图

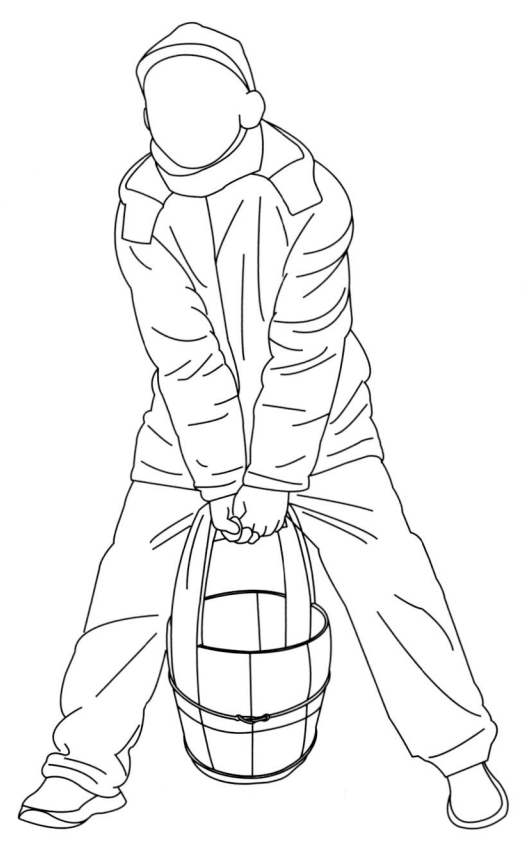

图四　侗族木质水桶使用图

侗族木制衣柜

图一 侗族木制衣柜主图

衣柜是存放衣服不可或缺的家具。侗乡盛产杉木，衣柜通常使用较好的杉木制成，一般侗乡衣柜从种类上分类则为平开门衣柜；若从结构上分类则为板式结构衣柜（平开门衣柜意思是靠衣柜合页将门板与柜体连接起来，双门由中往左右两侧开启。板式结构衣柜意思是衣柜由不同规格尺寸的木板组合而成，主要由面板、背板、侧板、脚线、门板构成）。首先采取榫卯的方法制造出框架，然后在框架内竖向运用芯槽结合技法镶进木板，柜体内隔成三层，无挂衣区，衣服均需折放。一般家庭使用的衣柜较为普通，只在柜体上涂饰桐油和红漆进行防腐、防蛀和美化；而家道殷实的人家则请来技艺精湛的木匠于柜门上雕刻龙凤松鹤梅竹兰荷等具有中国传统文化意蕴的图案进行装饰，以彰显社会地位和个人审美情趣。

　　本案例采集于贵州省天柱县，长149厘米，高198厘米，宽63.5厘米。虽然属于板式结构，因占地面积较大，为节省空间，开门方式上由双开门改为推拉门。柜门的样式也一改传统的木板，由木楞组合构成，大面积镂空，中间镶一圆木透雕苍松图，里夹磨砂玻璃。柜体内除了分层之外，还留有挂衣区。在设计上，该衣柜一方面保留了传统的卯榫结构以及芯槽组合技法，另一方面吸收现代工艺增强了线条感以及木质感。柜门的木楞组合，显得简洁明快；而圆形的苍松木雕，则见证了民间柜体从平雕到透雕的装饰风格演变。

图片来源
　　图一　龙昭宝　摄影
　　图二至图四　马晓婷　制图

图二　侗族木制衣柜线描图

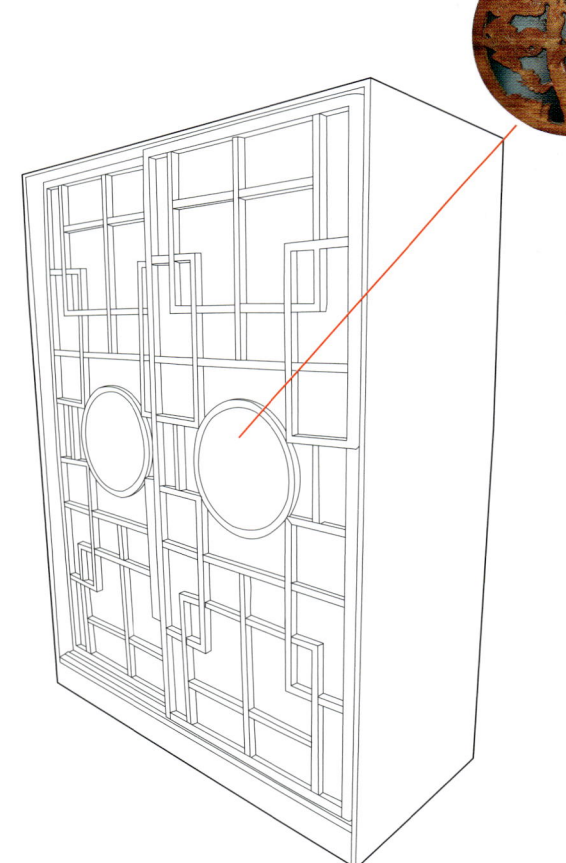

图三　侗族木制衣柜细节图

图四　侗族木制衣柜色彩对比图

侗族圆木儿童座椅

图一　侗族圆木儿童座椅主图

儿童座椅是养儿育女不可或缺的生活用品。历史上，侗族民间巧匠利用当地合抱大的木根制作出圆形儿童座椅，可谓是一种因地制宜。

本案例采集于贵州省天柱县社学街道，为香樟木根制成，高48厘米，上口宽37厘米，下口宽42厘米。结构简单，由圆木、坐板以及横杆组成。制作程序是：先从山上伐来一大截干枯的圆木，然后将其内部掏空，将一面的大部分木料削去，只在底部留一小部分作连接以及放脚用；然后在圆木内部的中上处砍一凹槽，作放置木板用；第三是在圆木的上方适当距离凿两个小孔，用作安插横杆，横杆用竹条或者木头制成，削刮光滑即可；最后在圆木底部放脚处竖插一木板，防止小孩将脚伸出圆木扭伤。

本案例虽然做工粗糙，但在设计上亦有可取之处，即利用圆木本身的重量增强了稳定性，即使孩童活泼好动，但靠自身的力量并不能将座椅推倒，且材质环保、易得。现在随着乡村消费水平的提高，工艺化的儿童座椅进普遍进入百姓家庭，圆木儿童座椅已遭到了舍弃。但作为一种文化事象，记录了过去侗族的一段社会生活，反映出了民间的一种生存智慧。

图片来源

图一　龙昭宝　摄影

图二至图四　马晓婷　制图

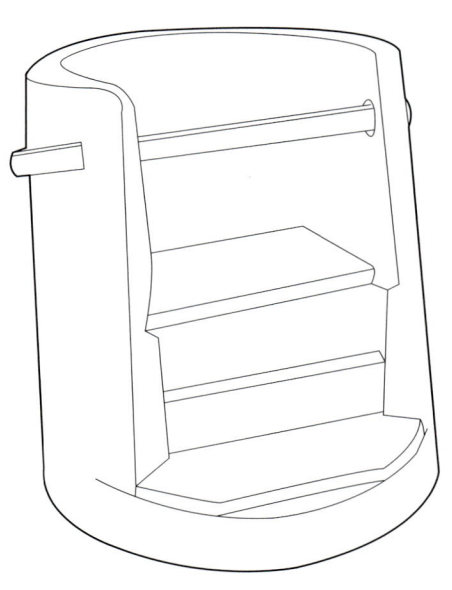

图二　侗族圆木儿童座椅线描图

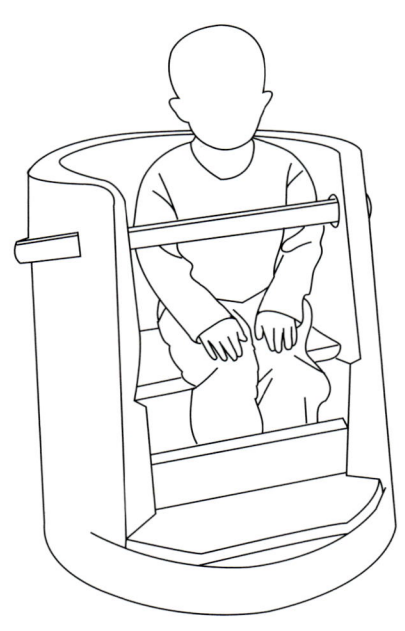

图三　侗族圆木儿童座椅使用图

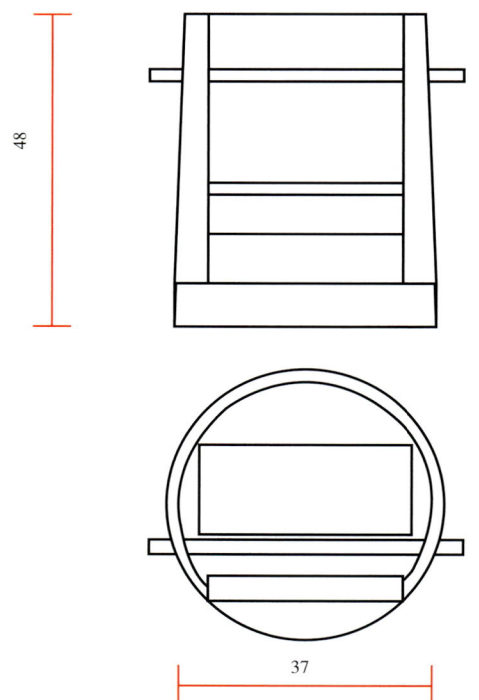

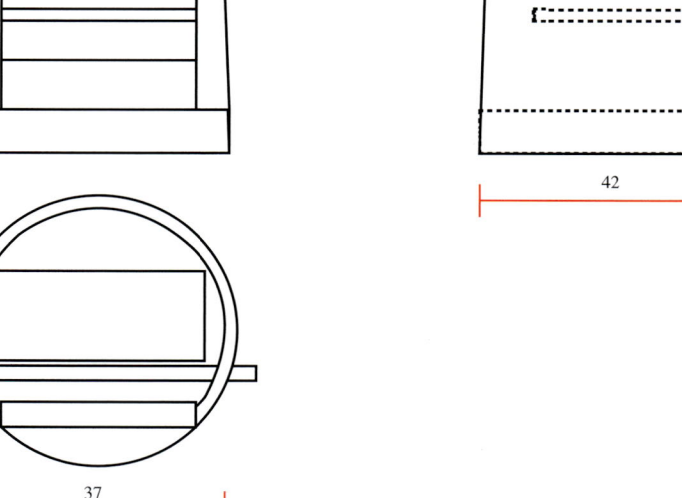

图四　侗族圆木儿童座椅三视、尺寸图（单位：cm）

侗族竹编饭盒

图一 侗族竹编饭盒主图

  竹编饭盒是过去侗族人用于携带饭菜上山下地的竹编餐具。本案例采集于贵州省从江县，饭盒筐长18厘米，宽14厘米，提绳高30厘米。编织工艺是：第一步将楠竹劈成细篾丝和薄篾片；第二步用一竹片折成方形作竹筐底部的支撑框架，用细篾丝在框架内采用挑一压一的方法编织一层镂空的筐底，沿框架四周向上采用交错夹杂竹圈的方法编织出筐体，到适当高度后采用螺旋式编法束口；第三步用薄篾片采用"X"形交叉编织法另外编织一个比篮筐略小、略高的方形竹盒，再编织一个和竹筐一样大小、深度和方形竹盒长出竹筐的高度一致的封顶盖子；第四步将方形竹盒插入竹筐内，在竹筐上沿横向缠一绳索，两侧系一提绳。这样一个精美的竹编饭盒就此成形。

和传统的方形竹编饭盒比较起来，本案例在工艺上更为先进：竹筐采用纵向疏编技法，饭盒采用横向密编技法，疏密互补，绿黄相间，增强了视觉对比。在用途上也多样化：如将饭盒拿开竹筐能做竹篮用；如将饭盒插入竹筐内则是提携方便。竹子性凉，用其编成的饭盒盛装饭菜可以起到保鲜防馊作用。因为编织工艺精湛，在现代社会中竹编饭盒已被作为旅游产品进行开发。

图片来源
图一　龙昭宝　摄影
图二、图三　马晓婷　制图

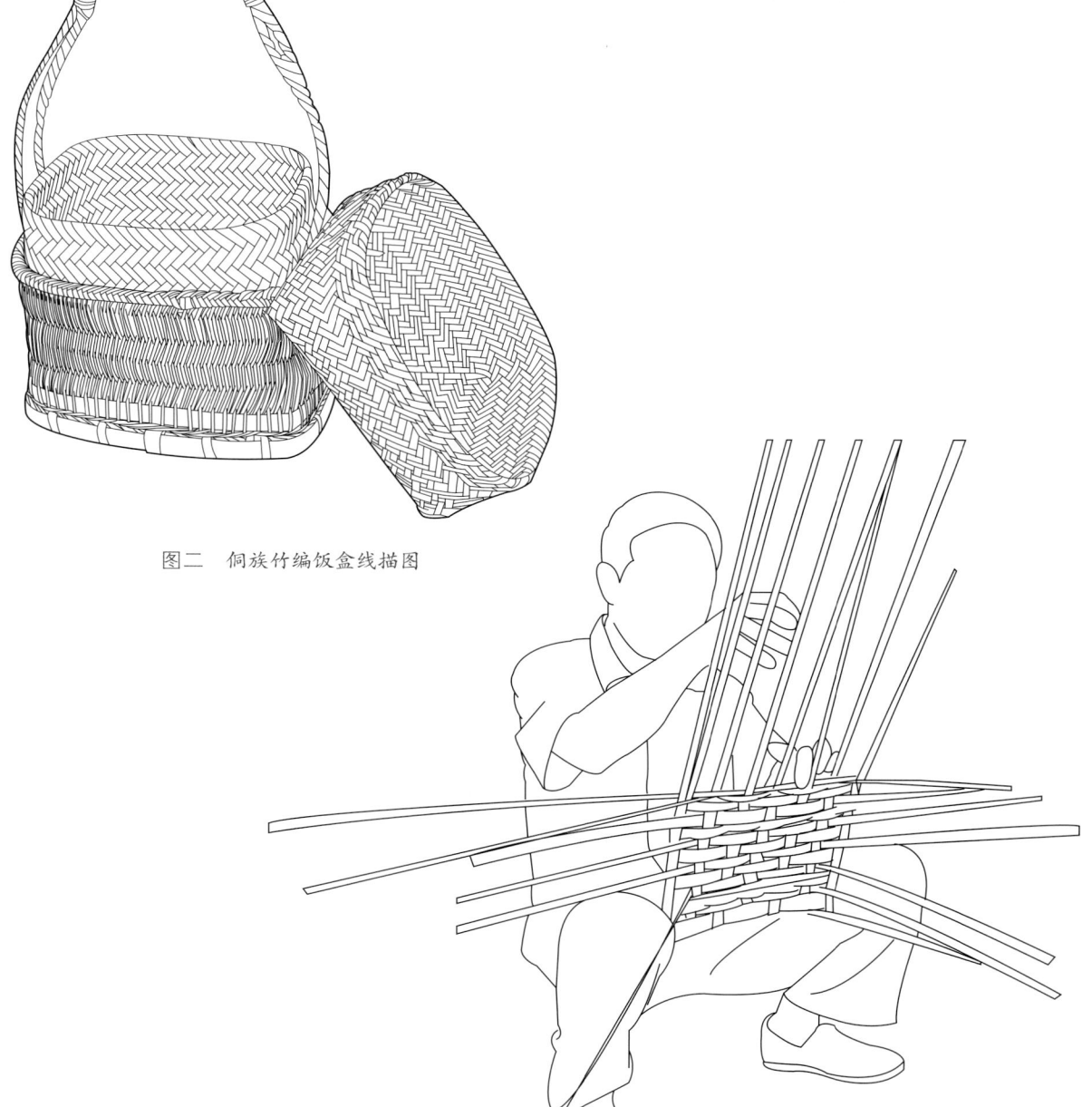

图二　侗族竹编饭盒线描图

图三　侗族竹编饭盒制作图

侗族烤罩

图一　侗族烤罩主图

烤罩，亦叫"焙罩"，用于烘烤婴儿衣物以及尿布的生活杂具，主要流行于侗族北部方言区。本案例收集于贵州省天柱县社学街道，高27厘米，宽30厘米。采用陈年楠竹制成。制作时先将竹子表层削刮干净，劈出一宽一细两种竹篾。编织时将宽竹篾作经线、细竹篾作纬线，正反交织成一个圆筒；细竹篾横向密密编织做成罩脚，编到一定高度后将宽竹篾斜向相互镂空绞缠成球状罩顶，竹篾末端反向扎入罩脚。为了加强烤罩的支撑力，须在罩球内部横向缠上两层竹圈。因为是作烘烤衣物之用，须在罩脚与罩球的结合部放置一小火盆。为了方便换取火盆，编织时要在烤罩一侧留一豁口。

烤罩在形制上犹如一个奖杯，构思巧妙，罩脚层层密编增强了稳定性，而罩球镂空疏编没有挡住火力。使用时，可将婴儿衣物之类放置于罩球上，于火盆中放入少量炭火，一会儿即能将湿物烤干。烤罩编织仅利用竹子这一自然材料，健康环保。竹篾固有的韧性提供了较强的支撑力，无须外物辅助，其自身重量较轻，方便搬移，适合女性使用。烤罩因轻巧耐用，取材容易，乃家家户户必备之物。只是烘烤衣物时，盆中炭火不宜过大，处理方法是在上面覆盖一层浅浅的木灰，一则不至于烤焦衣物和竹篾，消除火灾隐患，二则可以较长时间保存火力。

图片来源
图一　龙昭宝　摄影
图二至图四　马晓婷　制图

图二　侗族烤罩线描图

图三　侗族烤罩使用图

图四　侗族烤罩制作图

侗族竹编渔钻

图一 侗族竹编渔钻主图

渔钻一种竹编的口部及腹内设有倒须，用于水田里捕捉泥鳅及黄鳝等的圆锥状捕捞工具。使用渔钻仅需较少劳动力甚至单人劳动即能完成捕捞活动。它利用泥鳅、黄鳝栖居以及觅食烂泥的特性，在渔钻中部放置食物诱饵，将其埋入水田烂泥中让泥鳅、黄鳝"自投罗网"，然后"坐收渔利"。至今渔钻仍广泛使用于盛产水稻的平坝地区。

本案例采集于贵州省天柱县社学街道，长40厘米，直径7厘米。渔钻使用竹料编制而成，轻巧便携，渔钻口部及腹部各安设有一个倒须状竹篾结构，泥鳅、黄鳝只能进不能出。渔钻尾部为活套设计，只需用竹圈将竹篾束在一起就能把猎物困住，把竹圈取下即能把猎物从尾部倒出。竹篾间的极小缝隙可以让水通过，亦能困住猎物，同时便于清洗。编织时，先用竹篾编织出一个圆柱体，钻体用竹篾正反绞缠法固定住；然后编织两个比圆柱体稍小的圆锥体，中间留一细孔，分别卡于口部及腹部。泥鳅、黄鳝一旦钻进竹篓里，即使身上异常湿滑也逃脱不了倒须装置。

渔钻捕捉泥鳅、黄鳝之方法充满智慧，其材料易得，顺应季节利用自然条件，便捷高效，可以利用较小的成本获得丰厚的回报。渔钻结构设计巧妙，内部两层倒须装置很好地克服了猎物滑溜的特性，钻尾的活套解决了取出猎物的难题。安置渔钻之法也很简单，头天傍晚时分将蚯蚓和米糠锤烂后用一坨泥巴压在渔钻中部，然后将其整体横向埋入水田中，在其上面插上一根竹条作为标记，第二天清早将渔钻从泥里取出即可。渔钻捕获方法简单，设计精巧，是中国南方古老渔猎生活的一种文化记忆。

图片来源
图一　龙昭宝　摄影
图二至图四　马晓婷　制图

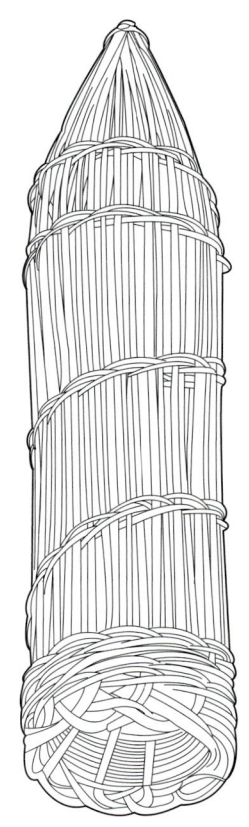

图二　侗族竹编渔钻线描图

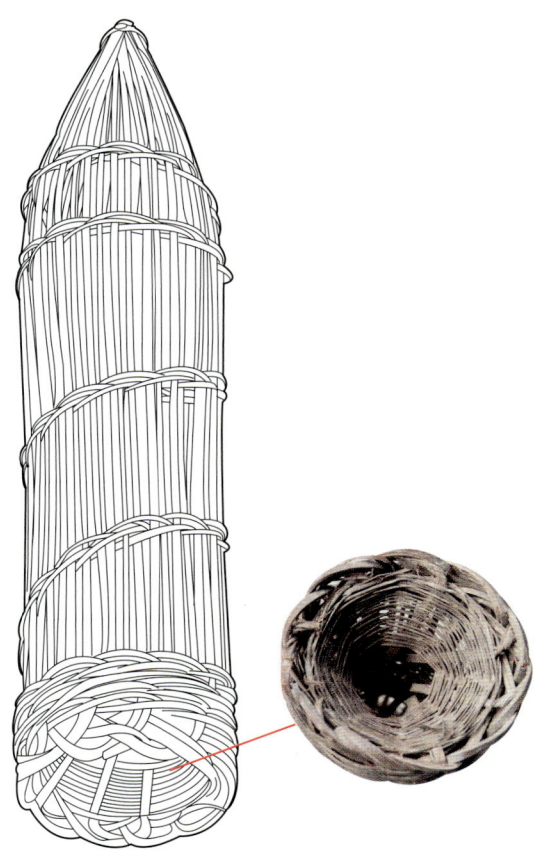

图三　侗族竹编渔钻细节图

图四　侗族竹编渔钻使用图

侗族筛子

图一 侗族筛子主图

筛子是民间传统筛米器具，多为竹篾编成，按筛孔的大小分粗筛、细筛两类。本案例采集于贵州省天柱县，为粗筛，圆形，筛口直径56厘米、高10厘米。编织工艺较高，先用细竹篾经纬编织，难度在于每个细孔都要一样大。留有细孔的筛底编好后，在四周用较宽的竹篾补成圆形，在外沿加一较粗的竹圈作为筛口，用篾条或藤条层层缠绕将筛体固定住。最后，要在筛体的外沿另织一层竹篾圈作为筛帮，便于把握。同时要在筛底下分三个方向横插十五根竹条（每个方向五根），竹条两端插入筛帮中，与筛口衔接，借助相互绞缠所产生的力以增强筛子的负重能力。

筛子是传统社会里筛米去糠的主要器具。先将稻谷用石碓舂好，然后用簸箕将大量的米糠簸去,再用筛子将那些糠末、碎米等筛掉。筛米的方法是两手左右握住筛口,平端,逆时针轻轻旋转,让筛中的大米往边缘堆积,让那些尚未舂烂的稻谷以及其他较大的杂质在向心力的作用下集中于中心,然后将它们一起捡掉。筛米之技看似简单,但想娴熟掌握须长久练习。虽然现在有了机械化加工稻谷设备,但筛子在民间的使用仍十分广泛,除筛米之外,还可以盛装其他小件货物,家家户户具备几个筛子是十分正常的事。一些精通竹编工艺的匠人利用当地丰富的竹料资源,借此获得了一项生存技能。

图片来源
图一　龙昭宝　摄影
图二、图三　马晓婷　制图

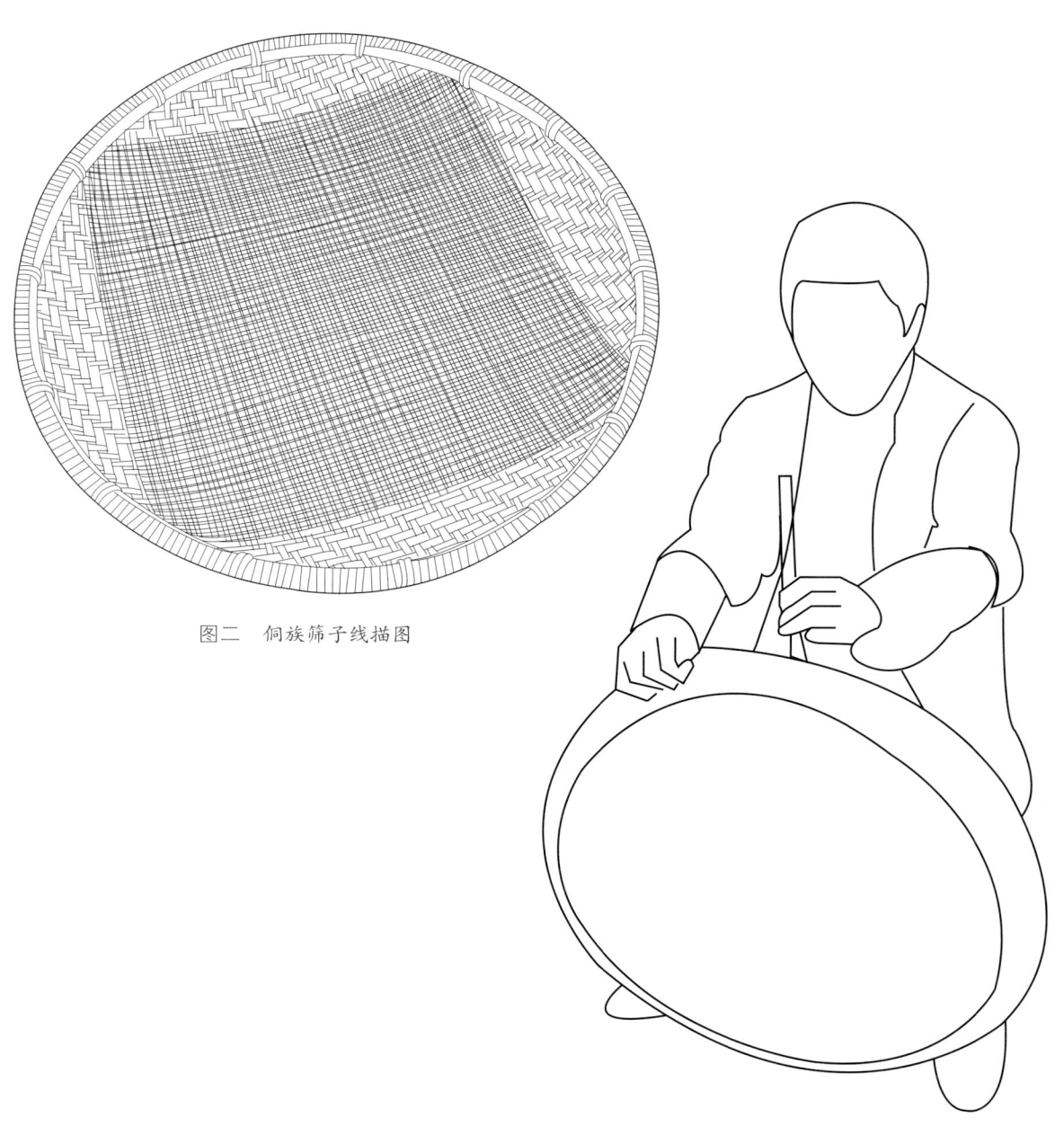

图二　侗族筛子线描图

图三　侗族筛子制作图

侗族木梯

梯子是让人便利登高的日常生活工具，按质材可分为木梯、竹梯、铁梯、钢梯、绳梯等类型。本案例采集于贵州省天柱县高酿镇春花村盘塘组，为杉木制成，整体长度为440厘米，宽度67厘米，由两块大木枋和十三块木板构成，木枋厚度18厘米，木板厚度7厘米，因形制较大，侗语称为"阿老"。木枋起支撑和承重的作用，木板供人踩踏。木板与木板之间的距离一般以成年人的步幅为标准，在30厘米左右。此类木梯的建造工艺是，先从山上伐来合抱大的杉木，剥去外皮，根据需要截出一段，削砍成方柱形，中间弹一墨线，两人用锯子合力锯开；然后用刨子将表面刨光，用凿子在木枋的内侧按一定的尺寸凿下木眼，用于安插木块做阶梯。这种木梯一般置放在正房里或者偏厦中，是一楼和二楼的主要通道，不受日晒雨淋而不易朽坏，可使用二十年以上。

比起独木梯（即在一根原木上砍出阶梯）和竹梯，此种木梯在用材和工艺上要求更高。木材选用长且大块的木枋做支撑，主要考虑它的承重能力，因为在农村，经常要挑重担上下于楼层之间，没有好的梯子，将带来诸多不便。因选材要求较为苛刻，此类梯子也只是出现在盛产杉木的地方。

图片来源
图一　龙昭宝　摄影
图二至图四　马晓婷　制图

图一　侗族木梯主图

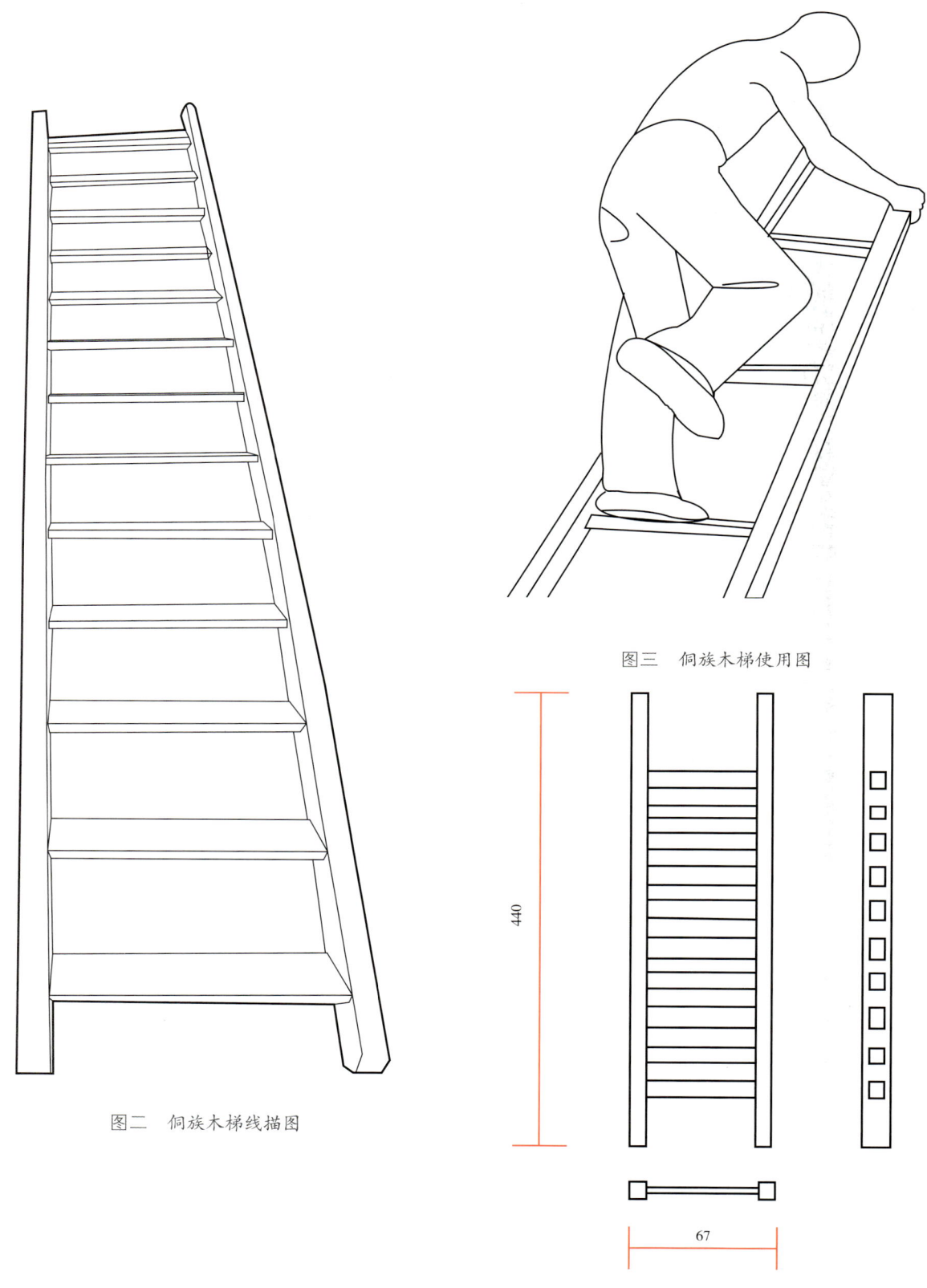

图二　侗族木梯线描图

图三　侗族木梯使用图

图四　侗族木梯三视、尺寸图（单位：cm）

侗族庞桶

图一　侗族庞桶主图

庞桶是侗乡传统盛装东西的木制器具，主要用来储存饮用水、米糠、潲水、红薯、土豆、包谷等。本案例采集于贵州省天柱县高酿镇春花村盘塘组，由十几小块木板拼合而成，整体高64厘米，桶口直径53厘米。制作工艺是，先按照尺寸要求将木板刨刮光滑，在每块木板的两个侧面等距钻几个约3厘米深的小眼，然后削砍竹签将各个木板组合起来。为了增强牢固性，需在木板之间涂上一层乳胶。桶体做好后，需用木板做一圆形盖子卡在下端为底。为防止组合成盖子的木板松散，须在上面安插一根梯形（上小下大）木枋。为了增强庞桶的稳固，用竹篾扎成的箍圈将桶体箍紧。因为庞桶有时需盛装液体，要用一削成扁平尖状的木棍将碾成粉末的杉木皮扎入桶底的缝隙中，起到防漏作用。庞桶应放置于阴凉处，否则被晒干裂，影响其储水功能。

庞桶制作工艺并不复杂，且取材易得，因此在侗乡历史上是重要的储存器具，家家不可缺少，分大、小两种类型，大的主要用来存放各种杂物，小的主要用来存放饮用水。其缺点是杉木板制成，时间久了易腐，因此可涂抹一层桐油起保护作用。现在陶质桶、塑料桶在民间普遍使用，使得木制庞桶连同制作手工艺逐渐消失。

图片来源
图一　龙昭宝　摄影
图二、图三　马晓婷　制图

图二　侗族庞桶线描图

图三　侗族庞桶使用图

侗族弯笆篓

图一　侗族弯笆篓主图

笆篓为广泛流行于黔东南侗族地区的一种生产生活用品，细竹篾编织而成。主要用于上山下地劳作时背负柴刀及镰刀。该案例采集于贵州省黎平县岩洞镇述洞村，篓体高32厘米，弯嘴长25厘米。弯笆篓的编织工艺是：先从山上伐来楠竹，用篾刀将其破成光滑的宽、细两种竹篾；然后用较宽的竹篾编织成一个小圆圈作篓底，在篓底四周等距向上伸出十几匹竹片做经线，用细竹篾作纬线交替编织出篓身；为了使得笆篓变得弯曲，在编织的过程中靠近右边的经线先曲折成尖状，依次向左、层层往上将经线折入篓体内；到了一定的高度则将笆篓编成圆柱体，直至顶端，最后把篓口缠成麻花状以固定。为了携带方便，可在篓体弯曲处设置两个篓耳作穿绳用。

弯笆篓的设计精巧之处在于：一是利用竹篾的柔性编织成靴状、略弯的造型，符合柴刀、镰刀的形制，可防止刀具滑落；二是利用竹条的韧性编成套筒挡住刃口，携带时可防止割破腰部衣服。关于弯笆篓的造型，相传是仿照诸葛亮的靴子编成的，流传于贵州剑河县的民间传说《诸葛亮的长靴与弯笆篓》说，是三国时期诸葛亮南征时来到黔东南，结果吃了败仗，仓皇逃跑时掉了一只长靴。为了纪念此次反抗诸葛亮南征战争的胜利，当地民众请来能工巧匠用细竹篾仿照诸葛亮的长靴编成弯笆篓，用构皮绳系于腰间。一代传一代，弯笆篓逐渐变为了装刀具的竹编用品。从历史角度而言，诸葛亮南征并没到侗族所居之地，而把弯笆篓的造型与诸葛亮南征联系起来，一定程度上暗示了历史上少数民族地区的曲折发展历程。弯笆篓亦因这个传说附上了丰富的历史内涵。

图片来源

图一　龙昭宝　摄影
图二至图四　马晓婷　制图

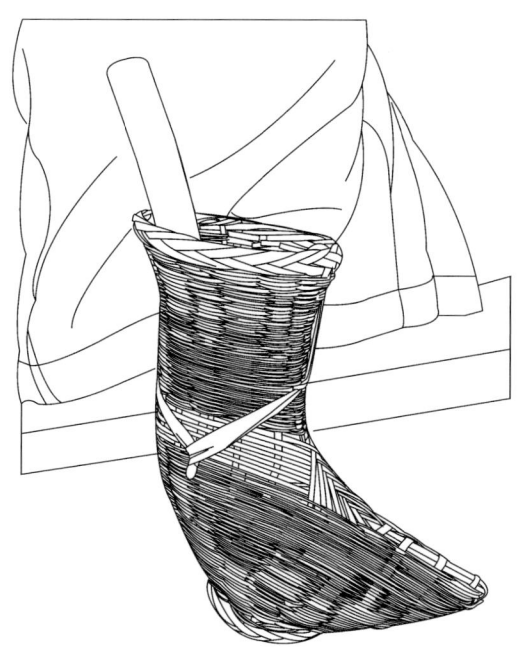

图三　侗族弯笆篓使用图

图二　侗族弯笆篓线描图

图四　侗族弯笆篓制作图

侗族鸡笼

图一 侗族鸡笼主图

鸡笼为竹编制品，多用山中毛竹为材料，编织时须将毛竹破成细片。编织工艺：一是制作笼底，将一根大约100厘米长的拇指粗的富有韧性的木条折弯成一个横置的"U"形，中间用竹篾编织成一个整体；二是制作笼身，用较粗的竹片缠在笼底的木条上向上作为经线，用细竹条作纬线层层绞缠致顶，根据所需高度收拢；三是制作提柄，将一根手指粗的青竹一端破成两半，一端保留原状，中间结合处用火烤热便于扭曲，将破开的竹片分别插入笼口两侧，而另一端插入笼尾，系牢；四是制作笼门，根据笼口高度用一较粗的竹片折弯成倒置的"U"形，中间用竹篾经纬绞缠成一个整体，然后系于笼边即可。

该案例收集于贵州省天柱县。笼体长65厘米，宽49厘米，高50厘米；竹柄高84厘米。设计的精巧在于利用竹条的韧性编织出了一个较为结实的笼子，轻巧实用，便于搬动。特别是笼底的U形木条和三角竹制提柄，利用三角力学原理，既起到了固定形体的作用，又起到了撑底稳固的作用。在侗族民间，竹编鸡笼广受欢迎，因为原料丰富，大部分人都会自己编织。手艺精湛者甚至可以借此来补贴家用。

图片来源

图一　龙昭宝　摄影
图二至图四　马晓婷　制图

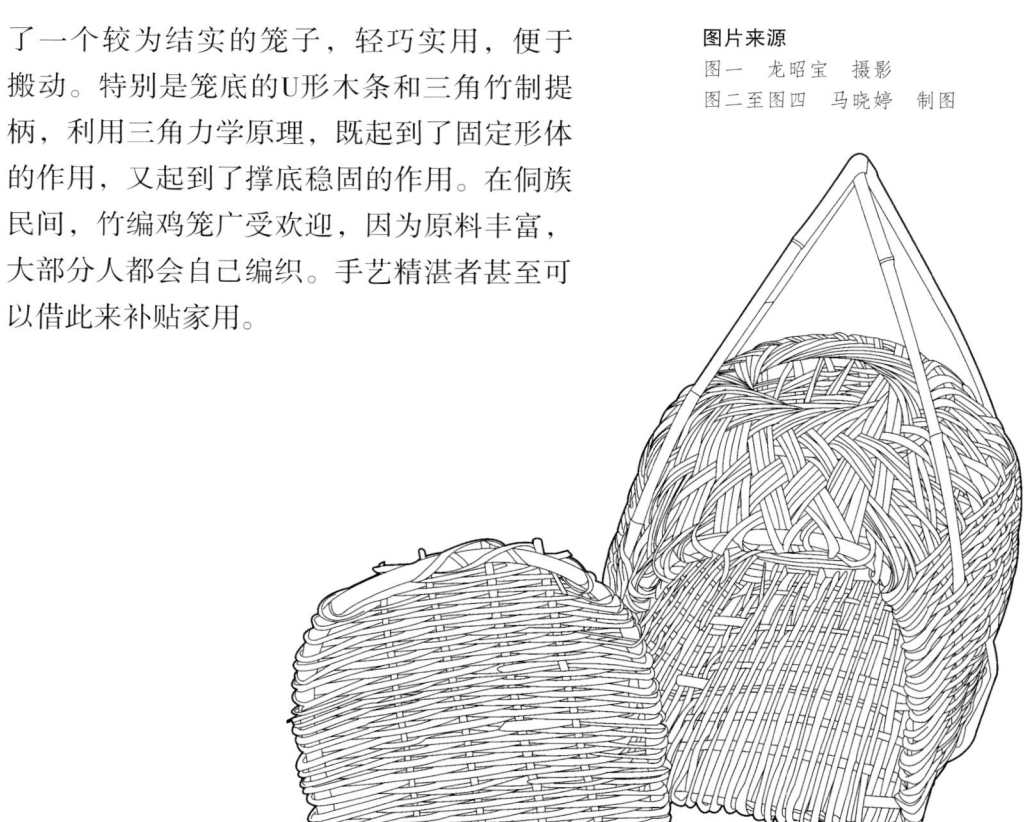

图二　侗族鸡笼线描图

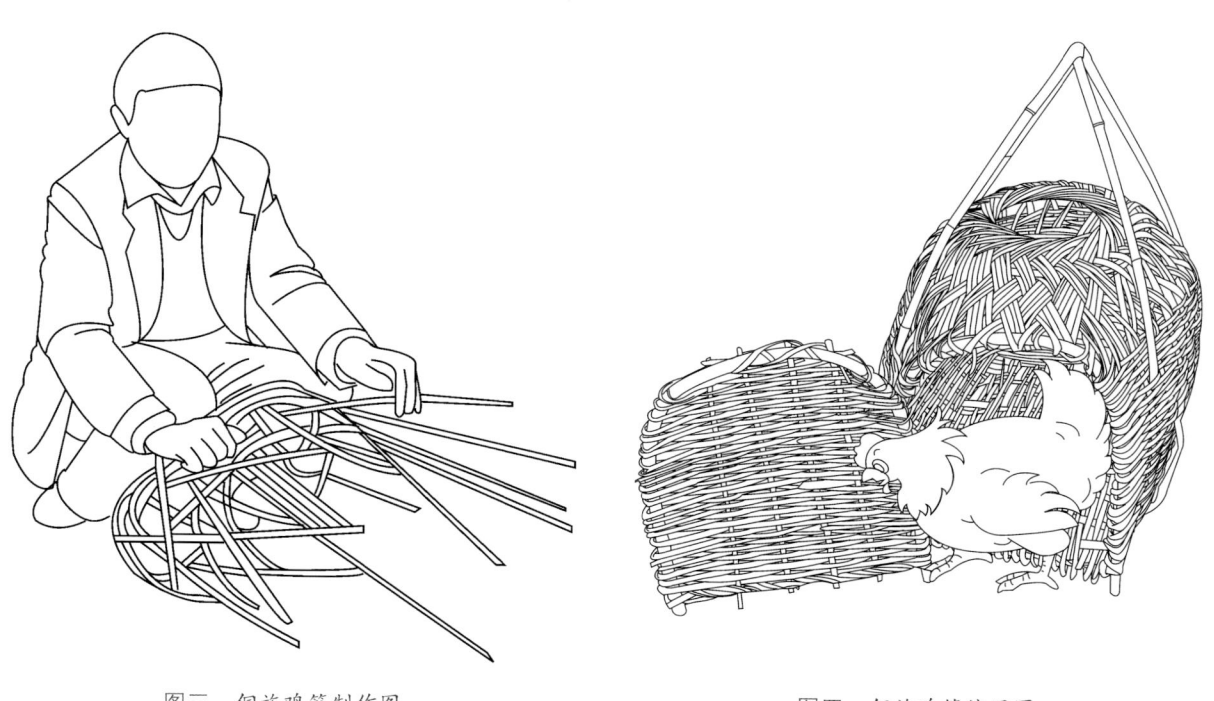

图三　侗族鸡笼制作图

图四　侗族鸡笼使用图

侗族竹篮

图一　侗族竹篮主图

篮是有提梁的盛物器，多用藤、竹、柳条等编成，侗语称篮子为"梦"。本案例为竹篮，采集于贵州省天柱县，篮筐长47厘米，宽38厘米，高19厘米；提梁高23厘米。编织工艺是：先将楠竹根据尺寸需要锯成若干段，刮去竹竿青色表层；然后将竹竿劈成细竹条，去掉肉质层，只留下淡黄色的薄竹篾；第三步是采取经纬交叉的方法编织篮底，先用两片竹篾叠成十字形，然后在经向和纬向分别以挑一压一的形式添加竹篾向四周展开并形成竹篮底部，同时可根据需要选择相邻竹篾之间的距离固定镂空大小，当经纬向添加竹篾达到所需竹篮底部大小时停止增加竹篾；第四步是编织篮身，先将一侧的竹篾纵向弯起继续以挑一压一的形式添加竹篾，将原先平铺在地的那些竹篾向上弯起并固定住，直到四面全部围起形成竹篮的雏形，并在纵向的竹篾上继续以上述方法添加围篾，直到达到所需的篮身高度；第五步是编织篮口，先用四根细糯竹捆扎成一个和篮身一样大的方形，然后以螺旋形式把作为经线的竹篾将其紧紧固定住；第六步是制作提梁，挑四根筷子粗细的糯竹条相互绞缠，分别从两侧插入篮身，在蓝底固定住。因为竹篮系细竹篾编织而成，为了增加承重力，须在蓝底分别呈"十"字形、"X"形插入六根竹条，在篮身里编入两层薄竹片圈。

作为一种不可或缺的日常生活用品，在设计上，竹篮编织除了注重实用价值外，还追求一定的审美价值，因此要求篾条精细光滑和色泽自然。相对现代社会中用胶水黏合固定篮身而言，传统竹篮更显得环保。

图片来源

图一　龙昭宝　摄影
图二至图四　马晓婷　制图

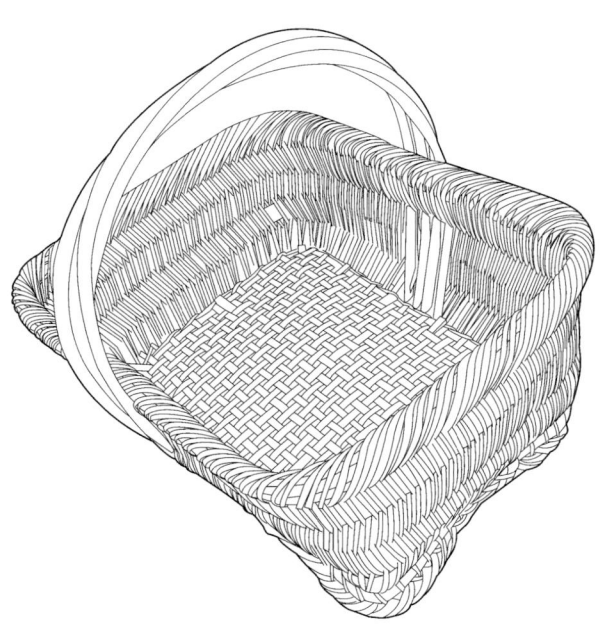

图二　侗族竹篮线描图

图三　侗族竹篮制作图

图四　侗族竹篮使用图

侗族烤笼

图一　侗族烤笼主图

烤笼用细竹篾编织而成，在传统社会里，是家家户户必不可少的用于烘干谷物的器具。烤笼编织工艺十分复杂，非一般人能够掌握，只有那些专门从事竹编的篾匠方能胜任。工艺流程是：从山中伐来粗大的楠竹后，按尺寸需要将其锯成几截，然后用特制的篾刀将竹子劈成细条，把篾皮与竹肉分开。剥离出来的篾条可分两种，一种是宽竹篾，用作经线；另一种是细竹篾，用作纬线。材料准备妥当后，按经纬交错之法将宽、细竹篾层层编织于一起作为笼脚。当编织到一定的高度之后，须将作为经线的宽竹篾交错向里及向外弯曲。向里弯曲的竹篾被编织成一个圆拱形作为笼芯，用于支撑谷物；向外弯曲的竹篾继续往上编织，立足于方便使用的原则在适当高度用一弯曲成圆圈的竹条收口，用较薄的篾片交叉缠绕将其和笼体固定住，高出笼芯的这一部分主要用于盛装谷物。为了增加烤笼的承重力，可在笼脚的宽竹篾中插入削成尖状的竹钉。而便于搬动，可在四面笼体上各预留一条宽竹篾，向下曲折成为笼耳。另外，须在笼身上部编织一圈细竹篾用于固定。

　　本案例采集于贵州省天柱县高酿镇春花村盘塘组，整体高度68厘米，底口宽度61厘米，上口宽度46厘米，笼芯至笼口高度为13厘米。使用时，将谷物倒入烤笼的上部，再将一火盆放置于烤笼的下部。火盆里的炭火须用木灰适当掩埋，如果火力过大容易烤焦竹笼，甚至发生火灾。烤笼在设计上亦有独到之处：笼脚状如喇叭以增强稳定性，略微收缩的笼身增强了美感，尤其是笼芯的编织，体现出了民间篾匠独特的创造力以及高超的编织技巧。

图片来源

图一　龙昭宝　摄影
图二至图五　马晓婷　制图

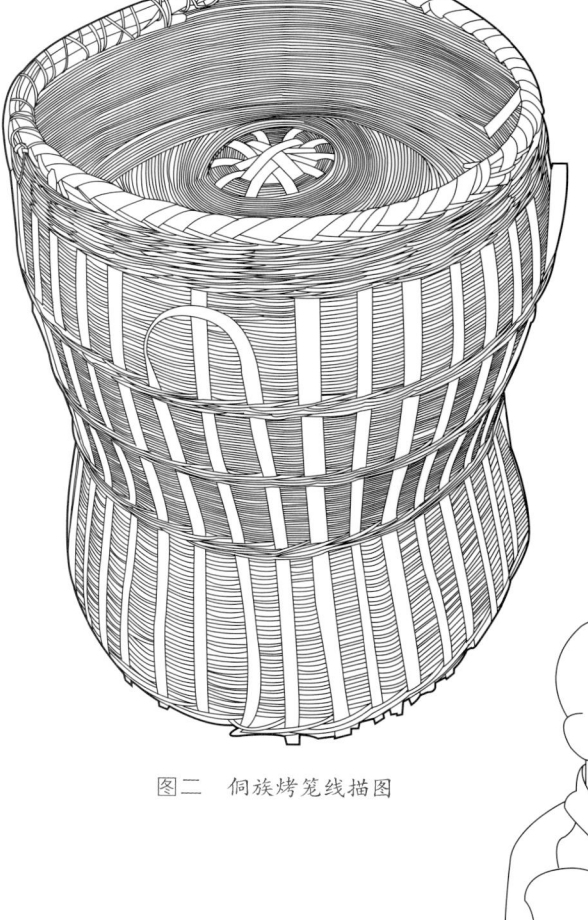

图二　侗族烤笼线描图

图三　侗族烤笼制作图

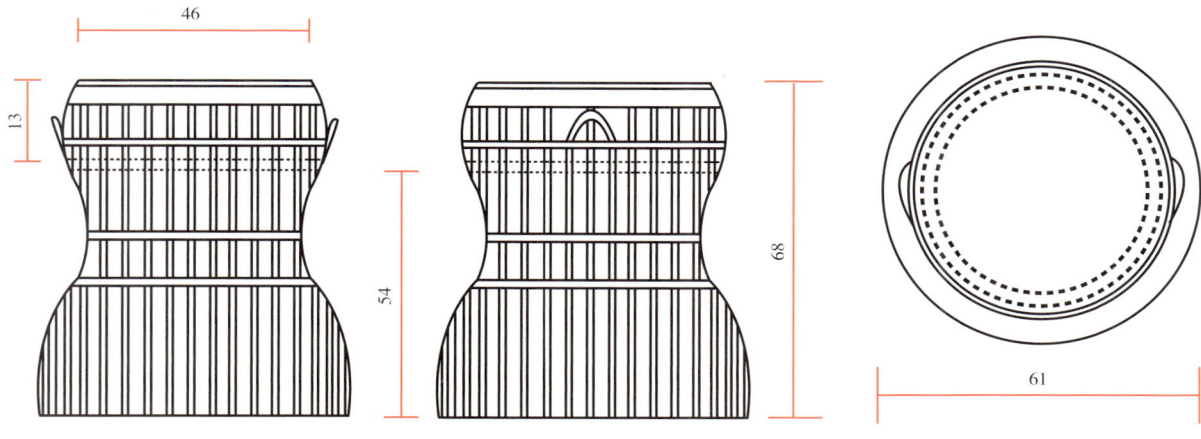

图四 侗族烤笼三视、尺寸图（单位：cm）

图五 侗族烤笼色彩对比图

侗族猪笼

图一 侗族猪笼主图

侗乡盛产竹料，许多生产生活用具均用竹篾编制，亦包括猪笼。本案例采集于贵州省天柱县，长67厘米，宽52厘米，高37厘米，用楠竹竹篾编织而成。编织工艺是：先是伐来竹龄大约两至三年的粗壮楠竹，锯成长截竹竿；然后用柴刀将竹节削刮，劈成手指宽的竹条，把竹条的肉质层分离出来；第三是将削好的竹篾横竖交织编织笼底，到一定的宽度之后，则将四周的竹篾向上弯曲，交错相缠构成笼身；最后是编织笼口，把构筑笼身余下的竹篾交叉斜向编织，将其末端缠绕在笼体上固定住。因为是用于装载畜禽，该竹编用品质感略显粗糙，但在工艺上具有自己的特点：首先是使用较粗的竹篾，这样可以凭借其韧性承受较多的重量；其次笼体并非层层密密编织而是斜向交叉缠绕，留出许多菱形小孔，不仅节约了材料，而且减轻了自身重量，承重能力却未受影响；第三是笼口的椭圆形收束使得笼体呈现出馒头形状,线条柔和,具有一定的美感。猪笼的编制主要立足于实用原则,无论在材质及造型上都体现出了坚实感和力量感;而竹篾交叉相缠留出的菱形孔则体现出了经济原则。猪笼虽为一普通之物,却体现了民间的生存智慧。

图片来源

图一　龙昭宝　摄影
图二至图四　马晓婷　制图

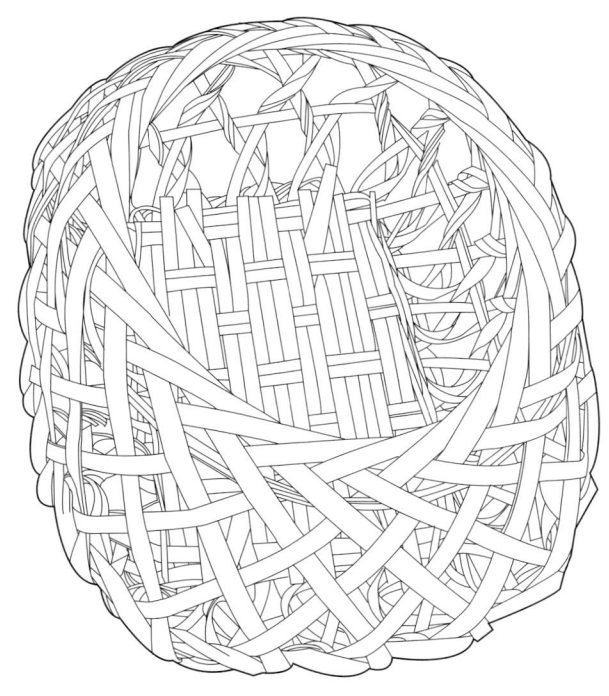

图二　侗族猪笼线描图

图三　侗族猪笼使用图

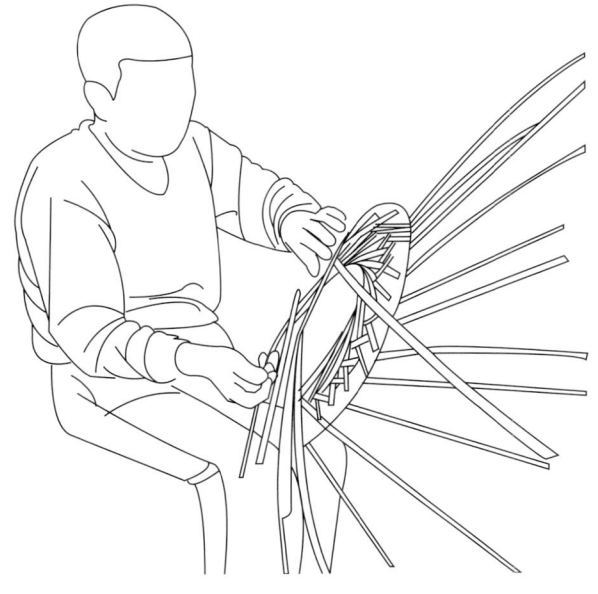

图四　侗族猪笼制作图

侗族竹编笆篓

图一 侗族竹编笆篓主图

笆篓系用竹篾编织而成的装鱼的器具。本案例采集于贵州省天柱县，鼓腰缩颈，呈扁圆形，最宽处为40厘米，篓口直径为27厘米，高30厘米。编织工艺是，以较宽的竹片作经线，用较细的竹篾作纬线正反缠绕于经线为篓底，织到一定的宽度后将竹片向上折弯，呈倒梯形，用竹篾层层绞缠，编织出篓身。待到一定的高度，则将两侧的竹片向内弯曲，勾勒出棱角。为了增加美观，横向交织的细竹篾改为较薄的竹片，至篓颈时，又改用细竹篾，通过竹篾的颜色及粗细来丰富笆篓的线条感。用细竹篾向下交叉编织出篓口，一是与竹篾的经线相勾连，固定住篓身，二是编出一道沿，增加美感。

笆篓虽为一件普通的生活器具，但在镇远县的报京乡，却是青年男女之间的定情之物。每年的三月三，当地的姑娘打扮一新，到田里采来秧苗，洗干净后放进小巧的笆篓里，等待自己的心上人到来。这种习俗被称为"送笆篓"。相传，在古代，一个放牛郎与一个漂亮的姑娘对歌入迷后竟然忘记看牛，让牛跑到田里把秧苗全糟蹋了。正当放牛郎束手无策时，聪明的姑娘从自己田里扯出一些秧苗，用笆篓装好，送给这位后生栽在田里。秋后，这丘田获得了丰收。放牛郎为了感谢那个姑娘，在笆篓里放些手帕和丝线，一来一往，二人终成眷属。后人为了纪念这对恋人，每至插秧季节，姑娘们都要送一装满秧苗的笆篓给心上人，让他们栽在田里，象征秋后丰收。而后生们则在笆篓里放入其他礼物回赠姑娘。小小笆篓，在民俗生活中被赋予了诸多人文内涵。

图片来源
图一　龙昭宝　摄影
图二至图四　马晓婷　制图

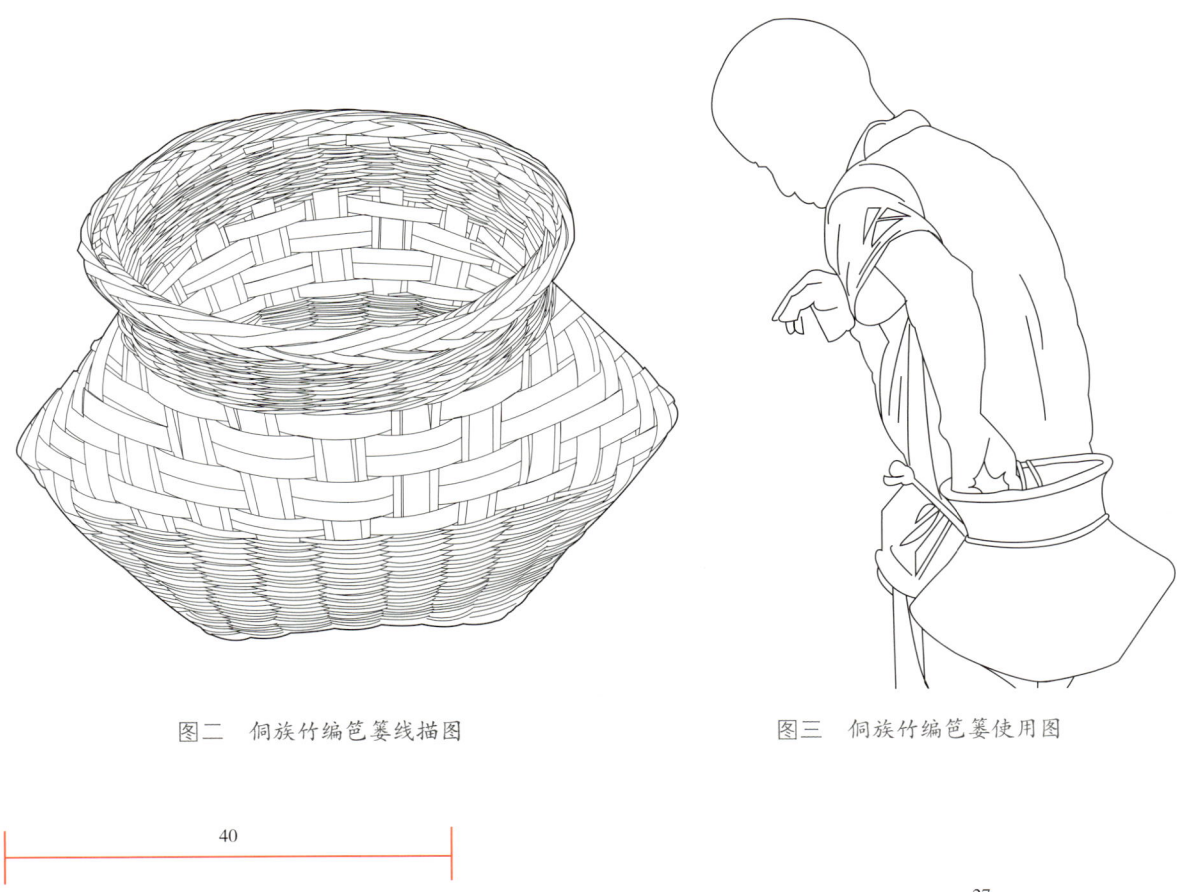

图二　侗族竹编笆篓线描图　　　　　图三　侗族竹编笆篓使用图

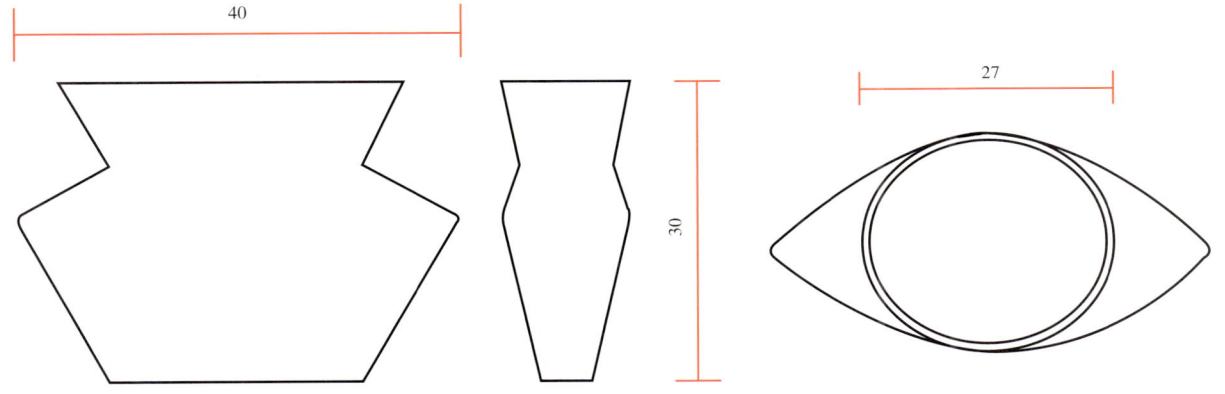

图四　侗族竹编笆篓三视、尺寸图（单位：cm）

侗族石磨

图一 侗族石磨主图

石磨是历史上精细加工谷物的石制工具，由青石凿制而成，分上下两扇，呈圆形。本案例采集于贵州省天柱县社学乡红星村，每个磨盘直径为33厘米，高20厘米。石磨的制作工艺是，用錾子和铁锤根据实际生活需要将青石凿成两个一样大小的磨盘粗坯；然后在下磨盘朝上的表面凿出凸凹相间的磨齿，中间凿出一方形孔，安插木头作为磨芯；接着在上磨盘的上表面凿出一个浅浅的凹面盛装谷物，在靠近边沿的地方凿出一个孔洞用作谷物落至上下磨盘间的通道，在下表面凿出均等的磨齿，在中心凿出一小洞与下磨盘的木制磨芯相对应；最后在上磨盘的侧面凿出一方形小孔，用于安插弯形木柄。使用石磨时，要将磨盘放置于特制的木架上才能使用。石磨主要用来磨制大米、包谷以及豆类。磨制之前，先将谷物用水泡软，碾磨时将其放置于上磨盘的凹口里，然后顺时针转动上磨盘，使谷物通过小洞掉进磨盘间，经上下磨齿慢慢碾压，变成碎末从下磨盘四周渗出，和水一起掉到下面的容器中。

石磨的使用距今已有两千多年的历史，汉代出土的石磨样式跟现代石磨非常相似。石磨的出现是人类用石臼加工谷物的进一步发展，和在石臼里捣碎谷物相比，磨制更为省力、省时，而食物也更为精细。如今，随着机械磨的普及，石磨已成为一种文化器物，成了千百年来农耕文明的一个微小物证。

图片来源
图一　龙昭宝　摄影
图二、图三　马晓婷　制图

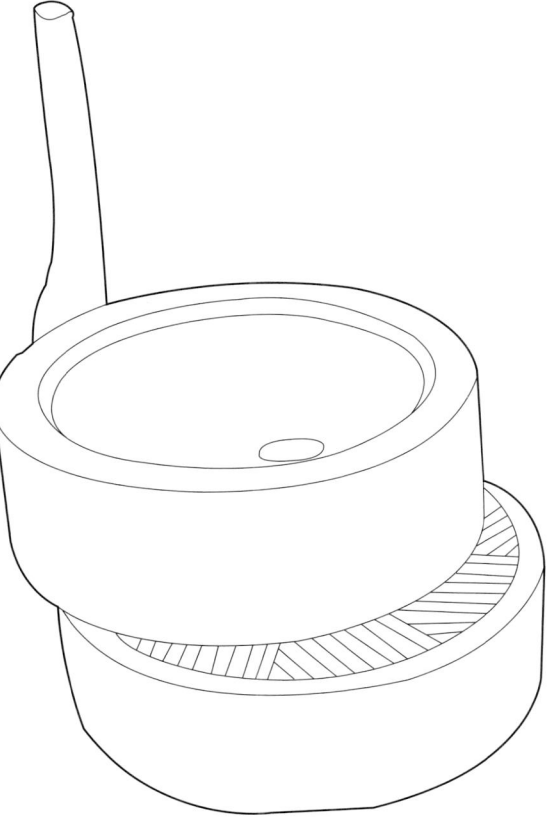

图二　侗族石磨线描图

图三　侗族石磨使用图

侗族擂钵

图一　侗族擂钵主图

　　擂钵是擂碾调料的器具，分石质和木质两类，市场上销售的多为石质。本案例采集于贵州省黎平县，为青花石制成，钵臼高14厘米，臼口直径15厘米。由擂钵和擂杵构成。擂钵呈喇叭状的圆锥形，下小上大，中间凿去，使里面形成一个底部弧形的窝巢。擂杵亦由石头制成，圆柱形，握把略小，杵头略粗，状如手榴弹，因自身具有一定的重量，因此在擂碾时不须使用太多的力气亦能达到效果。擂碾对象主要是辣椒、胡椒、八角、葱、蒜之类，为厨房不可或缺之工具。比较起其他质材的擂钵，石制擂钵具有坚硬、美观、不腐等特点，用完之后用水冲洗晾干即可，使用年限久的擂钵通体油亮，石头纹路清晰，配之光滑的弧线，给人美的享受。

图片来源
图一　龙昭宝　摄影
图二至图四　马晓婷　制图

图二　侗族擂钵线描图

图三　侗族擂钵使用图

图四　侗族擂钵三视、尺寸图（单位：cm）

侗族砖灶

图一　侗族砖灶主图

灶是人类用砖石等物和上泥浆搭建的生火煮饭的工具。历史演变轨迹大致为：最早是用较大的几块石头搭设而成；随着人类智力的发展，用石块以及泥浆掺合于一起的土灶开始出现；到了后来，随着砖的发明以及大量使用，砖灶开始取代土灶成为家家户户不可或缺的蒸煮食物的辅助设备。进入现代社会之后，金属灶具在城市已广泛使用。但在广大农村，砖灶仍很普遍。砖灶的建材为砖块和灰浆，多建于厨房内。根据厨房的宽窄灶孔可多可少，少则三个，多则六个。制作过程是，先用砖块涂上灰浆砌出灶台，在中间留出灶膛用于烧火，留出灶孔放置铁锅，后方须留出一豁口用作烟囱。灶台修砌完后，可在上面铺上白色瓷砖以增加美观，也利于清洁。为了节约柴火，可在灶膛下方留一豁口，安装一铁质炉条便于通风。

本案例采集于贵州省天柱县社学街道，长340厘米，宽90厘米，高70厘米。共四个灶孔，右边两个为煮饭炒菜用，而左边两个为煮猪潲用，烟囱隐于墙后。该灶灶膛内架设有炉条，灶台下留有三个拱形空间，用于放置柴火。烧火煮饭是可在灶口挡一木板，不仅可以拦阻黑烟外冒，亦可增加火力。和石块砌成的土灶比较起来，砖灶在设计上了更为科学，最大优点之处在于有了通风口，更能节约燃料。因为灶是人们日常生活中具有重要作用，于是在历史长河中衍生出了灶神崇拜以及祭祀仪式。

图片来源
图一　龙昭宝　摄影
图二至图四　马晓婷　制图

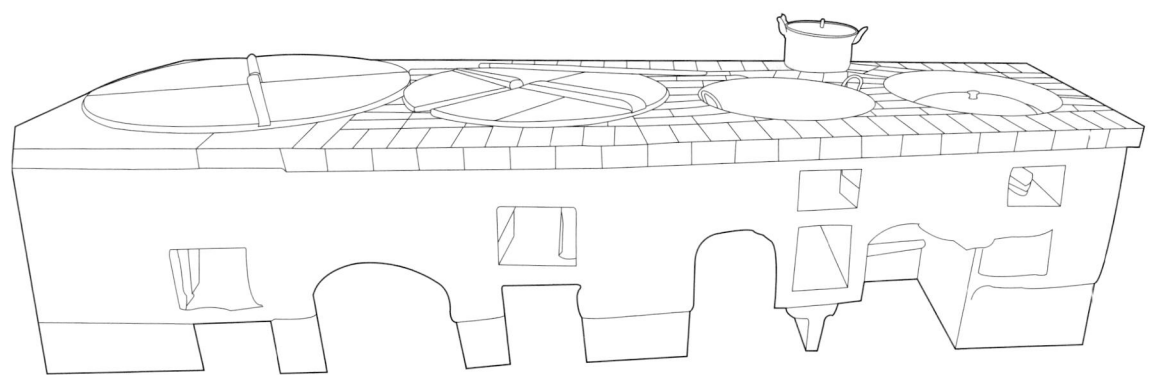

图二　侗族砖灶线描图

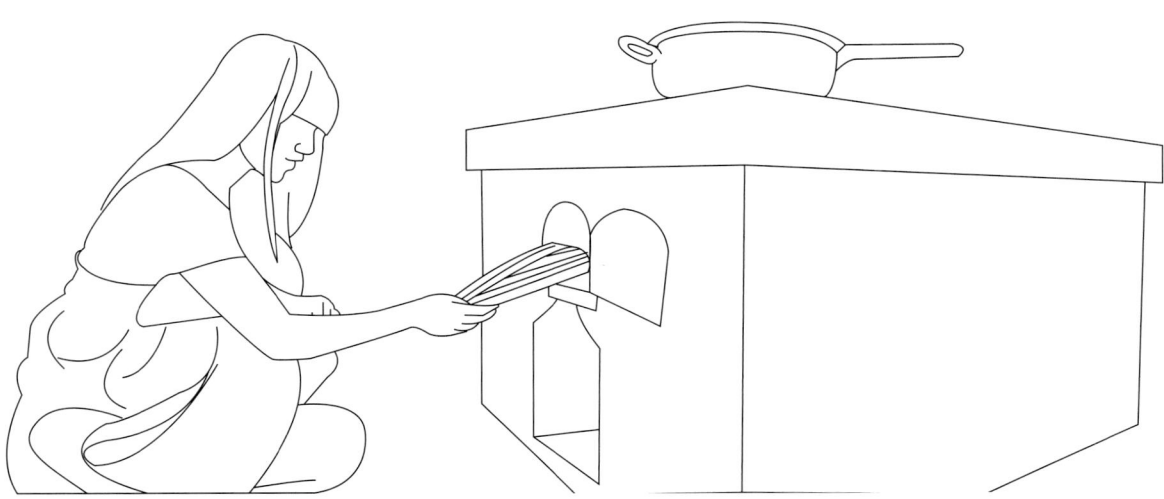

图三　侗族砖灶使用图

图四　侗族砖灶制作图

侗族铁鼎罐

图一　侗族铁鼎罐主图

　　鼎罐是侗族传统炊具之一。该案例采集于贵州省天柱县高酿镇春花村盘塘组，铁铸而成，有盖，罐口直径28厘米，罐胚高26厘米，形状似鼎而无足，底部呈椭圆形，中部有四耳，用于搬动。使用时可放在火塘的三脚铁架或者吊在火塘上烧水、炖肉、煮饭等。多用于煮饭，步骤是先将洗净的米放入鼎罐中，加入一定量的水，盖上盖，然后放到火塘中的三脚铁架上，烧火煮开。待鼎罐中的水渐干之后，须将鼎罐移至火塘边，冷却一会，让罐中米饭慢慢膨胀。之后再将鼎罐移至火边，把里面的米饭烤熟。鼎罐煮出的米饭香酥可口，别有一番风味。

　　铁鼎罐形制由古代的鼎演变而来。根据大量的出土文物，鼎的质材最早为泥土，在仰韶文化时期已出现工艺比较成熟的陶鼎。大约在夏商时期出现了用铜汁塑造的鼎，形状一般为圆体、鼓腹（也有长方形的）、两耳、三足或者四足，多用于煮大块的肉。无足的鼎称为"镬"，《周礼·天官·亨

（烹）人》："亨人掌公（供）鼎镬。"《淮南子·说山训》："尝一脔之肉，知一镬之味。"东汉高诱注曰："有足曰鼎，无足曰镬。"从该注可知，"镬"应是铁鼎罐的原型。到了秦汉时期，随着冶铁工艺的出现以及日渐成熟，铁质的鼎罐作为炊具出现在了日常生活中，并一直沿袭至今，在锻造工艺上不断改进。现代的铁鼎罐，有壁薄均匀、光滑美观、耐用实惠等特点。进入21世纪之后，随着电饭锅在农村的普及，铁鼎罐已被舍弃，但它的演变从一个侧面记录了中国炊具工艺的变迁历史。

图片来源

图一　龙昭宝　摄影

图二至图四　马晓婷　制图

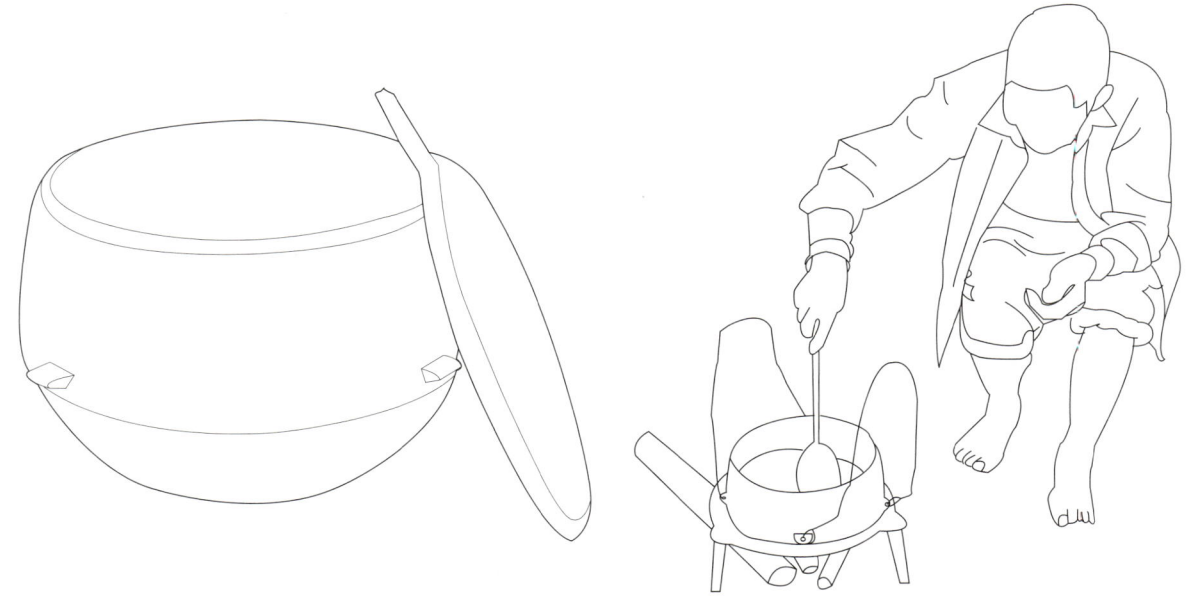

图二　侗族铁鼎罐线描图　　　　　图三　侗族铁鼎罐使用图

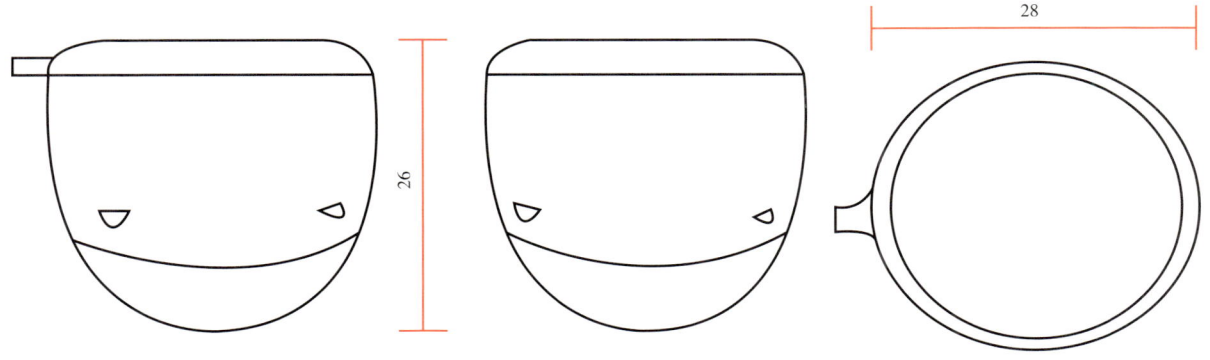

图四　侗族铁鼎罐三视、尺寸图（单位：cm）

侗族三脚铁架

图一　侗族三脚铁架主图

　　三脚铁架是民间用于支撑烹饪食物的铁制器具，又叫"撑架"。该案例采集于贵州省天柱县高酿镇春花村盘塘组，由三支撑脚和一个铁圈组合而成。撑脚高21厘米，铁圈直径为18厘米。三脚铁架由铁匠铺捶打而成，制作工艺是，先将铁块放置于火炉中烧热，然后用铁锤在铁砧上反复敲打成条状，再将铁条的一端弯曲，留一豁口；之后另锤打出一铁圈，镶入铁条豁口处，放置于火上烧红，用锤子奋力锤打，使二者合为一个整体。三脚铁架按尺寸可分成大、中、小三类，用途各有不同。大号者多用于婚丧嫁娶等大型活动，中号者多用于日常饮食起居，小号者多用于餐桌架设火锅。

　　三脚铁架主要用于火塘中，起支撑作用。火塘是南方少数民族一个重要的生活空间，一般设置在堂屋的中央。因燃料多为木柴，必须用三脚铁架作为支撑方能煮饭、炒菜以及烧水等，另一好处就是还可烤火取暖。因三脚铁架在很多侗乡百姓的日常生活中不可或缺，于是在有些地方被视为神圣之物，不仅不能从上面跨过去，铁架上的烟灰还能起辟邪祛祸作用。过去，有的老妇见小孩半夜时常哭闹或者尿床，便用沾有口水的食指于铁架的弯曲处分三次取点烟灰，在小孩脑门上和手掌心画一"十"字符号，同时念颂咒语，大意为从此之后一切安康。这种仪式充满巫术意味，也足见三脚铁架的重要性。

图片来源

图一　龙昭宝　摄影

图二至图四　马晓婷　制图

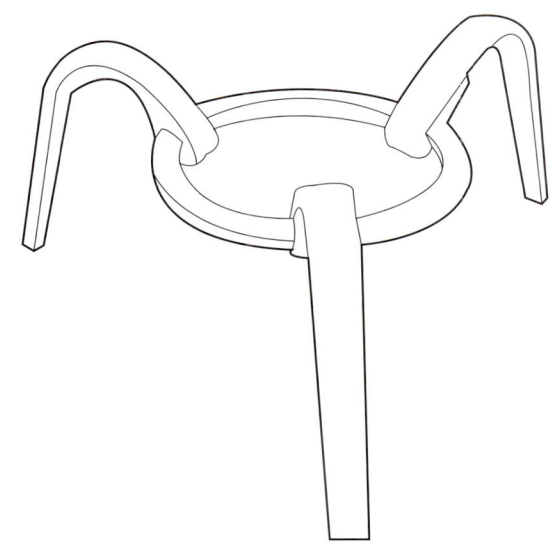

图二　侗族三脚铁架线描图

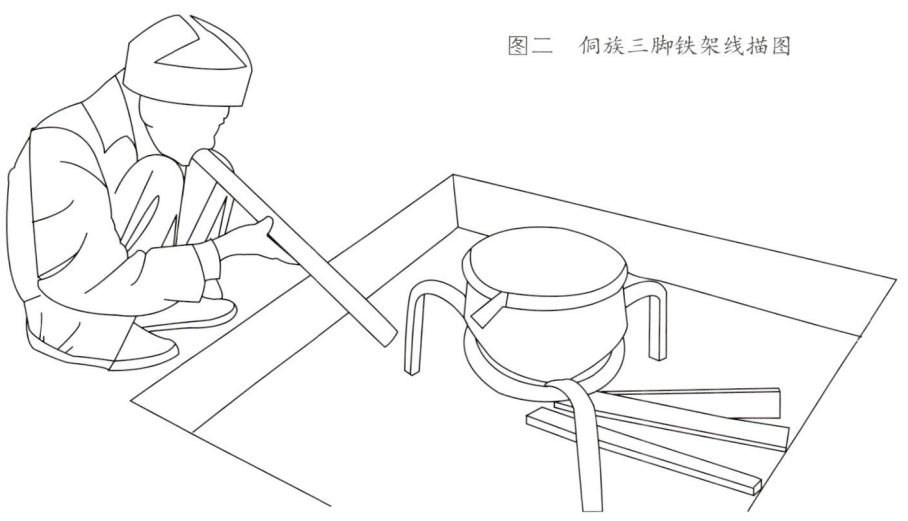

图三　侗族三脚铁架使用图

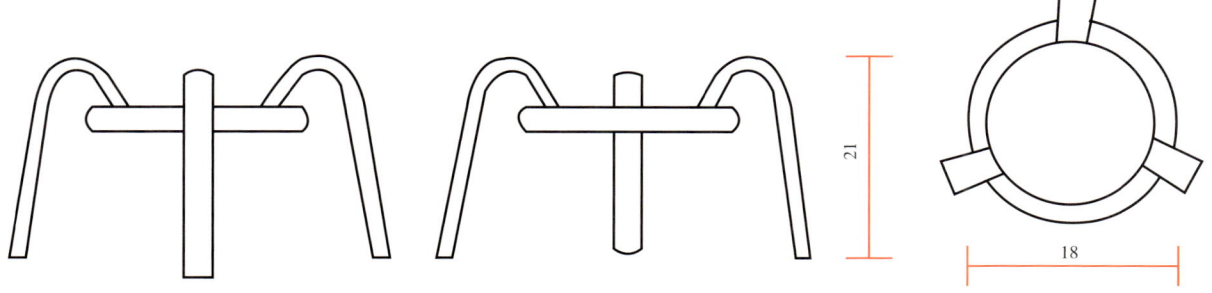

图四　侗族三脚铁架三视、尺寸图（单位：cm）

侗族手工锯

手工锯是木匠制作木工的重要工具，主要用于锯断木料，侗语称为"角"。本案例采集于贵州省天柱县高酿镇春花村盘塘组，长82厘米，宽30厘米。手工锯的制作工序是，先用较硬的木料制成一个"工"字形木架，长度比锯皮略长，锯柱两端要钻出圆眼，用于安装锯皮；然后削出两个小的圆形插销，插入锯柱的孔中，插销中间连上锯皮；最后是在木架的另一侧缠上棕绳，用一块小木片插入绳中将其绞成麻花状，一端卡在撑柱中部，利用棕绳将锯皮绷紧。

手工锯的结构虽然简单，其中却蕴含有人类的聪明智慧。考古成果表明，远古时期人们所用的石锯以及蚌锯应是锯子的雏形。当冶炼锻铁的技术出现后，人们用铁皮来制作锯子，但铁皮较软，须增强力度才能发挥作用。于是人们设计出"工"字形木架，利用绳子将铁制锯皮绷紧，这样就能迅速地锯断木料了。长时间的使用，锯齿要受到一定的磨损，因此要有挫子将其磨利，这样就能事半功倍，锯出来的切口也比较细腻。锯子，在中国的几千年农耕文明中，用途广泛，影响深远。

图片来源
图一　龙昭宝　摄影
图二至图四　马晓婷　制图

图一　侗族手工锯主图

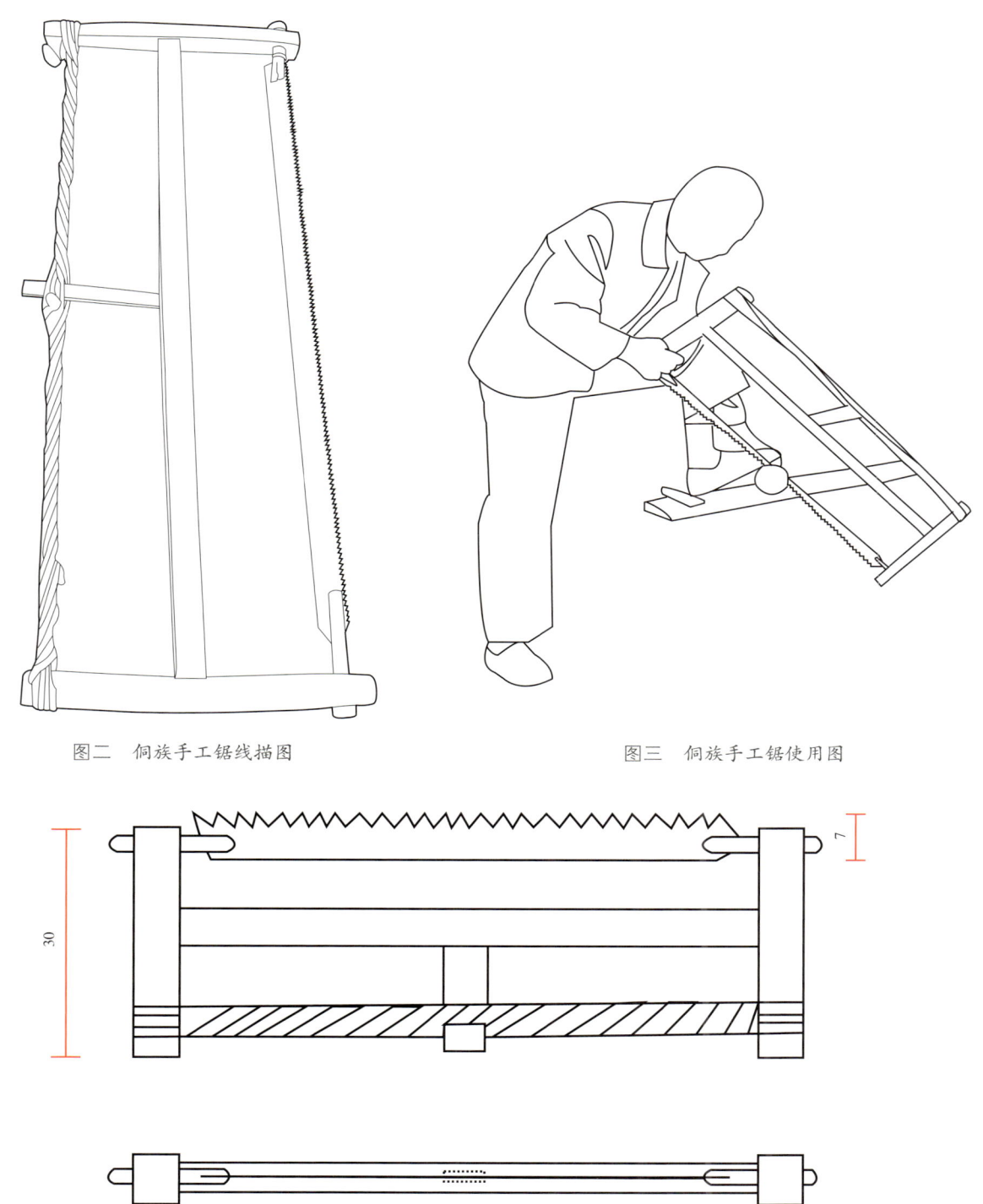

图二　侗族手工锯线描图　　　　　图三　侗族手工锯使用图

图四　侗族手工锯三视、尺寸图（单位：cm）

侗族短刨

图一 侗族短刨主图

刨子是传统手工木作工具，主要用于刮平木料，使之光滑。本案例为短刨，采集于贵州省天柱县高酿镇春花村盘塘组，由五个配件构成：刨床、刨刀、刨柄、刨楔、横档。刨床长20厘米，宽6厘米，厚4厘米，由青冈木制成，此木材坚硬耐磨，为本地制刨之首选。刨刀长18厘米，宽4.5厘米，是刨子最主要的部件，通常由淬火的钢片制成。刨柄长20厘米，由硬质木材制成，本案例的柄材为茶油木。刨楔由杉木制成，横档为螺丝。刨子的安装原理是，于刨床三分之一处凿一三角形眼，刨床上面开口大，刨床底开口小，斜面呈45度，然后横插螺丝，再插入刨刀，利用木楔固定住。刨木时，刃口只能略微伸出刨床底，过长则刨不动，或者特别费力；太短则刮不了。刨刃伸出的长短可通过敲击刨床的前后端来调节。

人类的手工木作技艺源远流长，出土

文物证明，在距今7000至8000年以前的河姆渡文化时期，已出现榫卯结构的木构件。我国的平木工具经历了从斧到锛到铲的演变过程，刨就是在铲之基础上发明出来的。清道光《河工器具图说》对刨的形制及工作原理有较为详细的描述："刨，正木器，大小不一。其式用竖木一块，腰凿方匡，面宽底窄，匡面以铁针横嵌中央，针后竖铁刃，露出底口半分，上加木片插紧不令移动。木匡两旁有小柄。手推前则木皮从匡出，用捷于铲。"如今，虽然现代机械设备已多样化，但刨在木构件制作中仍得以广泛使用。

图片来源
图一　龙昭宝　摄影
图二至图四　马晓婷　制图

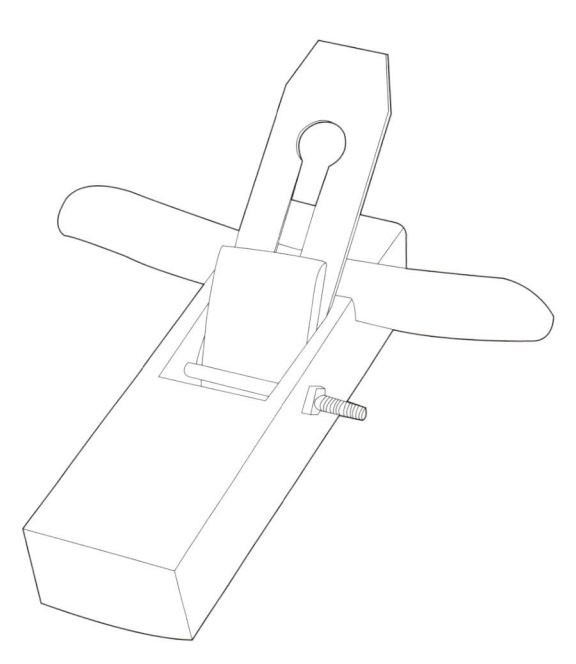

图二　侗族短刨线描图

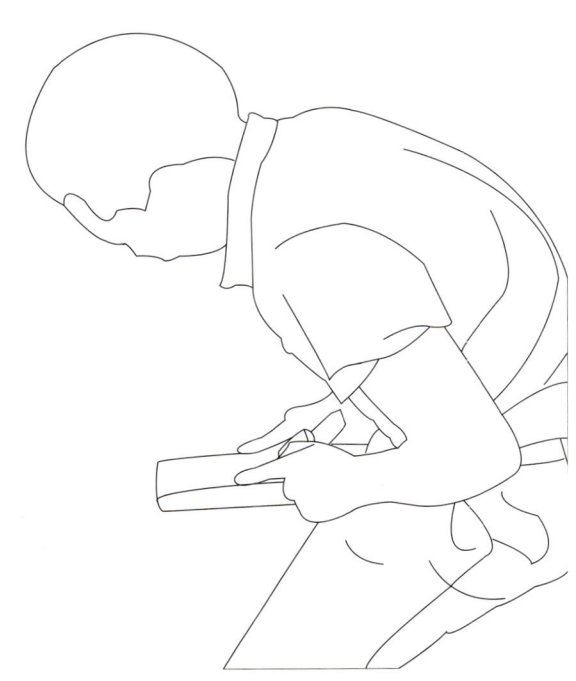

图三　侗族短刨使用图

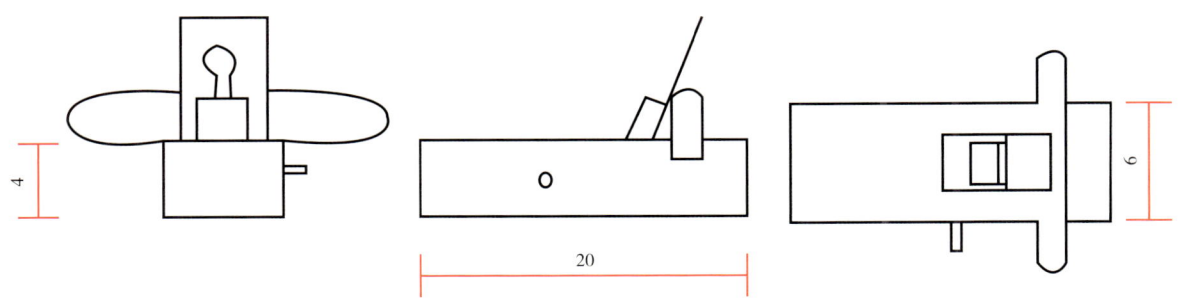

图四　侗族短刨三视、尺寸图（单位：cm）

侗族凿子

图一 侗族凿子主图

凿子是木工凿眼、削槽、雕刻、切削的重要工具，由凿身、凿柄构成。凿身为生铁锻造，刃口加入钢片以增强其锋利性。凿柄由硬质木料制成，旨在经得住长时间捶打。凿子的类型较多，大致可分为平凿、扁凿、圆凿、斜凿等四种，各种凿子用途略有不同：平凿凿身较厚，刃口较小，主要开孔；扁凿凿身较薄，刃口较宽，主要用于修整开孔的粗糙面；圆凿刃口呈半圆形，主要用于开凿圆孔；斜凿刃口与其他凿子形制不同，主要用于雕刻及切削角形槽及眼等。本案例采集于贵州省天柱县高酿镇春花村盘塘组，为平凿，长40厘米，刃宽8厘米。

凿子的使用方法是，在凿眼之前，应在构件上预先画好榫眼线，小构件平放在特制的木架上，大构件就地操作。凿眼时，左手握住凿柄，将刃口放在线眼内；右手握斧或锤敲打凿柄顶部，产生击打力，让刃口钻进木质构件中。每敲击一下凿柄，要轻摇一下凿子，这样提凿时能省力，同时将木块凿破。如今机械化的凿孔设备已经出现，但凿子因其便利性在木工制作中仍得以广泛使用，而且随着雕刻技术的不断精细化，不同形制的凿子也大量被研发出来。

图片来源
图一 龙昭宝 摄影
图二至图四 马晓婷 制图

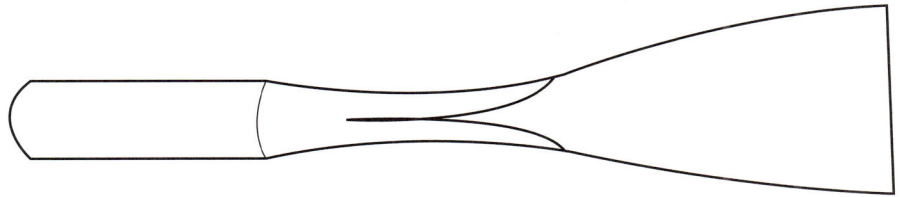

图二　侗族凿子线描图

图三　侗族凿子使用图

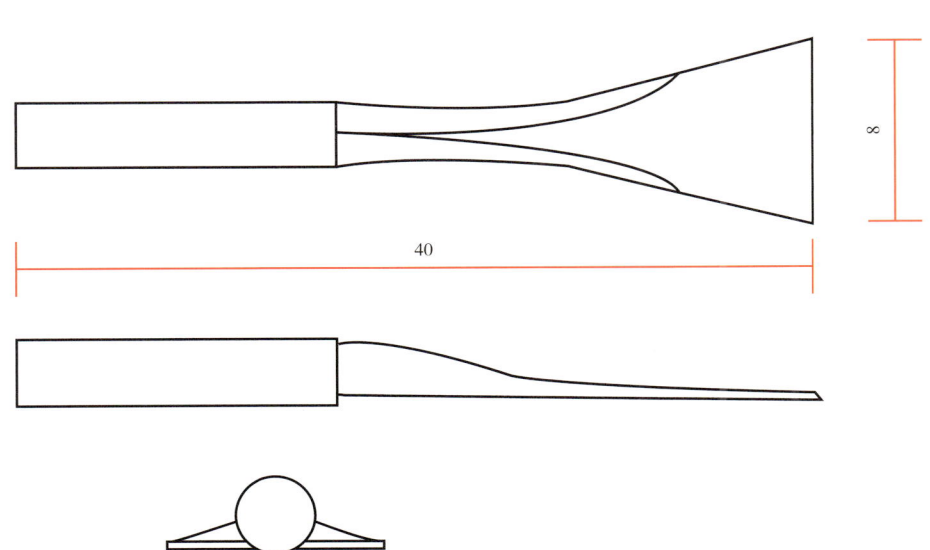

图四　侗族凿子三视、尺寸图（单位：cm）

侗族琵琶

图一　朱冠侗族琵琶主图

　　侗族琵琶是南部方言区的传统弹拨乐器，侗语叫"贝八"。木质结构，分为大中小三种，即三弦小琵琶、四弦琵琶、五弦琵琶。琴身分为"琴头""琴颈""琴盆"三个部分。琵琶形制有多种，琴盆（音箱）有圆形、长方形、倒置桃形等；琴头有直有弯，弯的较为常见。以琴颈为指板，有些还会置两个品位，上有三至五个琴珍，张牛筋弦、丝弦或金属弦，用牛角或竹制的桃形、指甲大小的拨子弹奏。演奏时，将琴盆尾端顶住右腿跟，与腹部紧贴，琴颈左斜，左手持琴按弦，右手持拨弹奏。一般定弦：置三弦琵琶为"563"；置四弦琵琶为"5663"；置五弦琵琶为"56633"。唯有黎平县洪州镇平架村一带的小琵琶定弦为"566"，形制也与其他地区不同，近似于"果吉"（牛腿琴）。本案例采集于贵州省黎平县尚重镇盖宝村，为女用琵琶，桃形。

　　用琵琶伴奏的歌谣叫作"琵琶歌"，音质清脆优美，在清代的方志中有相关记载，如李宗昉的《黔记》之描述："车寨苗在古州。……未婚者于旷野为月场，男弦女歌最清美……"用琵琶伴奏的说唱艺术，侗族叫作"君"。各地琵琶形制略有不同：六洞地区和溶江地区用四弦大、中型琵琶伴奏；四十八寨地区男性用三弦或五弦大、中型琵琶跟腔伴奏，女性用三弦或者五弦中、小型琵琶跟腔伴奏；七十二寨地区用三弦或者五弦大、中型琵琶跟腔伴奏；平架地区用三弦小型琵琶跟腔伴奏；浔江地区用四弦大、中型琵琶跟腔伴奏。

图片来源

图一　龙昭宝　拍摄

图二至图四　马晓婷　制图

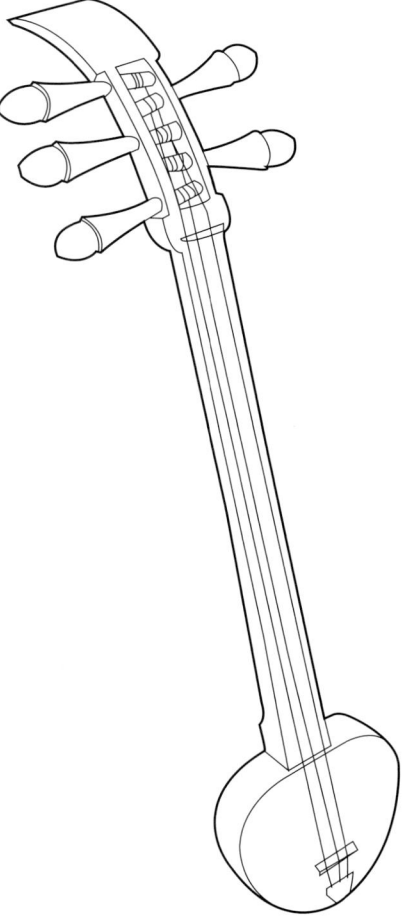

图二　侗族琵琶线描图

图三　侗族琵琶制作图

图四　侗族琵琶使用图

侗族芦笙

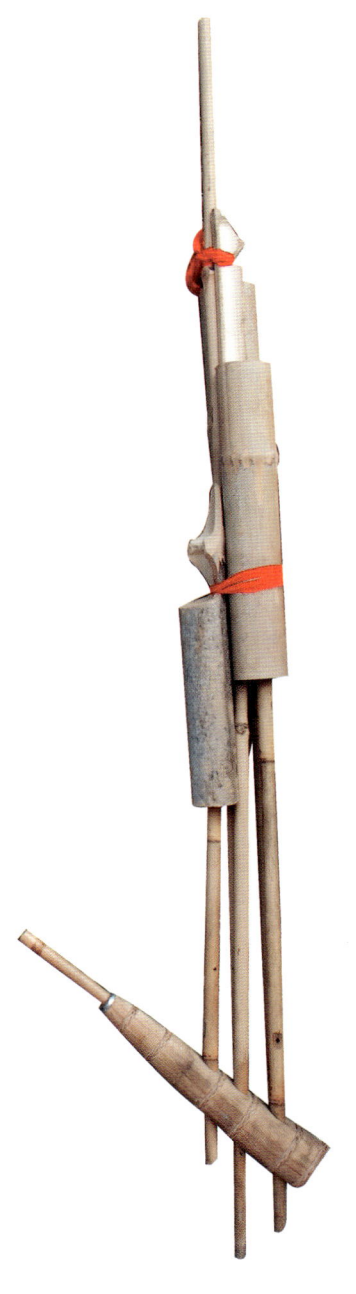

图一 朱冠侗族芦笙主图

芦笙为侗乡民间一种吹奏乐器，按形制可分为大、中、小三种，均由笙管、笙斗和簧片三部分构成。常用的芦笙有六根管，外侧开有音孔，下端装置铜簧，插入一长形木头葫芦内，每簧一音。在每根空管上端合套竹管作为共鸣管。小芦笙的管长十几厘米，大芦笙长4至5米不等。低音芦笙中，有的在大竹筒内装一细竹管，当地制作者称为"芦笙筒"。侗族芦笙音域可达两个八度又五度，音色明亮浑厚，节奏轻快。在南部方言区，逢年过节或者大型活动，吹奏芦笙是必备节目。本案例采集于贵州省黎平县尚重镇盖宝村，为中号芦笙。

关于芦笙的起源及制作过程，流传民间的《创世款》中《行年和芦笙的来由》描述道："芦笙根源在何处？起源在古州城。古州八万造戈格（牛腿琴），村洞峨美制琵琶，古坪金富造侗笛，也洞陈现是制笙人。第一次装六根木簧，吹不出声，吸不出音。第二次装六根竹簧，吹不出声，按也不鸣。第三次装六根牛角簧，吹也不响，吸不出声。……六根竹管钻六孔，六根竹管装六笛，六簧装里面，六孔在外面。三个笙筒套上头，五个箍子箍下边。无处取音，山里砍竹叶有声。风吹竹叶声隙隙，取架芦笙叫格列（小号笙）。上到阳洞瀑布滩头取音，瀑布声约约，做架芦笙叫各略（三号笙）。瀑布滩水声耶耶，做架芦笙叫纳鲁（最小笙）。滩水声沉沉，取架芦笙叫筒秋（中号笙）。如今三个竹筒，吹得成调；六个笙孔，吹得成曲。吹也响，震也浓。上村满万做筒辅（大号笙），苦村满美做筒头（特大号笙）。"

图片来源

图一　龙昭宝　拍摄
图二至图四　马晓婷　制图

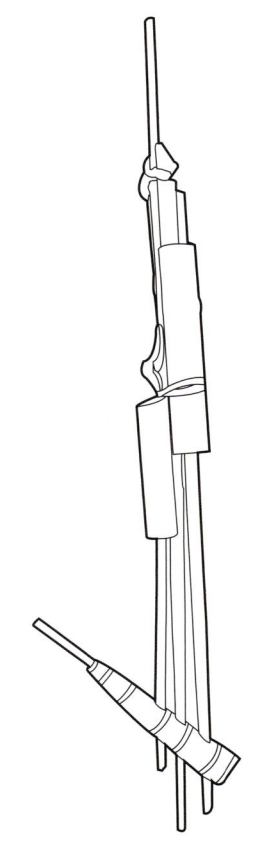

图二　侗族芦笙线描图

图三　侗族芦笙使用图

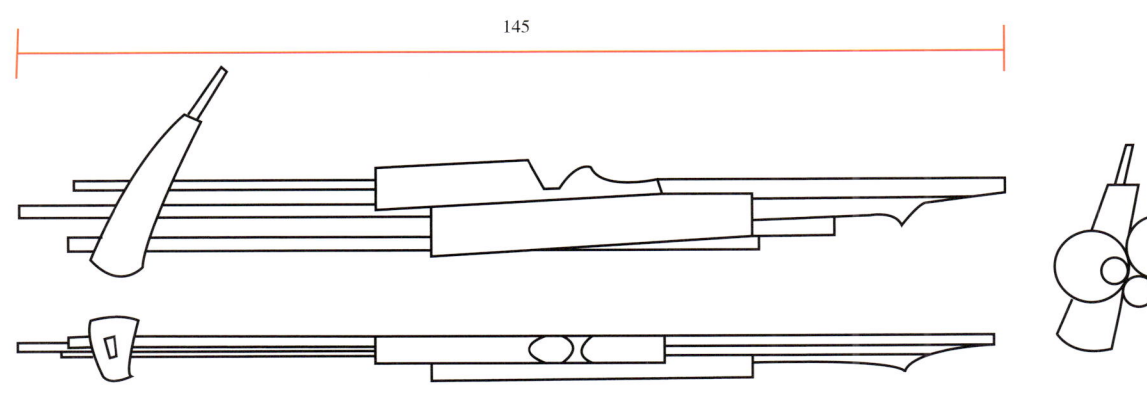

图四　侗族芦笙三视、尺寸图（单位：cm）

侗族牛腿琴

图一 侗族牛腿琴主图

牛腿琴是南部方言区传统拉弦乐器，侗语叫"果吉"，因形似牛腿，又名"牛腿琴"，按形制分为中、小两种。

本案例采集于贵州省从江县。牛腿琴长约50厘米，整木制作，分为"琴头""琴颈"和"琴盆"三个部分。琴盆为弧形槽，上蒙薄面板，开一小孔，外插音柱。张二弦（小果吉用金属弦，中果吉用丝弦），以琴颈为指板，五度定弦（5/2）。用马尾或棕丝弓拉奏，弓在琴弦外运行。执弓多为二胡执弓法，也有拳握执弓法（近似小提琴执弓法）。演奏时，将琴盆尾端顶在左上胸处，左手持琴按弦，右手运弓拉奏，拉平行五度的双音为多。一般只用一个把位，音域约一个8度。小果吉琴用于情歌伴奏，中果吉用于说唱伴奏。果吉的音列为"5612356"，因此果吉拉唱的主腔或属腔均限制在伴奏乐器音域之内；主腔为"羽"调式，属腔的调式与当地民歌或侗戏唱腔调式相同。

用于说唱伴奏的果吉表演被称为"果吉拉唱"，这一曲种主要流布在从江西北、黎平西南、榕江东部三县毗连地区，以"九洞""十洞""干三""干七""干五""二干九"为中心，黎榕公路和榕从公路沿线的三宝、宰麻、九朝、停洞、八吉、腊俄等地亦流行。果吉拉唱的表演者均为男性，定弦"52"。唱腔分为主腔和属腔两种。主腔由叙事大歌的"唆君"演变发展而成，属腔选用本地的抒情果吉歌或侗戏的"哭腔""客家腔"等。

图片来源
图一　龙昭宝　拍摄
图二至图四　马晓婷　制图

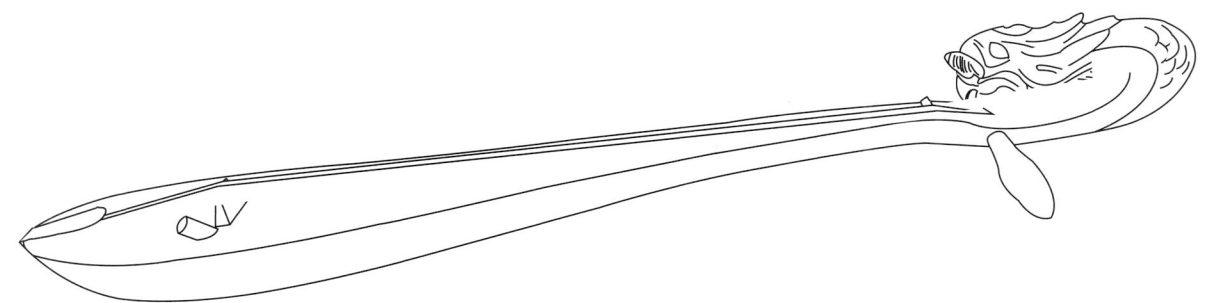

图二　侗族牛腿琴线描图

图三　侗族牛腿琴制作图

图四　侗族牛腿琴使用图

玉屏侗族平箫

图一 玉屏侗族平箫主图

平箫系贵州省玉屏县生产的中国著名竹管乐器。之所以名为"平箫",源于玉屏县之历史。清代钱塘人吴振棫的《黔语》描述道:"去玉屏十五里,曰羊坪,产美竹。有郑氏,辨其雄雌,制为箫材,含吐宫徵,清越微妙,是天下之言箫者,必首郑氏。郑氏世守其业,名为平箫,值亦倍常箫焉。"从此记载可知,平箫在清代已闻名全国。关于平箫制作之技艺,民间相传为鹿皮大仙所授。本案例实物由龙耀宏教授提供。

平箫制作工艺复杂,分取材、制坯、雕刻、成品四个主要环节。一是取材环节,取材要求非常严格,时间在立冬后两个月内最好,竹身须直,头尾大小匀称,竹节少,这一环节的工序有选材、下料、烘烤校直和检验入库。二是制坯环节,有刨外节、刮竹皮、通内节、烘烤精校、刨二道节(精刨)、弹中线、滚墨线、打音孔、水磨、修眼等工序。三是雕刻环节,有脱墨磨字、粘贴图样、雕刻和水磨四个工序,字与图的雕刻工艺有别,字按字体分阴刻(行、草、篆体)和阳刻(隶体),有捌、戮、划、剔、凿、挑、刻、拓八种刀法,而图为阴刻,字图均为条幅式。四是成品环节,有烘烤上镪水、水磨洗涤、填色、上漆四道工序,其中打磨最为重要,传统工艺是先用骨节草打磨,然后用玉钏子打磨光亮,中华人民共和国成立后改用水砂和寿珠子打磨。

平箫做工精美,箫身雕刻龙凤图案或者诗词山水,在明清时期即被列为贡品。1915年在太平洋博览会上获金质奖,2006年列入第一批国家级非物质文化遗产名录。二十世纪八九十年代,平箫生产进入鼎盛时期,成为当地的一大特色经济支柱产业。

图片来源
图一 龙昭宝 拍摄
图二至图四 马晓婷 制图

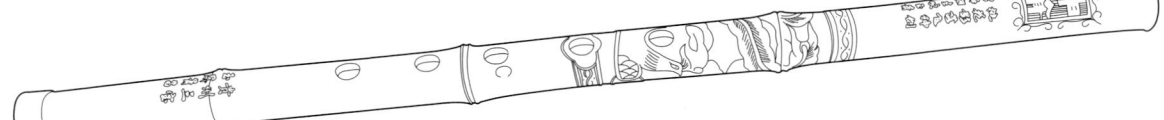

图二　玉屏侗族平箫线描图

图三　玉屏侗族平箫使用图

图四　玉屏侗族平箫制作图

玉屏侗族玉笛

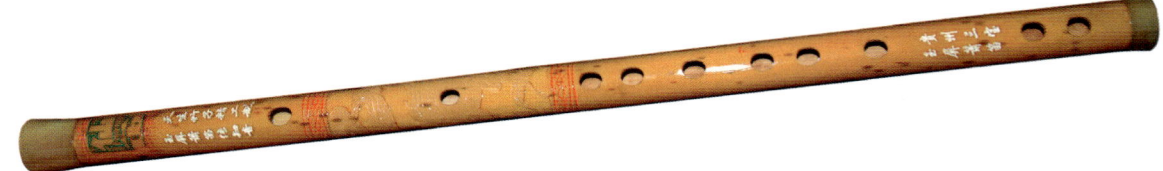

图一　玉屏侗族玉笛主图

　　玉笛也是玉屏县生产的中国著名竹管乐器，因"玉屏县"而得名。玉笛的研发晚于平箫，《玉屏侗族自治县志》载："玉屏笛，其创制年代无考。民间也无轶事流传。据世守其业的郑家及箫业同行述：'抗日战争前夕，郑丹青以本地水竹制作笛子，不缠丝，不上漆，只打白蜡，保留竹子本色。式样新颖别致，音色远胜南北各地所产竹笛，遂以家乡玉屏之"玉"为名，称"玉笛"。'"本案例实物由龙耀宏先生提供。

　　玉笛的制作工艺繁复细致，各种档次的笛子工艺不尽相同，最多的有三十八道工序，最少的有二十二道工序。制坯是生产玉笛的基础环节，分备料、取材、下料、处理、储藏五大程序。竹料要在温度降到16℃以下才能制作笛子，否则水分过多会导致笛子变形，音色、音准、音量也会受影响。制作时，根据尺寸需要将竹竿锯断，刮净外皮层，把内节铲平，并在外涂上一层漆，填平细孔，防止霉烂；然后根据笛子的长度确定好各个音孔的位置，用特制工具钻孔、烫眼。吹孔及膜孔很有讲究：吹孔左边迎气流，边角应挖得尖锐些，右边和右下角应向内倾斜，这样能使笛子高中音区音色明亮，低音区圆润浑厚；膜孔的形状应是椭圆形，其宽度是竹竿的内径的半径加0.03至0.05厘米。笛孔制好后，须对竹管进行雕刻装饰，打磨上色。雕刻龙凤、山水、诗词等。

图片来源
图一　龙昭宝　拍摄
图二至图五　马晓婷　制图

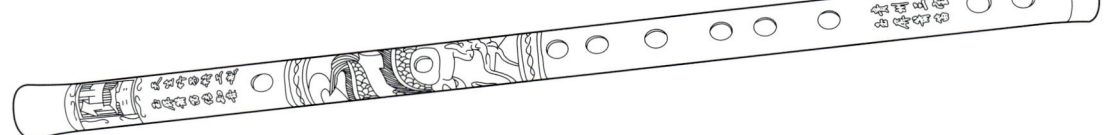

图二　玉屏侗族玉笛线描图

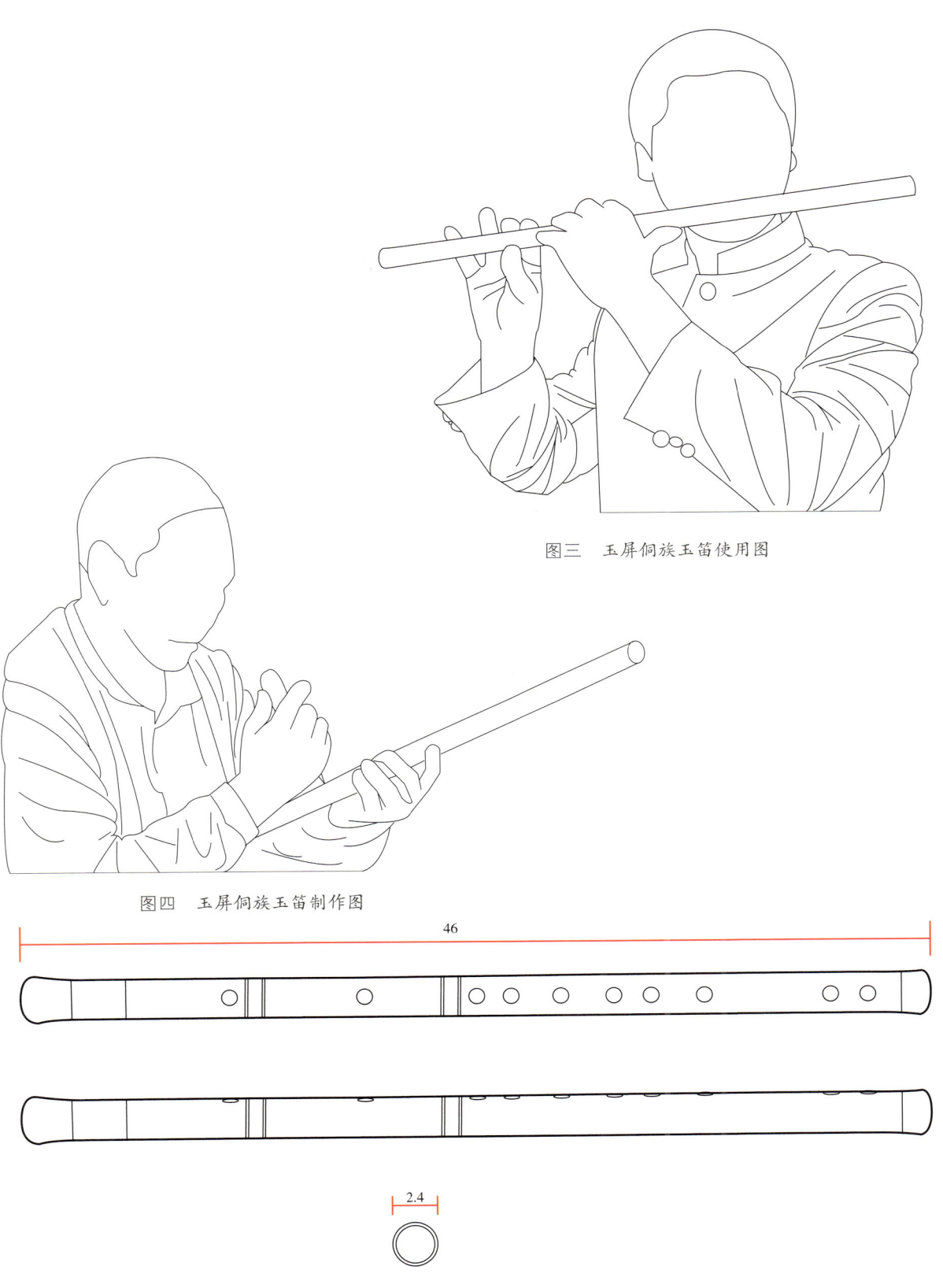

图三　玉屏侗族玉笛使用图

图四　玉屏侗族玉笛制作图

图五　玉屏侗族玉笛三视、尺寸图（单位：cm）

侗族唢呐

图一　侗族唢呐主图

唢呐系中国传统的吹奏乐器。从源流角度论，唢呐是一外来乐器，起源于波斯、阿拉伯一带，"唢呐"一词系古代波斯语的音译。约在两晋时期传入中国新疆，开凿于公元3世纪的新疆克孜尔千佛洞以及北魏时期开凿的山西大同云冈石窟的壁画上有其图画和唢呐伎乐。流传于中原地区的唢呐在明代王圻的《三才图会》中有简要描述："其制如喇叭，七孔；首尾以铜为之，管则用木。"此种形制现在民间仍有沿袭。唢呐由杆、哨、气牌、侵子和铜碗构成，按杆的长度可分海笛、小唢呐、中唢呐、大唢呐等类型。流传于侗族地区的唢呐是中型唢呐，音色较为柔和，曲调结构多为五声音阶的特殊徵调式、少量的五声羽、商调式和七声宫调式。本案例采集于贵州省天柱县社学街道。

在侗族地区，唢呐吹奏主要用于红白喜事，红事起到增强喜庆和热闹的作用，白事起到寄托哀思的作用。因场合不同，唢呐曲目以及意思也各有区别。如在天柱，红事曲目依次是《大开门》《小开门》《满堂红》《梁山伯与祝英台》《借路过》《满路花红》《打马游街》《蜜蜂过坡》《两头忙》《美女梳头》。白喜曲目依次是《竹叶青》《闹三更》《送老登山》《急急凤》。在民间，精通唢呐吹奏的艺人亦能借此获得一定的酬劳，而这也是唢呐艺术在民间代代传承的经济动力。

图片来源
图一　龙昭宝　拍摄
图二至图四　马晓婷　制图

图二 侗族唢呐线描图

图三 侗族唢呐使用图

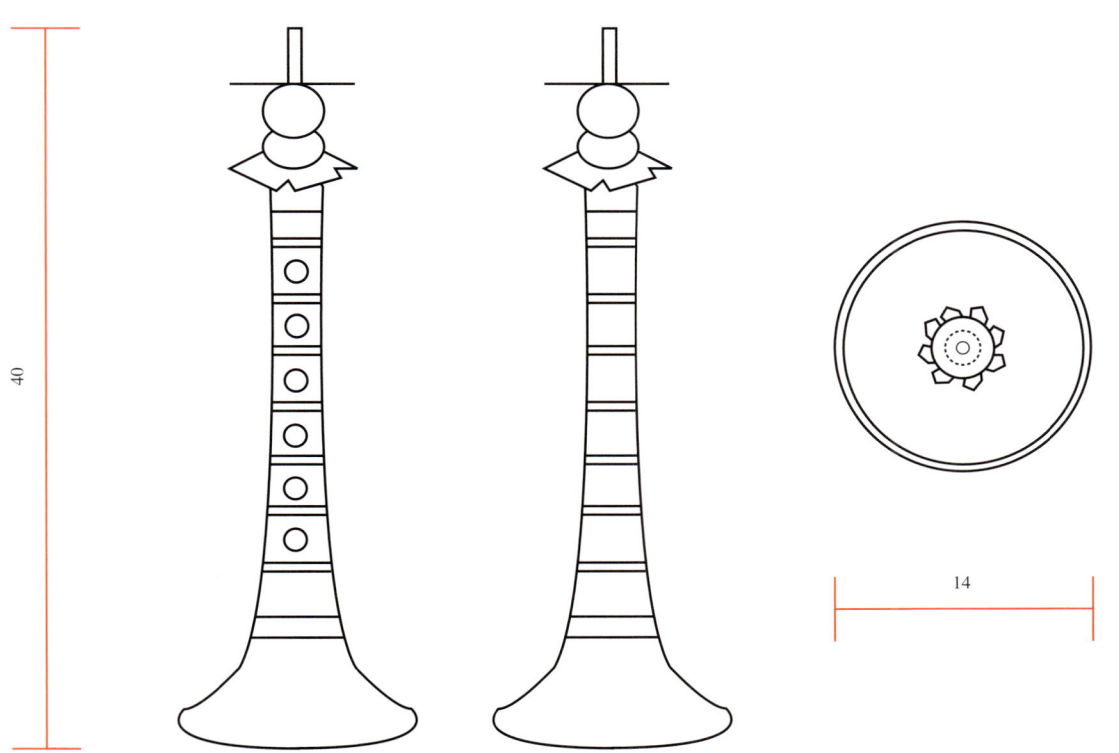

图四 侗族唢呐三视、尺寸图（单位：cm）

第五章 侗族传统生产工具

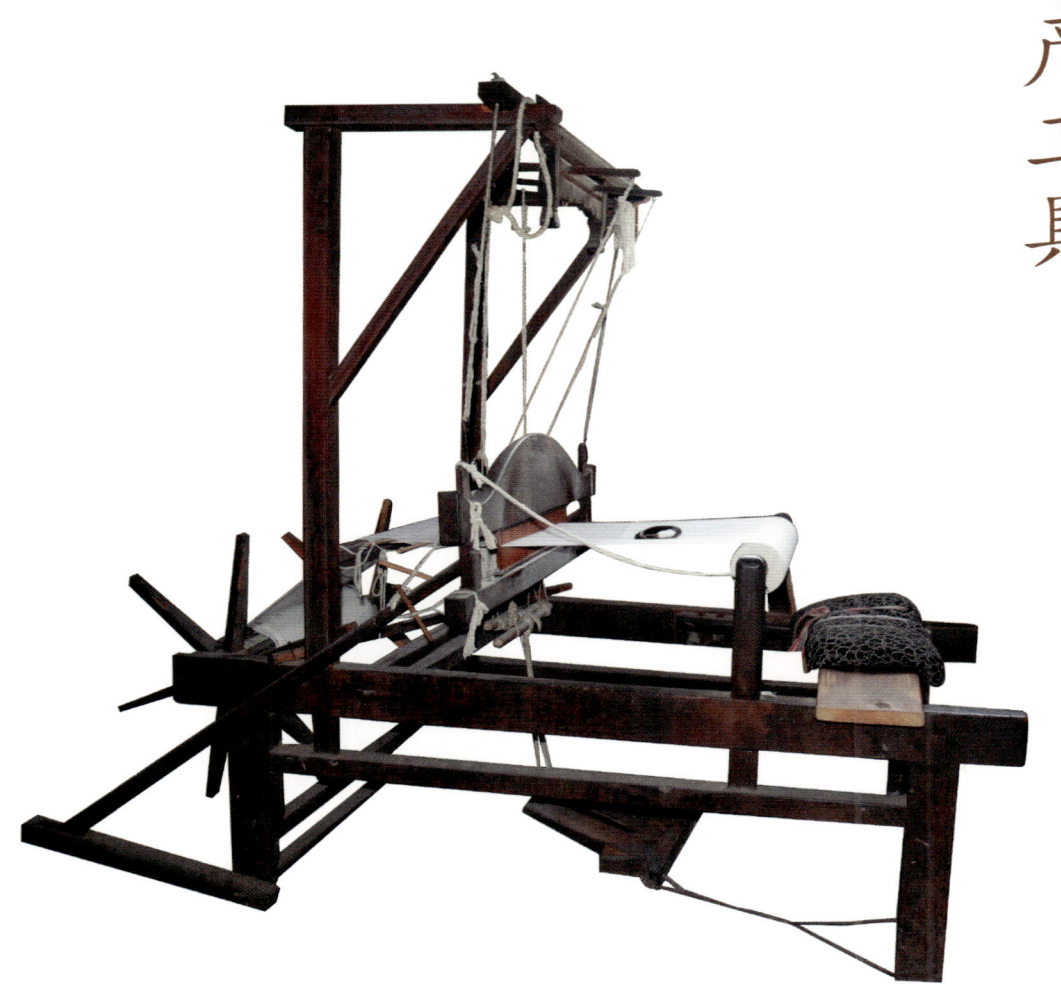

侗族平式织布机

图一 侗族平式织布机主图

织布机为侗族民间用于织布的木制工具，侗语称"赏"，分平式和斜式两种制式，平式流行地区较为广泛。本案例采集于贵州省黎平县尚重镇盖宝村，为平式织布机，由脚架、撑杆吊综架、脚踏板、综、筘、拍板、经纱卷轴、卷布轴、梭子等部件构成。脚架用于支撑整个织布机。撑杆吊架用于悬吊综和拍板。脚踏板系于综下与吊架联动提拉筘，使经线形成"X"状，利于船形梭子拖带纬线来回穿过；布纹由脚踏板的数量多少决定。经纱卷轴又称"羊角"，置于织布机的尾端，起固定和拉紧经线的作用。卷布轴置于织布者座位前，用来卷紧织好的布，也有固定作用。梭子多为船形，用硬杂木制成，长约16.5厘米，两头削尖，光滑，梭腹空，纬线置于腹中。

织布前，先将经线缠在线轴上，此道工序最为复杂耗时，一般要四人花一天的时间才能完成；然后把经线交叉分上下两股分别穿达两个缯子；第三步是把经线依次穿过一个机杼；最后把构置好的经线放到织布机上。织布时，人坐于织布机的坐板上，两脚分别放在两个踏板上，先是右脚踩下踏板，组合在织布机上的两个缯子将经线上下分开，右手便把装有纬线的梭子从张开的经线中抛到左边。左手接住梭子的同时左脚踩下踏板，然后右手用力拉动机杼，把纬线压实。在右手放回机杼后，左手再把梭子从经线之中抛到右边，右手接着梭子，右脚踩下踏板，左手拉动机杼将纬线压实。这样如此反复，布也就逐渐成形。

到了现代，织布机和织布工艺只有在偏远山乡尚得以遗存，已逐渐成为一种文化遗产，成为中国农耕文明的一种见证。

图片来源

图一　龙昭宝　摄影
图二至图四　马晓婷　制图

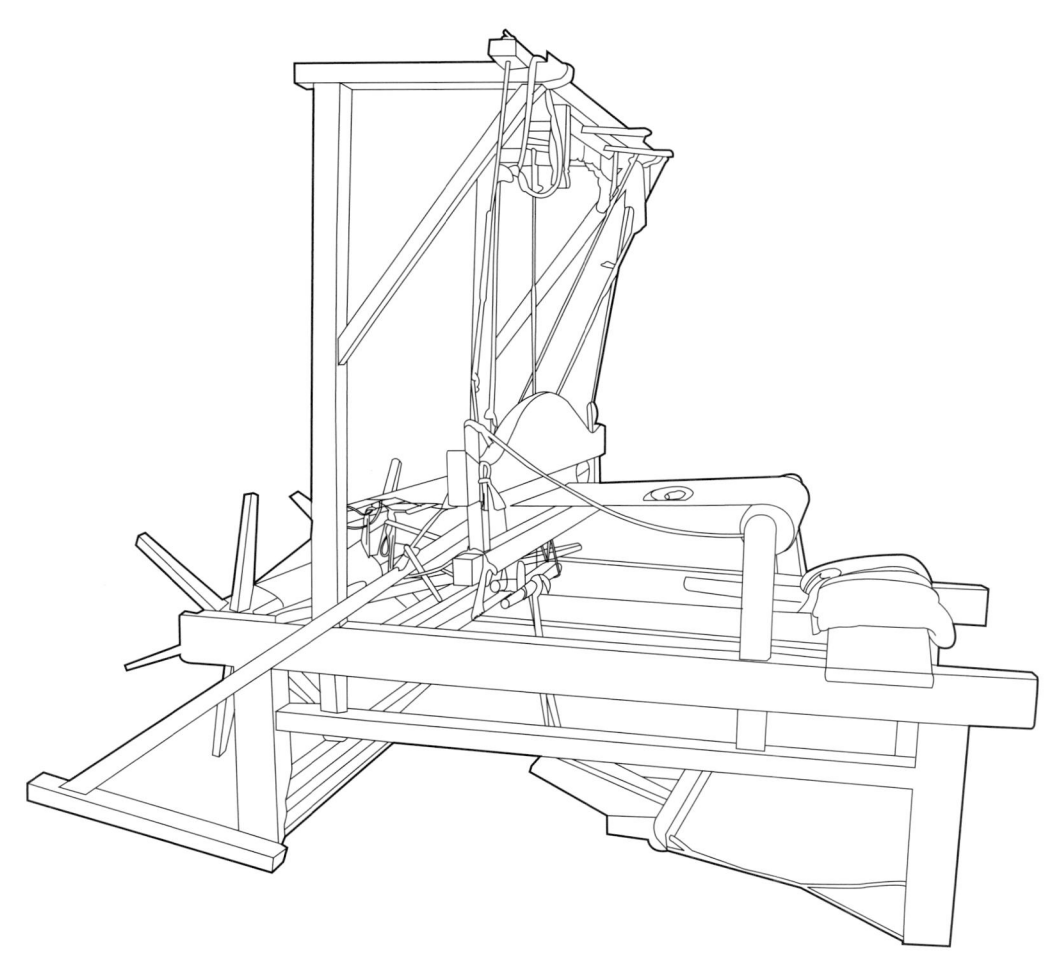

图二　侗族平式织布机线描图

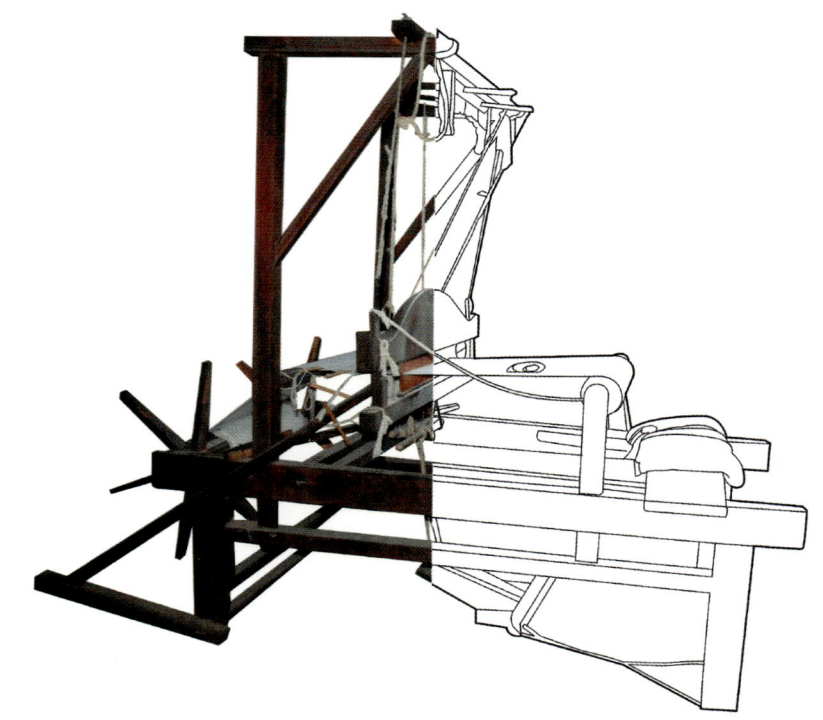

图三 侗族平式织布机对比图

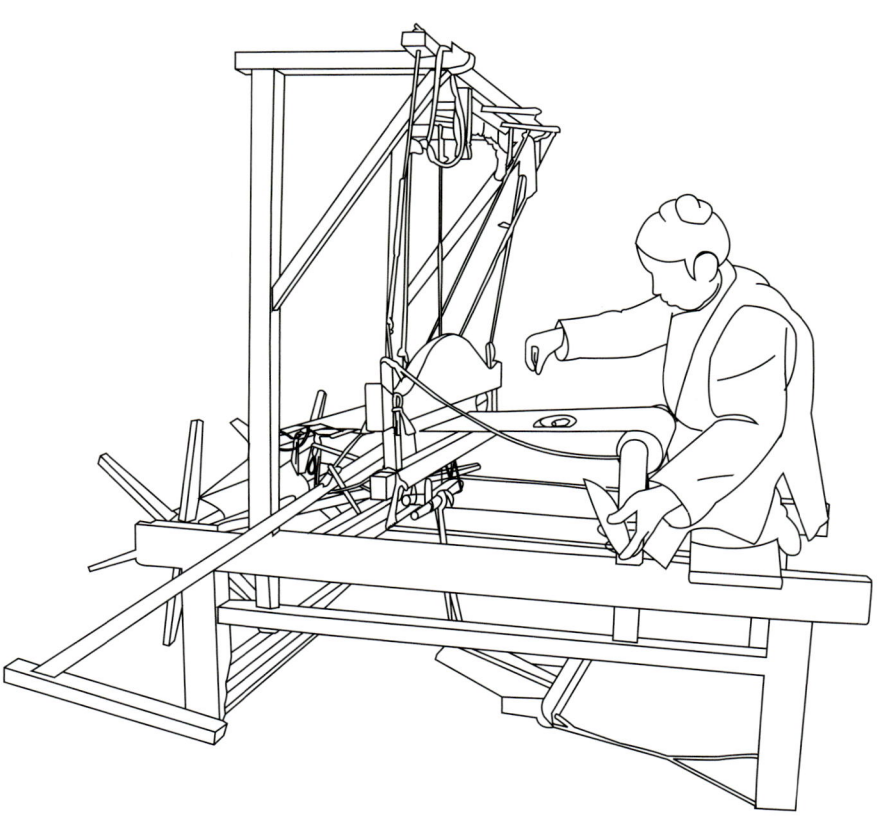

图四 侗族平式织布机使用图

侗族纺车

图一　侗族纺车主图

　　纺车是传统社会里民间用于纺纱的木质工具，侗语叫"霞"。本案例采集于贵州省黎平县尚重镇盖宝村，整体高度87厘米，转轮直径为41厘米。底座为"丁"字结构，一侧并立两根木柱，较长一根上安一个绳轮，以竹片为轮条，将一根木头从中间穿过，作为中轴，轴的一侧有一个拐柄。底座的另一侧安一个纱锭，在轮盘和纱锭之间有一根绳式轮带。纺纱时，坐在特制的矮竹椅上，右手摇拐柄，将绳轮向顺时针方向转动，通过轮带带动纱锭急速旋转。左手轻拽棉条使之纺成纱，当纱达到一定长度后再倒转纺车轮，把纺好的棉纱绕在纱锭上。

　　榕江车江一带多用脚纺车。车架为丁字形木座，在横木侧有一立柱，柱上安一轮盘。轮盘上方的立柱上横安两根纱锭。在轮盘和纱锭之间套两根绳式轮带。在木座上安一根小木桩，在上面安装脚踏杆，杆的另一端安在轮带上。纺纱的人坐在高凳上，以脚踩脚踏杆两侧，从而带动两根纱锭快速旋转。双手拽棉条，同时纺两根锭，比手摇纺车功效提高一倍多。而姑娘们用的高凳也十分美观讲究，多为朱漆描金雕花。这种纺车是嫁妆的必备之物。到了现代，随着物质生活的日益丰富以及观念的逐渐变迁，人们所需生活物品皆在市场上购置，不再纺纱织布。但纺车作为一种文化记忆，见证了古代社会男耕女织的农耕生活模式。

图片来源
图一　龙昭宝　摄影
图二、图三　马晓婷　制图

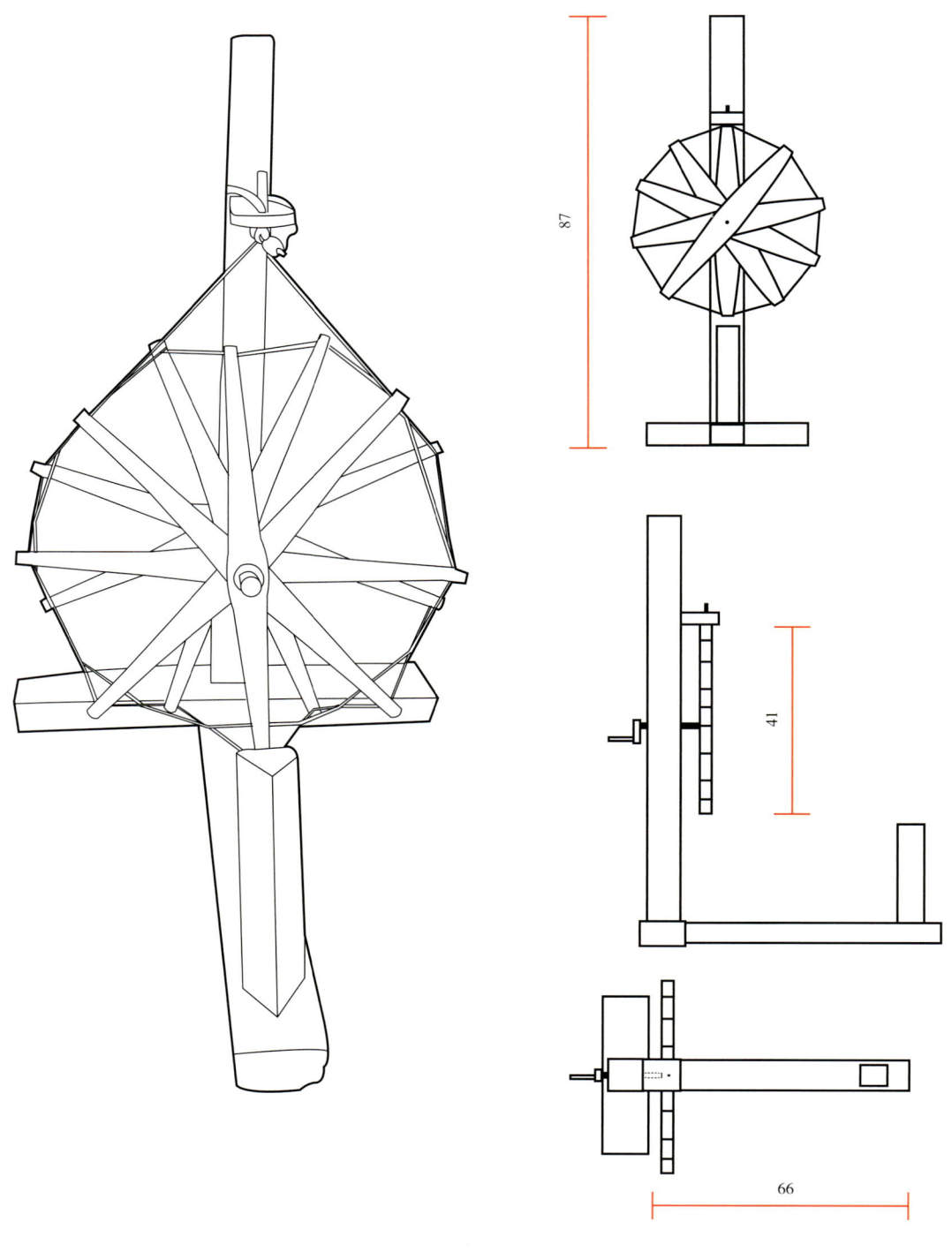

图二　侗族纺车线描图　　　　图三　侗族纺车三视、尺寸图（单位：cm）

侗族绕线机

图一　侗族绕线机主图

绕线机为民间用于整理纱线的木制支架。本案例采集于贵州省黎平县尚重镇盖宝村，由两个部件组成，一是支架，二是纺轮，支架高47厘米，宽45厘米，纺轮直径为42厘米。支架底部为方形木框，主要起到稳定作用。制作工艺是用木枋通过榫卯结合构成一个方形木框，在方形木框的两侧安装两根大约10厘米高的狭长木柱，在木柱上端穿孔，将一根木棍从中间穿过作为纺轮的轴，可转动。纺轮由三块竹片相互交叉构成，呈星型，交叉处穿在木架上端的横轴上，竹片的末端相向用线连接，用于绕纱用。木片的一侧装有木柄，转动木柄，即能将纺好的纱线绕在叶轮上。

纺纱作为一种纺织活动，侗语称"瞎明"，是将皮棉弹松后搓成棉条，再在纺车上纺成棉线。传统社会里妇女一年四季几乎每天都纺纱，但以冬季为主。春、夏、秋三季于每天下午至傍晚在敞廊或堂屋进行，冬季于晚间至半夜在火塘间进行。一般每天能纺100至200克的棉纱。纺织出来的纱线要绕在特制的支架上存放。如今，随着机械化的迅猛发展，传统的手工纺纱技艺已逐渐退出历史舞台，连同那些工具，变成了一种文化记忆。

图片来源

图一　龙昭宝　摄影
图二至图四　马晓婷　制图

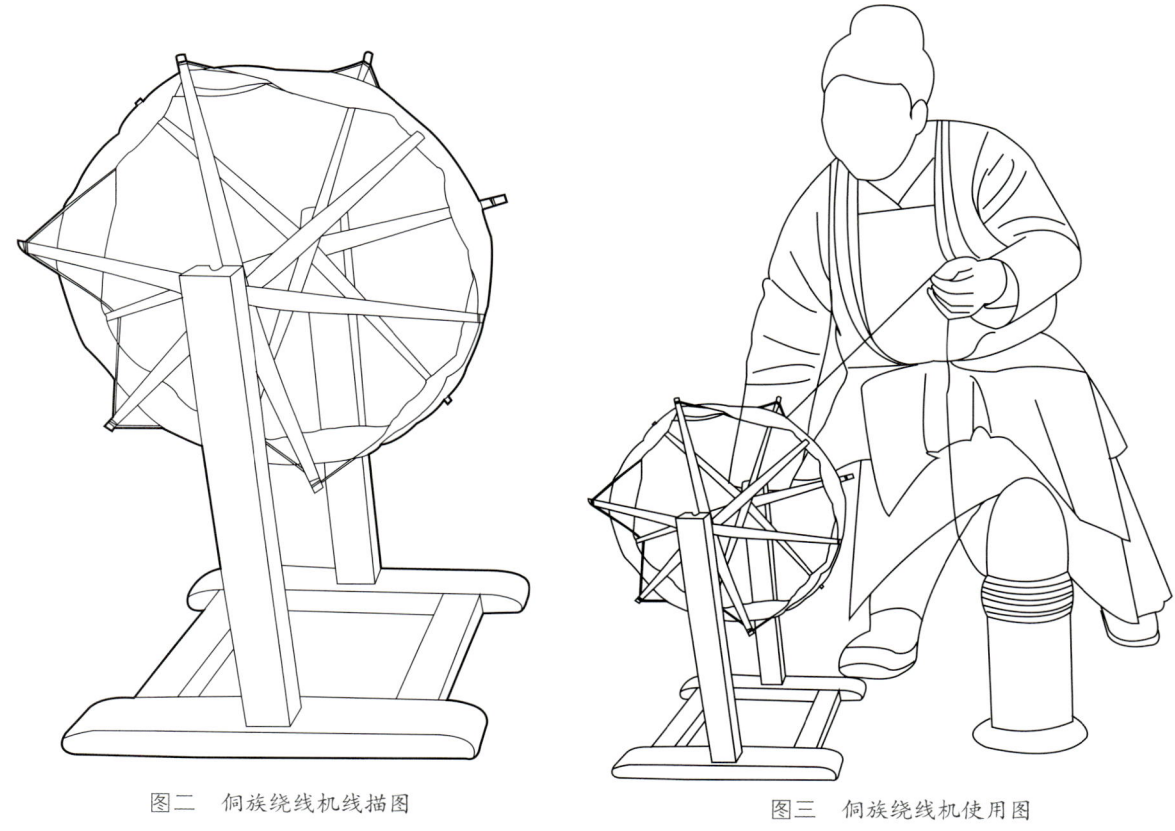

图二　侗族绕线机线描图　　　　图三　侗族绕线机使用图

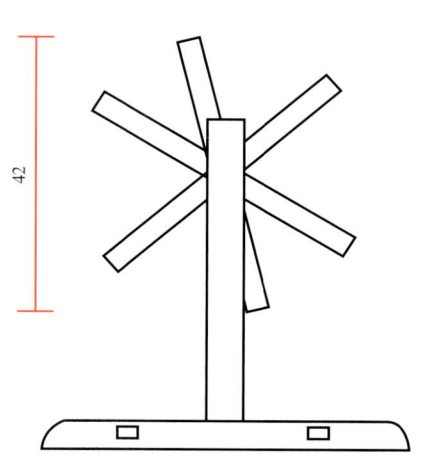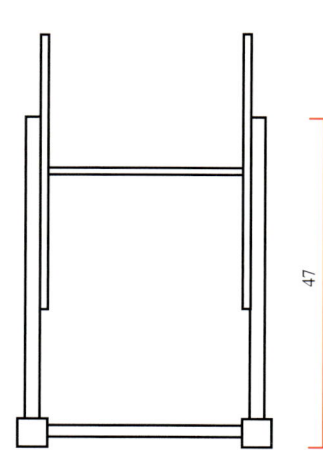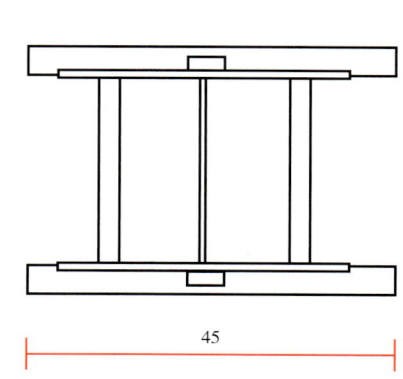

图四　侗族绕线机三视、尺寸图　（单位：cm）

侗族脱棉籽机

图一 侗族脱棉籽机主图

脱棉粒机是侗族地区常见的生产工具之一，侗语称"按"。脱棉籽机是由一个方形木架，中横置两根圆铁棒，在铁棒之间留有一条极小的缝隙，右手向内摇转一根铁棒，脚踏踏板带动另一根铁棒向外转动，左手不停地往小缝隙里喂原棉，原棉被挤出至后面的木筐或篾篮等容器中，棉籽被挤脱掉在操作者面前，即可得净棉。侗乡妇女人人均会操作。

凳式手摇棉花脱籽机，是传统的家用棉花脱籽工具，现今偏远村寨仍在使用。本案例采集于贵州省天柱县社学街道，其凳面的两根竖枋间中断，有两段相挨的卷轴，直径5至6厘米。操作时，一手摇动转轴，一手将棉朵送进两转轴间，卷轴夹压让棉朵的纤维通过，落在后方的竹筐，而棉籽通不过转轴夹缝，被剥离落在前方。在其凳脚，常以重石或其他重物架于其上，以作固定。转轴有一端穿一根沉重的杂木方，俗称"甩杆"，其功能如"杠杆"，属助动装置，由绳子牵起一端，另一端牵于地面的一根较长的木杆上，由足部按节奏踩踏牵引而产生动力，其转动方向为顺时针方向，它随转轴旋转中获得较大的惯性运动力量，增加了转轴的挤压力度，同时也更省力。

图片来源

图一　龙昭宝　摄影
图二、图三　马晓婷　制图

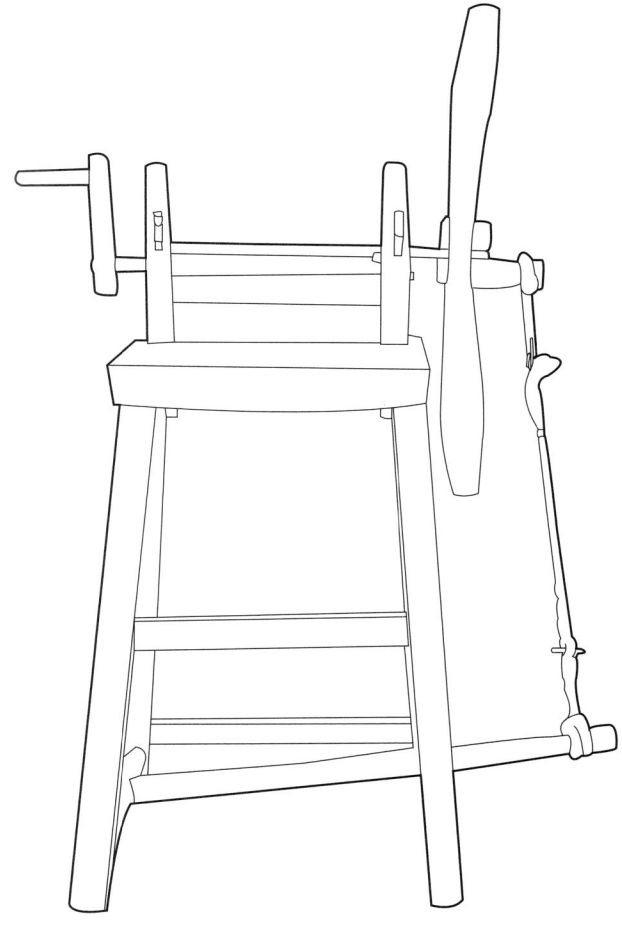

图二　侗族脱棉籽机线描图

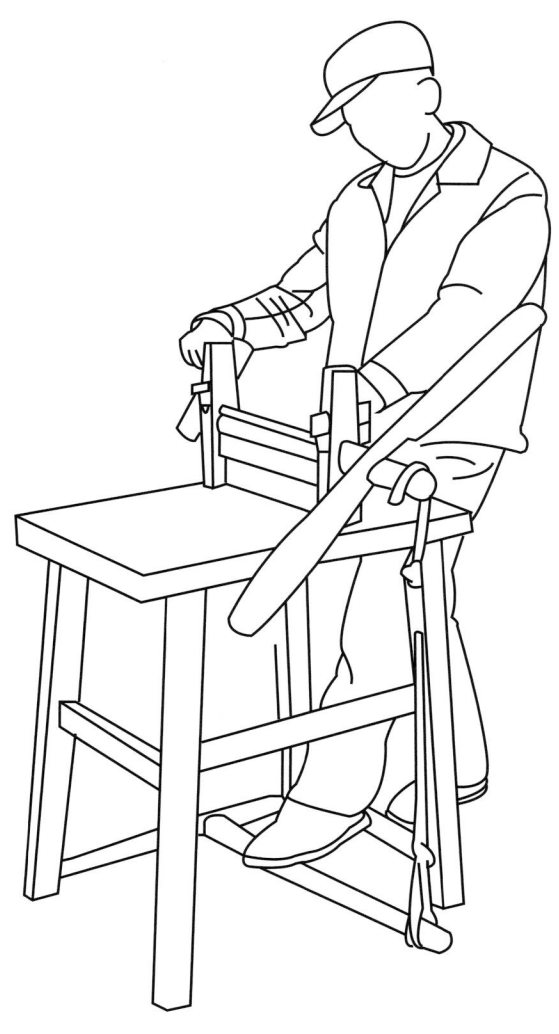

图三　侗族脱棉籽机使用图

侗族石碓

图一　侗族石碓主图

　　碓是古代社会用于谷物除糠脱粒的主要用具。该案例采集于贵州省黎平县尚重镇盖宝村，由碓窝、碓架、碓基三个部分组成，整体长度为220厘米。碓窝为石质，直径85厘米；碓杆为木质，长189厘米；碓基为石质，高38厘米，宽16厘米，长82厘米。安装时，先于地上挖一小坑用于放置碓窝，碓窝高度与地面齐平。之后是碓架，由碓杆和碓杵构成，一般用材质较硬的木材做成；在碓杆的一端凿孔装上碓杵，杵头包铁片以减少磨损；在另一端横穿一短木枋，用于架在碓基上做轴承。碓基由石头或木头制成，用以支撑碓架。舂米时，一脚站于碓基上，一脚用力踩碓杆的一端使碓杵抬起，然后松脚让碓杵猛然落下，将碓窝里的谷物捣碎。舂米的过程中，时有米糠溅出外面，因此要用一根一端捆有稻草的长棍将它们扫入碓窝。有的地方另用一木棍搅拌碓窝里的谷物，使之舂碾均匀。为了使谷物容易舂碎，之前要将它们用烤笼烤焦。舂米之后要用簸箕将糠除去方能食用。

碓，由舂发展而成。《说文》曰："碓，舂也。从石，隹声。"段玉裁注："杵臼所以舂，断木掘地为之。师其意者，又皆以石为之，不用手而用足谓之碓。"舂米，曾是传统社会里妇女一项沉重的体力活，每至鸡鸣五更就要起床劳作，"咣""咣"的声音此起彼伏。现在机械化的碾米机已经普及，碓也逐渐退出历史舞台。但我们不应忘记的是，碓，不仅是中国千年农业文明的见证，同时也是广大农村妇女辛苦劳作的见证。

图片来源

图一　龙昭宝　摄影

图二至图四　马晓婷　制图

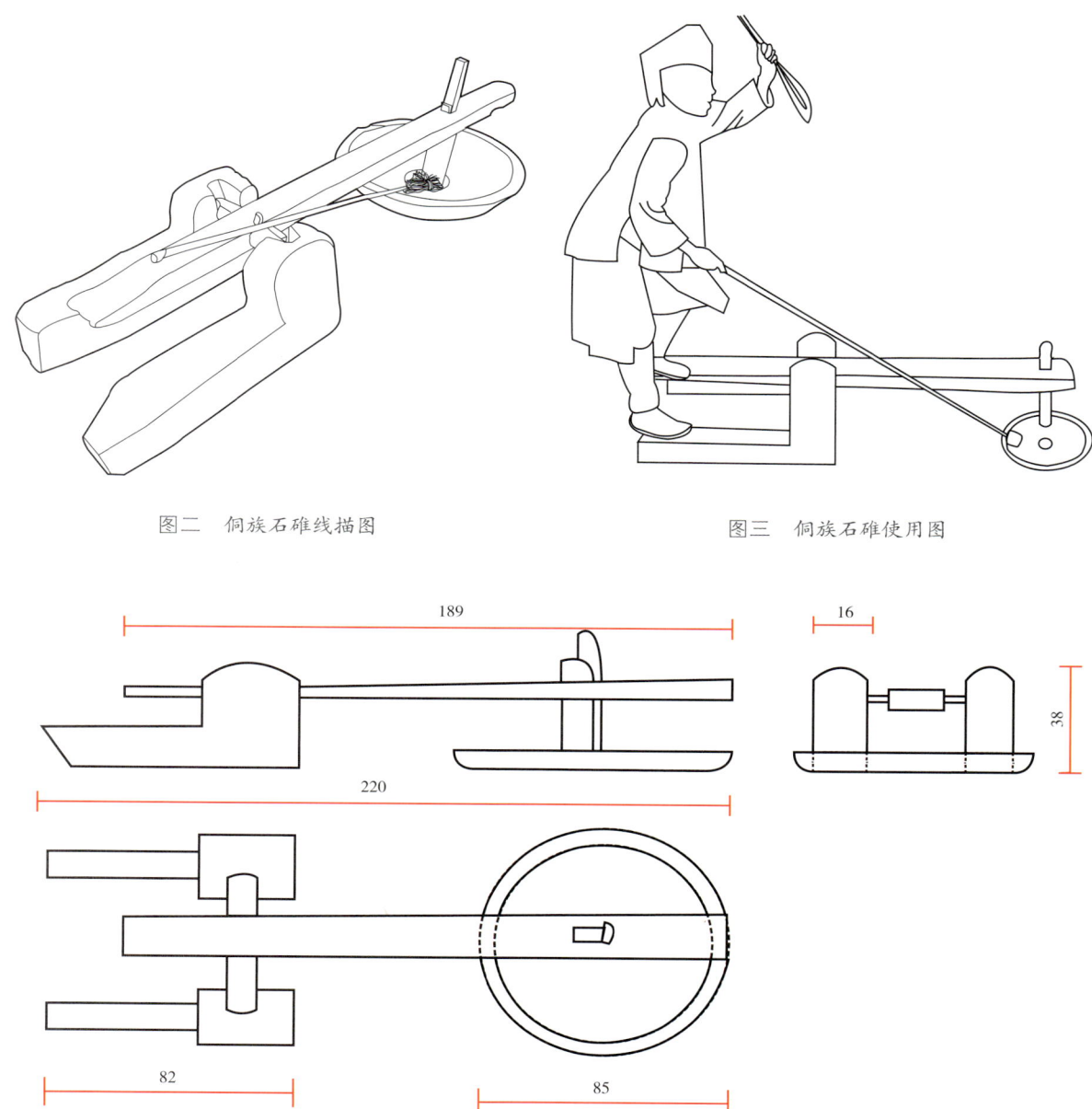

图二　侗族石碓线描图

图三　侗族石碓使用图

图四　侗族石碓三视、尺寸图（单位：cm）

侗族木制榨油工具

图一　侗族木制榨油工具主图

在中国，传统木制榨油工艺源远流长，明代科学家宋应星所著《天工开物》的《膏液》篇就介绍了十六种常见油料作物籽实的产油率，油的性状、用途，以及用压榨法与水代法提制油脂的技术和工具，还谈及柏皮油制法及用柏油制蜡烛的技术。可见，榨油技艺在明代已十分成熟。传统木制榨油工具由木槽、木楔、木槌等物组成。木槽由巨大圆木掏挖制成，用于装置油料，木楔及木槌由硬质木料制成，用于挤压油料。本案例采集于贵州省铜仁市，由杨序顺先生提供，木槽外观呈方形，共有木楔六块，大小木槌各一个。为防止木槽裂开，在右侧用一木制方框将其箍牢。木槽中部的沟槽装油料处呈圆形，装木楔处呈方形。

传统木制榨油工艺分六个步骤：一是炒子，把菜籽、茶油、桐油等油料除去杂物，放入铁锅中炒熟，其间要不断均匀搅拌，火力要稳，直到手捏核壳有脆裂声，手捻内仁发酥为止；二是粉碎，把炒焦的油料用齿密边宽的石磨或者是水碾磨成粉末，越细越好；三是上水，把磨碎的粉末和水搓匀，堆积起来闷一下，使之吸透水分；四是蒸料，将粉末放入大甑子中烧猛火中蒸熟，待出汽后要上下翻动，直至手捻出油为止；五是包饼，将蒸熟的粉末放入密布稻草的铁圈中，将四周预留出来的稻草包向中间，用脚踩紧，形成四周薄、中间厚的圆形油饼；六是压榨，把油饼放入木槽中，插入木楔，用木槌用力敲打，把油挤至木槽下方的容器中。

传统木制榨油工艺耗时费力，非青壮年劳力不能为。现在机械化榨油设备已普及，只有在偏远山乡保留有传统工艺。

图片来源
图一　龙昭宝　摄影
图二、图三　马晓婷　制图

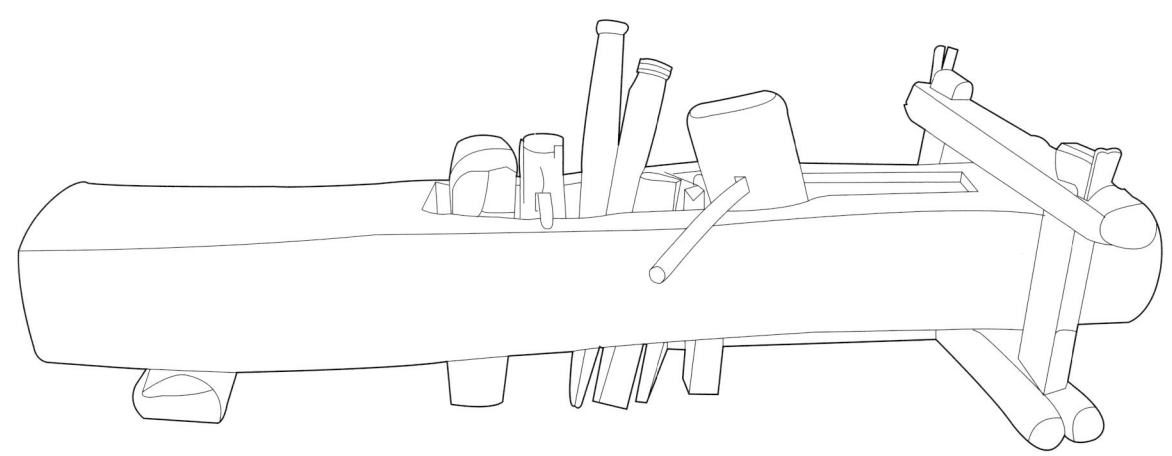

图二　侗族木制榨油工具线描图

图三　侗族木制榨油工具使用图

侗族谷箩

图一　侗族谷箩主图

　　谷箩是山区搬运谷子的主要器具。该案例采集于贵州省三穗县，箩口直径44厘米，高34厘米，材质为竹料。竹料在侗乡便宜易得，且具有较强的韧劲，能够承受大于自身十几倍的重量。该案例的结构较为简单，是传统竹编工艺的产品之一，其编织技法与其他储藏类器具如竹篮、背篓基本相同。编制较为精致，采用经纬篾条的编织方法，只在箩体增加较宽竹片以增强承重能力。编织谷箩的细竹篾已刮去青色，而起支撑用的竹片却保留了原色，一粗一细，一浅一深，相互映衬，该器具在实用之基础上不乏美观，体现了民间篾匠高超的编织工艺。

　　谷箩使用时需在四周套上棕索用扁担挑，在一定程度上减轻了谷箩负重的负担。谷箩自身重量较轻，不会增加额外重量，且具有耐用性及韧性，是广大农村不可或缺的竹制用品。因于生活密切关联，衍生出了以此为题材的"箩筐不能丢"故事。故事梗概是一个人嫌弃母亲老了，便和儿子一起把她用箩筐抬到山里丢弃。回来时儿子对他说箩筐不能丢，留着以后抬你。他听了之后顿生悔恨，把老母亲背负回家好生赡养。这个故事旨在教育众人要尊敬父母，"箩筐不能丢"之语突出了上行下效的作用，而以箩筐作为警示的核心，使得这一平凡之物附上了浓厚的伦理色彩。

图片来源
图一　龙昭宝　摄影
图二、图三　马晓婷　制图

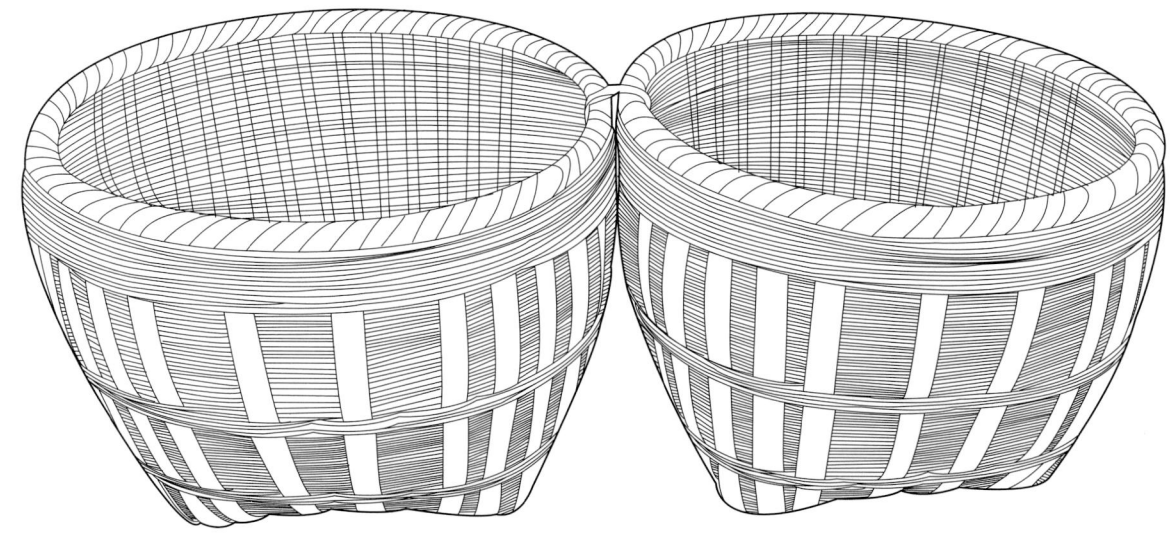

图二 侗族谷箩线描图

图三 侗族谷箩制作图

侗族背篼

图一　侗族背篼主图

背篼系民间背负货物的一种日用杂具，呈方形，材质为竹类或者藤类。本案例采集于贵州省三穗县，竹质，略呈椭圆形，背绳长40厘米，上端直径34厘米，高41厘米。制作工艺是，从山上伐来的楠竹破成细条，只留最具韧性的皮质层为篾条，削砍较之篾条略宽略厚的竹片作背篼的经线。编织时，从底部编起，先用细竹篾将作经线的竹片固定于一起，呈方形，就是背篼的底部。之后，将竹片向上弯曲，用篾条作纬线层层绞缠，将竹片固定。背篼的尺寸无统一标准，根据需要而定。编织完后，用较宽的薄竹片将篼口层层缠绕，一是固定顶部，二是起到美观作用。为使背篼能够平稳站立，须在篼底四角分别插入一小段削尖的竹筒作支撑，用较宽的竹片按一定的比例分别从底部往上插入篼身，增强负重能力，同时也更加美观。最后，用细竹篾编织两条背带，一端插篼顶，一端插入篼底，作背负用。为了减轻竹质背带对人的肩膀的磨损，还可在背带外面套上套子。

背篼按形制可分为大、小两种，按美观程度可分为粗糙型及精致型。粗糙型普遍较大，用于日常生活中背负猪草、红薯、土豆、柴火之类，磨损较大。精致型普遍较小，用于赶集、走亲时背负糖果酒肉之类。在市场上销售的背篼，多为精致型。因体型美观，使用方便，深受百姓欢迎。

图片来源
图一　龙昭宝　摄影
图二至图四　马晓婷　制图

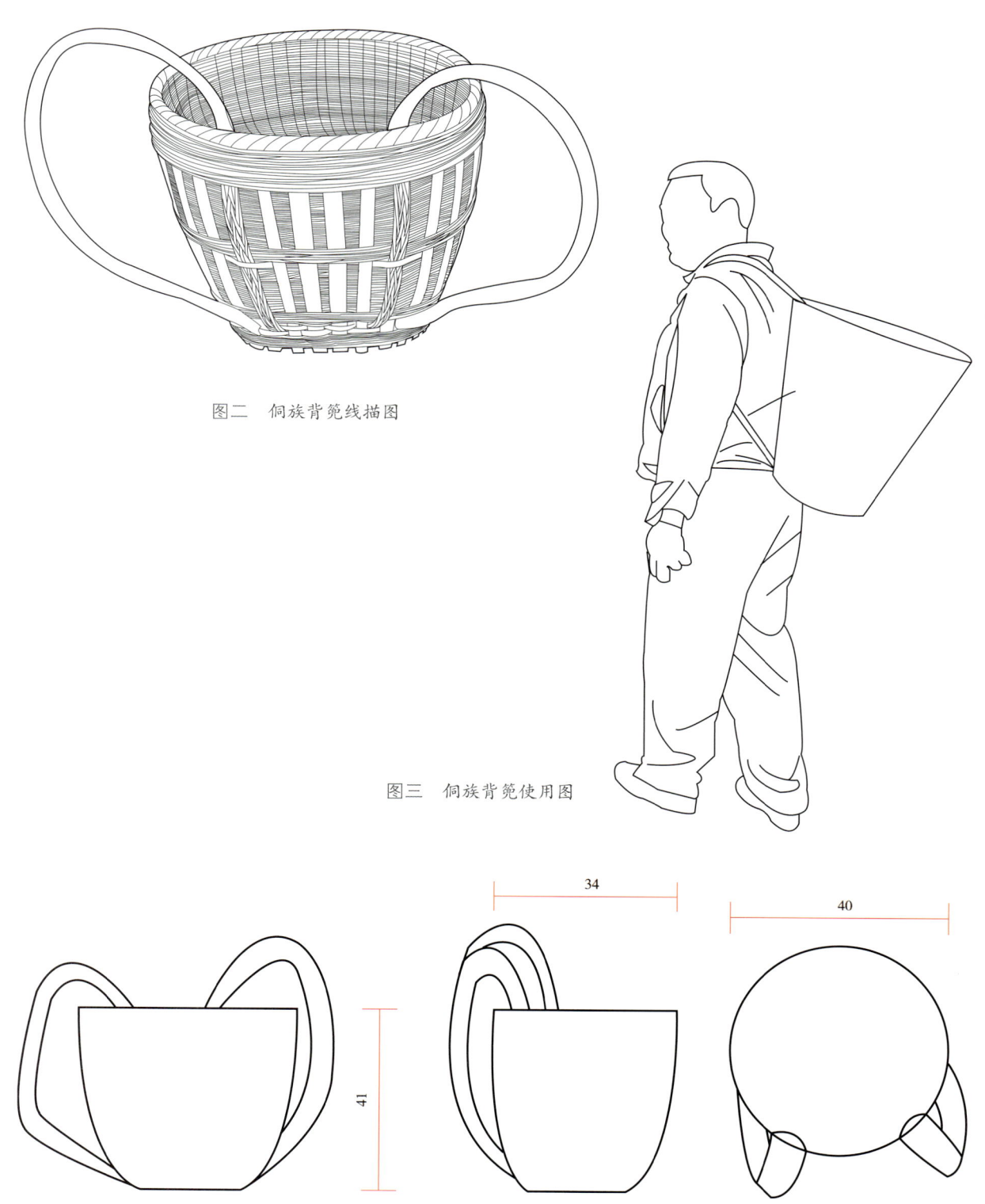

图二　侗族背篼线描图

图三　侗族背篼使用图

图四　侗族背篼三视、尺寸图（单位：cm）

侗族谷桶

图一　侗族谷桶主图

谷桶是专用于收割后稻谷、麦子等农作物的重要脱粒工具，整体形状为漏斗形，桶口及桶底均为正方形。

本案例采集于贵州省天柱县高酿镇春花村盘塘组，长125厘米，宽125厘米，高57厘米。谷桶多用厚实宽大的杉木板制成，制作工艺是，将上好的杉木板根据尺寸需要锯平、刨光，两侧用特制的刨子分别刨出槽和榫；然后榫槽相对组合成桶壁，为了增加桶壁组合的牢固，须在左右两侧的桶板两端挖出一条浅槽，将另两块桶板嵌入槽中，嵌入槽中的桶板上、下端各要制出一个"拉耳"，以保证在田地里使用时方便移动；接着是制作桶底，也是用木板拉槽组合而成，桶底下部用两个船行的木枋支撑，此种设计主要出于固定桶底板和便于移动之考虑；最后是将桶壁与桶底组装，先根据桶壁的下口宽度在桶底木板上挖出浅槽，将桶板嵌入槽中，在桶壁的四角外侧再附上一块木枋，底部通过榫卯结合镶入底部的船行木枋中，上部分别凿眼，穿过"拉耳"。谷桶制作好后，还须涂抹一层桐油防腐。搬运谷桶时，将一根长约140厘米的木根斜放桶内，人扛谷桶前行。使用时，将谷桶仰放田中，人站于侧面，手握稻根，扬起谷穗猛地敲击桶壁内部，每敲击一次，都要轻轻抖动几下谷穗，使谷子掉进桶内。

因是敲击脱粒，所以谷桶的材质及制作工艺要求较高。材质要求用硬性较强（抗击打）、重量较轻（便于人工搬运）。制作工艺要求精密牢固，因此木板之间通过榫卯组合而成，并在四角附以立柱使之更加牢固。和其他地方在竹编器具中脱粒的方式比较起来，谷桶脱粒显得更为先进：一是硬性较强的木板更能抗击打，能提升脱粒质量；二是谷桶四角都可击打，可供四人同时劳作，加快工作效率。当然，谷桶纯由木材制成，也只有在盛产木材的地方才能出现，而这也体现了人们因地制宜的生存智慧。

图片来源
图一　龙昭宝　摄影
图二至图四　马晓婷　制图

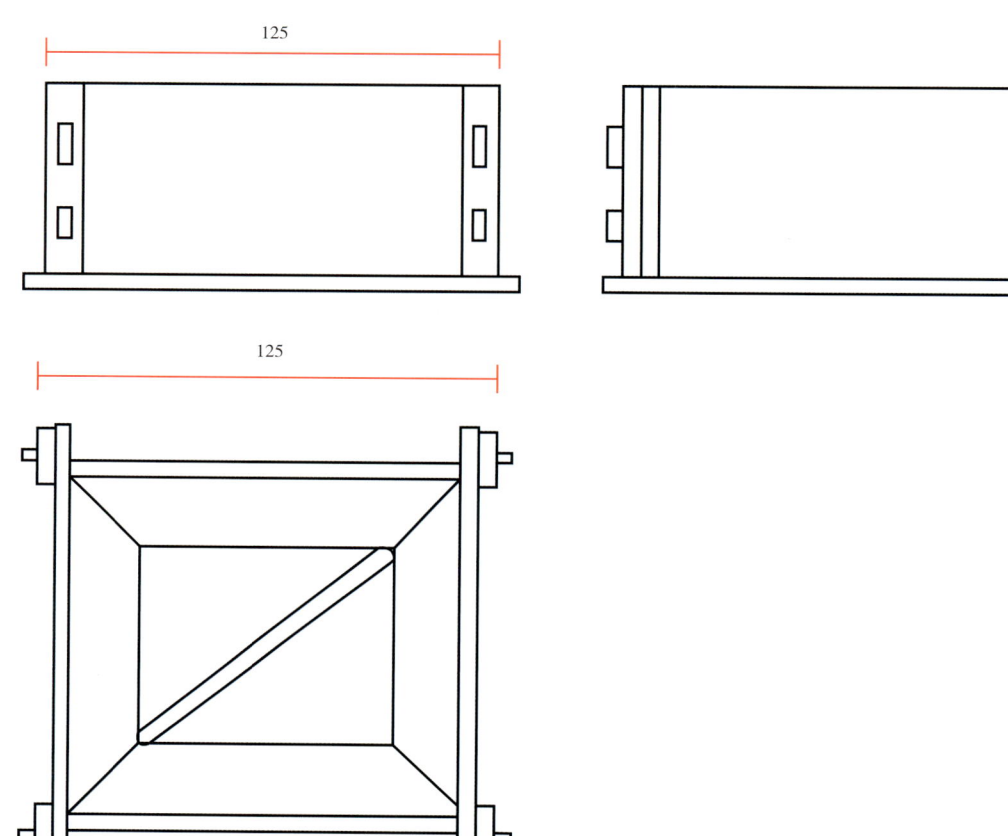

图二　侗族谷桶三视、尺寸图（单位：cm）

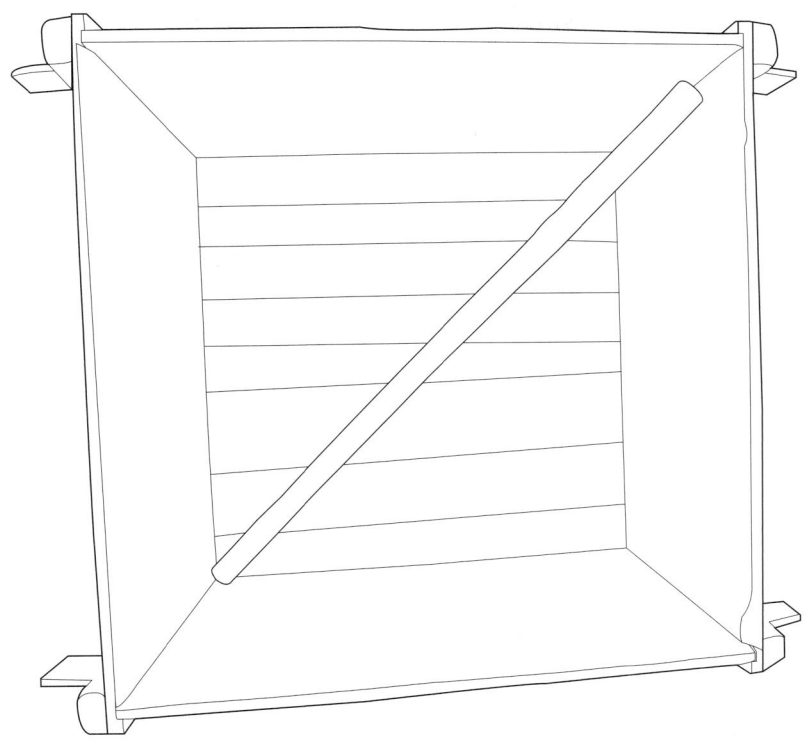

图三　侗族谷桶线描图

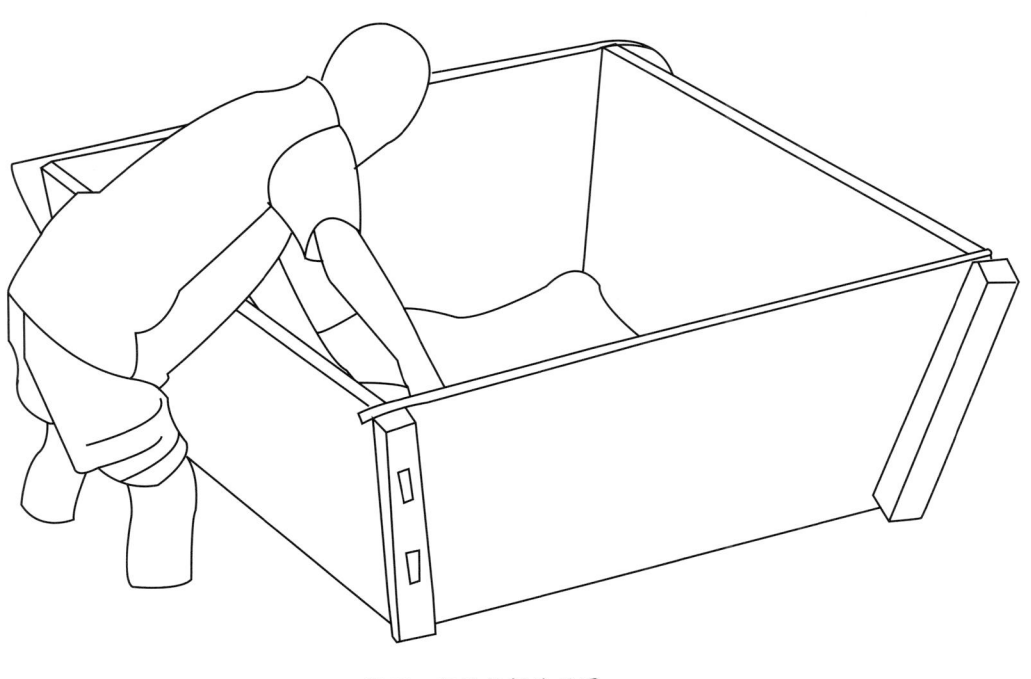

图四　侗族谷桶使用图

侗族风箱

图一　侗族风箱主图

　　风箱亦称风簸，侗语为"歪"，是民间通过风力筛选粮食、菜籽，除去杂质的木制工具。本案例采集于贵州省天柱县高酿镇春花村盘塘组，长178厘米，宽60厘米，高130厘米。风箱由四脚支撑，顶部中间设有方形漏斗，作贮放之用。漏斗的下方安有一挡板，可通过木轴根据左侧的梯形木块来调节开口大小，往上则封闭，往下则敞开。风箱右侧呈椭圆形，里面安装有木质叶轮，外侧用一弯形铁棍作摇柄。左侧方形出口供吹出杂物。下侧前后各设有一扁形出口，处理后的干净大米、菜籽之类由此落入下方容器。

　　风箱的工作原理是：先将挡板调至梯形木块的第一层，封住漏斗底部，然后把谷物倒进漏斗。接下来，人面向风箱，右手匀力摇动叶轮，使其产生风力，左手一级一级往下调动竹片，打开挡板，让漏斗中的谷物往下掉。在风的吹动下，重量较轻的杂质从左侧出口飞出，而较重的粮食等则从下侧的两个出口分流出来。

从历时性来看，风箱是人类筛选谷物的阶段性产物。在古代，早期的筛选办法是将米糠放在竹篾编成的圆形器物中，利用人力上下颠簸除去杂质，耗时费力。随着生产生活经验的日益积累，人们设计出巧妙利用风能的风箱来筛选谷物，高效省力，把人从繁重的劳动中解放了出来。如今，碾米除糠一体化的电力驱动设备已经普及，但风箱作为中国农耕文明发展历程的一个物证，其凝聚的人类创造力不应被遗忘。

图片来源
图一　龙昭宝　摄影
图二至图四　马晓婷　制图

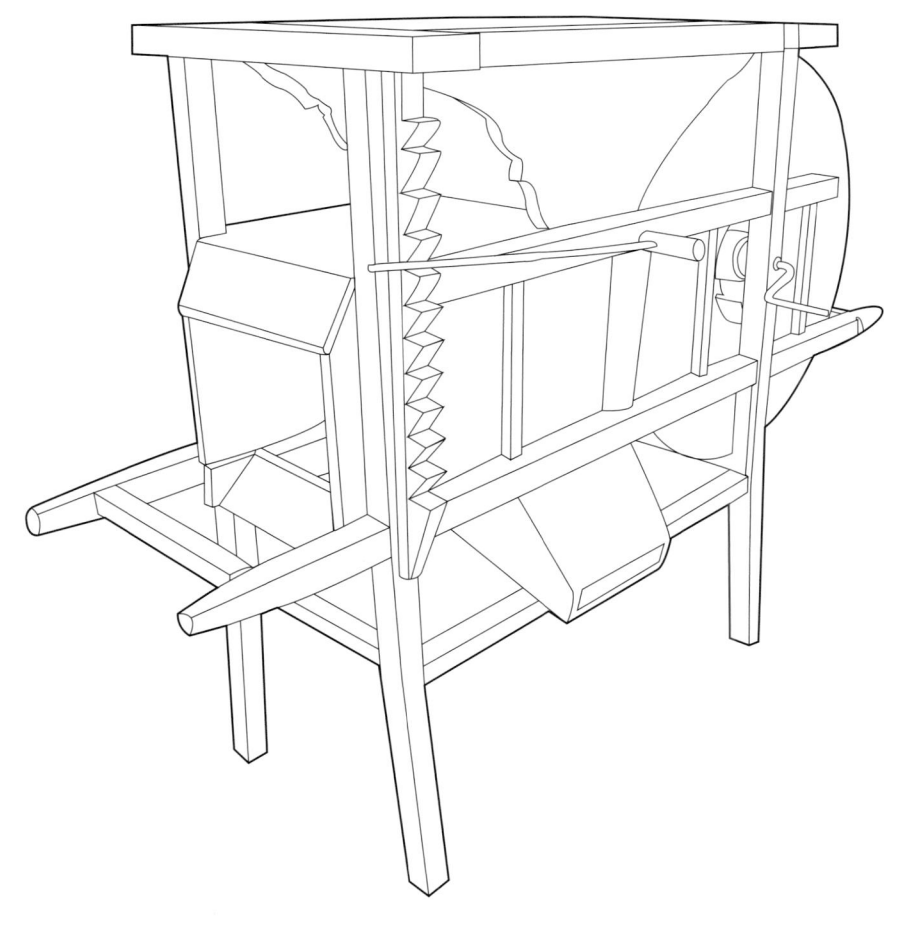

图二　侗族风箱线描图

图三 侗族风箱使用图

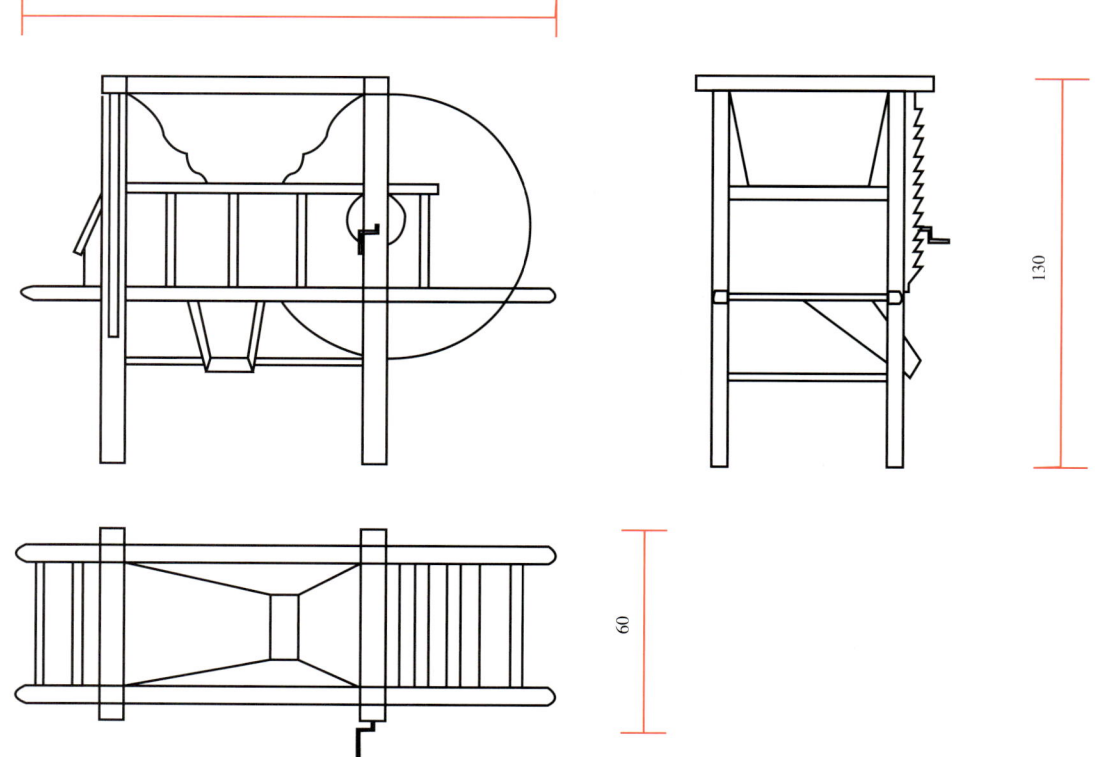

图四 盘塘侗族风箱三视、尺寸图（单位：cm）

侗族鱼捞

图一 侗族鱼捞主图

鱼捞是用于水田里捕捉鲤鱼及泥鳅的竹编工具，侗语叫"过"。本案例采集于贵州省天柱县高酿镇。制作工艺：先将楠竹刮去青皮，破成许多细条；然后编织捞体，先于地上纵向整齐排列好部分竹条，用两片竹篾横向按正反交叉法将纵向的竹条固定于一体，在两侧留出提耳，至中后部则将鱼捞缩小，留出一小圆孔，在末端用一竹圈扎住；接着将一根拇指粗的竹竿折成一个等边三角形作鱼捞的门架，用一根韧性较强的木条穿过提耳弯曲成椭圆形作为鱼捞的捞架，两端固定在三角形竹竿上；最后用一个木根固定在门架及捞架上部作为鱼捞的提梁，用一根竹篾缠绕而成的绳索将捞尾和捞身连于一起，使其尾部上翘。

鱼捞在设计上有着自己的独特之处：首先是捞体的口大尾小结构，口大便于鱼及泥鳅进入，尾小则将其困住，在捞体缩小处的圆孔里，留有一圈倒刺，若鱼儿进入尾部，则被挡住出不来；其次是三角形的门架，上小下大的形制不仅将捞体固定住，而且便于提携。使用时，将鱼捞放置于水田中，左手按住提梁，右手用一竹竿曲折成三角形、上面串有几截竹筒的赶鱼工具（民间叫作"雷公器"）从右往左在水里抖动，发出"过""过"的声响，把鱼及泥鳅等往鱼捞里赶。民间用鱼捞捕鱼，时间多在每年的栽秧之前（三至四月份）以及收谷之后（十至十一月份）。鱼捞为竹制，虽是普通之物，也是侗族稻耕文化的一种产物；虽采材便利，但也体现了民间的智慧。

图片来源

图一　龙昭宝　摄影
图二、图三　马晓婷　制图

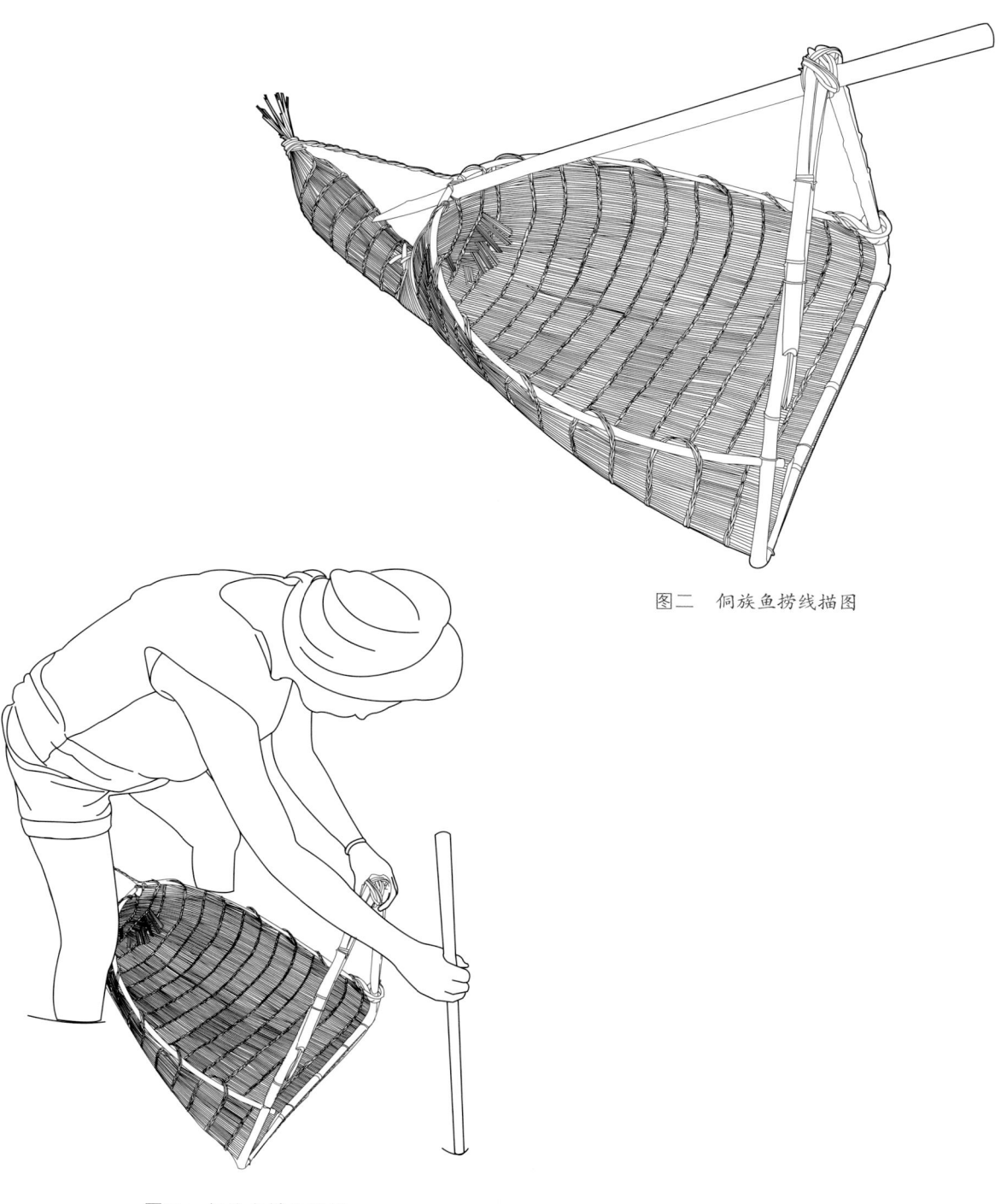

图二　侗族鱼捞线描图

图三　侗族鱼捞使用图

侗族撩箕

图一　侗族撩箕主图

撩箕系民间竹编民间竹编日杂用具，主要用来盛装食物或者细碎的货物，例如稻谷、包谷、菜籽之类。本案例采集于贵州省黎平县九潮镇高寅村，长61厘米，宽48厘米，高20厘米。编织工艺是先将楠竹刮去青皮，劈成细竹篾；然后以较宽的竹片为经线，细竹篾作纬线交替编织出箕身；待编到一定的高度之后，用一根较粗的竹条曲成椭圆形作为箕口，用竹篾呈发辫形将其和箕身紧密连成一个整体。

从形制看，撩箕状如一剖两半的葫芦，是民间篾匠仿照葫芦瓢编织而成，虽为普通之物，亦具有仿生学意义。在设计上亦有可取之处：首先是椭圆形的箕身构造，其约束力全靠细竹篾完成，体现了较高的工艺水平；其次是筒状箕首，便于倒出货物，而半弧形的箕体便于使用，考虑到工具的实用性；第三是箕体线条柔和，发辫形的簸沿增强了视觉美感。既强调了实用性，也不忽略审美性，取材于自然世界，立足于现实生活，撩箕从一个侧面承载了民间篾匠高超的智慧与技艺。

图片来源
图一　龙昭宝　摄影
图二至图四　马晓婷　制图

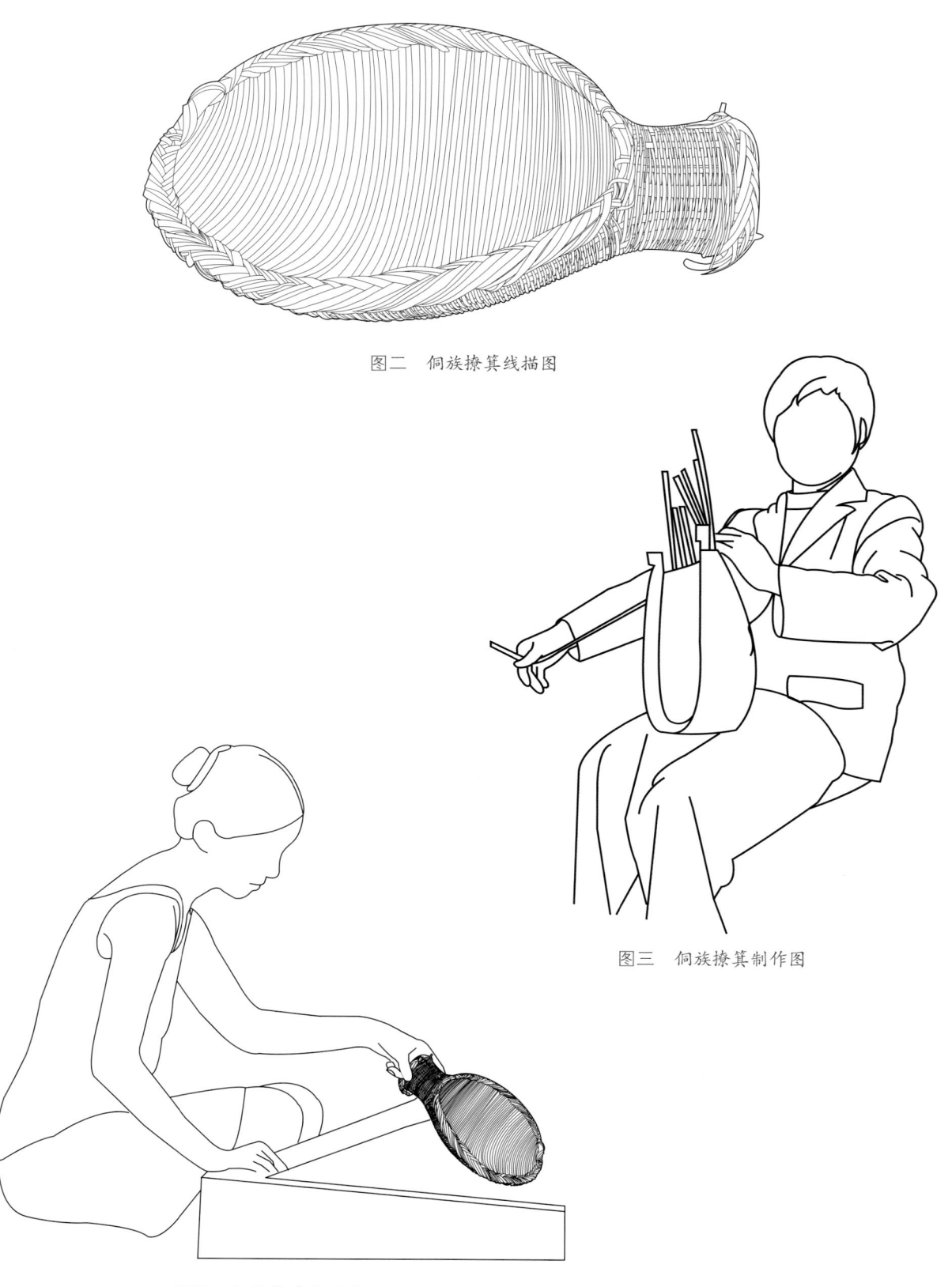

图二　侗族撩箕线描图

图三　侗族撩箕制作图

图四　侗族撩箕使用图

侗族搓钻

图一 侗族搓钻主图

搓钻是传统社会里木匠用于木作钻眼钉竹钉的工具。本案例采集于贵州省天柱县社学街道，由搓杆、搓锤、搓板、搓线组成。搓杆为硬木制成，长61厘米，顶端钻有一眼，用于穿搓线，下端装有一个铁质钻钉。钻钉的一端呈尖状，另一端与搓杆的结合处用铁圈箍紧。搓锤也为硬木制成，呈方形，中间钻有一眼，用于安插搓杆，搓锤与搓杆之间用木锲插紧。搓板为木片制成，呈梭形，中间钻有一孔，用于穿过搓杆；两端亦钻有眼，用于固定搓绳。搓绳为棕绳制成，穿过搓杆顶部的眼洞，两头系于搓板的末端。搓钻的使用方法是，将钻钉放在需要钻眼的地方，先将搓绳缠在搓杆上，然后双手用力下压搓板，连续反复上下，利用棕绳搓动木杆。旋转的搓杆带动搓锤，产生钻力，从而驱动钻嘴钻入木头中。

起初，人们通过用手搓动木根来钻孔，

耗时费力，而且也使得手掌十分难受，因此在长期的实践中人们开始利用绳索来代替手掌，于是产生了搓钻。搓钻一端配以铁制钻钉，钻眼效果更为明显。搓钻取材容易，设计巧妙，极大地节省了人力，因此在传统手工木工制作中，是必不可少的钻眼工具。

图片来源

图一　龙昭宝　摄影
图二至图四　马晓婷　制图

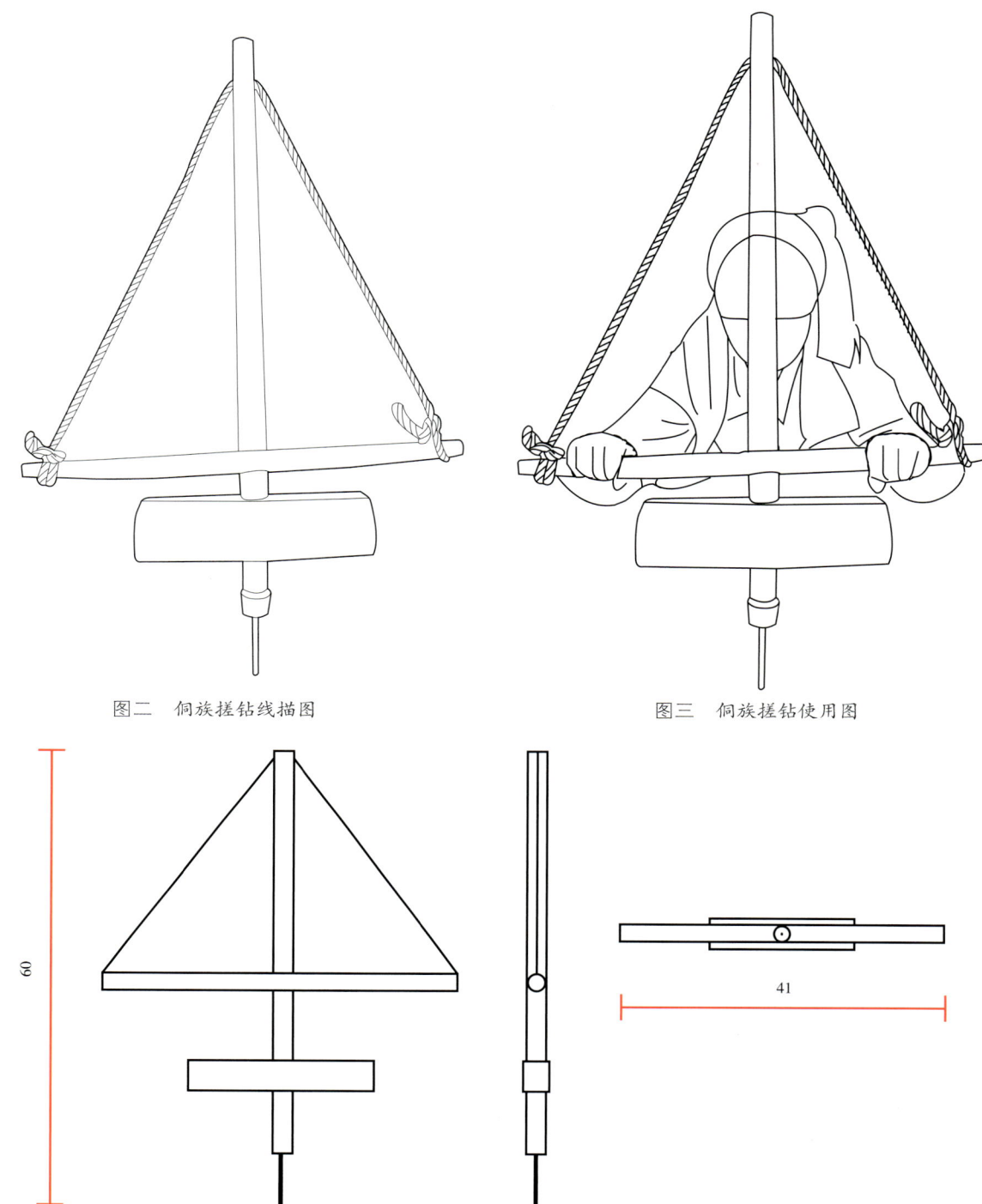

图二　侗族搓钻线描图

图三　侗族搓钻使用图

图四　侗族搓钻三视、尺寸图（单位：cm）

侗族木犁

图一 侗族木犁主图

木犁是一种重要的生产工具，侗语称"给"。木犁由犁辕、犁铧、犁底、犁柱、挂绳棒、牵绳、弯轭等部件组成，从结构上可分为四角形和三角形两大类。四角形木犁最大的特征是在犁辕与犁底之间有一根垈木相连，和犁柱构成一个不规则的四角形。三角形木犁则是犁辕与犁底之间形成三角形结构，因木辕弯曲，又称"曲辕犁"。

本案例采集于贵州省天柱县社学街道，为三角形木犁，高度为105厘米，挂绳棒长60厘米。犁辕、犁柱、犁底、弯轭、均为硬木制成，犁嘴呈三角形，为铁质。犁柱呈方形，系一根圆木削砍成，在中间偏上部位有一长方形孔，用于安插犁辕，并将其顶端削小，于后侧安插一木柄，便于把握。木辕由自然弯曲的木头制成，一端与犁柱榫卯结合，另一端系上挂绳棒，通过牵绳和弯轭连于一起，用于畜力牵引。犁底为一小块木头，通过榫卯和犁柱组成一个整体，用于安装犁铧。犁铧为生铁铸成，呈三角形，用木钉通过圆孔和犁底、犁柱钉在一起。犁地时，将弯轭挂于牛峰上，将牵绳套于牛身拉住木犁。人握住犁把，用力下压，使铁铧切入土中利用牛的拉力将泥犁开。犁地过程中，牛须沿犁道直行，人须不断摇动犁架，使翻开的土块迅速滚向一侧，减轻阻力。

从历史上看，中国的犁耕技术在汉代已出现，以牛牵引的犁耕代表了传统农业耕作技术发展的最高水平。曲辕与犁嘴构成三角形结构的造型应是木犁后期发展的结果，这一改进巧妙利用力学原理，耕地时能起到一定的省力作用，而木辕的曲线增加了犁的线条美，木质构件也易于更换维修。如今，机械化耕作已逐渐普及，但在偏远山区，木犁因实用性、轻便性等特点仍被广泛使用。

图片来源
图一　龙昭宝　摄影
图二至图四　马晓婷　制图

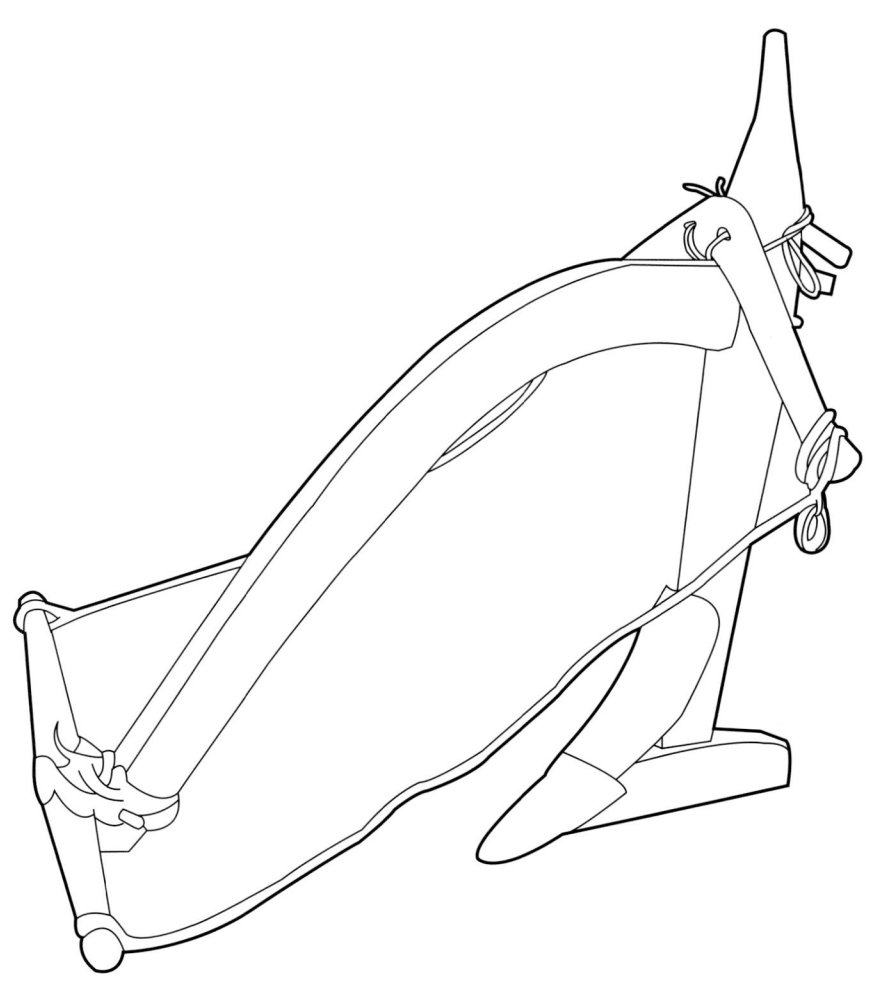

图二　侗族木犁线描图

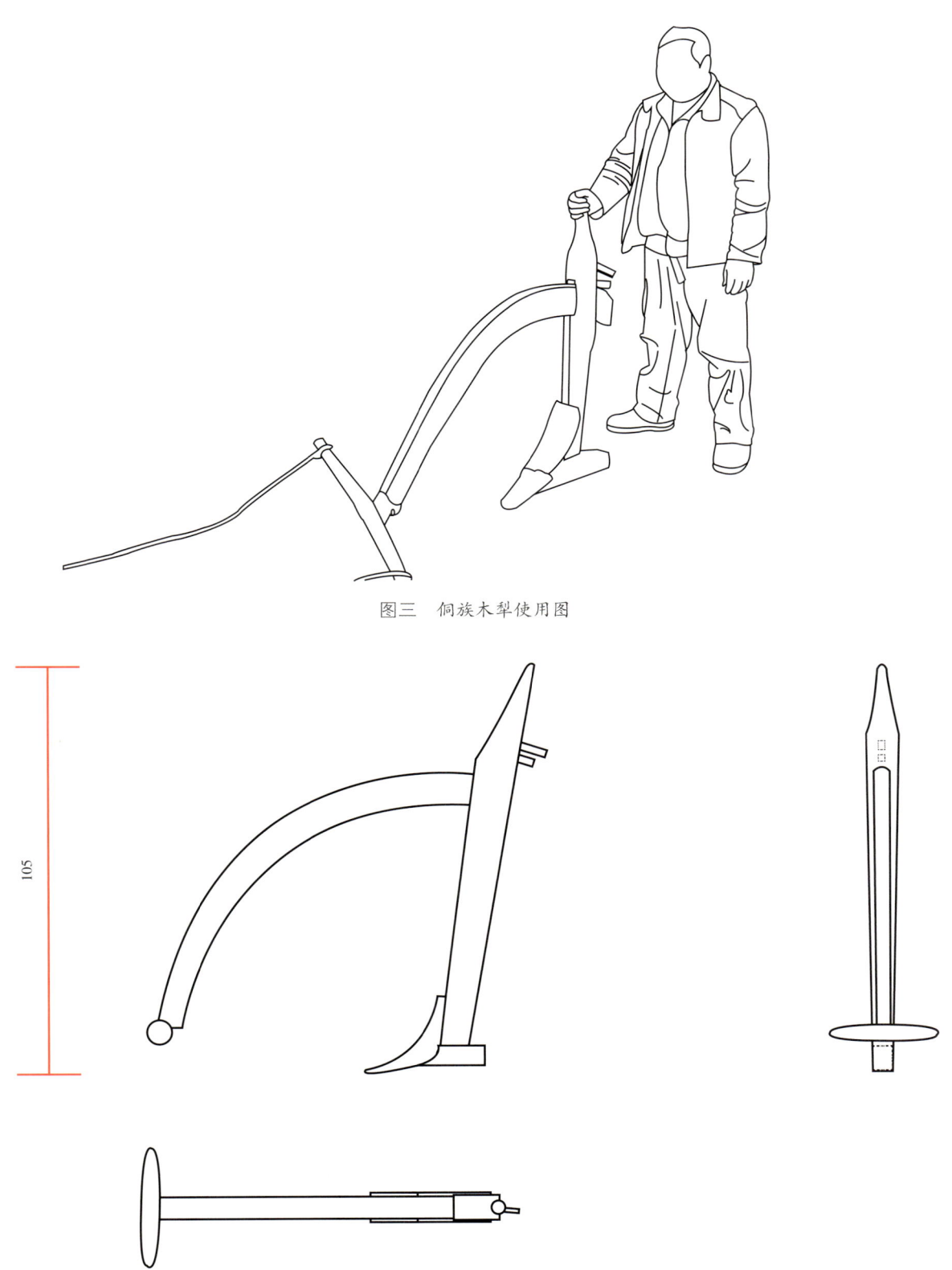

图三 侗族木犁使用图

图四 侗族木犁三视、尺寸图（单位：cm）

侗族木耙

图一　侗族木耙主图

　　耙是侗族地区常见的生产工具之一，侗语称"八"，主要用途是利用畜力将田中土块切碎，平整土地。木耙由扶手框、装齿杆、耙齿及拉缆等部件构成，按耙齿的质材分为木齿耙和铁齿耙两种。耙齿为硬杂木制作的称为木齿耙；耙齿为生铁制成的称为铁齿耙。进入现代社会以来，铁齿耙已普遍使用于农事生产活动中，只有在边缘山区还保留有木齿耙，也只是作为一种文化遗存，并不使用。木耙的木架用硬木制成，拉缆过去用山中韧性较好的藤类，现在改用尼龙绳或者三角皮带。木耙的制作工艺有着一定的复杂性，只有那些长期从事生产用具的木匠才能制造出耐用的木耙。木耙所用材料铁质部分由铁匠锻造，而木质部分由木匠自己准备，因侗乡木料较多，制造一张木耙不是很难的事。

　　本案例为铁齿耙，采集于贵州省天柱县社学街道，长125厘米，高68厘米。设计精巧之处在于：一是耙齿，铁制的耙齿之间存在着一定的间距，平整土地时小块泥巴能从耙齿间顺利通过，减少了阻力；二是拉缆与铁齿之间呈三角形,向上斜拉力使牛在牵引时也更省力;三是木质结构的扶手框,材质较硬,能够在劳作时承受一定的压力,也便于更换,因为是榫卯组合,如有哪一部分朽坏,直接替换即可。

图片来源
图一　龙昭宝　摄影
图二至图四　马晓婷　制图

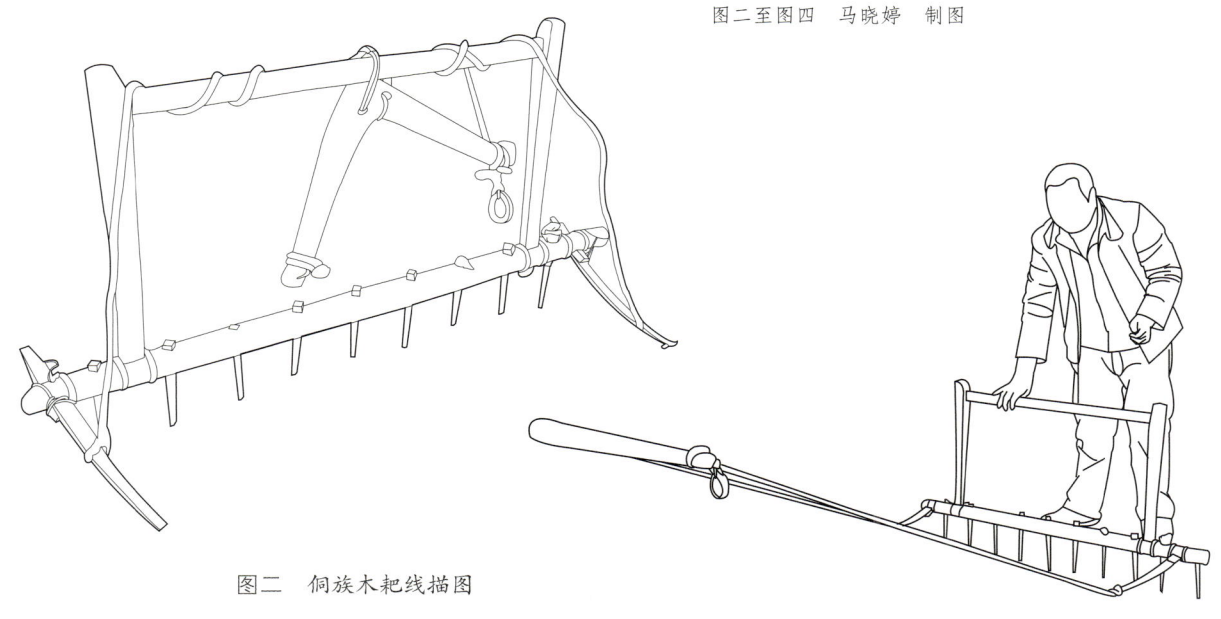

图二　侗族木耙线描图

图三　侗族木耙使用图

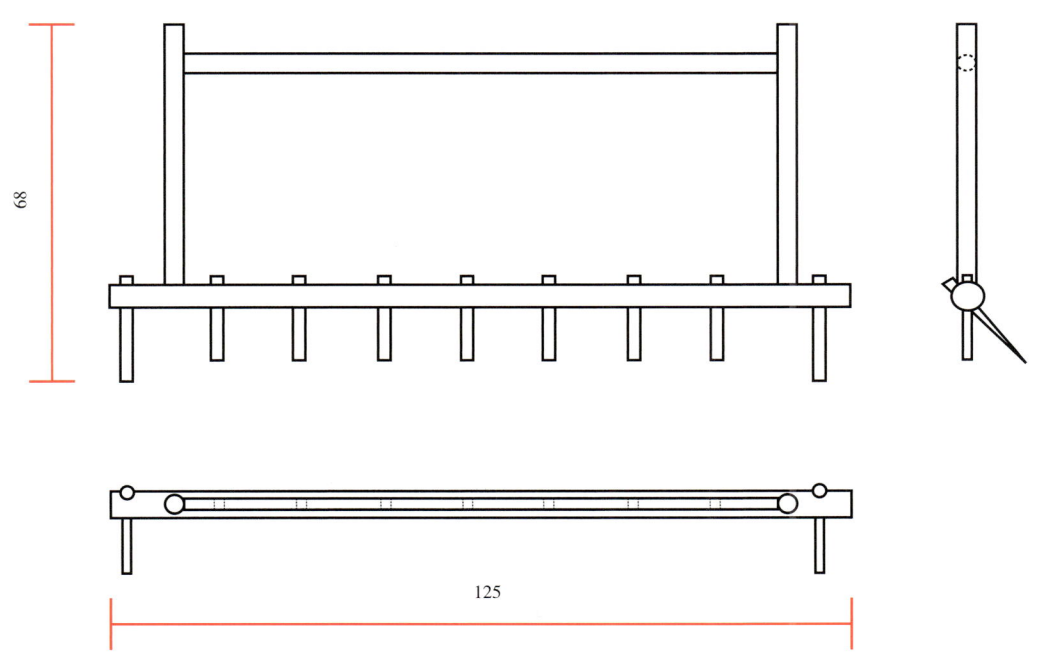

图四　侗族木耙三视、尺寸图(单位:cm)

侗族蓑衣

图一 侗族蓑衣主图

侗族蓑衣是用棕树皮缝制而成的用于挡雨遮寒的生活用具。蓑衣的起源十分古老，《诗·小雅·无羊》："尔牧来思，何蓑何笠。"直到20世纪80年代才被化纤和塑料制成的雨具所取代。本案例采集于贵州省天柱县社学乡街道，呈心形结构，长72厘米，最宽处为80厘米。制作蓑衣的主要工具有五齿铁爪、约长20厘米的钢针。制作工艺是，从棕树上割下棕皮，将其坚硬的柄茎剔除；接着用铁爪将棕皮上的各种碎片杂物清理干净，将其用重物压平压实；然后是从棕皮上抽出棕丝，搓成结实的细线，用于将各片棕皮连成一体；最后用钢针牵引棕索把压得平实的棕皮层层由上到下织于成一块，根据人的肩膀及背部宽度逐层收缩，上宽下窄。

蓑衣只能遮挡住人的背部，使用时必须和斗笠搭配。蓑衣的制作沿袭了古老的"树皮成衣"的缝纫技术，虽然在现代社会中已不再使用,但却是中国千百年来农耕文明的一种见证,承载了古人就地取材、因地制宜的生存智慧。

图片来源
图一　龙昭宝　摄影
图二至图五　马晓婷　制图

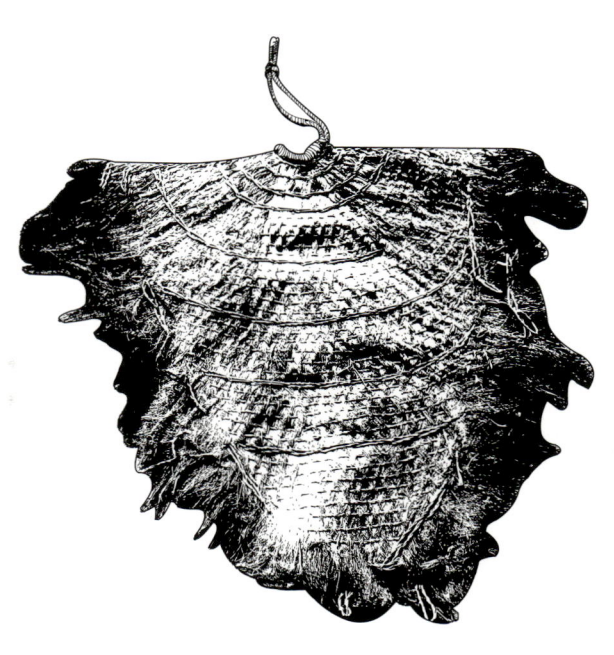

图二　侗族蓑衣线描效果图

图三　侗族蓑衣使用图

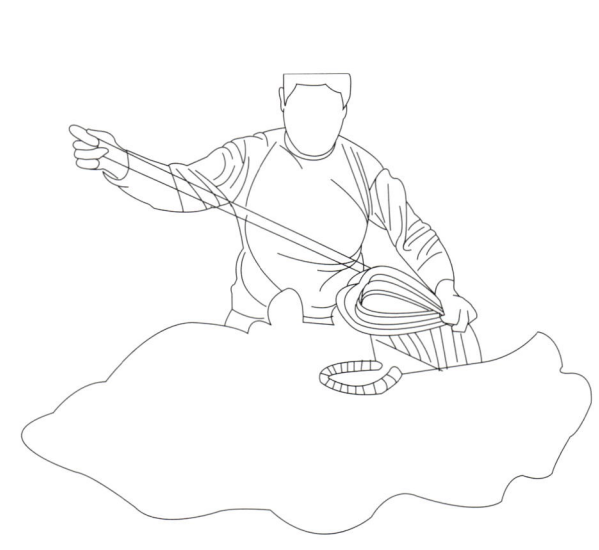

图四　侗族蓑衣制作图

图五　侗族蓑衣色彩对比图

侗族摘禾刀

图一 侗族摘禾刀主图

摘禾刀，又称"禾剪"，是民间用于收割糯穗、小米等农作物的一种特制工具，侗语称"滴"。摘禾刀由刀刃、月牙形木片以及套绳组成。制作工艺是，将木块削成9厘米长、5厘米宽的月牙形木片，在上侧挖一方形凹口安插刀片，在下侧钻一小孔，套上绳索。使用方法是，将绳索套在右手的手掌根部，无名指和小指夹住摘禾刀，食指钩住谷穗带向刀口，手掌用力将其割断。本案例采集于贵州省黎平县尚重镇盖宝村，月牙形刀架为牛角制成。

摘禾刀虽然结构简单，却是一种重要的收割工具。历史上侗族普遍种植高脚糯稻，糯稻的一大特性就是成熟后不易脱粒，因此收割时不能像籼稻那样通过在谷桶内摔打脱粒，而是要一穗一穗地剪断，捆扎成把，悬挂在禾晾上晒干收藏。原始的摘禾方式是双手将稻穗剥下，此种劳作耗时费力。因此人们发明出了摘禾刀来剪断稻穗，以提高劳动效率。如今，随着高脚糯稻种植面积的不断缩小，摘禾刀只在一些偏远山乡使用。但在历史上，摘禾刀却是侗族稻作文明的一个组成部分。

图片来源

图一　龙昭宝　摄影

图二至图四　马晓婷　制图

图二　侗族摘禾刀线描图

图三　侗族摘禾刀使用图

图四　侗族摘禾刀色彩对比图

第五章　侗族传统生产工具

第六章 侗族传统手工艺

侗族鼓楼营造工艺

图一　侗族鼓楼主图

鼓楼是侗族建筑的杰出代表，是侗族"三大宝"之一，因营造技法精湛而闻名于世，本案例采集于贵州省黎平县茅贡镇地扪村，主图便是鼓楼的内部架构。

中原地区文献中关于鼓楼的记载，最早见于明代。邝露的《赤雅》有："以大木一株埋地，作独柱脚楼，高百尺，烧五色瓦覆之，望之落锦鳞矣。"邝露所说的"独柱脚楼"便是现今侗乡独柱鼓楼的原型。清代李宗昉的《黔记》对鼓楼的聚众议事功能进行了描述："黑楼苗在古州、清江、八寨等属。临近诸寨共于高垣处造一楼，高数层，名'聚堂'。用一木竿长数丈，空其中以悬于顶，名'长鼓'。凡有不平之事，即登楼击之，各寨相闻，俱带长镖利刃齐至楼下，听寨长判之。有事之家，备牛待之。如无事而击鼓，及有事击鼓不到者，罚牛一支以充公用。"清代著名诗人赵翼的《苗楼》一诗对此亦有描述："苗人结寨必有楼，楼身高出寨上头。每逢公事须集众，楼中击鼓齐会谋。牡鸡血沥盆酒饮，如众侯国盟葵邱。楼高五级或七级，中央透漏四角周。……留此楼作干城卫，毋令击鼓兴戈矛。"（注：在清代文献中，侗族被统称为"侗苗"。）

鼓楼是侗寨的标志，是家族的象征。传统社会里，修建鼓楼所需财力、物力、人力必须由全寨或者整个家族来付出。建造鼓楼的程序有地基选择、材料选择、设计制作、立架上梁、盖瓦装饰。地基选择先经寨老商议拿出初步方案，然后全寨人讨论通过，最后请地理先生实地确定，以求符合风水。材料选择根据鼓楼的高度以及用料情况来确定，四个中柱要求高大挺拔。砍树时有专门的仪式以及严格的禁忌，树砍倒后由几十个青壮年整木抬回村寨。其他木料分摊到各家各户。设计制作由掌墨师负责，没有图纸，立柱横枋的尺寸、枋眼的大小以及所在位置全凭记忆完成。鼓楼的营造技法集穿斗式和抬梁式于一起，利用穿斗式将主柱和副柱连接于一起，利用抬梁式将鼓楼层层重檐内束和挑出。立架上梁要选吉日良辰。立架前一天晚上，寨中所有妇女以及独生子女都要到邻寨回避。立架时先立四根中柱和穿斗上四方枋，之后是其他部件。立架完毕后，举行隆重的上梁仪式，周边兄弟村寨挑礼物和猪肉前来祝贺。鼓楼盖瓦之后，还要在瓦檐下方的木板以及鼓楼内的部分板壁上绘制各种反映当地生活习俗的精美图案进行装饰。待鼓楼修建完毕后，寨老们要举行隆重的鼓楼落成仪式，庆贺三天。

图片来源
图一　吴帮雄　摄影
图二至图七　杨鹏　制图

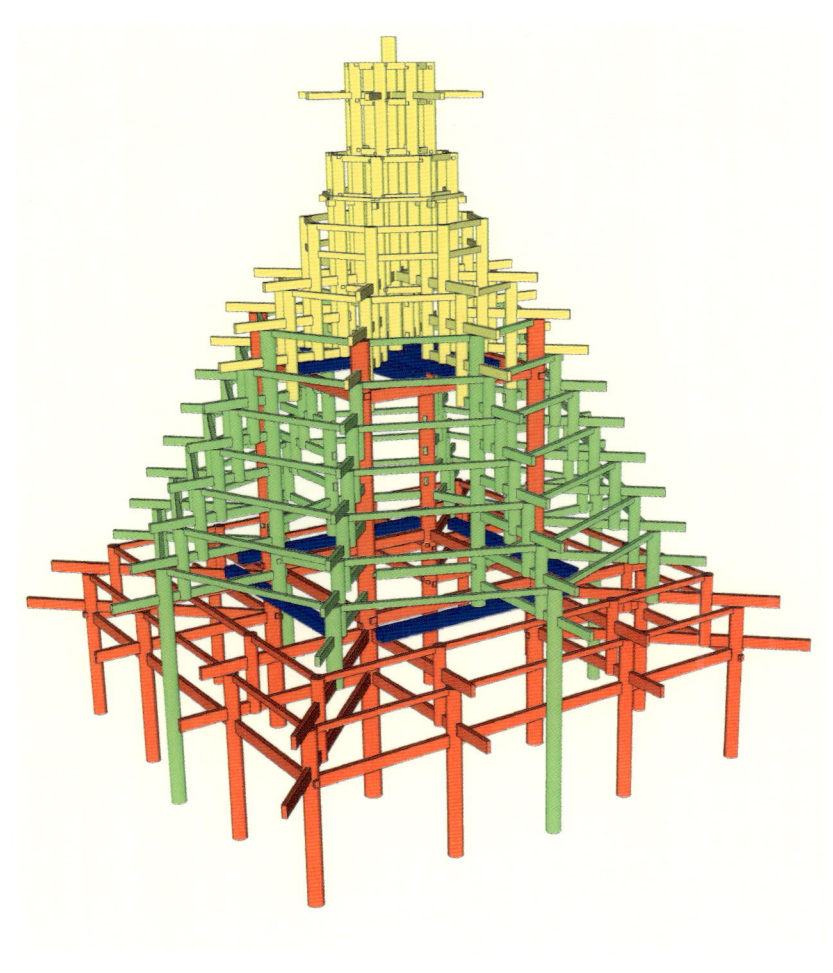

图二　侗族鼓楼梁架图

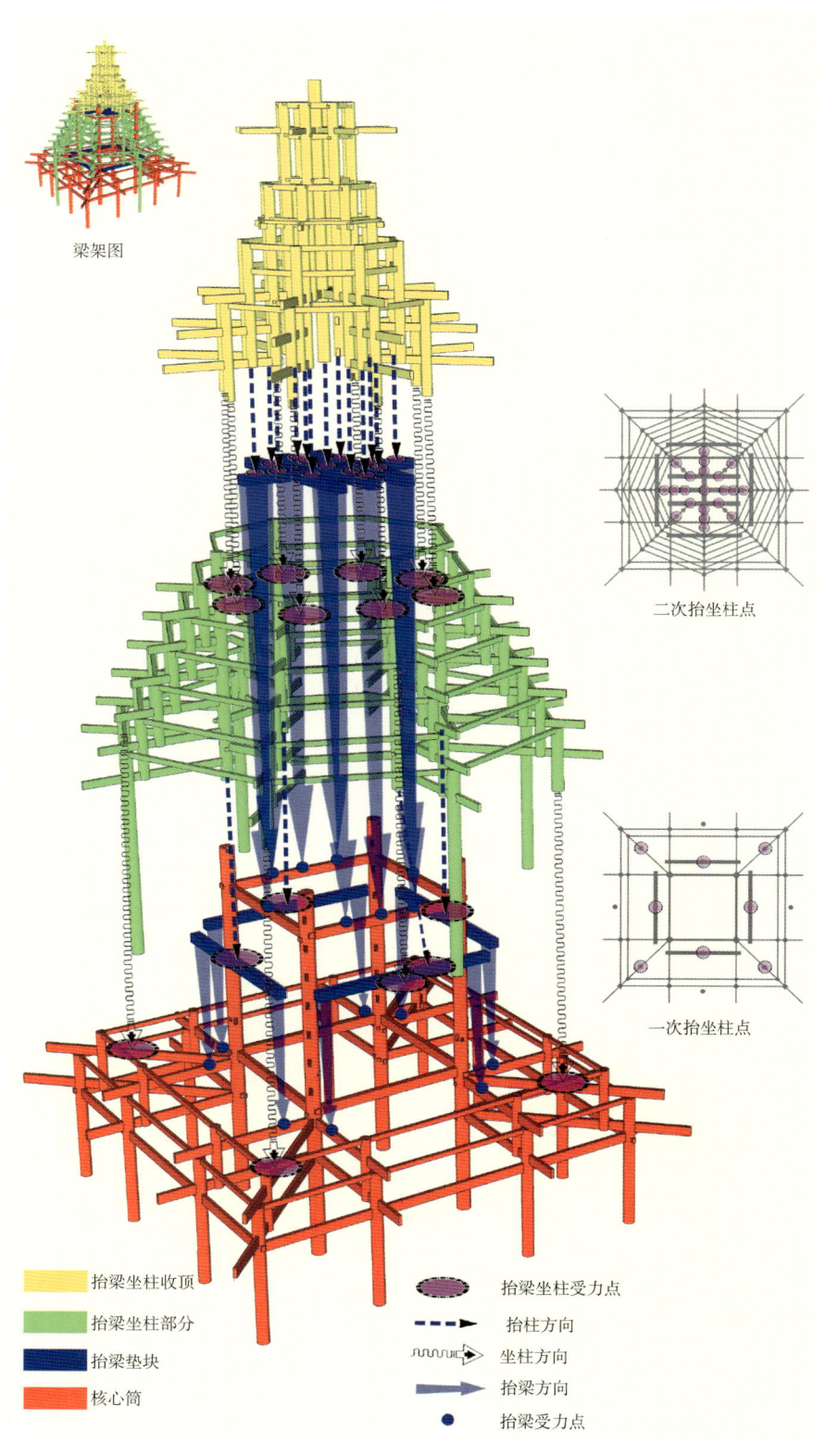

图三 侗族鼓楼结构解析图

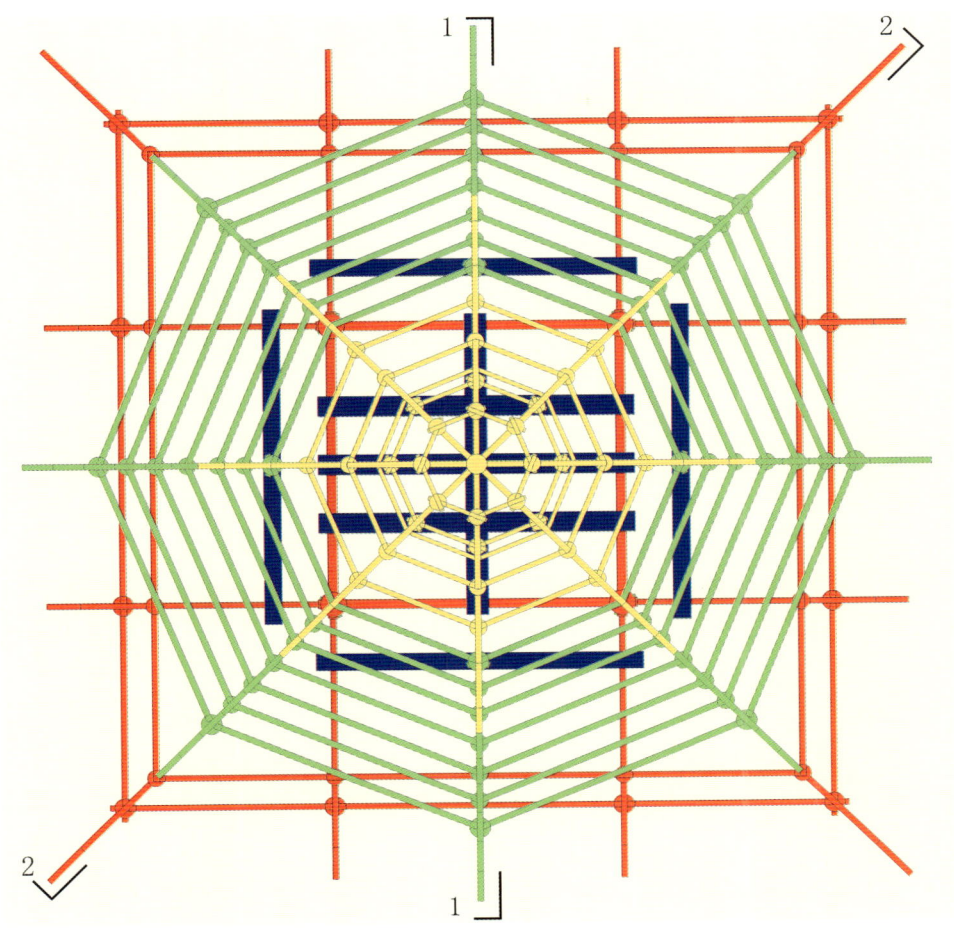

图四 侗族鼓楼顶视图

图五 侗族鼓楼内部仰视梁架图

第六章 侗族传统手工艺

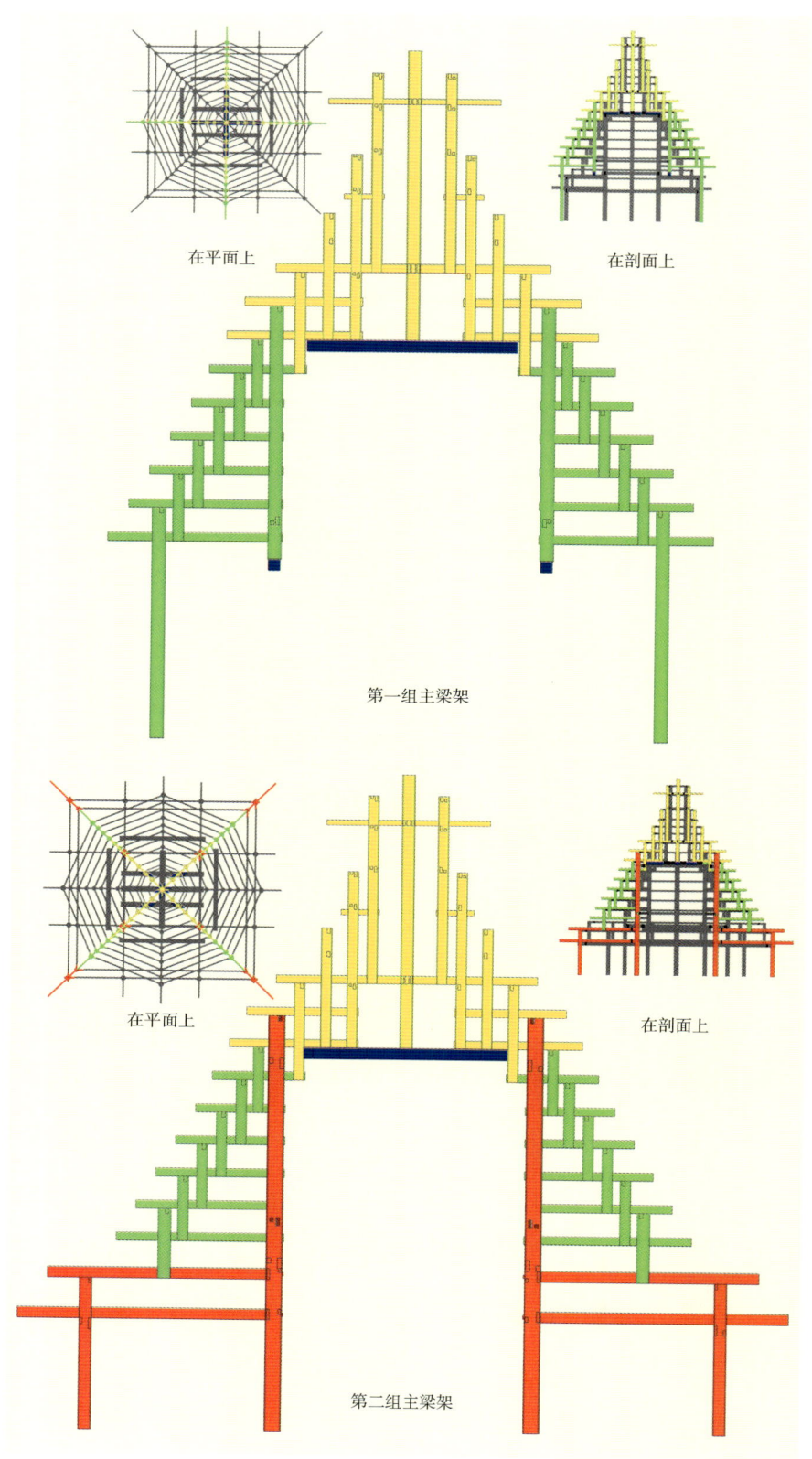

图六 侗族鼓楼主梁架解析图

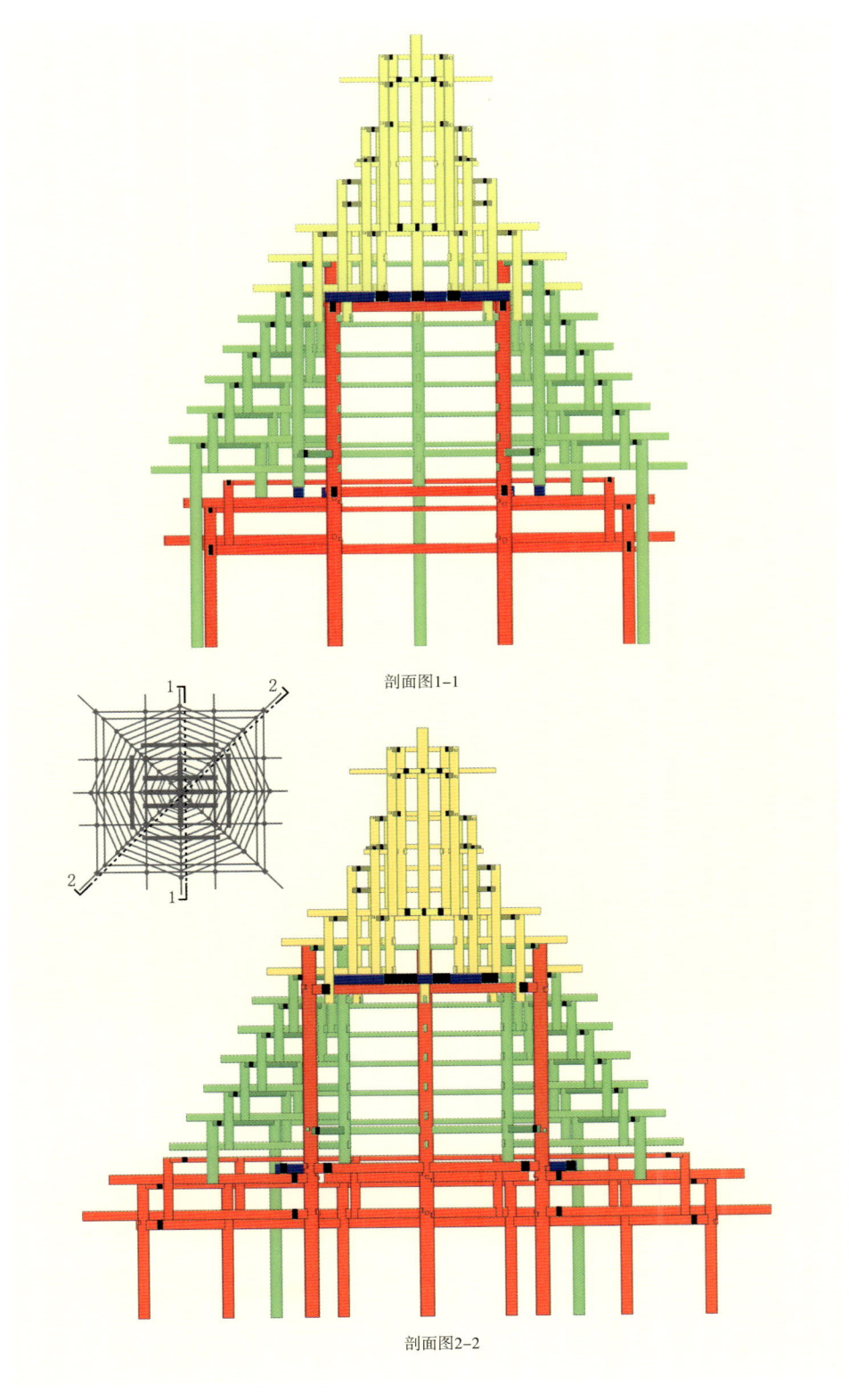

剖面图1-1

剖面图2-2

图七 侗族鼓楼剖面图

侗族风雨桥营造工艺

图一　侗族风雨桥主图

风雨桥是侗乡特有的一种建筑，是侗族"三大宝"之一，因能挡风避雨故名，在民间或称"福桥""花桥"。本案例采集于湖南省通道县黄土乡的皇都侗寨。

风雨桥集桥、塔、廊、亭等建筑造型于一体，全为木质结构，柱枋通过榫眼紧密相连，牢固坚实，体现出侗族人民高超的营造技法。跨度小的风雨桥直接用粗大超长的圆木铺成桥身，然后在上面修筑桥亭。跨度大的风雨桥，先在河中用青石垒砌桥墩，然后用粗木在桥墩上架成桥梁，再铺上木板，架设桥亭。桥亭之间相互连接，构成桥廊。廊柱之间架有厚实木枋制成的坐凳，供人休憩。桥廊外挑出一层瓦檐，挡住风雨侵袭。有的地方不仅在桥内绘制各种精美图案，还将桥亭修成塔状重檐攒尖飞檐，瓦口涂以白浆，亭顶饰以葫芦，檐上饰以松鹤，增加玲珑之美。广西三江林溪乡的程阳桥，堪称此类建筑的典范，郭沫若有诗盛赞："艳说林溪风雨桥，桥长廿丈四寻高。重瓴联阁怡神巧，列砥横流入望遥。竹木一身坚胜铁，茶林万载苗新苗。何时得上三江道，学把犁锄事体劳。"

风雨桥不仅是侗族跨越溪河之物和歇凉休憩之所，还体现了侗族古老的风水观念。侗族居所依山傍水，认为屋后之山脉（龙脉）能够带来兴旺发达，但门前之流水能够带走财气。因此要修筑木桥，使之"藏风聚气"以"拦住财运"。因此，风雨桥在有的地方也叫作"福桥"，所以风雨桥不仅选址有着一定的要求，而且不一定修筑在河流上，也可修在山垭口或者冲口里，不做通行而供"聚气"之用。今天审之，风水观念固然有诸多不科学之处，但也有合理成分，即强调人与自然环境和谐相处。也正是此种观念，催生了侗族多彩瑰丽的风雨桥建筑。

图片来源
图一　龙昭宝　摄影
图二至图六　杨鹏　制图

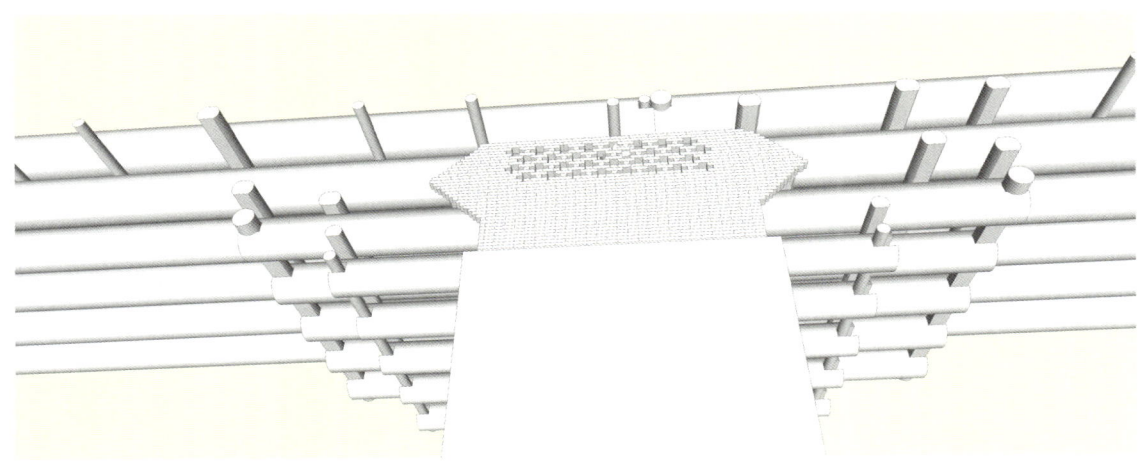

图二　侗族风雨桥累层挑梁图

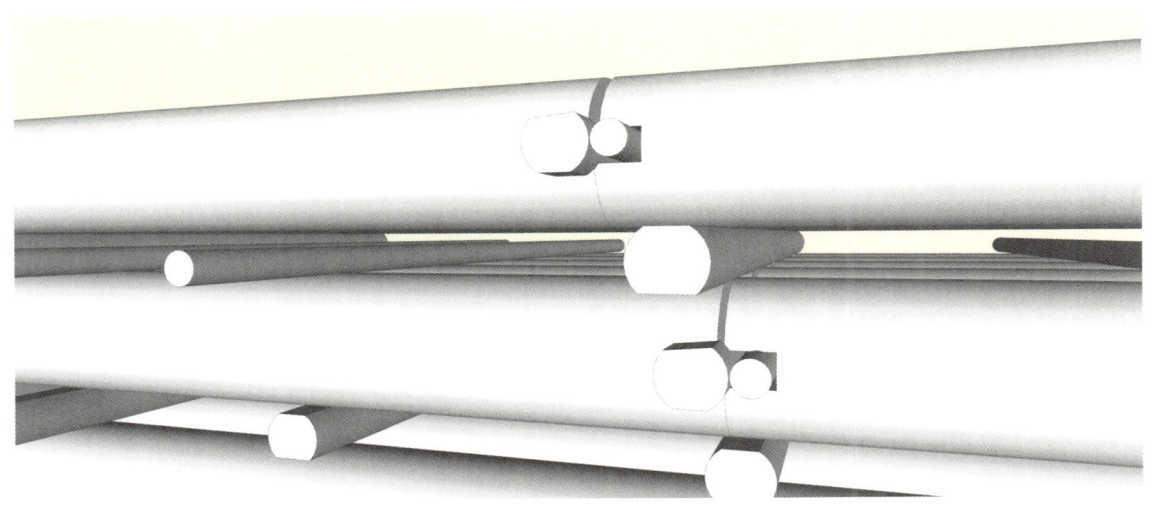

图三　侗族风雨桥桥梁接头结构图

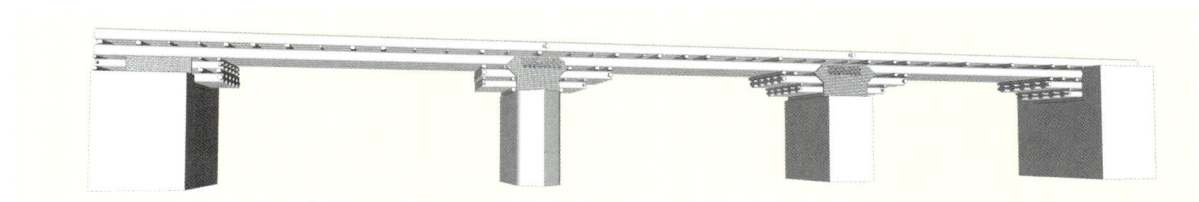

图四 侗族风雨桥桥面一览图

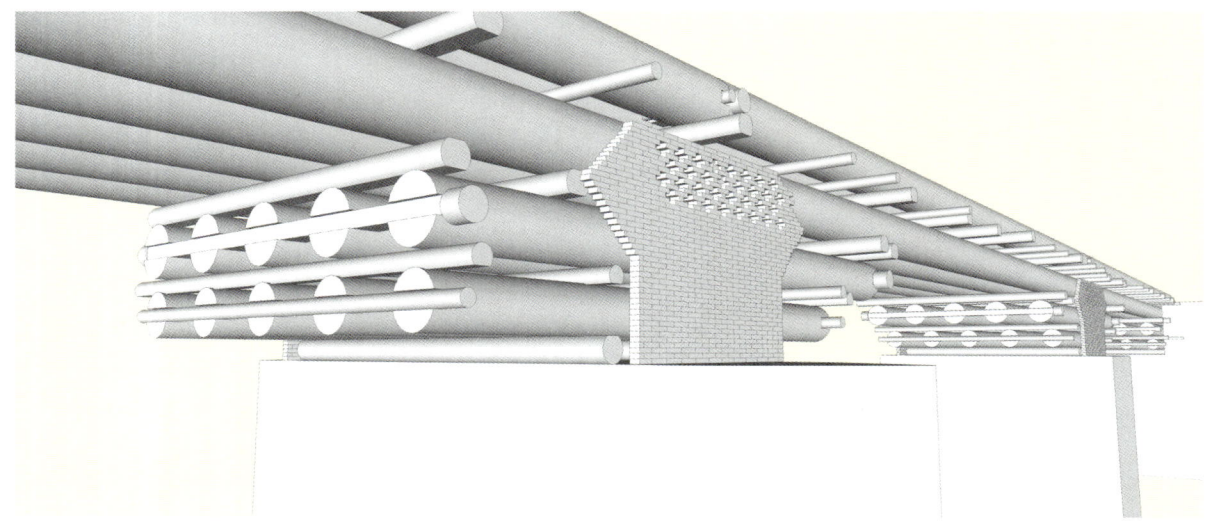

图五 侗族风雨桥桥墩人视图

图六 侗族风雨桥桥身底部结构图.

侗族干栏民居营造工艺

图一　侗族干栏民居主图

侗族现主要聚居于黔湘桂毗邻地区，并巧妙利用当地丰富的森林资源构筑木楼栖息繁衍。侗族木楼在古籍文献中被称为"干栏"。研究证明，干栏建筑是南方一种普遍的民居形式，从历时性看，人类的干栏建筑在新石器时期已经存在，浙江河姆渡遗址出土了大量的木构件，以及加工木材用的石斧、石凿、骨凿、角凿等工具。春秋战国时期以降的汉籍文献中多有记载。《韩非子·五蠹》云："上古之世，人民少而禽兽众，人民不胜禽兽虫蛇，有圣人作，构木为巢，以避群害。"《魏书·僚传》载："僚者盖南蛮之别种……散居山谷……依树积木以居其上，名曰干栏。"明代弘治年间修纂的《贵州图经新治》卷七载黎平府风俗："僮家者，乃西山阳洞之土人……其以居屋用竹为阁，或板木为，人安其上，畜在其下。"本案例采集于贵州省锦屏县。

侗族木楼，建材全为杉木。建造木楼有择基、整地、伐木、制作部件、立架、上梁、钉椽皮、盖瓦、装修、开财门等环节。择基要讲究风水。整地要择吉日动土。伐木一般在四五月份，此时木皮容易剥开。十月之后，木材干透，整木搬运至村外空旷处，搭棚请木匠师傅制作立柱、横枋等各种部件。立架亦需择吉日良辰进行，且难度最大，要用木枋把柱子串成排扇，人力拉起之后再用木枋将各个排扇连成整体。房架立好后，在房顶的中间安放宝梁，仪式最为隆重。接下来的环节就是钉椽皮、盖瓦、请木匠装修。最后是开财门，之后，房主就可正式入住了。木房多为四排扇三开间，进深五柱或七柱，房间用木板隔开，大小不等。房顶为歇山式，盖瓦或杉木皮，房屋两侧建偏

图二　侗族干栏民居人视图

厦。楼层根据木柱长短设三层或者二层，若是建在地势较陡的地方则吊脚支撑。三层者一层堆放杂物或者饲养家禽，二三层作为居住场所。二层者底层用木板铺上，以隔潮气，两层均作为居住场所。楼层之间有木梯联通。各个房间的用途根据主人自行安排，不尽相同。

图片来源

图一　龙昭宝　摄影

图二至图五　杨鹏　制图

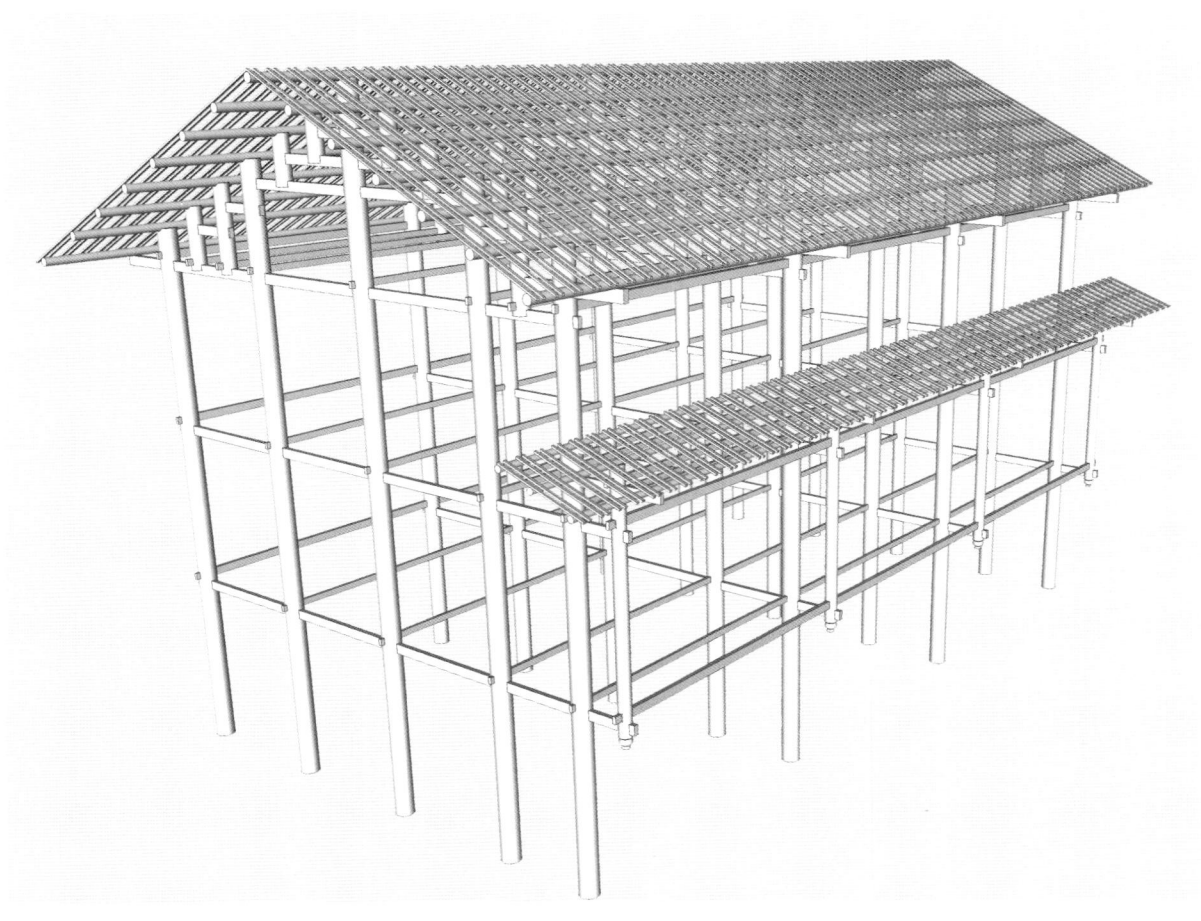

图三　锦屏侗族干栏民居鸟瞰图

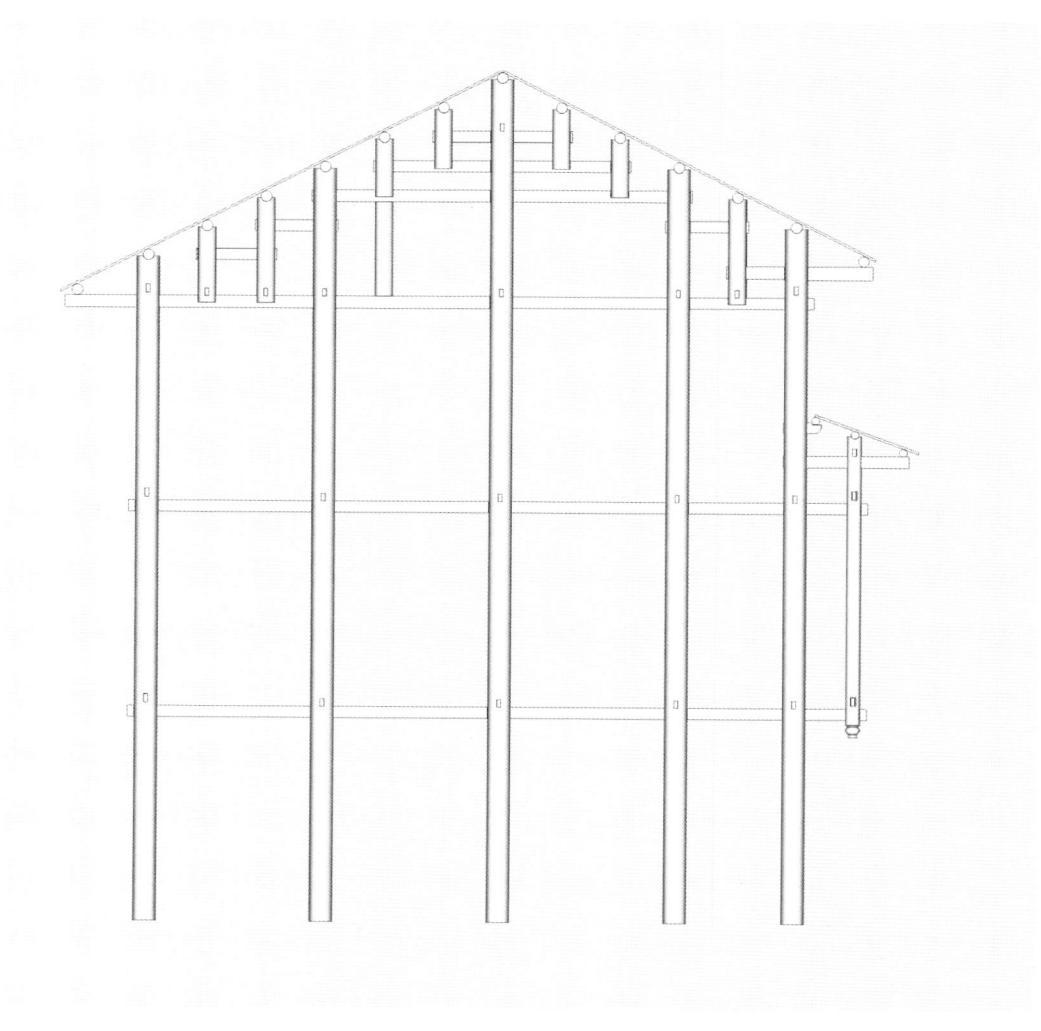

图四 侗族干栏民居侧面框架图

图五 侗族干栏民居局部结构图

侗族被扣制作工艺

图一　侗族被扣主图

银饰制作工艺流程有熔铸、捶打、雕花、洗刷等环节，主要工具有风箱、铁锤、凿子、拉丝板、坩埚、铁砧、纹样模型、钢钻、火钳等。制作过程是，先将银锭放入坩埚中，置于火上用风箱鼓风加热融化。然后将银液倒入糠槽内，待其冷却凝固后用锤子敲打成方形长条。如果是制作粗件银饰品，如项圈、手镯之类，则将方形长条捶打成圆形，两端折屈相扣即可。如果是制作细件银饰品，则先将银液在纹样模型上压出图案轮廓，然后再用凿子雕刻出精致的花纹。如果是组合银饰，先将各个部件制作好，然后将它们焊接于一体。银饰品制作完毕后，还得放入水中进行多次洗刷，使之光亮。本案例采集于贵州省黎平县尚重镇盖宝村，名为"被扣"，位于下方的为"S形双螺被扣"，位于上方的为"W形双螺拥星被扣"，主要用于后背装饰。

民间银匠不断探索，掌握多种银饰加工技艺，制作出了花样繁多的银饰种类，如头饰、颈饰、耳饰、服饰、胸饰、手饰、帽饰等。头饰有银梳、银簪针、银花；颈饰有银项圈、银项链；手饰主要是手镯，有龙镯、空心镯、扭镯、五棱镯、钓钓镯；耳环有龙耳环、丝条耳环等；服饰有银扣、银胡须、银珠、被扣；帽饰主要有用银箔铸成的"八仙""十八罗汉""观音"。银饰的花纹多为"二龙抢宝""双凤朝阳""喜鹊登梅"等祥禽瑞兽图案。在民间，拥有多种银饰品被视为一种财富和地位的象征，只有在重大节日或者活动才会佩戴。

图片来源
图一　龙昭宝　摄影
图二、图三　马晓婷　制图

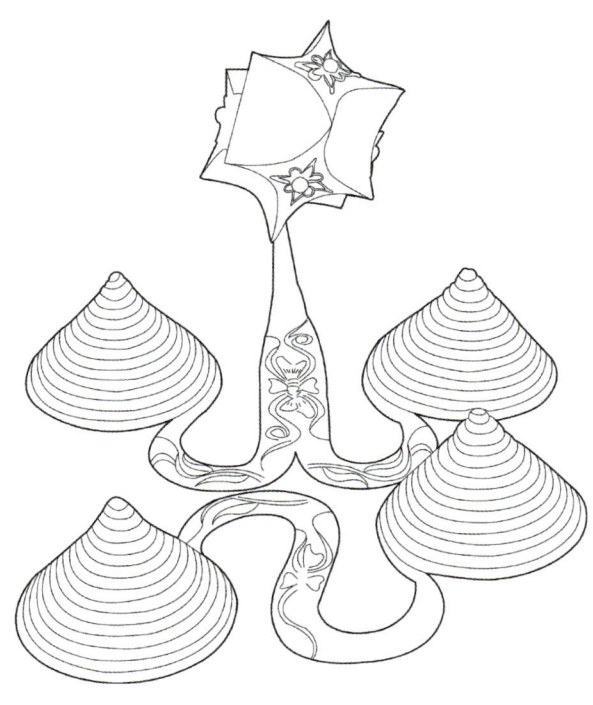

图二　侗族被扣线描图

图三　侗族被扣使用图

侗族草鞋编织工艺

图一　侗族草鞋主图

在古代，因缺少制作鞋袜的布帛，侗族人民便用糯谷稻草来编织鞋子。秋收之后，人们先是将糯谷稻草从禾兜关节处割断，晒干，脱掉遗留下来的瘪谷，用水浸泡一夜或者半天，用木槌将泡好的稻草打扁打软，再晾干。然后选柔软均匀的细草编成草绳，再用草绳串编成鞋套，要求一头尖，一头圆，根据脚板的大小自行制作。编织草鞋时，先将制作好的鞋套横着绷在特制的木架上，用一至两根细草搓揉成一股来回穿梭，相互绞缠编织鞋底。从较长的一头编起，编好后，再在草鞋的两边制出对称的鞋耳，用草绳串联起来，把鞋尖和鞋跟折弯成鞋帮。可在鞋尖处缠绕一些布条以防磨脚起泡，鞋底留一寸草须垫底防滑。

草鞋，不仅是侗族人民在经济困难、物资匮乏的年代谋求生存的一种智慧结晶，同时也是个人心灵手巧的一种体现，编织一对精致美观的草鞋并非人人可以。在过去，草鞋是侗族北部地区一些青年男女择偶定情的信物，歌谣唱道："细草鞋，根根草绳含妹情。熬夜编鞋手起泡，望郎拿去不变心。"寓意深刻的民歌体现了侗族人民对坚贞美满爱情的向往，也使得草鞋这种平凡之物具备了别样的意味。

本案例采集于贵州省从江县，如今已变成了一种旅游工艺品。

图片来源
图一　龙昭宝　摄影
图二至图四　马晓婷　制图

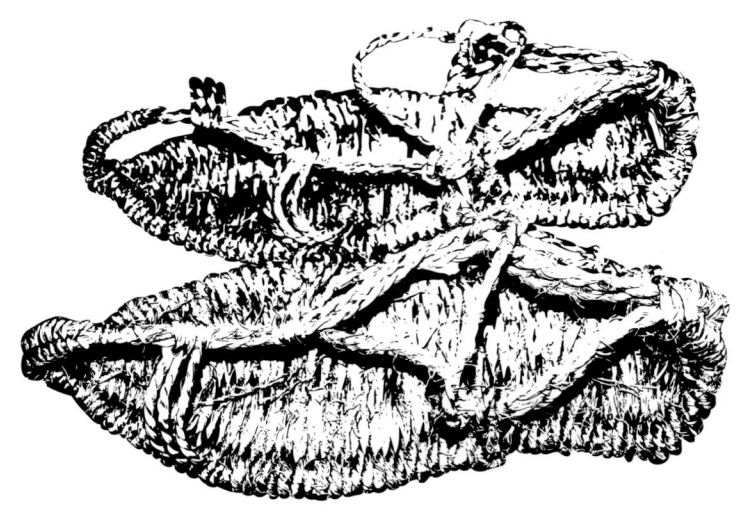

图二 侗族草鞋线描效果图

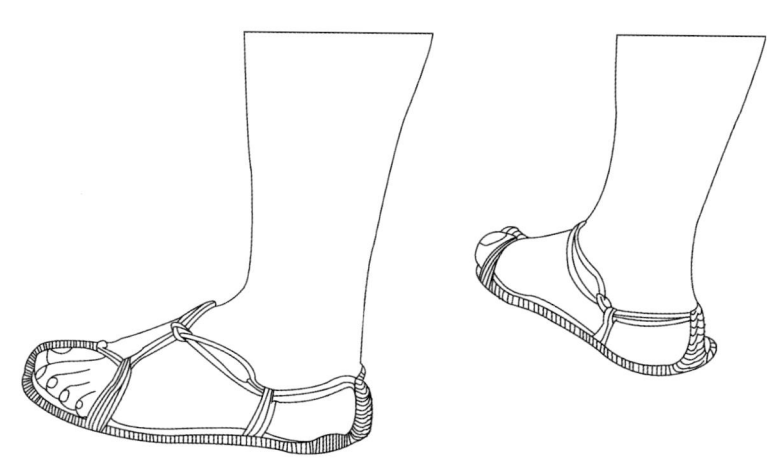

图三 侗族草鞋使用图

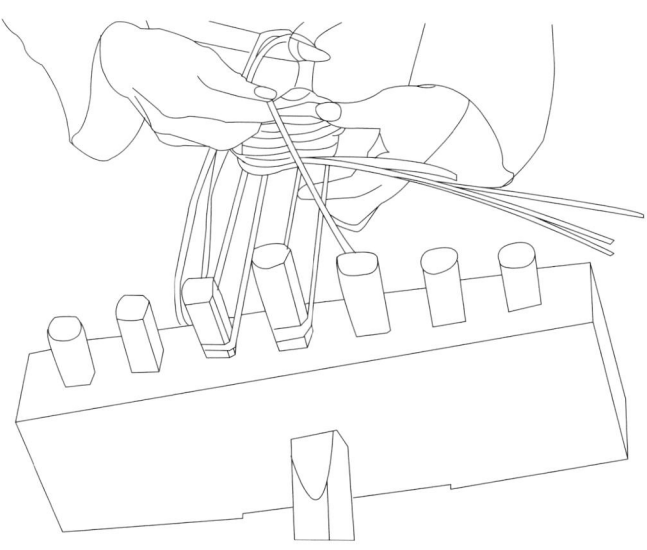

图四 侗族草鞋制作图

侗族斗笠编织工艺

图一　侗族斗笠主图

斗笠是一种民间常见的雨具，竹制，本案例采集于贵州省三穗县。比较民间的各种竹制品，斗笠的编织工艺最为复杂。斗笠按型号可分为大、小两种，按材质可分纸糊、夹棕（布）、竹编三种。传统斗笠的制作工艺有五道：一是制作斗笠架，挑选韧性较好的糯竹分五方作经线，用竹篾作纬线，以一压二的方法沿经线逐层下编，逐步扩大，定型斗笠的高度和开口度；二是造纸，每年的三四月，从山上采来新鲜树皮，去掉表层粗糙部分，用木灰浸泡并沸水煮十二小时，洗净捶烂成浆，用竹网均匀摊平捞起，晒干后便成纸张；三是制作糯糊，每年的六七月份，至山上采来充满涩味的柿子，舂烂成浆，盛于木桶中浸泡成黏稠的糯糊；四是将糯糊均匀涂在斗笠骨架上，贴上原先制好的树皮纸，里层夹上棕皮或者白细布；五是制作斗笠圈，用细软竹篾按经纬编织成头部大小的圆圈，约两寸高，固定于斗笠内的顶部。这样一个成型的斗笠也就制成。再在斗笠外部涂以桐油等，使之更加美观、耐用。本案例采集于贵州省天柱县，为鱼纹竹编斗笠，主要用于遮挡太阳。较之其他质材的斗笠，竹编斗笠工艺相对简单。

在民间不少精通竹编工艺的匠人，利用当地丰富的竹料资源，编织斗笠、箩筐、背篓、簸箕、提篮、笆篓、晒席等多种生产生活用品到市场上销售，借此谋生。三穗县的竹编工艺于2007年被列为贵州省非物质文化遗产，于2008年被文化部评为"中国民间文化艺术之乡"（竹编），这些产品已作为工艺品来处置。

图片来源
图一　龙昭宝　摄影
图二至图五　马晓婷　制图

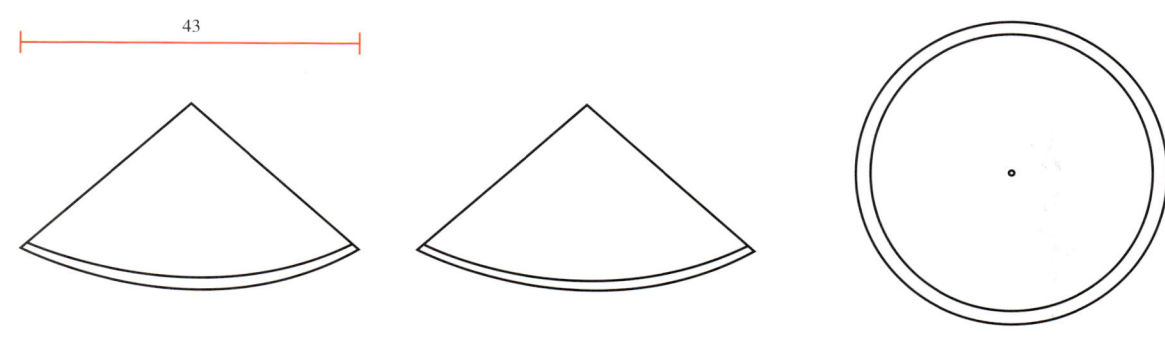

图二　侗族斗笠三视、尺寸图（单位：cm）

图三　侗族斗笠使用图

图四　三穗侗族斗笠线描效果图

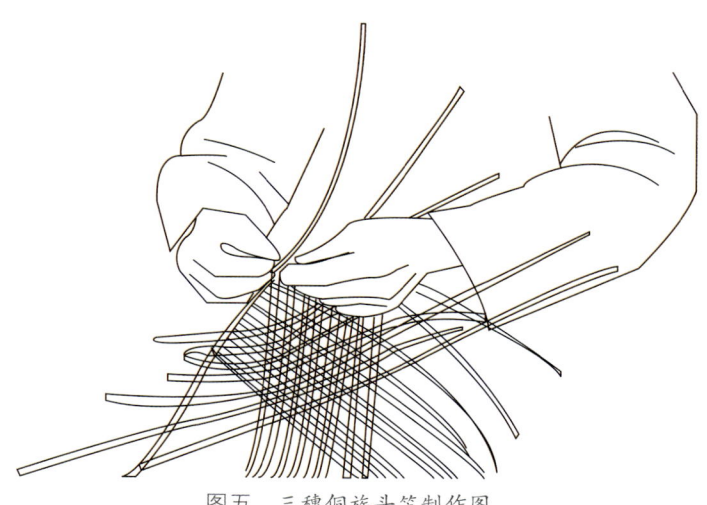

图五　三穗侗族斗笠制作图

侗族草席编织工艺

图一 侗族织机主图

在中国，草席编织的历史十分悠久。浙江河姆渡文化遗址中出土的草席残片说明，七千年前先民们已经掌握了草席编织。侗族民间的草席编织工艺由中原地区传入，具体时间无可稽考。本案例采集于贵州省黎平县肇兴镇，木质。编织草席的木架叫"织机"，主要构件分机架和席扣两大部分。机架呈方形，由天杠、地杠、立柱和鸭足板组合而成。天、地杠的作用是扣住经线。立柱的作用是支撑天、地杠。鸭足板的作用是固定机架。席扣为长方形硬木条制成，上下两侧凿有扣眼和眼槽，一侧安装有扣把，主要用于穿经线、开窖进草和压草催榨。另有楔子、梭片、起机棍、量尺、木槌、梭千、放草架、割边刀等附属工具。

编织草席的原材料主要有麻类植物和席草。麻类植物用于制作经线，可分苎麻、大麻、黄红麻三类。席草用于编织草席，分为灯芯草、三棱草、龙须草。编织草席之前的准备有：一是先将麻类植物去除表层，皮质剥离出纤维层，搓成细线；二是对席草进行挑选、配草、润草。编织过程是将麻质细线通过席扣缠于天、地杠上,然后往经线中投草。投草时,每一根草都要把草头别在席筋里,并通过第二条席筋(即压一拿一),塞进席内,形成锁边。塞时要紧压匀称。起机开始五寸以内,每进四至五手草催榨一次,以后七至八手草催榨一次。催榨时要用力适宜。草席按规格编织完毕后,还要经过烘干水分、排紧席面、去除边刺等工序才真正成为产品。

如今,随着草席编织的机械化,传统编织工艺已变成了一种非物质文化遗产。

图片来源

图一　龙昭宝　摄影

图二至图四　马晓婷　制图

图二　侗族织机操作图

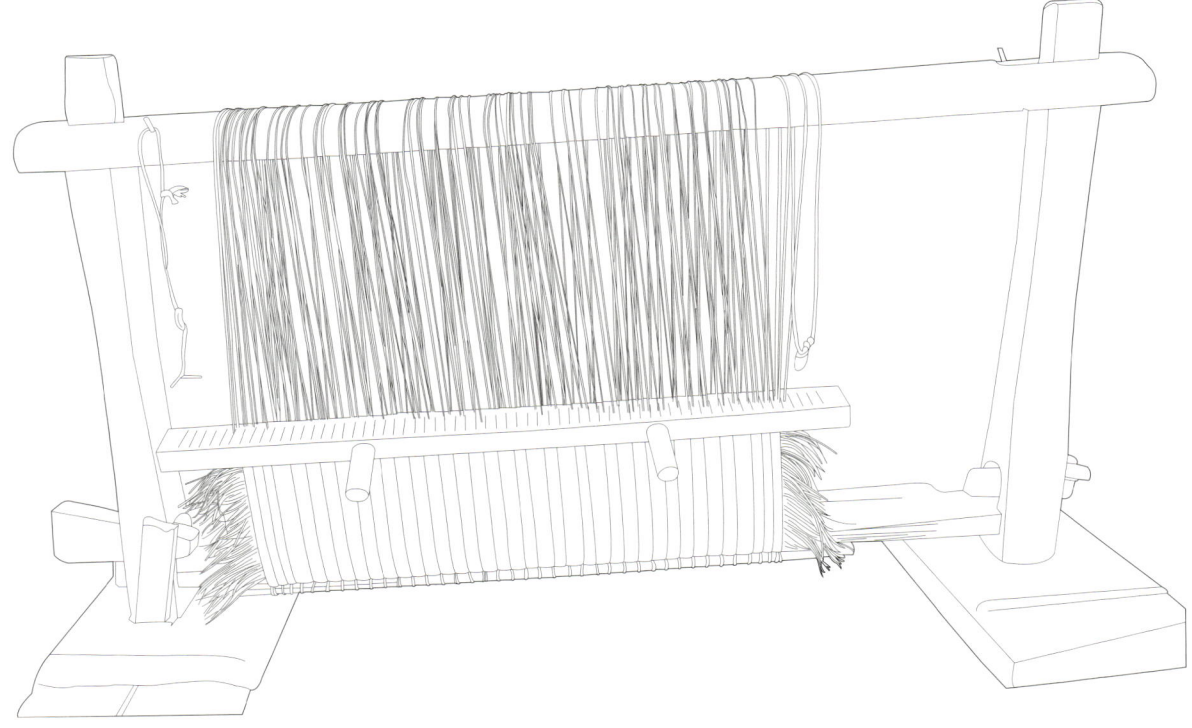

图三　侗族织机线描图

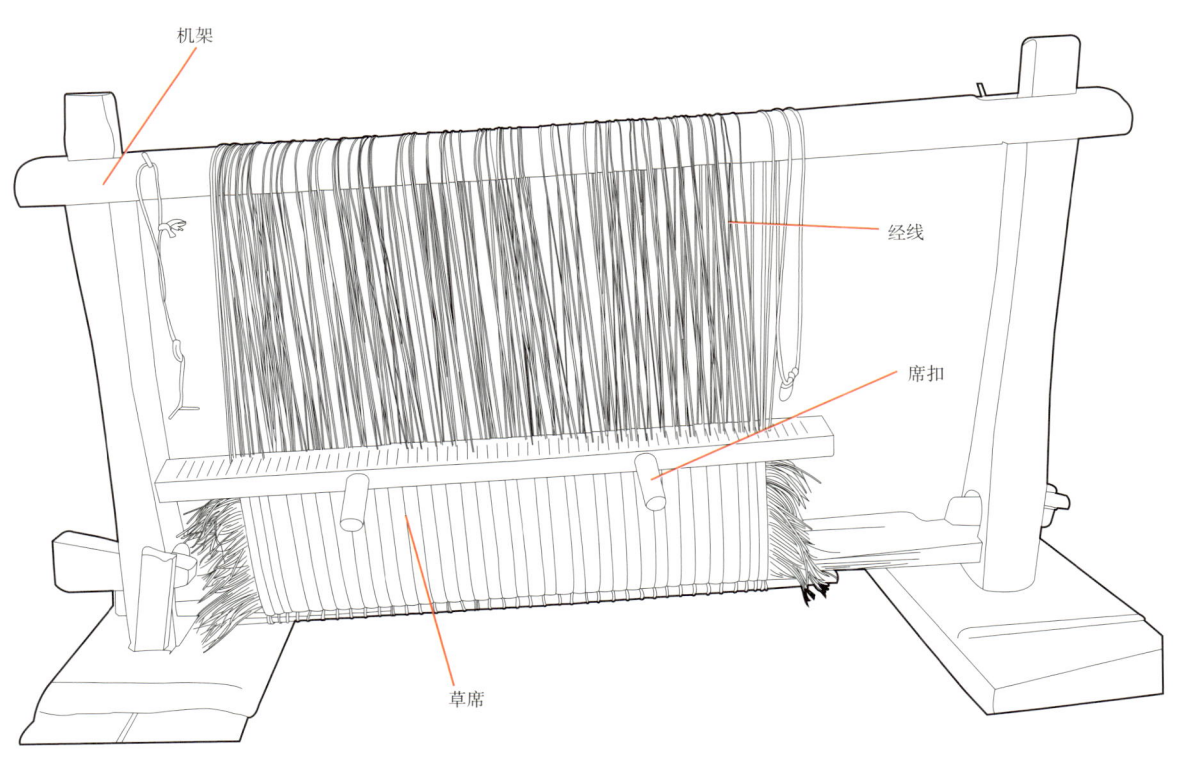

图四　侗族织机说明图

侗族蓝布印染工艺

图一　侗族蓝布主图

　　侗乡民间印染工艺有两种，一种是捆扎印染，一种是刻版印染。捆扎印染是在白色布料上扎出所需的花纹图案，放入蓝靛染缸中浸染着色，再取出洗净晒干，解开捆扎，即呈现出各种图案。刻版印染则较为复杂，先是将蜂蜡（或是用石灰和黄豆浆混合）制成的涂料涂在雕刻好的模版上，然后将模板印在白色布料上，直至涂料干后放入染缸浸染，布料着好色后捞出用清水漂洗，晒干；如果没染好则再次如是炮制，直至满意为止，最后刮掉涂料，洗净晾干，蓝色的布上呈现出白色的图案，即为蓝印花布。蓝布印染工艺最重要的环节是制作蓝靛。民间制作蓝靛的植物有马蓝、蓼蓝和槐蓝，其中以马蓝为首选。在夏、秋的早晨或者傍晚采摘蓝叶，洗净，泡入靛桶中发酵，三至五天后捞去叶子，加入石灰水搅拌，使液体先变为黄色，后呈蓝色，最后沉淀成靛泥。

因捆扎而染成的布匹，图案多为几何图形，蓝底白图，素雅简约。有刻板而染成的布匹则图案丰富多样，草花禽兽、山水人物、生活习俗等无所不包，且笔法细腻，图案精致。各种精美的印染图案不仅反映出了侗族对此工艺的娴熟掌握和运用，还体现出了侗族人民取法自然、热爱生活的精神追求以及独特的审美感知。本案例采集于贵州省黎平县岩洞镇竹坪村，为刻版印染。印布中间的图案为二龙戏珠，印布四角分别饰有鱼、蟹以及蝴蝶图案，呈现出古朴之美。

图片来源
图一　龙昭宝　摄影
图二至图四　马晓婷　制图

图二　侗族蓝布线描效果图

图三　竹坪侗族蓝布制作图

图四　竹坪侗族蓝布色彩对比图

侗族刺绣工艺

图一　侗族刺绣主图

本案例采集于贵州省黎平县，是典型的侗族刺绣作品。侗乡绣品常用于修饰服饰的领花、衣襟、袖口、胸兜、围腰、腰包、裹腿、童帽以及鞋面、背带、背扇、被面、枕套、挂包等布质类生活用品上。

民间刺绣工艺针法繁多，有平绣、锁绣、盘筋绣、结子绣、皱绣、贴花绣、挑花等技法。平绣是以平针走线构图，形成排列整齐的针脚。锁绣是先用绣线做一个扣，针从扣中插入，形成扣扣相连的纹路。盘筋绣即用白丝线紧缠于棉线上，然后镶嵌于剪纸图样的外围框出轮廓，再以各色丝线绣出实体，白框异色。结子绣即在插针时，回针至绣面，用丝线绕针两至三圈，然后插于布，形成打结的模样，在绣面上形成颗粒状。皱绣即单针穿线由外向内将编织好的花瓣折叠扎于绣面，使纹样呈现出浮雕状。贴花绣分两种：一是用彩色小布拼成各种纹样制成装饰品；二是将纸剪成纹样并贴于所需装饰之处，再用平绣织出图案，借绣布原色以衬。挑花分两种：一种是十字挑法，即根据绣布的经纬线构图，绣出若干十字图形；另一种是平绣，即按绣布的经线或纬线走线，织出各种图形。

侗族刺绣图案丰富多样，多见于花草虫鱼、吉禽祥兽等物，由点、线组合而成，花纹细腻、造型精巧、布局严谨、色彩艳丽。在传统社会，刺绣是侗族女性必须学会的一项技能，技艺高超者声名远扬，其绣品亦广受乡邻赞誉及效仿。

图片来源

图一　龙昭宝　摄影

图二至图四　马晓婷　制图

图二　侗族刺绣线描图

图三 侗族刺绣色彩对比图

图四 侗族刺绣制作图

第六章 侗族传统手工艺

侗族泥塑工艺

图一　侗族泥塑主图

泥塑工艺古已有之。浙江河姆渡遗址出土的陶猪、陶羊是至今知道的最早的泥塑品。泥塑在汉代发展成为一种重要的艺术形式，而在唐代则发展到了顶峰。到了宋代，不仅宗教题材的大型泥塑工艺得以继续发展，而且观赏性、把玩性的泥塑作品开始出现。明清时期，小型泥塑形式得以长足发展，遍及全国，许多地方都形成了富有地域特色的泥塑工艺。如北方以天津"泥人张"捏塑的写实人物为代表，强调造型、神态、动作以及服饰神似；南方无锡惠山的泥人，造型丰满活泼，色彩明朗热烈，别具风格；贵州黄平的泥哨，造型多样，色彩艳丽，因为是儿童玩具，因此在形态上显得憨态有趣。

侗族泥塑工艺，主要用于鼓楼和花桥的装饰，造型有龙、鹤、葫芦、水牛角、人物（吴勉、萨岁、张飞、李逵）、动物（水牛、黄牛）等多种，传统原料有黄泥、石灰、构皮、桐油、嫩竹渣、糯米等物。制作流程是先将黄泥捶细，和水拌匀，然后加入捶烂的构皮、嫩竹渣、糯米等，增加韧性，然后根据造型设计手捏而成。有些大型的泥塑，先用竹篾编成骨架，再糊上拌好的泥浆。泥塑品制好后，阴干硬化，涂上石灰或者彩绘进行美化，涂上桐油以防风雨侵蚀。各种泥塑的用途互有区别，龙多为双龙戏珠，主要用于鼓楼大门以及花桥顶部装饰；葫芦主要用于鼓楼顶部装饰；鹤、水牛角、人物及动物等造型主要用于鼓楼的檐宇装饰。装饰水牛角的檐角使得鼓楼于稳重之中呈现出欲飞之状，添加了许多玲珑之美。

本案例采集于贵州省从江县高增乡，为下寨鼓楼大门装饰，造型为龙，凌云欲飞，形态逼真。

图片来源
图一　龙昭宝　摄影
图二、图三　马晓婷　制图

图二　侗族泥塑线描图

图三　侗族泥塑色彩分析图

侗族石雕工艺

图一　侗族石雕主图

　　石雕工艺主要用于建筑、古井以及墓碑等，技法为圆雕、浮雕、线雕、透雕等。用于建筑的石雕主要为礅石，上圆下方，圆形饰以鼓纹，方形饰以花草之纹。用于古井的石雕技法为线雕和圆雕，线雕主要是在石板上勾勒出花草虫鱼的图案，而圆雕则将石头雕刻成动物形状，如在从江县的贯洞、龙图、塘洞、伦洞等地，水井上饰有形象逼真的牛首，水从牛嘴流出，取水方便卫生。用于墓碑的石雕技法主要为浮雕和透雕，多为二龙戏珠或者蛟龙盘柱等，图案精美。本案例采集于贵州省黎平县，用于古宅内消防池装饰，图案为渔翁抱鱼，工艺为浮雕，线条古朴。

石雕工艺源远流长，在新石器时期已经存在，河北武强磁山文化遗址出土的石雕人头，距今已有七千年历史。汉代的石雕艺术十分发达，霍去病墓的石雕群即显示出了这一时期石雕刚强雄壮、深沉宏大的风格。魏晋时期，随着佛教传入中国，石窟佛像雕刻兴起，强调神态不一，真实传神，极大地推动了中原石雕艺术的发展。隋唐时期，石雕主要用于建筑装饰和陵墓雕刻两个方面，强调造型真实，形象生动。宋代之后，石雕题材呈现出世俗化倾向，日常生活场景逐渐进入选材范围。清代，石雕工艺完善成熟，根据石材的区别各地出现了许多具有浓郁地方色彩和艺术魅力的雕刻流派，如青田石雕、寿山石雕、惠安石雕、云南大理石雕等，享誉全国。本案例的石雕工艺，保留有早期石雕工艺的朴拙之美。

图片来源

图一　龙昭宝　摄影

图二至图四　马晓婷　制图

图二　侗族石雕线描图

图三　侗族石雕制作图

第六章　侗族传统手工艺

349

侗族木桥修筑工艺

图一　侗族木桥主图

侗族栖居之地水流纵横。为方便往来，避免涉水之苦，村民利用木材资源丰富之优势，采伐粗壮木头架设于溪河之上即成木桥。侗语称为"究"。侗乡的木桥按类型可分为圆木桥和木板桥。圆木桥即用整根圆木架设而成，这种桥多架设于距离不是很长的沟坎之间。木板桥即用两个侧边为平面的宽厚木板架设而成，此类桥多架于水面很宽的河流上，中间用石头垒成桥墩或者用木头架成桥墩。

本案例为木板桥，采集于贵州省黎平县少寨河，全长约为70米，高约3米，宽约1.2米。因河面较宽，木桥用十六组木架作桥墩。每组桥墩有两个木架，每个木架由三根木头卯榫组合而成，上小下大呈梯形结构。

比起其他的普通木桥，本案例在设计上所呈现出的特点表现于三个方面：一是梯形的木架桥墩增强了稳定性，圆形木柱受阻面积小，加之柱脚深埋泥中，即便遭遇洪水也不易被冲倒；二是许多木架等距排在一起，可以将桥板联结于一起，克服了河面宽的困难；三是卯榫组合便于木桥的构造和维修，若有哪部分朽坏直接用新的部件更换即可，方便快捷。

本案例又叫红军桥。1934年12月，中国工农红军长征经过少寨，原有的木桥已被拆毁。为让红军顺利渡河，少寨村民冒着严寒，从家里扛来杉木和枋板，点亮火把连夜把桥架好。次日清晨，红军队伍踏着这座木桥继续前进。后来人们就称这座桥为"红军桥"，并沿用至今。木桥，实为侗乡常见之外，但和中国的历史结合起来，便拥有了别样的意义。

图片来源
图一　吴帮雄　摄影
图二、图三　杨鹏　制图

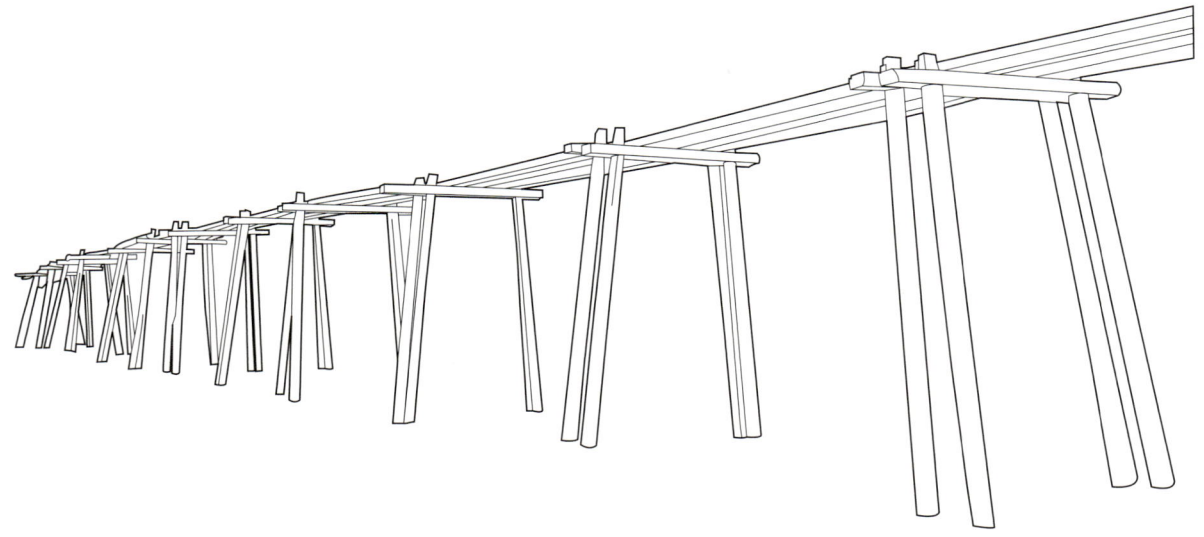

图二　侗族木桥线描图

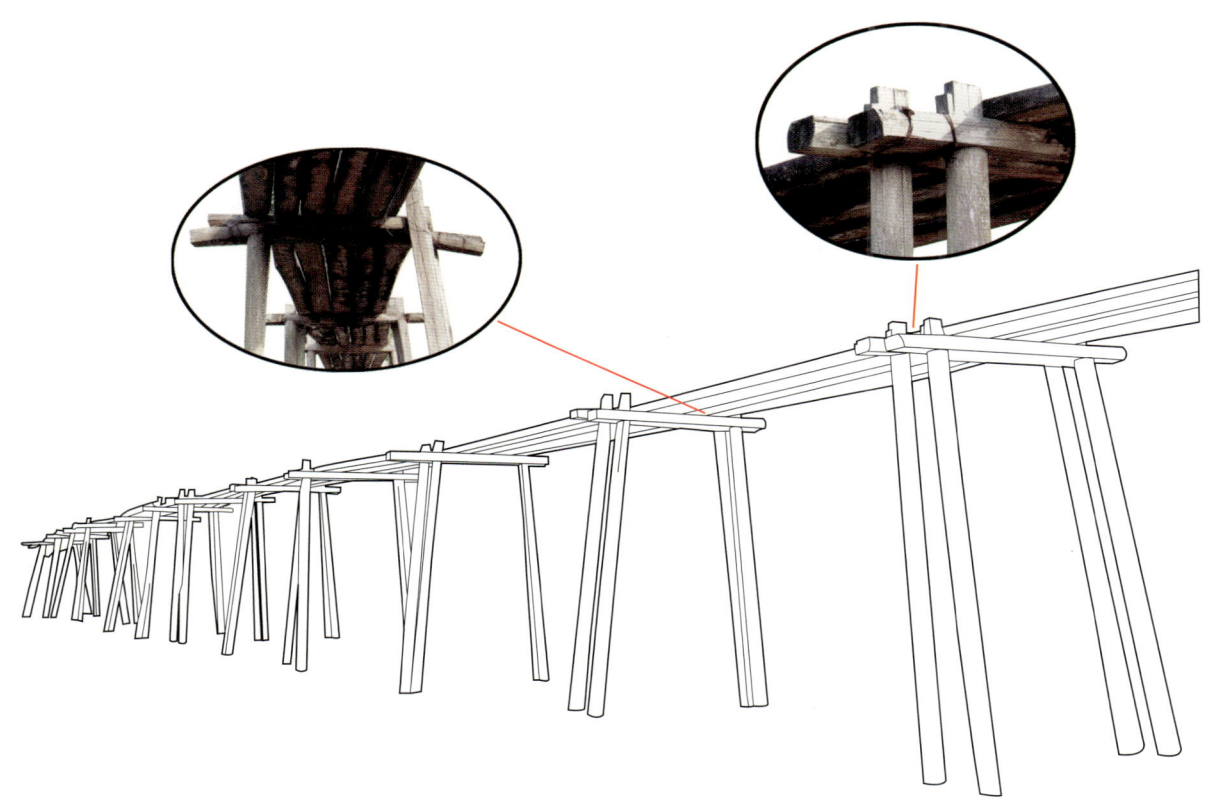

图三　侗族木桥细节图

侗族木雕工艺

图一　侗族木雕主图

木雕工艺主要运用于建筑、日常生活用品以及宗教用品。用于建筑的位置是枋头、柱头和窗棂。民居正面的枋头，多雕刻成象鼻，不求神似，以圆雕技法勾勒出大致轮廓；民居悬柱下端柱头，通常被雕刻成南瓜形，瓜瓣勾勒清晰。窗棂木雕的图案多半是花草虫鱼、飞禽走兽之类，技法为透雕。生活用品的木雕多见于床、柜、箱和脸盆架之类，技法多为浮雕。宗教用品的木雕主要运用于神龛，图案多为八仙过海或者松鹤延年之类，技法多为浮雕和透雕。本案例采集于贵州省天柱县，用于室内装饰，长123厘米，宽69.5厘米,图案为透雕,中间三个葫芦并列（一大两小）,上下相向各一只展翅蝙蝠,取义"五福临门",图案之间均用云纹木条相连,暗含"寿"字篆体,寓意深刻。

从历时性看,木雕艺术历史久远,浙江河姆渡遗址出土的新石器时代木雕鱼,是迄今发现最早的木雕作品。春秋战国时期,木雕艺术已日趋成熟,长沙楚墓出土的许多雕花木雕已有镂空透雕和斜刀平雕等多种手法。宋代木雕获得长足发展,木雕形式广泛使用在宅院民居和寺庙建筑中,李诫著的《营造技法》中专设章节对木雕进行详细介绍,将木雕种类分为线雕、剔雕、透雕、混雕四种。明清时期,木雕艺术更为普及,富贵之家,极尽木雕装饰庭门栋宇和生活用品,而老百姓也普遍用上了有木雕装饰的日常用具。经过历代匠人的探索和总结,现在木雕技法可分为浮雕、阴雕、透雕、圆雕、镂空、浅雕等种类。

图片来源
图一　龙昭宝　摄影
图二至图四　马晓婷　制图

图二　侗族木雕线描图

图三　侗族木雕色彩对比图

图四　侗族木雕细节图

中国少数民族设计全集·侗族

354

侗族锯木工艺

图一　侗族锯木工具主图

侗乡盛产杉木。传统社会里，所需木板（枋）需人力锯开。锯开木板是一项十分消耗体力的劳作，须两位身强力壮之人相互配合才能完成，本案例采集于贵州天柱县社学街道。锯木主要工具有锯子、木马架、弯嘴钉、墨斗、直角尺、木楔、锉子等。锯木板时，先将所锯的木头砍成方形，并用墨斗在木材上方两边平均弹出纹线。然后将木头放置于木马架上，用弯嘴钉钉稳，高度与肩齐。之后左右各站一人，持锯子你拉我送地沿墨线将木头锯成一块块厚度相当的板子。为省力，可在锯缝中插入木楔。锯板的锯子为特制，叫"解锯"，铁质，锯皮长约150厘米，两端有环，锯身一边有齿，锯齿从中间朝向左右；用约50厘米长的木棍插入锯子两端的环中，中间用木棍撑住，上面用棕索缠绕绷紧。锯木板时，人分站两边，双手平胸紧握锯子铁环处的木把，用力均匀方能将木板平行解开，配合熟练者锯出的木板较为平整，否则凹凸不平。锯板看似简单，其实藏着许多技巧，相互拉送时，握锯要平稳，用力要均衡。在过去，在农闲时间曾有人走乡串寨替人锯板子。现在机械锯板，省力快捷。但随着机械化锯板工艺的普及，传统人工锯木工艺在民间渐渐式微，成了一种历史记忆。

图片来源

图一　龙昭宝　摄影

图二、图三　马晓婷　制图

图二　侗族锯木工具线描图

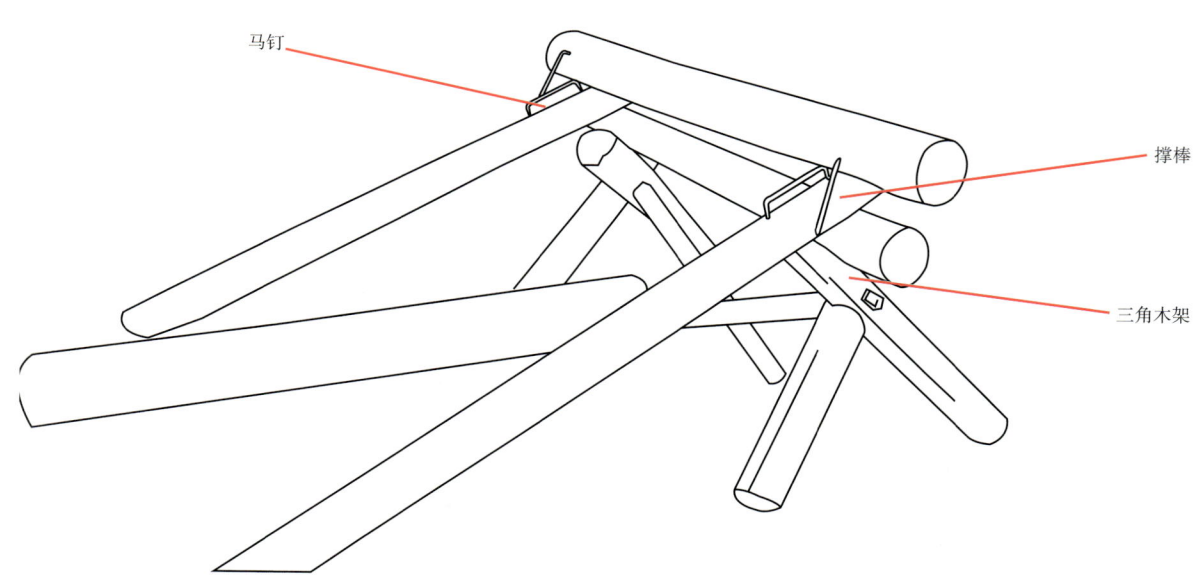

图三　侗族锯木工具说明图

第七章 侗族传统民俗和宗教造像

侗族萨屋

图一　侗族萨屋主图

　　萨屋是南部方言区一些村寨祭祀萨神的一种单体建筑。"萨"为侗语，意为祖母，通常称为祖母神。人们认为萨神神通广大，能保境安民、镇邪驱鬼，将其奉为村寨最大的保护神，垒坛祭祀。土坛四周由石头垒成，为半圆形，坛内埋有铁三脚架、铁锅、火钳、银帽、铁剑、白色石子等物，各地所埋物品略有区别。许多地方的萨坛为露天设置，但有的地方则将萨坛设于屋内，所以此种建筑被称为"萨屋"。萨屋的结构形式主要有三种：一是九柱三檩两开间悬山顶结构，四周置有围墙，正前方设门，内有小院坝，右开间设萨坛，左开间设火塘；二是十二柱四檩三开间悬山顶结构，四周置有风火墙或围墙，正面设门，门上置有楹联，内有小院坝，中间开间设萨坛；三是八柱八面倒水三重檐塔形木屋，八面置有挡板，并镶有窗棂，坛设屋内。本案例采集于黎平县岩洞镇四洲寨，为第三种，顶覆黑瓦，饰以飞角，壁围杉板，饰以格窗。

比较而言，许多地方的露天萨坛应是祭萨的早期形式，而萨屋的出现是借鉴汉族庙宇建筑的一种结果，但在形式上又保留了本民族建筑的典型特征，如萨屋的顶部，并不是庙宇的悬山顶形式，而是吸纳了当地的亭顶形式，显得别有一番意趣，重檐飞角，成了一道文化景观。

图片来源
图一　向同明　拍摄
图二至图六　马丽　制图

图二　侗族萨屋人视图

图三　侗族萨屋鸟瞰图

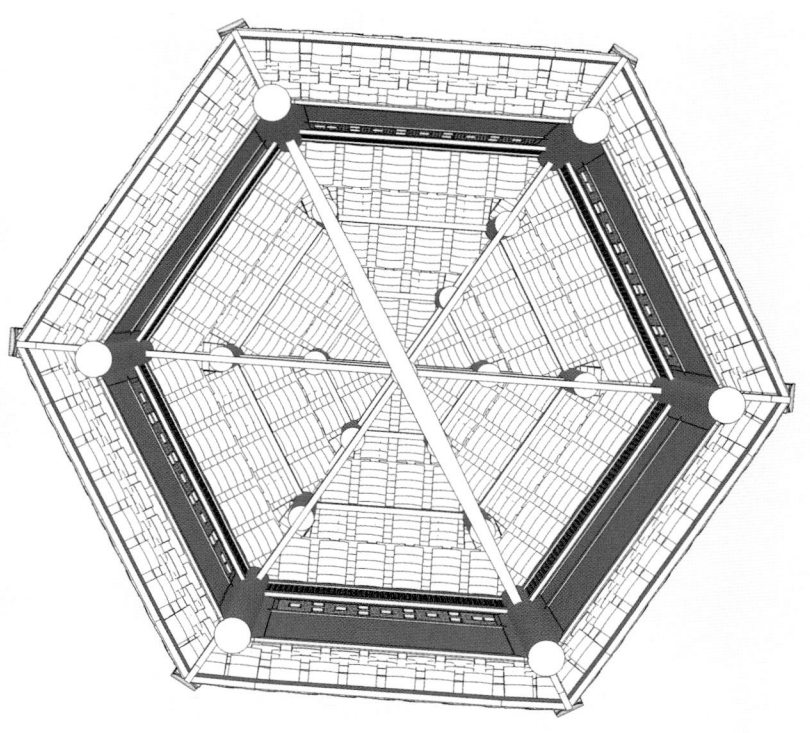

图四　侗族萨屋仰视图

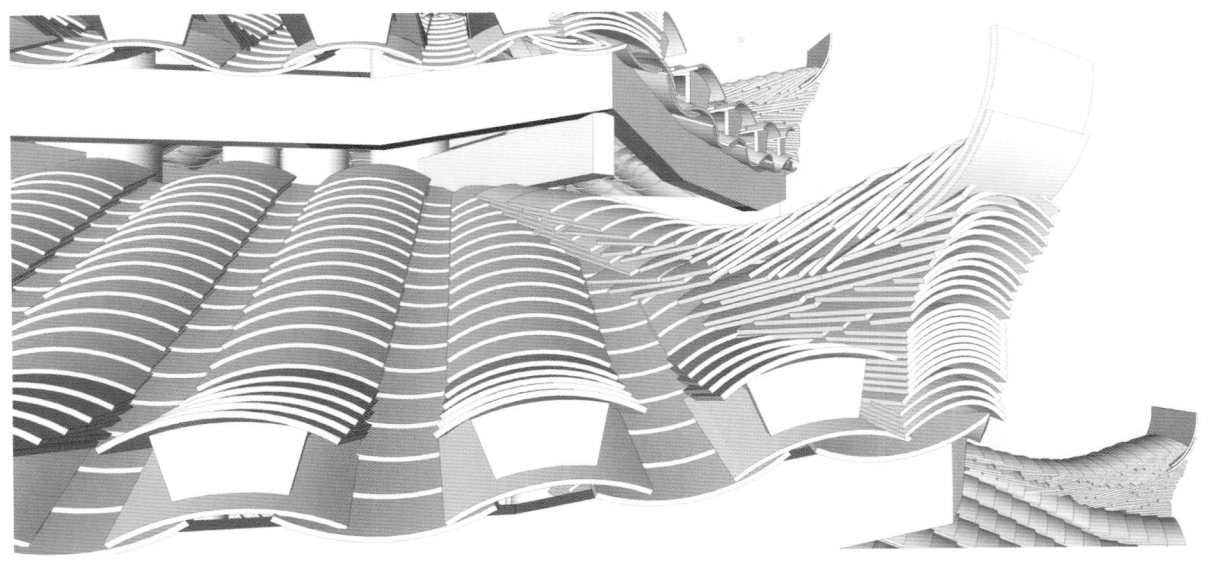

图五　侗族萨屋飞檐装饰图

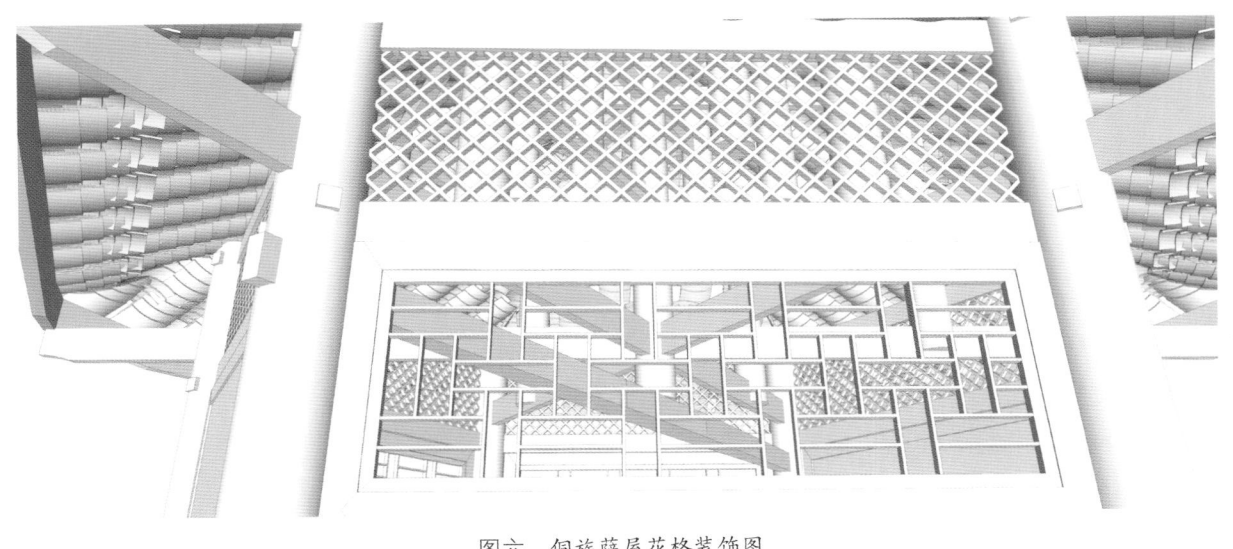

图六　侗族萨屋花格装饰图

侗族香案

图一　侗族香案主图

香案系摆放香炉烛台、祭祀神灵祖先之物，状如条桌，但在装饰上则繁缛多样。本案例采集于贵州省天柱县凤城街道，长145厘米，高109厘米，宽52厘米，木质，涂以红漆，上有雕饰。香案上面放置香炉，台案下面按比例分别镶入三块雕花木板，图案为花朵和两只鸣鸟，形象生动，雕刻方法为浮雕。花板后面为抽屉，里面放置香蜡冥币之类。斗拱两侧为浮雕花板装饰，图案为藤蔓及花朵。斗拱外侧呈弧形，状如象鼻，鼻尖下垂内卷，饰以柱脚。象鼻上雕有一倒悬昂首麒麟，怒目而视。该案例做工精美，为古代香案之精品，各种栩栩如生的图案足见当时雕刻工艺之精湛。据了解，该香案为晚清作品，流传至今已有两百余年。在那时，在偏远山区能拥有此种香案的非大户人家莫属。

因香案用于祭祀神灵、祖先，而非普通之物，主要摆放于堂屋照壁前，以此来代替神龛。上面除了放置日常祭祀之用品以及祖先之遗像，还在其上端照壁上悬挂"祖德留芳""天地君亲师位"等牌匾，在其下面的照壁上悬挂写有"金玉满堂""土能生白玉""地可产黄金"等木匾。香案上面的牌匾体现着出了儒家文化的影响，而下面的牌匾则体现了基层民众对土地的崇拜。平时祭祀多为点香烧纸，逢年过节则在此基础上摆酒肉瓜果之类。香案，虽为祭祀用具，但能从其中了解到当地的一些民间信仰以及文化习俗。

图片来源
图一　龙昭宝　拍摄
图二、图三　马晓婷　制图

图二　侗族香案线描图

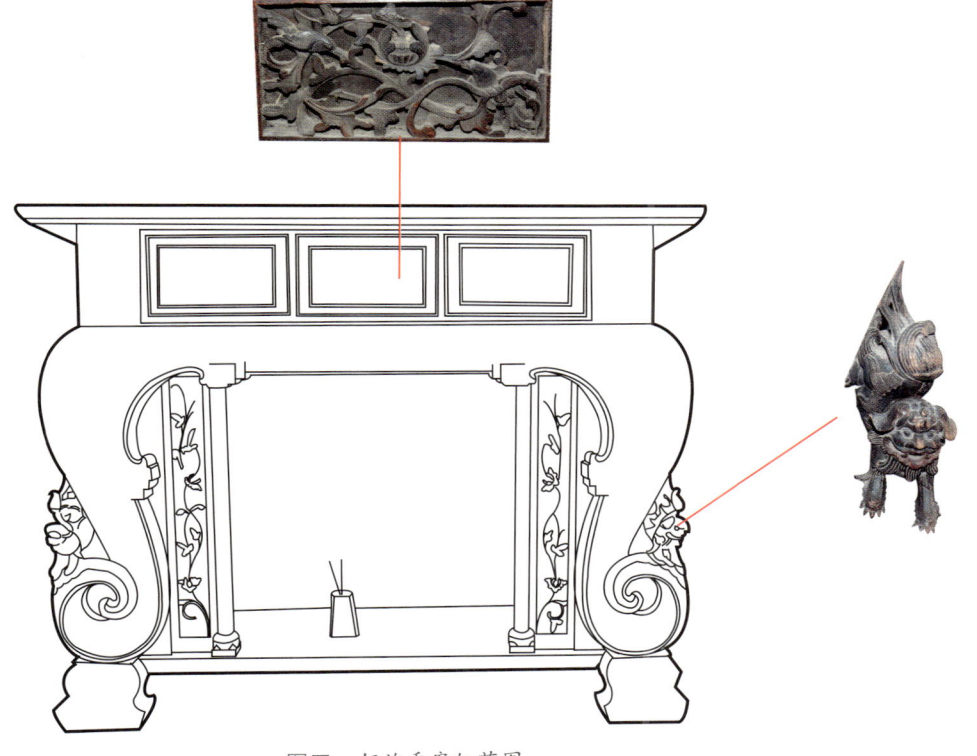

图三　侗族香案细节图

第七章　侗族传统民俗和宗教造像

363

后记

《中国少数民族设计全集·侗族卷》是南京艺术学院王琥教授组织编写的大型丛书之一。本卷与"布依族卷""水族卷""仡佬族卷"一起列为贵州民族大学国家民委人文社科重点研究基地"贵州世居民族研究基地"2013年度科研项目，由贵州民族大学拨出专项经费予以资助。

此项目的词条撰写、修改以及案例采集等工作由龙昭宝(副研究员，中南民族大学在读博士)负责，文稿的最后审读由石开忠教授负责。黔东南州文化研究所的向同明、贵州民族大学传媒学院的吴永谊承担了部分词条的撰写。贵州民族大学吴帮雄参与了部分案例的采集。美术学院的2012级马晓婷同学、建筑工程学院的2013级杨鹏同学主要承担设计绘图，其中杨鹏主要负责建筑类案例，其他案例由马晓婷负责。

2013年至2015年，课题组成员多次到贵州的天柱县、黎平县、从江县、锦屏县、三穗县以及湖南的通道县采集案例。限于课题组成员的工作时间，每次采集案例，都是利用周末完成，而且有的案例必须在节日期间才能采集到。从撰写词条、采集案例、设计绘图到成书，耗时五年多，几经改稿，旨在精益求精。侗族文化丰富多样，分布广泛，许多具有地域特色、暗含民间智慧的案例未能采集到，挂一漏万，成为一大憾事。一些案例与其他民族是共有的，虽为平常之物，但见证了各民族间的文化交流。

该项目得到了王凤友教授（时任贵州民族大学党委书记）的悉心关怀。杨昌儒教授（时任贵州民族大学党委副书记）多次主持会议，了解此套丛书的"布依族卷""侗族卷""水族卷""仡佬族卷"的进展情况以及存在的困难，鼓励各卷课题组排除困难，努力做好工作，为宣传"多彩贵州"、传承民族文化方面做出积极贡献。贵州民族大学民族学与历史学学院书记陈玉平教授对上述四卷的前期准备也做了大量工作。此套丛书的副主编梁盛平博士为上述四卷的胜利完成费了诸多心血，多次鼓励、督促各课题组成员按计划和进度完成任务，并在业务予以多方面的指导。"侗族卷"课题组在采集案例过程中，得到了龙见兵、石昌模、杨宗良、杨德文等人的鼎力帮助。杨序顺先生以及龙耀宏教授也为本书提供了一些案例和资料。在此，对凡是予以本书帮助的人均表示衷心感谢！

此书汇集了侗族大部分文化遗产，是一项文化遗产保护工作。限于编者的学力，此书尚存在诸多不足，敬请广大读者批评指正。抛砖引玉，是编者不变的初衷！

编者

2019年8月29日

声　明

　　本书编写时收入的个别图片，因条件所限，未能同相关著作权人取得联系，获得授权，敬请谅解。请相关著作权人及时与编者联系，以便奉上稿酬。谢谢！